MÉMOIRES ET DOCUMENTS SUR L'ITALIE MÉRIDIONALE

1

Diffusion des publications:

L'ERMA di
Bretschneider
Via Cassiodoro, 19
00193 Roma

G. Macchiaroli
Via Carducci, 55
80121 Napoli

R. Habelt
Am Buchenhang 1
5300 Bonn

Les Belles Lettres
95, bd Raspail
75006 Paris

LES TABLEAUX D'ITALIE

*Ouvrage publié grâce au concours de la
Direction Générale des Relations
Culturelles, Scientifiques et Techniques
du Ministère des Affaires Étrangères*

LES TABLEAUX D'ITALIE

DE

FRIEDRICH JOHANN LORENZ MEYER

(DARSTELLUNGEN AUS ITALIEN, 1792)

Traduction, introduction
et notes de
Elisabeth CHEVALLIER

BIBLIOTHÈQUE DE L'INSTITUT FRANÇAIS DE NAPLES
Troisième Série - Volume I
Publications du Centre Jean Bérard
M. CM. LXXX

© 1980. Centre Jean Bérard

ISBN 2-903189-08-0

Voici le premier volume d'une nouvelle série publiée par le Centre Jean Bérard (Institut Français) de Naples.

Depuis sa création, grâce à l'appui constant des autorités italiennes et françaises, grâce à l'aide de tous nos collègues et amis, grâce surtout au dynamisme de Mireille Cébeillac-Gervasoni, le Centre a joué un rôle certain dans le domaine des études consacrées à la colonisation grecque en Occident. En sont témoins les activités de ses chercheurs, qui ont trouvé en Italie méridionale des conditions de travail qu'on dirait exceptionnelles si elles n'étaient devenues aussi familières, ainsi que les rencontres et colloques organisés par le Centre et les publications qui ont suivi. Or, il apparaît que ces recherches concernent essentiellement la colonisation grecque en Grande-Grèce et en Sicile.

Il faut donc expliquer la décision d'ouvrir aujourd'hui une nouvelle série avec un texte, mieux avec la traduction d'un texte de F. J. L. Meyer, qui fut un de ces nombreux voyageurs à entreprendre, vers les années 1780, le « voyage d'Italie ». Etudier et publier certains textes de voyageurs est un projet ancien: c'étaient, pour la plupart, des hommes de culture et leurs récits nous renseignent de façon unique sur les arts, les monuments, les antiquités de l'Italie; la qualité de leurs impressions au contact de la « patrie des arts », la curiosité et l'amour qui les ont motivés font de leur relation un témoignage irremplaçable. A la définition du Centre Jean Bérard comme « Centre d'études sur la colonisation grecque en Italie », qui limitait son activité au cadre étroit d'une seule période, a été préférée naguère celle de « Centre d'études sur l'Italie méridionale » qui élargit sa vocation; le projet de ces recherches ne fut pas étranger à ce choix.

Il ne s'en suit évidemment pas que le Centre Jean Bérard ait décidé de s'orienter vers la publication régulière des « récits de voyageurs »: ce n'est pas son rôle et l'entreprise aura lieu ailleurs. Nous n'ouvrons pas une collection de récits de voyages mais une nouvelle série de « mémoires et documents consacrés à l'Italie méridionale ». Certes, suivant les règles, ces textes ou documents seront publiés dans leur intégralité, même s'ils ne concernent pas seulement l'Italie du Sud. C'est le cas des Tableaux d'Italie de F. J. L. Meyer: sur les vingt chapitres qui composent l'ouvrage, sept sont consacrés à Rome, et six aux Marais Pontins, à Naples et aux cités vésuviennes.

Au vrai, ce que nous avons voulu mettre en valeur aujourd'hui, c'est, autant que le récit de voyage en Italie de F. J. L. Meyer, le travail qu'Elisabeth Chevallier lui a consacré: ses notes constituent un apport précieux, non seulement sur le « voyage », sur le « récit de voyage », ses sources, son intérêt, ses limites, mais aussi sur l'image qu'on se fait à cette époque de Naples, d'Herculanum et de Pompéi. Ce sera là pour les autres chercheurs un premier instrument de travail, vite dépassé je l'espère, mais qui restera une base et un point de départ très utiles.

Je remercie Elisabeth Chevallier d'avoir compris ces intentions: son volume, à mes yeux, n'avait pas à être modifié pour devenir le modèle ou le prototype d'une collection. C'est par un travail de recherches que nous souhaitions inaugurer cette nouvelle série.

Une longue familiarité avec les récits de voyage consacrés à l'Italie m'a appris que, souvent, nos auteurs qui adoraient l'Italie comprenaient mal les Italiens et que leur amour du passé rendait parfois leur regard sur le présent nostalgique et injuste. On notera en revanche l'objectivité, voire la bienveillance, de Meyer, qui sait être heureux ailleurs que chez lui. Je n'en ai aimé que davantage ce texte.

G. VALLET

X

INTRODUCTION

I. - F. J. L. Meyer et les voyageurs étrangers en Italie à la fin du XVIIIᵉ siècle

La tradition du voyage en Italie remonte fort loin: nul n'ignore quel pôle d'attraction ont constitué de bonne heure pour les étrangers des lieux de pèlerinage comme Rome, Lorette ou Bari, les universités de Bologne, de Padoue... Cette tradition a donné naissance à toute une littérature dont la veine n'est pas tarie de nos jours. A cet égard, la seconde moitié du XVIIIᵉ siècle présente un intérêt tout particulier: avec l'apparition d'une mentalité nouvelle, c'est la conception du voyage elle-même qui se modifie, tandis que la relation de voyage, genre aux limites assez imprécises, longtemps proche du guide à l'usage des étrangers, tend à devenir plus personnelle. Désormais, dans la plupart des cas, elle vise moins à donner des informations complètes et précises, valables pour tous, qu'à exprimer les impressions d'un voyageur, se rapprochant ainsi de l'autobiographie.

Le voyage en Italie pendant la première moitié du XVIIIᵉ siècle

Les conditions dans lesquelles s'effectue le voyage d'Italie ont changé, elles aussi, et c'est à juste titre que R. Michéa parle de démocratisation [1]. Pendant la première moitié du siècle, le séjour dans

[1] René Michéa, Le « Voyage en Italie » de Goethe, Paris, Aubier, 1945. C'est l'ouvrage le plus stimulant pour la réflexion qui puisse être consulté par qui s'intéresse aux voyages en Italie au XVIIIᵉ siècle.

la péninsule appartenait encore à ce que les Anglais appellent le *Grand Tour* et les Allemands la *Kavalierstour*, comprenant, outre l'Italie, l'Allemagne, l'Autriche, la Suisse, la France, les Pays-Bas, l'Angleterre et, dans quelques cas très rares, l'Espagne[2], et représentant le couronnement des études pour les fils de la noblesse et de la haute bourgeoisie. Le plus souvent, les jeunes gens partaient en groupe, accompagnés d'un personnage qui jouait plus ou moins le rôle de précepteur[3]; ils emmenaient des domestiques et voyageaient en pompeux équipage. Il s'agissait en somme, un peu comme dans la pédagogie de Rabelais et de Montaigne, de recourir successivement à deux méthodes: l'acquisition des connaissances dans le silence de la salle d'études, et l'observation directe dans « le grand livre du monde ». Le voyage correspondait à tout un programme; en Italie, en particulier, le jeune noble devait parfaire sa connaissance de l'antiquité et réfléchir aux problèmes politiques et stratégiques, étudier les systèmes de fortifications, les différentes formes de gouvernement — ce pays morcelé représentait un champ d'expérience privilégié, avec ses divers états, indépendants ou non, monarchiques, ecclésiastiques ou républicains — il devait aussi acquérir, grâce à ses relations avec l'aristocratie, l'aisance mondaine qui lui serait nécessaire par la suite pour tenir son rang; il n'omettait donc pas de se munir, avant son départ, de nombreuses lettres de recommandation qui lui ouvriraient bien des portes. Ainsi, ce voyage destiné à parachever l'éducation du jeune homme bien né ne représentait pas, du moins en théorie, une partie de plaisir; il exigeait une grande application, entraînait beaucoup de fatigue, comme les guides l'avaient souligné depuis longtemps[4a]. Il ne pouvait être entrepris n'importe

[2] Cf. René Pomeau, *L'Europe des Lumières*, Paris, Stock, 1960.
Le Grand Tour n'avait pas toujours cette ampleur, cependant les titres de certains guides constituent tout un programme. Qu'on en juge par celui de Keyssler: *Neueste Reisen durch Teutschland, Ungarn, die Schweiz, Italien, und Lothringen, worin der Zustand und das Merkwürdigste dieser Länder beschrieben und vermittelst der Natürl. Gelehrten, u. politischen Geschichte, der Mechanik, Mahler-, Bau- und Bildhauerkunst, Müntzen und Altertümer erläutert wird*, Hannover, 1740.
[3] C'est le cas de Misson ainsi que de Keyssler.
[4] Les références suivantes sont empruntées au livre de Ludwig Schudt, *Italienreisen im XVII. und XVIII. Jahrhundert*, Wien, 1959:
[4a] H. Turlerus, *De peregrinatione et agro napoletano...*, Argentorati, 1574.

quand et par n'importe qui: à en croire certains auteurs, les enfants et les vieillards en étaient incapables, de même que les femmes [4b]. Sa durée variait, dans la plupart des cas, entre trois et quatre mois, cependant Keyssler estimait qu'il fallait neuf mois environ pour bien connaître l'Italie. Le plus souvent, on arrivait en octobre, pour éviter la chaleur de l'été, on passait l'hiver à Naples où la douceur de l'hiver était renommée; dans les autres villes, la date du séjour correspondait en général à celle de certaines cérémonies: la fête de l'Ascension et les épousailles de la mer à Venise, ou encore le carnaval; à Rome, le carnaval également, la semaine sainte ou la Saint-Pierre. Le voyageur n'envisageait pas d'affronter seul les hasards de la route, le choix de ses compagnons exigeait le plus grand soin: leur nombre devait atteindre au moins celui des Grâces et ne pas dépasser celui des Muses, avait dit en termes poétiques un auteur ancien [4c]. Un autre prévoyait plus de cent vingt-deux points sur lesquels le malheureux voyageur aurait à s'informer! On comprend la réflexion ironique de Sterne, dont le *Voyage sentimental*, publié en 1768, illustre une conception du voyage radicalement opposée à la *Kavalierstour*, quand il évoque ces « pèlerins martyrs condamnés par des parents austères à voyager sous la direction de précepteurs »!

Dans la majeure partie des cas, et cela reste vrai à toutes les époques, ce que voit le voyageur est soumis à deux impératifs: le tracé des routes, qui pour une bonne part détermine le choix des itinéraires — il faut y ajouter maintenant celui des chemins de fer et des autoroutes — et la façon dont les guides présentent les curiosités d'un pays: les mêmes oeuvres, les mêmes villes, les mêmes paysages suscitent des intérêts divers, selon les générations. L'image que les étrangers se formèrent de l'Italie pendant toute la première moitié du XVIIIᵉ siècle fut influencée par un ouvrage célèbre, celui

[4b] D. Gruberi, *De peregrinatione studiosorum...*
[4c] *Tabula Peregrinationis continens capita Politica*, per D. Hugonem Plotium J. V. Doctorem.
(Ces deux dernières études sont publiées en appendice à l'ouvrage de P. Hentzner, *Itinerarium Germaniae, Galliae, Angliae...*, Norimbergae, 1612).
On notera qu'à cette époque un certain nombre de guides de voyage étaient rédigés en latin.
L'ouvrage de Schudt est fondamental pour qui étudie les voyages d'Italie de 1650 à 1750, et même un peu plus tard, puisqu'il présente les guides de l'abbé Richard et de Lalande, parus respectivement en 1766 et 1769.

de Misson; la plupart d'entre eux l'emportaient dans leurs bagages et avaient grand soin de vérifier ou de compléter sur place ses informations. Ce livre est intéressant à plus d'un titre. Il prouve, par exemple, combien la distinction restait imprécise à cette époque entre le guide et la relation de voyage. Maximilien Misson, protestant français exilé en Angleterre après la révocation de l'Edit de Nantes, avait accompagné en Italie, en 1688, à titre de précepteur, un jeune seigneur anglais. La relation qu'il avait rédigée pendant son voyage sous forme de lettres à l'intention de ses amis fut imprimée et connut aussitôt un grand succès[5]. R. Michéa a souligné l'importance internationale de ce guide où plusieurs générations de voyageurs trouvèrent le détail de tout ce qui pouvait les intéresser en Italie, et particulièrement de nombreuses inscriptions latines que l'auteur n'avait pas manqué de relever partout où il l'avait pu. Pour ces hommes épris de l'antiquité et parfois quelque peu pédants, ces inscriptions n'étaient pas l'un des moindres attraits du voyage; beaucoup d'entre eux eurent à coeur de compléter et de corriger à cet égard l'ouvrage de Misson, tels Keyssler ou Johann Caspar Goethe. De nos jours, nous accordons plus d'importance à deux caractéristiques: l'esprit critique de l'auteur, toujours en éveil à l'égard des reliques et des superstitions, grâce auquel son livre joua un rôle non négligeable dans la lutte philosophique[6], et aussi son intérêt pour l'art. Cet intérêt nous semble sans doute bien timide, cependant il nous vaut des développements qui peuvent être considérés comme des analyses d'oeuvres d'art et dont R. Michéa montre la nouveauté, à une époque où les principaux guides se contentaient, pour les musées, galeries et collections, de nomenclatures fort sèches. La présentation de l'ouvrage contribua pour une large part à son succès. Dans son *Avertissement*, Misson se montrait parfaitement conscient des avantages que lui offrait la forme épistolaire: possibilité d'omettre certains développements ou au contraire de reprendre les remar-

[5] Misson, *Nouveau voyage d'Italie, fait en 1688...*, La Haye, 1691; souvent réédité au cours du XVIIIe siècle, il gardera encore son intérêt aux yeux de Stendhal.

[6] Cf. Pierre Laubriet, *Les guides de voyages au début du XVIIIe siècle et la propagande philosophique*, in *Studies on Voltaire and the Eighteenth century*, vol. XXXII, Genève, 1965. On y verra en particulier que Voltaire a lu et annoté le livre de Misson.

ques faites par d'autres auteurs, de ne pas traiter à fond une question... Il attachait aussi une grande importance au style de la lettre, « concis », « libre et familier ». C'est le succès de ce livre qui explique la prolifération des correspondances rédigées par les voyageurs du XVIIIe siècle, authentiques ou fictives, célèbres ou ignorées. Le guide de Keyssler, incapable de rivaliser avec Misson, fastidieux, pédant et naïf à la fois, tenta vainement de faire croire à l'existence d'un destinataire, par le recours aux en-têtes et aux formules de politesse qui terminaient ses divers chapitres; au contraire, De Brosses, venu en Italie la même année, nous a légué ses *Lettres familières* dont l'intérêt n'a pas faibli et qui nous donnent le plaisir toujours renouvelé d'une conversation à bâtons rompus. Nous citerons deux autres exemples, celui du conseiller Johann Caspar Goethe et de son fils Johann Wolfgang. Rentré chez lui depuis dix ans, le conseiller rédigea en italien son journal de voyage; il le présenta comme une série de lettres et l'embellit quelque peu en y introduisant un petit roman — vrai ou faux? — avec une belle Italienne[7]. Quant à l'écrivain, composant son *Voyage d'Italie* trente et quarante ans après son retour, entre 1816-1817 et 1829, il reprit ses notes, les lettres qu'il avait envoyées à ses amis, remania, retrancha, mais choisit la forme épistolaire: nulle autre, pas même celle du journal, ne pouvait lui offrir autant d'avantages.

Pendant la première moitié du XVIIIe siècle — ce sera vrai encore par la suite — on ne composait généralement la relation de son voyage que longtemps après avoir quitté l'Italie. L'ouvrage de Johann Caspar Goethe en est un exemple, et les *Lettres* du président De Brosses elles-mêmes ne doivent pas nous faire illusion: certaines d'entre elles ne furent rédigées qu'après le retour en Bourgogne, comme l'ont prouvé les recherches d'Yvonne Bezard[8]. Pour suppléer aux défaillances de la mémoire, on utilisait donc, dans bien des cas, toute une documentation: les guides de voyage, déjà nom-

---

[7] L'oeuvre de J.C. Goethe ne fut publiée que tardivement, en 1932-33, en Italie, pour le centenaire de la mort de son fils. Benedetto Croce se montra fort sévère à l'égard de cette entreprise, jugeant inutile la publication de ce journal de voyage, rempli, disait-il, de notes insipides.

[8] Cf. son édition des *Lettres du président De Brosses à Charles Lopin des Gémeaux*, Paris, 1929.

breux à cette époque, d'autres relations et divers ouvrages concernant l'Italie [9], sans oublier les auteurs anciens.

La plupart des voyageurs avaient séjourné dans la péninsule au temps de leur jeunesse. A défaut d'expérience, le lecteur pourrait s'attendre à trouver dans leurs oeuvres quelque spontanéité, une plus ou moins grande fraîcheur d'impression. Il n'en est rien. Ces voyageurs ne voyaient qu'un certain nombre de choses, toujours les mêmes, celles qu' « il fallait avoir vues »; les réactions et les jugements qu'elles leur inspiraient étaient à peu près identiques. Cette remarque vaudrait, certes, pour bien d'autres époques, et, il ne faut pas l'oublier, la plupart des auteurs ne se piquaient nullement alors de faire oeuvre originale. Il s'agissait de donner une vue d'ensemble de l'itinéraire traditionnel, et l'on n'hésitait pas à parler de ce qu'on n'avait pas vu. Schudt note que certains étrangers décrivaient des choses qui n'existaient pas à l'époque de leur voyage, mais qui figuraient dans des livres récents. Le résultat n'était en général qu'une compilation plus ou moins volumineuse, où l'érudition tenait la plus grande place. Presque partout se retrouvaient les mêmes itinéraires, les jugements de valeur ayant cours à l'époque. Ce fait est particulièrement net chez les Allemands: à partir de 1650, ils avaient repris la tradition du voyage d'Italie, longtemps interrompue par la période de détresse que fut la Guerre de Trente ans (1618-1648), mais les relations qui nous sont parvenues restent bien inférieures par le nombre et la qualité à celles de leurs contemporains anglais ou français; on n'y remarque aucune oeuvre de premier plan [10]. Quel est donc l'intérêt de cette littérature? Elle nous donne une image de ce que fut l'Italie pendant la première moitié du siècle, image incomplète et plus ou moins juste, et surtout des témoignages concernant la mentalité et de la sensibilité propres à cette époque.

[9] En particulier la *Descrizione di tutta Italia*, de Leandro Alberti, publiée à Bologne en 1550 et souvent rééditée. Il existait aussi des publications consacrées à telle ou telle ville, particulièrement nombreuses dans le cas de Rome et Naples.

[10] Cf. la bibliographie publiée par Schudt à la fin de son livre. Quoi que dise cet auteur à propos de Pöllnitz, on ne trouve alors chez les Allemands rien qui fasse penser aux *Lettres* du président De Brosses.

Le voyage d'Italie prend un caractère tout différent dans la seconde moitié du siècle [11]. Il n'est plus l'apanage des jeunes gens qui appartiennent à la noblesse et à la haute bourgeoisie; l'ère de la *Kavalierstour* est à peu près terminée. Friedrich Johann Lorenz Meyer, par exemple, est le fils d'un marchand de vin de Hambourg. La mentalité n'est plus la même: en schématisant quelque peu, on pourrait dire que le voyage d'Italie apparaît moins désormais comme le couronnement classique des études que comme la possibilité de découvrir une terre privilégiée, de faire une expérience exceptionnelle qui viendra illuminer toute la vie. En apparence, Meyer ressemble à bien des voyageurs qui l'ont précédé: tout frais émoulu de l'université de Göttingen, il a vingt-trois ans et vient de soutenir sa thèse de droit quand il passe les Alpes en 1783; mais il a bientôt la révélation d'une existence plus riche, plus pleine. Le cas de Goethe est bien connu: l'écrivain a l'impression de se découvrir lui-même et de progresser sur la voie d'une certaine sagesse, il croit naître pour la seconde fois.

On ne se soucie plus guère de voyager dans un équipage confortable, avec des compagnons, un précepteur, des domestiques, ni de se munir de lettres de recommandation. Meyer vient en Italie avec un camarade d'université, mais Karl Philipp Moritz est seul, comme Goethe: dans son désir de libération, ce dernier, qui est déjà un personnage célèbre — auteur de *Werther*, ministre à Weimar — voyage en poète, en artiste, sous un nom d'emprunt qui le protège des indiscrets. On a d'autant plus de liberté ainsi pour observer les êtres, par exemple quand on se trouve en chaise ou sur le coche d'eau entre Venise et Padoue; cela nous vaut, sous la plume de K. Ph. Moritz ou de Goethe, quelques aventures qui introduisent

[11] Il pourrait être tentant, pour symboliser les différences entre les deux périodes, de comparer les relations de voyage dues à Johann Caspar et Johann Wolfgang Goethe, le père et le fils, qui visitèrent l'Italie à moins de cinquante ans d'intervalle. Toutefois, la comparaison serait faussée par le fait que l'un est un voyageur quelconque, auquel on doit une relation fort médiocre, l'autre un homme exceptionnel, plus âgé d'ailleurs que la plupart des voyageurs: il a trente-sept ans quand il passe les Alpes pour la première fois et son oeuvre d'écrivain lui vaut déjà la célébrité.

XVII

dans la relation de voyage une veine légèrement picaresque, divertissante après tant de remarques stéréotypées! Cependant, Meyer, soucieux d'éviter l'anecdote contée pour elle-même, ne relate pas ses rencontres imprévues. C'est l'époque où le désir de se plonger dans la nature pousse quelques jeunes voyageurs à partir à pied. Rousseau a dû renoncer à son rêve de parcourir ainsi l'Italie, mais plusieurs Allemands, sous son influence sans doute et en vertu aussi du goût que leurs compatriotes ont toujours éprouvé pour le *Wandern*, vont à pied de Rome à Naples, dans la région des *Castelli romani...* Wilhelm Heinse a des projets plus vastes encore.

Parfois, nous trouvons même la recherche de la performance et ce que nous appellerions à notre époque l'exploit sportif. Certains ne veulent plus s'en tenir à l'itinéraire traditionnel, dont les environs de Naples constituent la partie la plus méridionale; ils visitent le sud de la péninsule et la Sicile [12]. Meyer ne peut se rendre en Calabre où le tremblement de terre de 1783 a fait de terribles ravages, mais trois ans plus tard un autre jeune Hambourgeois, Bartels, parcourt les provinces méridionales qui ne sont guère connues que grâce à quelques voyageurs: l'Allemand Riedesel y a voyagé en 1767, l'Anglais Swinburne de 1777 à 1779, et, en 1778, l'équipe des dessinateurs accompagnée de Vivant Denon, qui fournit à l'abbé de Saint-Non la matière de son *Voyage pittoresque de Naples et de Sicile*. L'ambition de Bartels est de s'éloigner des sentiers battus, de contrôler par lui-même la vérité de certaines affirmations, par exemple la méchanceté proverbiale des Calabrais. Il sait qu'il ne trouvera pas toujours de routes, que les auberges sont à peu près inexistantes, le climat souvent rude ou malsain, cependant il refuse toutes les facilités. Il n'emporte pas de lettres de recommandation et parcourt comme il le peut, en compagnie d'un jeune Anglais, non moins hardi, des chemins difficiles: quand il n'a pas de cheval, d'âne ou de mulet, il part à pied. Il lui arrive de dormir dans une salle qui sert aussi d'écurie, n'ayant pour toute couverture que le manteau prêté par un pauvre paysan, mais il se laisse griser par la pensée d'être une sorte de pionnier. Quelle joie de surmonter les difficultés devant

[12] Cf. Hélène Tuzet, *La Sicile au XVIIIᵉ siècle, vue par les voyageurs étrangers*, Strasbourg, 1955, et Atanasio Mozzillo, *Viaggiatori stranieri nel Sud*, Milano, 1964.

lesquelles d'autres ont renoncé [13]! Si Meyer n'a pas l'occasion d'affronter des conditions aussi difficiles, l'existence qui lui paraît la plus enviable n'est-elle pas aventureuse à sa manière? C'est celle des jeunes artistes étrangers séjournant à Rome, qui se contentent d'un petit pain et d'un verre d'eau et sont les plus heureux du monde, puisqu'ils peuvent se consacrer tout entiers à l'art. Il ne s'agit pas là de l'idéal romantique, qui fera de l'artiste un être affranchi des conventions, mais d'un rêve de bonheur et de liberté que les cavaliers n'avaient sans doute jamais ébauché.

Si les provinces méridionales offrent au voyageur une assez grande part d'aventure, celui qui s'en tient à l'itinéraire traditionnel peut s'attendre à ne pas arriver en pays totalement étranger dans certaines villes, et particulièrement à Rome: qu'il soit français, anglais ou suédois même, à en croire Björnståhl, il y rencontre beaucoup de compatriotes. A cette époque, de nombreux Allemands font en Italie un séjour plus ou moins long, certains s'y sont fixés définitivement. A Naples, où la reine est une Autrichienne, Marie-Caroline, fille de l'impératrice Marie-Thérèse, les artistes et les voyageurs venus des pays germaniques reçoivent à la cour le meilleur accueil. Toute une colonie allemande s'est établie à Rome, des artistes en particulier, plus ou moins âgés, plus ou moins renommés, plus ou moins riches, depuis ces jeunes peintres enviés par Meyer, qui vont gaiement copier les Raphaëls du Vatican, jusqu'à la célèbre Angelica Kauffmann. Lorsque Meyer, K. Ph. Moritz, Goethe arrivent successivement à Rome à partir de 1783, ils ne peuvent plus y rencontrer Winckelmann, assassiné à Trieste en 1768, mais son *Histoire de l'art de l'antiquité*, dont la première édition allemande est parue en 1763, exerce toujours une grande influence. Depuis le départ de Mengs et sa mort en 1779, d'autres peintres sont venus vivre à Rome: Angelica Kauffmann s'y est fixée en 1782, Tischbein, arrivé en 1783, se fait le *cicerone* de Goethe pendant le premier séjour de celui-ci et entreprend le portrait de l'écrivain dans la campagne romaine. Philipp Hackert, personnage considérable, quitte Rome en 1785 pour s'établir à Naples, où il est nommé peintre de

---

[13] « Es ist ein herrlicher Gedanke, Schwierigkeiten zu übersteigen und überstiegen zu haben, vor denen andre zurückbebten ». *Briefe über Kalabrien und Sizilien*, Göttingen, 1789-91, T. I, p. 223.

paysage du roi. On pourrait citer aussi des sculpteurs, des graveurs...

L'Italie inspire au voyageur un intérêt qui peut aller jusqu'à la fascination. Guides et relations de voyage insistent généralement dans leurs préfaces sur tout ce que ce pays est susceptible d'apporter à l'homme instruit, curieux d'étendre ses lumières et de perfectionner son goût ». « Il n'est aucune partie de l'Europe, on pourroit dire du monde entier, écrit J. D. Cassini [14], qui offre au voyageur un champ plus vaste et plus diversifié, une moisson plus abondante de remarques et d'observations dans tous les genres. Amans de la nature, amateurs des beaux-arts, philosophes, naturalistes, historiens, antiquaires, peintres, sculpteurs, architectes, musiciens, tous rencontrent en Italie de quoi piquer leur curiosité, fixer leurs regards et ravir leur admiration. C'est un tableau universel où se trouvent réunis les objets de toute espèce ». Mais il y a plus: certains voyageurs, dès qu'ils ont franchi les Alpes, sentent qu'ils ont atteint une terre privilégiée, dont le souvenir ne les quittera plus. Meyer se laisse griser par le printemps précoce et croit voir la vie triompher de la mort; Goethe exprime son ravissement (Entzücken) à la découverte de sa véritable patrie: « Je me plais ici, comme si j'y étais né et revenais maintenant d'un voyage au Groenland ou de la pêche à la baleine » [15]. Moins de vingt ans après, Beyle aura la même révélation, dont *Henri Brulard* nous montrera toute l'importance. On n'estime donc plus possible, désormais, d'acquérir une bonne connaissance du pays en trois ou quatre mois. Si Meyer ne prolonge guère davantage son séjour, Wilhelm Heinse, Karl Philip Moritz et bien d'autres restent plusieurs années dans la péninsule [16]. Les ouvrages qu'elle inspire ne peuvent même plus, dans certains cas, être considérés comme des relations de voyage: Jagemann, qui publie en 1778 ses *Briefe über Italien*, a vécu seize ans en Italie! [17]

Le voyageur dispose de moyens d'information bien supérieurs

[14] *Manuel de l'Etranger qui voyage en Italie*, Paris, 1778, Introduction, p. 9.
[15] *Voyage en Italie*, édition Aubier, Paris, 1961, T. I, p. 57.
[16] Goethe est en Italie de septembre 1786 jusqu'à l'été de 1788, son second séjour à Rome dure dix mois.
[17] Malgré son titre, très traditionnel, ce livre n'est pas un *Voyage* au sens strict du terme, c'est-à-dire une série d'observations ordonnées selon un itinéraire: il s'agit de remarques portant sur des sujets divers, plus ou moins limités: les sigisbées (lettre 2), le caractère national (6), une éruption du Vésuve...

à ceux de ses prédécesseurs. Il ne recourt plus guère aux *ciceroni* romains, dont Meyer fait une satire si plaisante, puisqu'il peut se faire accompagner par des artistes, ses compatriotes, qui se trouvent à Rome depuis plusieurs années [18]. De nouveaux guides de voyage lui fournissent d'abondants renseignements et sont des modèles du genre: deux ouvrages français ont vite une notoriété internationale, celui de l'abbé Richard [19] et surtout celui de Lalande [20] qui joue désormais le rôle qu'avait eu le livre de Misson pendant la première moitié du siècle. Il peut être considéré comme une véritable encyclopédie du voyage d'Italie. Quelques années plus tard, l'Allemand Volkmann, composant un guide destiné aux voyageurs germaniques, se contente le plus souvent de reprendre les observations faites par ces deux auteurs [21]. Par l'intermédiaire de cette compilation, la France, si décriée par les Allemands après Winckelmann, exerce donc une influence sur leur interprétation des choses italiennes, comme l'a souligné René Michéa [22].

Apparition chez les voyageurs d'une nouvelle mentalité

La mentalité a changé. On ne voit plus tout à fait les mêmes choses qu'à l'époque précédente, ou bien on les considère sous un jour différent. La curiosité devient plus variée, plus vaste, et le contenu de la relation de voyage s'enrichit. En Italie, le cavalier cherchait avant tout à perfectionner sa connaissance de l'antiquité et sa formation politique et militaire, il désirait acquérir plus d'aisance mon-

---

[18] Les voyageurs français ont souvent recours aux jeunes pensionnaires du roi qui séjournent à l'Académie de France. Goethe a pour *ciceroni* Tischbein, K. Ph. Moritz, Angelica Kauffmann...

[19] Abbé Richard, *Description historique et critique de l'Italie...*, Dijon, Paris, 1766.

[20] Jérôme Le Français de Lalande, *Voyage d'un Français en Italie, fait dans les années 1765-66...*, Venise et Paris, 1769. Cet ouvrage est mis à jour dans la seconde édition, parue en 1786; de même, le guide de l'abbé Richard est réédité en 1770.

[21] Johann Jakob Volkmann, *Historisch-kritische Nachrichten von Italien...*, Leipzig, 1770-71. Cf. la préface, où il explique tout ce qu'il doit à ses deux prédécesseurs français. C'est pourquoi nous ne parlerons pas ici des guides anglais, qui n'ont pas exercé la même influence sur les voyageurs allemands.

[22] *Op. cit.*, 1ère partie, chapitre 1er.

daine; désormais, les voyageurs observent tout ce qui peut intéresser les contemporains, or nous sommes à l'époque de l'*Encyclopédie*! Une place importante est accordée, par exemple, aux considérations économiques — c'est ainsi qu'on prône la libre circulation des grains — et à l'histoire naturelle: la relation de Ferber est consacrée presque exclusivement à cette dernière [23]. L'intérêt pour les anciens ne faiblit pas, bien au contraire; on emporte encore dans sa poche son Virgile et son Horace; Goethe rêve de lire Tacite à Rome, puis retrouve Homère en Sicile... Tous les voyageurs vont visiter les fouilles d'Herculanum et Pompéi sans oublier le musée de Portici, où sont conservés les objets mis au jour dans ces deux villes, redécouvertes au cours du siècle; cela nous vaut des descriptions fort longues et circonstanciées. Cependant, nous ne trouvons plus dans cette littérature les interminables listes d'inscriptions latines, si fastidieuses chez un Keyssler ou un Johann Caspar Goethe: l'Italie des voyageurs, aux alentours de 1780, n'est plus seulement celle du passé, on y voit vivre les contemporains et surtout le peuple qui était resté longtemps ignoré, sinon dans la mesure où il fallait bien avoir affaire aux douaniers, postillons, aubergistes et serviteurs.

L'itinéraire traditionnel qui se termine aux environs de Naples — et comprend à la rigueur Paestum dans la seconde moitié du siècle — ne suffit plus toujours à satisfaire la curiosité. Pendant longtemps, la partie méridionale de la péninsule est demeurée une *terra incognita*, dont les guides ne parlaient pas. En 1769, Lalande écrit encore, après avoir mentionné Salerne: « Je ne parle pas du reste du Royaume de Naples, qui n'entre pas dans mon propos » [24], mais dans la seconde édition, en 1786, se référant aux relations des voyageurs qui ont visité les provinces du Sud et la Sicile, il ajoute quatre pages à sa description de ce royaume [25], sans voir d'ailleurs tout l'intérêt que présente cette expérience: les étrangers ont pu découvrir des paysages nouveaux, des villes jusqu'alors presque in-

[23] Ferber, *Lettres sur la Minéralogie et sur divers objets de l'Histoire Naturelle de l'Italie*. Traduit de l'allemand, Strasbourg, 1776.

[24] Tome I, Préface, p. XLII.

[25] Cette addition de quatre pages, dans une oeuvre qui compte désormais neuf volumes, ne donne qu'une bien faible idée de l'intérêt inspiré alors par l'Italie méridionale.

connues [26], de nouvelles oeuvres d'art, celles de l'architecture grecque en Grande-Grèce et en Sicile, ou des ensembles aussi déconcertants pour un Goethe que la villa Palagonia, proche de Palerme [27]. Seules, les Abruzzes et la Sardaigne, difficilement accessibles et considérées comme arriérées par les Italiens eux-mêmes, restent encore ignorées.

L'importance que les contemporains accordent à la sensibilité est bien connue. A d'autres époques, la relation de voyage a pu avoir la sécheresse du compte-rendu, mais, vers 1780, cette sensibilité apparaît de plus en plus dans la relation de voyage, genre aux frontières imprécises qui tient alors, le plus souvent, à la fois de la correspondance — selon la tradition léguée par Misson — du journal et de l'autobiographie. Il est possible de schématiser son évolution en disant que l'ère du cavalier a fait place à celle du voyageur sentimental [28]. Le lyrisme prend ainsi une place de plus en plus grande dans la relation de voyage. Dans l'ensemble, on cherche moins à compiler les informations et à dresser des inventaires qu'à s'exprimer [29], on se soucie moins d'être spirituel [30] que de traduire son émotion, les élans de son coeur. La satire elle-même en donne une preuve: traditionnelle chez les étrangers qui découvrent l'Italie, elle est alors moins caustique que passionnée. C'est l'indignation qui parle chez Meyer quand il note les brimades auxquelles sont soumis les juifs de Rome, enfermés dans le ghetto, obligés d'envoyer chaque semaine une délégation assister à un sermon de conversion...

La relation de voyage garde cependant son intérêt documentaire. Nous ne trouvons rien qui ressemble au *Voyage sentimental* de Sterne quant au sujet même, et nul n'écrirait encore, comme le fera Heine dans ses *Reisebilder*: « Il n'y a rien de plus ennuyeux

---

[26] On connaît l'importance de Palerme dans l'expérience de Goethe; nous nous bornerons à rappeler que, découvrant la ville du navire qui s'approche de la Sicile, il comprend mieux encore l'oeuvre de Claude Lorrain (*Op. cit.,* T. II, p. 459).

[27] Cf. à ce sujet l'étude déjà citée d'H. Tuzet.

[28] R. Michéa souligne à ce propos l'influence du *Voyage sentimental* de Sterne. Voir aussi Wilhelm Waetzoldt, *Die Italienreise als Kulturerlebnis*, in *Forschungen und Fortschritte*, Berlin, 1941.

[29] Cf., par exemple, la Préface de Meyer.

[30] Le chef-d'oeuvre à cet égard est à l'époque précédente l'ouvrage du président De Brosses.

sur cette terre que la lecture d'un voyage en Italie, si ce n'est peut-être l'ennui de l'écrire; et l'auteur ne se peut guère rendre supportable qu'en y parlant le moins possible de l'Italie elle-même » (p. 441). L'information ne se présente plus cependant comme au cours de la période précédente: dans l'ensemble, on juge inutile de répéter ce qui a déjà été écrit tant de fois, mais — l'idée est bien caractéristique de l'époque — on pense que chacun peut apporter sa pierre à l'édifice de la connaissance, qui est nécessairement une construction collective. Tout voyageur peut donner, soit des renseignements complémentaires, soit une information inédite, puisque la vie est un perpétuel changement. Les hommes politiques se succèdent, les villes se transforment, l'économie évolue, de nouveaux artistes se manifestent et, dans cette terre privilégiée qu'est l'Italie, les fouilles mettent au jour de nouveaux trésors... Que de choses peuvent être regardées avec des yeux neufs! Certains auteurs ont la modestie d'affirmer que leur relation sert de supplément à tel ou tel ouvrage, ainsi Bernoulli [31] qui présente un de ses livres comme un supplément à Volkmann et, dans la préface d'un autre, déclare qu'il avait pensé envoyer sa documentation à Lalande. Les guides, en effet, utilisent l'expérience des voyageurs: nous avons vu l'astronome inclure dans la seconde édition de son livre quelques pages consacrées à l'Italie du Sud et à la Sicile. L'idée que l'homme utilise l'expérience de ses prédécesseurs et travaille pour ceux qui suivront correspond chez certains à une conviction profonde. C'est le cas de Goethe: « Suis-je autre chose que le précurseur d'autres à venir, *dans la vie comme en voyage?* » [32]

Deux types de voyageurs sont désormais l'objet d'une certaine raillerie, tels ce marchand et sa famille dont parle K. Ph. Moritz: venus d'Allemagne pour voir les chefs-d'oeuvre de l'antiquité, ces gens se réjouissent chaque fois qu'ils ont visité un musée ou une collection — c'est encore une chose faite! Moritz, lui, ne se lasse pas de revoir au Vatican l'Apollon du Belvédère et les autres antiques et croit que l'art joue un grand rôle dans la vie intérieure, car

---

[31] *Zusätze zu den neuesten Reisebeschreibungen von Italien*, Leipzig, 1777-81.

[32] *Op. cit.*, T. II, p. 489. C'est nous qui soulignons.

il élève l'esprit et ennoblit le coeur [33]. C'est l'époque où l'on est sensible à certaines atmosphères, où les souvenirs de voyage tendent à devenir de plus en plus personnels chez certains voyageurs pour lesquels tel monument, tel paysage sont associés aux moments qui ont dans leur vie une importance particulière. Le second séjour romain de Goethe se termine par une promenade dans Rome baignée de clarté lunaire, et le *Voyage en Italie* prend fin sur l'évocation de ce souvenir qui permet à l'auteur de composer, selon l'expression de R. Michéa, un « somptueux finale d'opéra » (*Op. cit.*, p. 56). Il ne peut être question de comparer Meyer à un si grand écrivain, mais il est frappant de constater que certaines de ses visites ne s'organisent pas au hasard ou selon l'ordre des curiosités répertoriées dans un guide [34]. On sait quelle sera plus tard la méthode du voyageur *égotiste*:

« Il y a deux façons de voir Rome: on peut observer tout ce qu'il y a de curieux dans un quartier, et puis passer à un autre;

Ou bien courir chaque matin après le genre de beauté auquel on se trouve sensible en se levant. C'est ce dernier parti que nous prendrons » [35].

Sans aller jusque-là sans doute, Meyer choisit pour les heures les plus significatives de son séjour à Rome l'atmosphère qui leur convient le mieux. C'est de la coupole de Saint-Pierre qu'il prend congé de cette ville tant aimée, dans la cour du Belvédère qu'il organise pour ses amis une fête d'adieu à laquelle la contemplation des célèbres antiques donne un caractère presque sacré. Désormais, l'anniversaire d'un être cher sera pour toujours associé au souvenir d'une soirée au jardin Farnèse et à une promenade nocturne au Colisée. Rien de plus banal pour nous que cette association entre un état d'âme particulier et un paysage ou même un monument — tant de romanciers l'ont exploitée! Elle garde encore sa nouveauté à la

[33] « Die Betrachtung schöner Kunstwerke erhebt den Geist und veredelt das Gefühl » (*Reisen eines Deutschen in den Jahren 1786 bis 1788*, Berlin, 1792, T. III, p. 155).

[34] Cette constatation peut sembler fort banale: Montaigne savait déjà se fier à sa fantaisie! Pourtant, si l'on en juge par l'ordonnance des remarques figurant dans leurs relations, de nombreux contemporains de Meyer ont dû suivre scrupuleusement les itinéraires donnés par leurs guides de voyage.

[35] Stendhal, *Promenades dans Rome*, Florence, 1958, T. I, p. 10.

fin du XVIIIᵉ siècle, où elle apparaît, par exemple, dans l'*Ardinghello* de Heinse, avant de jouer un grand rôle dans la *Corinne* de Mme de Staël (1807). Par la suite, elle deviendra dans certains cas un procédé un peu facile, mais nous vaudra des textes admirables, comme la rêverie d'Henri Brulard au Janicule: « Je vais avoir la cinquantaine... ».

Un autre type de voyageur suscite également la réprobation, celui qui prétend juger de haut et prononcer des condamnations sans appel. L'un des cas les plus curieux est celui d'Archenholz: anglomane convaincu, celui-ci ne trouve guère en Italie que des occasions de critique et souligne la supériorité de l'Angleterre. La vignette placée au frontispice de son livre, *England und Italien*, paru en 1785, est à elle seule tout un programme: le lecteur peut y voir un jeune homme, d'abord hésitant entre l'Angleterre et l'Italie, opter enfin pour la première, selon les conseils de la sagesse. Goethe critique sévèrement cette attitude de dénigrement systématique; quand il rencontre dans les Apennins un Anglais grincheux voyageant avec sa soeur, il s'écrie: « Ils trouvent partout à se plaindre, on croirait lire quelques pages d'Archenholz! » [36] Un cas semblable se présentera au début du XIXᵉ siècle, celui de Kotzebue, qui terminera sa relation par une apologie de son voyage en Russie [37]. Mais, d'ordinaire, on se soucie moins de briller par son esprit en raillant les usages que de comprendre leur raison d'être, on a davantage le sens de la relativité et l'on fait souvent intervenir, par exemple, la notion de climat pour expliquer certaines particularités de l'Italie.

Le paysage italien

Les relations de voyage traduisent, au cours de cette période, des intérêts très divers: certains existaient déjà dans la première moitié du siècle, mais ils peuvent apparaître sous un autre jour, d'autres sont nouveaux et correspondent à une mentalité toute différente.

Le paysage italien prend une place de plus en plus grande dans ces ouvrages. Beaucoup de voyageurs, à l'époque précédente, ne

[36] *Op. cit.*, T. I, p. 225.
[37] Kotzebue, *Souvenirs d'un voyage en Livonie, à Rome et à Naples,* Paris, 1806.

l'avaient pas vu: enfermés dans leurs voitures, ils bavardaient avec leurs compagnons — De Brosses et son petit groupe de Bourguignons rivalisaient sans doute de traits spirituels — ou bien, on relisait les auteurs anciens: pendant la traversée des Marais Pontins, la lecture d'Horace avait plus d'importance que l'observation. Les relations ne mentionnaient guère que des paysages aimables, fertiles, à propos desquels on se plaisait à évoquer des textes antiques: bords du Clitumne, riches plaines d'Italie septentrionale et de Campanie... On goûtait, non pas le spectacle de la nature livrée à elle-même, avec toute son exubérance et sa fantaisie, mais ce qu'on appelait une « noble ordonnance » et des effets qui semblaient dus à l'art du jardinier. Tous les étrangers admiraient la route de Fondi à Gaète, dont Guyot de Merville écrivait: « Il n'y a pas de promenade ou d'allée, quelque bien entendue qu'elle puisse être, qui approche de la beauté de ce chemin » [38]. De Brosses avait recours à une comparaison fort surprenante pour caractériser les environs de Vicence et Padoue: « Il n'y a point de décoration d'opéra plus belle ni mieux ornée qu'une pareille campagne » [39]. La région de Naples était considérée comme la plus belle du monde. Dans la seconde moitié du siècle, on ne sait pas encore apprécier les paysages dépouillés et austères: la campagne romaine ne fait naître aucune émotion chez les devanciers de Chateaubriand, sinon la déception au souvenir de ce qui fut; les Alpes ne suscitent guère que des considérations banales, telle la présence simultanée de diverses saisons en un espace fort restreint; cette remarque, qui apparaît dans la relation de Grosley, *Nouveaux mémoires ou observations sur l'Italie et sur les Italiens, par deux gentilshommes suédois* (1764), se retrouve ensuite fréquemment; il faut y voir une preuve de l'influence exercée par la *Nouvelle Héloïse* et la célèbre lettre sur le Valais. L'admiration que suscite le paysage italien doit être rattachée parfois à celle qu'inspirent des tableaux fort estimés: Goethe, tout pénétré d'esprit classique, se réfère à Poussin et à Claude Lorrain, et il est fréquent à cette époque d'associer à certains sites le nom de Salvator Rosa, con-

---

[38] *Voyage historique d'Italie*, La Haye, 1729, T. II, p. 181.

[39] *Op. cit.*, p. 70. Ces deux phrases, si caractéristiques de l'époque, sont également citées par Schudt.

sidéré comme le peintre « romantique » par excellence [40]. Un certain nombre de « motifs », déjà traités par les peintres quinze et vingt ans plus tôt, ne sont guère appréciés des voyageurs qu'aux alentours de 1780: cascades de Tivoli chères à Fragonard, jardins des villas romaines longtemps méprisés pour leur abandon et où l'on se plaît maintenant à goûter la solitude, ruines à demi ensevelies sous une végétation désordonnée... René Michéa a montré quel rôle ont pu jouer ici les artistes sur la sensibilité de leurs contemporains, en particulier Hubert Robert [41]. Il est frappant en effet de constater que les paysages préférés de Meyer, et leur atmosphère, ont déjà fourni à l'artiste de nombreux sujets d'inspiration, comme suffit à le prouver l'admirable collection de sanguines conservée au Musée de Valence [42]: on y trouve, bien entendu, des vues du Forum, du Colisée et du Capitole, ainsi que la pyramide de Cestius, mais aussi la terrasse du Palatin où Meyer goûte les charmes de la nuit, de la musique et de l'amitié, les jardins des villas, des arbres tourmentés et des ruines, non plus, comme chez Poussin, nobles et géométriques, mais envahies par la végétation... Les relations de Meyer, Goethe et Karl Philipp Moritz prouvent l'intérêt que les artistes français, anglais ou allemands continuent à porter à ces divers motifs. En correspondance avec ce goût, nouveau chez les voyageurs, il faut noter dans les relations l'apparition de deux termes qui deviennent fréquents après 1780, *pittoresque* et *romantique*. Chez Meyer, comme en France à la même époque, il n'est pas toujours possible de distinguer *romantique* et *pittoresque* (Malerisch). Alexis François en fournit une preuve dans l'article précédemment signalé, où il introduit la citation suivante: il s'agit de ces jardins auxquels J. B. Leblanc estime que

[40] Pour comprendre ce que le terme *romantique* signifie alors, on peut se référer à l'article d'Alexis François, dans les *Mélanges Baldensperger: où en est romantique?* On y trouvera en particulier cette citation empruntée au *Discours* publié par Le Tourneur en tête de sa traduction de Shakespeare: « Les tableaux de Salvator Rosa, quelques sites des Alpes (...) ne sont point *romanesques*, mais on peut dire qu'ils sont plus que *pittoresques*, c'est-à-dire touchants et *romantiques* » (1776).

[41] R. Michéa, *La poésie des ruines au XVIIIe siècle et la contribution de l'Italie à la sensibilité préromantique*, Etudes italiennes, 1935.

[42] Cf. Le catalogue de l'exposition organisée en 1969 au Musée Jacquemart-André: *Hubert Robert et les sanguines du Musée de Valence*.

les Anglais donnent « un air qu'ils appellent en leur langue *Romantic*, c'est-à-dire à peu près pittoresque » [43]. Dans bien des cas cependant la différence est due à l'intervention de la sensibilité, comme le prouve ce texte de René de Girardin, emprunté au même article: « Si la situation pittoresque enchante les yeux, si la situation poétique intéresse l'esprit et la mémoire, retraçant les scènes arcadiennes en nous, si l'une et l'autre composition peuvent être formées par le peintre et le poète, il est une autre situation que la nature seule peut offrir: c'est la situation *romantique*... Sans être farouche, ni sauvage [44], la situation *romantique* doit être tranquille et solitaire, afin que l'âme n'y éprouve aucune distraction et puisse s'y livrer tout entière à la douceur d'un sentiment profond » [45]. L'analyse de ce terme, fournie par un contemporain, correspond exactement aux sentiments inspirés à Meyer par les lieux qu'il juge romantiques, jardins de Rome, Tivoli et ses cascades, lacs d'Albano ou de Nemi.

Les impressions que l'on se plaît à goûter dans ces paysages sont liées également à certains effets de lumière. C'est l'époque où apparaissent dans la littérature de voyage les couchers de soleil et les clairs de lune; quelques motifs, comme celui du Colisée au clair de lune que l'on remarque chez Meyer, Adler, Goethe et bien d'autres, se dévaloriseront très vite. Les levers de soleil ne sont pas moins prisés: le plus célèbre, contemplé depuis le sommet de l'Etna, est dû à l'Anglais Brydone [46]; très admiré, il suscite de nombreuses imitations chez les étrangers qui se rendent en Sicile [47] et ceux-là mêmes qui ne visitent pas l'île cherchent à rivaliser avec lui: sans l'exemple de Brydone, Meyer, lorsqu'il relate son ascension au Vésuve, peindrait-il le jour se levant sur la baie de Naples, lui qui est d'ordinaire hanté par l'idée que l'écrivain ne saurait rivaliser ni avec le peintre,

[43] J.B. Leblanc, *Lettres d'un François concernant le gouvernement, la politique et les moeurs des Anglois et des François*, 1745, T. II, p. 205.

[44] Cette précision est importante: elle explique comment les contemporains peuvent associer les termes *riant* et *romantique*; c'est le cas de Rousseau dans la *Cinquième promenade* et de Meyer au chapitre 20.

[45] René de Girardin, *De la composition des paysages*, Genève et Paris, 1777 (ch. XV).

[46] Brydone, *Voyage en Sicile et à Malte*, Amsterdam, 1775. L'édition originale fut publiée à Londres en 1773.

[47] Cf. H. Tuzet, *op. cit.*, p. 44.

ni avec la nature? Il est le premier qui décrive ces effets de lumière depuis le sommet du célèbre volcan. Quelques années plus tôt, la relation d'un autre voyageur féru de littérature, Martin Sherlock, nous fournit une notation intéressante en associant au spectacle qu'il a devant les yeux le souvenir de Rousseau; il écrit en effet, pendant son séjour à Naples: « Je me lève souvent avant le jour, pour jouir du souffle du matin; et de la superbe description qu'a fait l'illustre Rousseau du lever du soleil (...). Il se lève derrière le Vésuve pour illuminer le côteau riant de Posilipo, et le sein du plus beau golfe de l'univers, uni comme un miroir, et rempli de bateaux tous en mouvement ». L'auteur revient ailleurs sur cette remarque, il s'agit cette fois de l'Italie en général: « C'est ici par excellence le pays de l'imagination; le pays des Poëtes et des Peintres; c'est ici que l'Arioste a puisé ses inimitables descriptions; que le Guide a pu concevoir et exécuter son Aurore et que Rousseau, transporté par une demi-heure d'enchantement, a appris à décrire le lever du soleil ». Et il continue ainsi: « Si les paysages de Claude sont justement préférés à tous les autres, quelle en est la raison? Ses paysages sont des paysages italiens... »[48]. L'explication peut paraître insuffisante, mais Sherlock rejoint ici la conviction du peintre Gainsborough estimant qu'aucun paysage, hormis ceux d'Italie, ne vaut d'être peint[49].

Ainsi, on ne regarde plus un paysage uniquement en fonction de sa fertilité, ou lorsqu'on peut y associer la citation d'un texte ancien. La littérature de voyage fournit même à cette époque un passage d'un intérêt exceptionnel: il figure dans une lettre où Wilhelm Heinse évoque avec enthousiasme les impressions qu'il doit à la grande cascade de Tivoli. Devant la beauté, la puissance de la nature qui lui offre un tel spectacle, l'ardent *Stürmer* reproche à Winckelmann d'avoir méprisé la peinture de paysage et déconseillé au jeune artiste de s'y consacrer, pour ne pas perdre son temps à étudier tant d'objets insignifiants (on sait que cette peinture est alors généralement considérée comme un genre bien inférieur à la peinture d'histoire et au portrait). Heinse répond à l'historien par une vigoureuse protestation, où il revendique les droits du paysage à la dignité artis-

[48] Martin Sherlock, *Nouvelles lettres d'un voyageur anglois*, Londres, 1780, p. 11.
[49] Cf. Kenneth Clarck, *L'Art du Paysage*, Paris, 1962, p. 86.

XXX

tique et conteste la primauté accordée à l'homme. Comment s'explique, selon lui, la position de Winckelmann? Sans doute par une insensibilité qui aurait empêché celui-ci d'apprécier l'harmonie d'un paysage, la beauté des levers et des couchers de soleil, de l'orage et de la tempête en mer, d'une éruption volcanique (on reconnaît dans ces derniers exemples l'atmosphère tourmentée où se complaît le *Sturm und Drang*); sans doute aussi par la faute des peintres de paysage qui se contentent d'exploiter des procédés... Il ne faudrait cependant pas méconnaître l'oeuvre des grands artistes, ni oublier que le ciel et la terre, l'air et la mer peuvent être parfois aussi dignes d'intérêt que les scènes inspirées par l'histoire de l'homme [50].

L'expérience des voyageurs se révèle donc fort précieuse. Le goût s'affirme en faveur de paysages naguère ignorés ou méprisés; on recherche certaines atmosphères, certains effets de lumière. Certes, l'art de la description n'est pas en possession de tous ses moyens: avant la célèbre *Lettre à Monsieur de Fontanes*, qui marquera une date capitale dans la littérature de voyage inspirée par l'Italie, plus d'un voyageur regrette que les mots soient impuissants à rendre les spectacles offerts par la nature, et nous sommes surpris de trouver si peu de notations concernant la lumière — sauf dans le cas de Naples — et les couleurs si particulières de certaines provinces ou de certaines villes: les *Souvenirs* de Mme Vigée-Lebrun nous font imaginer ce qu'a pu être son carnet d'artiste lorsqu'elle évoque le ton des pierres du Colisée, « les effets que la végétation y a semés partout » [51], mais ailleurs nous ne trouvons que quelques exemples isolés: un charmant tableau de la lagune vénitienne chez Lalande [52] et, chez Goethe, accusé par certains critiques de s'intéresser fort peu au paysage italien, un petit nombre de textes où se révèle la sensibilité d'un coloriste: « Les ombres bleues et claires se détachent avec tant de charme sur les parties éclairées, vertes, jaunâtres, rougeâtres, brunes, et se fondent aux vapeurs brunâtres du lointain. Il y a là une lumière et, en même temps, une harmonie, dont dans le nord on n'a aucune idée » [53].

---

[50] Heinse, *Briefe*. Der Gesammtausgabe zehnter Band, pp. 172-73.
[51] *Souvenirs*, Paris, Charpentier, s.d., T. I, p. 156.
[52] Cf. *infra*, p. 15.
[53] *Op. cit.*, T. II, p. 743.

L'admiration pour la nature italienne, dont la beauté est considérée comme exceptionnelle, suscite chez les voyageurs des effusions lyriques, des confidences plus ou moins voilées. Wilhelm Heinse exprime son enthousiasme, Dupaty multiplie les exclamations [54], Meyer est plus discret. Certains étrangers découvrent dans certains lieux des rapports subtils avec leur sensibilité la plus profonde; ainsi Meyer par exemple a, comme beaucoup de ses contemporains, un goût très net pour les beaux arbres de Rome et de ses environs, mais il éprouve une prédilection pour les eaux: moins pour la mer, dont le spectacle enchante Goethe à Naples, que pour les eaux jaillissantes des cascades présentant leurs jeux de lumière sur un fond de verdure sombre, et surtout pour ces beaux lacs tranquilles, images d'une âme sereine, près desquels il semble bien avoir eu la révélation de son moi le plus secret. A la génération des hommes sensibles qui se rendent en Italie après 1780, la nature italienne offre ainsi, parfois, des expériences irremplaçables.

La plupart de ces voyageurs se passionnent pour les sciences naturelles, qui font alors de considérables progrès. De nombreuses observations ont trait à la botanique ou à la minéralogie, Lalande ne manque pas d'indiquer les titres des travaux scientifiques consacrés au Vésuve, aux Champs Phlégréens, et de relater les expériences faites à la Grotte du Chien... Goethe recueille des échantillons de roches, il réfléchit au problème de l'*Urpflanze* — la plante unique qui aurait existé à l'origine et dont les autres seraient issues par voie de différenciation — et croit avoir trouvé la solution au jardin de Palerme. La réflexion scientifique et le lyrisme ne sont d'ailleurs pas incompatibles, comme le prouve ce cri qui lui échappe à propos du marché au poisson de Venise: « Quelle magnifique, délicieuse chose qu'un être vivant! » [55]

Les oeuvres d'art

Pendant longtemps, les voyageurs se sont intéressés surtout aux oeuvres antiques. L'admiration qu'elles inspirent prend désormais

[54] Il faut souligner l'intérêt historique de ses *Lettres sur l'Italie en 1785*, qui furent souvent rééditées.
[55] *Op. cit.*, T. I, pp. 187-89.

un caractère nouveau, et cela pour diverses raisons. On a appris à regarder autrement les oeuvres d'art, sous l'influence de certains ouvrages, ceux de Cochin — son *Voyage d'Italie* surtout [56], utilisé par Lalande — peut-être aussi, dans le cas des Allemands, le *Laocoon* de Lessing [57]; une des influences les plus nettes est celle de Winckelmann. Celui-ci a la conviction d'apporter un changement considérable dans la tradition du voyage en Italie: « Je crois que je suis venu à Rome pour ouvrir les yeux à ceux qui verront cette ville après moi », déclare-t-il [58]. Winckelmann, issu du peuple, peut être considéré comme l'anti-cavalier; d'autre part, son *Histoire de l'art dans l'antiquité* influe sur le jugement de nombreux voyageurs, puisque d'importantes citations empruntées à cet ouvrage figurent dans le guide de Volkmann, puis dans la seconde édition de Lalande. Les contemporains lui doivent pour une bonne part leur admiration pour les Grecs. C'est surtout à Rome que l'on se rend pour les voir — la Grèce, occupée par les Turcs, attire peu les étrangers — on s'y enthousiasme pour les oeuvres tardives ou les copies romaines, que l'on croit authentiques, réunies au Vatican, tout particulièrement le Torse, le Laocoon et l'Apollon du Belvédère. Ces statues suscitent de nombreux développements lyriques. Une mode se répand bientôt, qui, croyons-nous, a pu prendre naissance dans le milieu des artistes allemands: on va contempler ces oeuvres la nuit, à la lumière des torches, et on a l'illusion de les voir s'animer. On ignore que Néron déjà regardait ainsi le Laocoon prendre vie... Cette mode nous vaut quelques belles pages enthousiastes, en particulier chez F. J. L. Meyer, mais très vite il n'y a plus qu'une émotion de commande et d'insupportables lieux communs. Au XIX⁰ siècle, c'est à Londres que l'on ira admirer les chefs-d'oeuvre grecs, et l'exaltation que manifestent au Vatican certains de nos voyageurs semblera bien ridicule. Stendhal écrira de l'Apollon: « La vue des marbres d'Elgin, dont les plâtres existent à vingt pas d'ici, nuira beaucoup, ce me semble, au rang qu'occupait cette statue. La majesté du dieu sembla un peu

[56] Charles-Nicolas Cochin, *Voyage pittoresque d'Italie*, Paris, 1756.

[57] Jusqu'ici, nous n'avons trouvé aucune mention de cet ouvrage chez les voyageurs allemands. L'édition française du *Laocoon* ne paraît en France qu'en 1802; elle est due à Vanderbourg, qui publie la même année la traduction de l'ouvrage de Meyer sous le titre *Voyage en Italie*.

[58] Dans une de ses lettres. La citation est empruntée à R. Michéa.

théâtrale à nos compagnes de voyage. Nous avons lu la description de Winckelmann; c'est du Phébus allemand, le plus plat de tous » [59].

A la même époque, l'architecture grecque est révélée à certains voyageurs par les temples de Paestum, redécouverts récemment, et par ceux de Sicile. L'intérêt que ces monuments inspirent aux graveurs leur permet d'être connus de toute l'Europe. Piranèse consacre toute une série d'estampes à Paestum, et le *Voyage pittoresque de Naples et de Sicile*, publié par l'abbé de Saint-Non et illustré de nombreuses gravures, figure dans maintes bibliothèques. Il faut donc aller en Italie pour connaître la Grèce; pendant son deuxième séjour à Rome, Goethe a même la chance de voir les dessins de Cassas, qui vient d'accompagner Choiseul-Gouffier dans son voyage [60]. L'Italie offre donc une large ouverture sur le monde, puisqu'en Sicile Goethe a l'impression de prendre également contact avec l'Asie et l'Afrique.

Le contact avec l'antiquité paraît en outre plus vivant, grâce aux découvertes faites à Herculanum et Pompéi, qui permettent de mieux connaître la vie quotidienne des anciens. Des oeuvres d'art récemment mises au jour vont peut-être modifier la hiérarchie des valeurs établies; on s'interroge à propos des cavaliers d'Herculanum: sont-ils supérieurs au Marc Aurèle du Capitole, considéré jusque-là comme la plus belle des statues équestres? On découvre, ou presque, la peinture antique, avec les fresques qui ont conservé leur fraîcheur. La visite au musée de Portici, où sont réunis ces trésors, suscite l'enthousiasme, malgré l'inévitable irritation due aux sévères consignes appliquées par les gardiens. L'archéologie apparaît comme une science jeune, susceptible d'augmenter considérablement la connaissance du passé. Toute l'Europe s'impatiente en attendant le déroulement des manuscrits carbonisés trouvés à Herculanum: vont-ils apporter au monde cultivé des textes anciens demeurés inconnus?

Comme à l'époque précédente, l'intérêt reste faible pour le moyen âge et la première Renaissance. Dans le domaine de l'architecture, la « barbarie gothique » ne cesse, pense-t-on, qu'avec Palladio, qui a su remettre en usage les principes des anciens, aussi est-il l'objet d'un véritable culte: peu de voyageurs négligent de s'arrêter à Vi-

[59] Stendhal, *Promenades dans Rome, op. cit.*, T. I, p. 219.
[60] Comte de Choiseul-Gouffier, *Voyage pittoresque de la Grèce*, Paris, 1782-1809.

cence. Saint-Pierre de Rome est toujours considéré comme le chef-d'oeuvre par excellence: cet ensemble justifierait à lui seul un voyage en Italie. L'admiration qu'on lui voue s'exprime souvent sous une forme lyrique. En peinture, les « phares » restent Raphaël et Corrège, puis les Bolonais. Beaucoup de voyageurs sont sensibles au charme de la peinture vénitienne, Montesquieu ne disait-il pas déjà: « Je voudrois que le Roi eût une Académie à Venise, comme à Rome, pour envoyer travailler les élèves qui seroient sortis de l'Académie de Rome » [61]. D'autres, tel K. Ph. Moritz, admirent les fresques de Michel-Ange à la chapelle Sixtine [62]. On sait mieux désormais regarder et apprécier les oeuvres d'art, les guides ne manquent pas de donner certains conseils pratiques et beaucoup d'étrangers se piquent d'être, sinon des connaisseurs, du moins des amateurs. L'intérêt pour les oeuvres d'art — et particulièrement pour la peinture — qui était si rare au siècle précédent [63], se fait de plus en plus vif; cela nous vaut parfois, au lieu des sèches énumérations auxquelles on se bornait jadis, quelques impressions personnelles et des tentatives d'analyse. A Padoue, Goethe contemple des Mantegnas dans l'église des Ermites: « Quelle présence précise et sûre dans ces toiles! Cette réalité circonscrite absolument vraie, non pas par exemple apparente, dont l'effet ferait illusion, ou ne parlant qu'à l'imagination, mais rude, pure, lumineuse, consciencieuse et délicate, en même temps ayant quelque chose d'austère, de laborieux, de pénible, est le point de départ des peintres suivants, ainsi que je le remarquai dans des tableaux du Titien... » [64].

D'autres voyageurs, moins sûrs d'eux, ne se risquent pas à publier les notes qu'ils ont réunies en visitant les musées et les églises; c'est le cas de Meyer, cependant, il nous fait pénétrer dans les ateliers de quelques contemporains: celui de Batoni, le peintre le plus célèbre à Rome depuis la mort de Mengs, ceux d'Angelica Kauffmann, de Tischbein... Si l'admiration exprimée par le voyageur ne correspond plus à notre échelle de valeurs, la visite à laquelle il nous convie garde un intérêt historique.

[61] *Voyages de Montesquieu*, Bordeaux, 1894, T. I, p. 263.
[62] A cette époque, Michel-Ange est surtout estimé comme architecte.
[63] Cf. à ce sujet l'ouvrage de Schudt, p. 272 sq.
[64] *Op. cit.*, T. I, p. 127.

Les spectacles: le théâtre, l'opéra. La vie familière

Le carnaval, les fêtes, les cérémonies religieuses gardent leur pouvoir d'attraction dans des villes comme Rome et Venise. En outre, à cette époque, le théâtre et surtout l'opéra sont de plus en plus fréquentés par les étrangers; quelques-uns d'entre eux ont une certaine connaissance de l'italien. Goethe assiste à Venise à de nombreuses représentations, il y voit des pièces de Gozzi et de Goldoni et s'intéresse aussi à la *commedia dell'arte*. La musique italienne est considérée comme la meilleure de l'Europe; on ne manque pas d'aller entendre les concerts donnés par les hôpitaux de Venise — plus d'un voyageur tente d'apercevoir les jeunes musiciennes — et de se rendre à l'opéra; à cet égard, Naples est plus renommée encore que Venise, et son théâtre, le San Carlo, suscite de nombreuses descriptions. Certaines relations ne ménagent pas les critiques à la mise en scène, aux ballets, à quelques chanteurs aussi, au public, bruyant et rarement attentif, sinon quand il s'agit des airs de bravoure. Meyer, lui, n'a pas oublié la beauté des voix, l'excellence de l'orchestre, ni ce long cri spontané par lequel il a entendu la foule exprimer son admiration.

On ne néglige cependant pas les considérations politiques et peu de voyageurs omettent de consacrer un développement à l'histoire de Venise, seule capable d'expliquer la forme si particulière de son gouvernement. Quant au régime pontifical, il est attaqué pour de nombreuses raisons, particulièrement en ce qui concerne l'économie. On lui reproche la désolation de la Campagne romaine et des Marais Pontins, on critique vivement les mesures par lesquelles il entrave la libre circulation des grains. Et que dire du royaume de Naples! Dans cette Italie morcelée, seul le grand-duc de Toscane offre l'exemple, cher aux philosophes, d'un despote éclairé. La plupart des voyageurs n'ont pourtant pas la compétence nécessaire pour étudier vraiment les problèmes politiques, les mêmes remarques se répètent presque inévitablement d'une relation à l'autre. On ne manque pas de visiter les tribunaux de Venise et de Naples: cela nous vaut parfois une satire de la justice, mais, le plus souvent, on se divertit à regarder les allées et venues de la foule, la mimique des avocats; elles inspirent de petites scènes amusantes, plus ou moins caricaturales, qui rejoignent l'observation des moeurs.

XXXVI

Si l'on ne parle plus guère des courtisanes vénitiennes, certains usages continuent à intriguer les étrangers: faut-il condamner ou non les sigisbées? Que penser du célibat ecclésiastique? Le personnage de la jeune fille qui apparaît une dernière fois dans le monde, richement parée, avant d'être « ensevelie » pour toujours dans un cloître, est l'un de ceux sur lesquels on s'apitoie. L'habitude de confier dans les opéras certains rôles à des castrats suscite des protestations indignées. Tout cela a déjà été dit, sans doute, mais on prend parti avec plus de passion qu'à l'époque précédente.

Une des nouveautés les plus importantes est l'apparition dans les relations de voyage du petit peuple longtemps ignoré ou méprisé. Désormais, on le regarde avec curiosité, parfois avec sympathie. Certes, on n'ignore pas ses défauts — à Rome, par exemple, la superstition, les vices, un penchant invétéré au meurtre qui a pour conséquence de nombreux assassinats — mais dans quelle mesure le gouvernement n'en porte-t-il pas la responsabilité? On en veut pour preuve le droit d'asile accordé par l'Eglise aux meurtriers, et l'on vante le naturel, la complaisance, la dignité des Romains. Le fait le plus significatif à cette époque est l'intérêt qu'inspire « la lie » de la population napolitaine, les *lazzaroni*. Naguère, ils étaient universellement méprisés et condamnés comme fainéants et fripons; désormais on prétend qu'ils ne méritent pas de telles accusations, ou bien on ne considère plus leur paresse comme un vice, mais comme une preuve de philosophie: s'ils travaillent peu, c'est qu'ils savent réduire leurs besoins à l'essentiel et se contenter de peu d'argent. En quelques années, vers 1785, se développe un nouveau poncif: après le *lazzarone* fainéant et voleur, voici le *lazzarone* philosophe, ce « nouveau Diogène » dont parlent K. Ph. Moritz et Goethe, qui ont visité Naples la même année: il nous offre un bien curieux mélange de stoïcisme et d'épicurisme! On tente de démontrer que le peuple est naturellement bon; ainsi s'établit un mythe qui sera de courte durée, celui du « bon sauvage » napolitain, dont tous les défauts sont dus à un mauvais gouvernement. Un courant de sympathie analogue, mais beaucoup moins répandu, se fait jour également en faveur des Calabrais: ils continuent le plus souvent à inspirer la méfiance, mais un Bartels, sous leur rudesse, retrouve les qualités de l'homme naturel, préservé de la civilisation corruptrice, et ne voit nulle part les bandits dont on lui avait tant parlé. Les traits de férocité auxquels donne lieu le tremblement de terre survenu en Calabre en 1783 ne réussissent pas à ébranler cet optimisme qui apparaît chez quelques voyageurs.

On se plaît à flâner au hasard des rues, à s'attarder parmi les badauds rassemblés autour des improvisateurs, des bateleurs, des conteurs populaires... L'un des premiers, Grosley décrit la foule entourant à Venise les « raconteurs » de la place Saint-Marc et le jeu de ces derniers, qui, plus tard, inspirent à Meyer une charmante scène de genre. Le désir de sympathiser avec le petit peuple entraîne même parfois le voyageur à participer à des émotions collectives qui auraient pu sembler étrangères à sa sensibilité: Goethe, à Palerme, n'est-il pas séduit par la fête de la Sainte-Rosalie? Au siècle suivant, on s'intéressera aux petits métiers, que l'on se plaira à retrouver dans l'imagerie populaire, et à ce que l'on appellera le folklore. On ne relève encore que de rares observations à cet égard. La plus remarquable est due à K. Ph. Moritz, elle a trait aux chants populaires. Ecoutant chanter les gens du peuple dans les rues de Rome, l'auteur note qu'il n'y a là rien de comparable aux ballades du Nord, avec leurs esprits, leurs sorcières et leurs revenants; de même, ce n'est pas la coutume de se réunir pour conter des histoires effrayantes: autre climat, autres moeurs, il faut pour cela un ciel moins clément, l'atmosphère enfumée d'une chambre obscure et les hurlements de la bise [65].

Même chez les voyageurs les plus enclins à considérer les humbles avec sympathie, une constatation désabusée s'impose: l'Italie n'est plus digne de son brillant passé. La population apparaît bien déchue à qui garde présents à la mémoire les grands exemples de l'antiquité; la suprématie artistique appartient désormais à d'autres nations; quelques savants illustrent encore la péninsule, mais leur petit nombre ne lui permet pas de rivaliser avec les grands pays d'Europe. Riedesel, puis K. Ph. Moritz expriment l'idée qui se retrouvera dans cette phrase de Mme de Staël: « Je crois avec vous que l'esprit humain qui semble voyager d'un pays à l'autre est en ce moment en Allemagne » [66].

[65] K. Ph. Moritz, *op. cit.*, T. II, p. 165.
[66] K. Ph. Moritz, *op. cit.*, T. II, p. 100. Mme de Staël, *Lettre à Charles de Villers*, 1er août 1802.

fiction à laquelle ont recours certains auteurs pour publier leurs observations est plus ou moins plausible: les *Nouveaux mémoires ou observations sur l'Italie et les Italiens*, de Grosley, parus sous l'anonymat, sont attribués à deux gentilshommes suédois. Ange Goudar exploite de façon systématique une formule qui doit son succès à l'*Espion turc* et aux *Lettres persanes*: son *Espion chinois* prétend n'être que la traduction des lettres écrites par un Chinois accomplissant un voyage dans les principaux pays de l'Europe [70].

Le genre a donc évolué au cours du siècle. La relation de voyage, qui n'avait pas une physionomie bien nette à l'époque précédente et se distinguait mal du guide, chez les Allemands surtout, est plus consciente de son originalité [71]. Il ne s'agit pas de tout dire, on évite de plus en plus la compilation et l'érudition, mais on note ce qu'on a observé soi-même et comment on a réagi [72]; aussi voyons-nous, dans bien de cas, la description céder le pas aux impressions du voyageur. Lorsque Meyer visite les Arènes de Vérone, le premier monument de l'antiquité qu'il rencontre sur sa route, il se dispense d'en donner les dimensions, le nombre des gradins, etc., comme l'avaient fait tant d'étrangers; il recourt à d'autres moyens pour évoquer l'aspect imposant de l'édifice et ce qui compte surtout, c'est la réflexion que lui inspire la décadence de l'Italie quand il aperçoit, perdus dans l'immense amphithéâtre, les tréteaux de quelques bouffons.

Chez de nombreux voyageurs, la relation de voyage tend à se rapprocher de l'autobiographie. Meyer a la révélation de l'Italie, d'une vie plus pleine où l'amateur peut consacrer de longues heures à la contemplation d'oeuvres d'art [73], de paysages inoubliables en

---

[70] *L'Espion chinois: ou, l'Envoyé secret de la Cour de Pékin, pour examiner l'Etat présent de l'Europe.* Traduit du Chinois, Cologne, 1764.

[71] Si, pendant la première moitié du XVIIIe siècle, les relations des voyageurs allemands ne peuvent rivaliser ni par le nombre, ni par la qualité avec celles des autres étrangers, cela n'est plus vrai par la suite. Ces voyageurs sont plus nombreux, ont une personnalité plus intéressante, souvent même attachante, et comptent parmi eux des écrivains dont Goethe est le plus célèbre. Leurs relations n'ont plus rien à envier à celles de leurs contemporains, Anglais ou Français.

[72] Ce qui n'empêche pas de se référer à l'expérience d'autres auteurs: Meyer, par exemple, a lu Dolomieu et Bartels qui est venu après lui dans la péninsule...

[73] Il s'agit bien entendu de la vie que peuvent mener les étrangers, par-

harmonie avec son âme, et aussi de son être le plus profond, grâce à cette heure privilégiée, unique, qu'il a vécue auprès du lac d'Albano. Sans doute se montre-t-il trop discret à notre gré — il ne nous livre d'ailleurs pas son journal de voyage — sans doute aussi le voyons-nous hésiter entre l'expression de sa propre expérience et le souci d'information: à côté de souvenirs bien personnels apparaissent quelques notices qui semblent empruntées à des guides [74]. Ces hésitations sont fréquentes à cette époque dans les relations de voyage. Parfois cependant, l'accent est mis sur l'aspect autobiographique: ainsi chez W. Heinse et K. Ph. Moritz, rédigeant en Italie un journal et des lettres, ou chez Mme Vigée-Lebrun qui introduit dans ses *Souvenirs* un passage consacré à son séjour dans la péninsule. Le cas de Goethe offre un intérêt tout particulier: son voyage représente une étape décisive de son existence, où il se détache du *Sturm und Drang*, renie l'admiration qu'il éprouvait naguère pour le moyen âge germanique et comprend que sa véritable vocation n'est pas la peinture, mais la littérature; c'est bien là, comme il le dit lui-même, une seconde naissance. Aussi donne-t-il à son *Voyage d'Italie*, selon la remarque faite par R. Michéa dans sa préface de l'édition Aubier, une forme dramatique, l'aspect d'une crise qui se noue et se dénoue.

On ne s'est pas débarrassé de tous les poncifs, certains d'ailleurs sont à peu près inévitables — les développements qu'inspirent l'arrivée à Rome, l'ascension du Vésuve, l'excursion à Pouzzoles se ressemblent bien souvent — mais on affirme fréquemment que le voyage d'Italie correspond à une expérience unique, dont l'influence se fera sentir longtemps après le retour. Pour quelques étrangers grincheux, pour une Mme de Genlis incapable de regretter Rome au moment de revoir Paris, que de voyageurs sentent la mélancolie les gagner à la pensée que jamais plus sans doute ils ne reviendront dans le pays où la nature est si belle et où les arts connurent autrefois une si brillante floraison! Le vieux proverbe italien, « tedesco

---

ticulièrement à Rome, car dans la grande majorité des cas la société italienne n'offre, selon les voyageurs, que des exemples de décadence.

[74] De là ce passage, constant chez lui, du passé au présent et réciproquement: le passé correspond en général à son expérience personnelle, il évoque un spectacle unique dont Meyer a pu être témoin, ou le sentiment qu'il a éprouvé dans une circonstance déterminée; le présent est utilisé quand il est question des aspects inchangés, sinon immuables, de l'Italie.

italianato, diabolo (sic) incarnato », ne semble plus avoir cours; on nous montre au contraire que le voyageur s'est considérablement enrichi. Meyer sait tout ce que l'Italie a pu lui apporter dans sa jeunesse, il regrette de ne pouvoir retourner dans ce pays à l'époque de sa maturité. Goethe se plaît à évoquer devant Eckermann son enfance, les gravures italiennes rapportées par son père qui ornaient à Francfort la maison familiale, son vieux maître d'italien [75], son voyage surtout; à l'en croire, il n'a plus retrouvé la joie qu'il éprouvait à Rome: « Depuis que j'ai passé le Ponte Molle pour rentrer dans ma patrie, je n'ai plus eu un seul jour de bonheur ».

A la fin du XVIIIᵉ siècle, la relation de voyage se trouve donc à un tournant de son évolution. A la limite, beaucoup plus tard, elle pourra traduire l'expérience unique du voyageur qui se plaira à voir en lui-même « le plus irremplaçable de tous les êtres », mais alors un certain équilibre tend à s'établir entre la part faite à la chose vue et l'impression qu'elle suscite, non sans quelques hésitations parfois. Au début du siècle suivant, Kotzebue exprime cette conception nouvelle dans une phrase de sa préface: « Si le voyageur est un homme simple et bon, s'il intéresse, on trouvera plaisir à le lire, parce que *son âme doit se peindre avec art dans chacune de ses descriptions* » [76].

II. - F. J. L. MEYER

Friedrich Johann Lorenz Meyer, fils d'un marchand de vin, naquit à Hambourg le 26 janvier 1760. Il fit ses études dans sa ville natale et à l'université de Göttingen (théologie, lettres, droit). Après avoir soutenu sa thèse de droit en 1782, le nouveau docteur entreprit un voyage en Suisse, en Italie — où il arriva au printemps de 1783 et où il devait faire un séjour de cinq mois — puis en France. Il rentra en 1784 à Hambourg et y exerça pendant quelque temps la profession d'avocat. Chanoine à la cathédrale de Hambourg, il fut

---

[75] Un ancien moine dont Benedetto Croce a retrouvé la trace. Cf. *Patignano in Terra di Bari e il maestro d'italiano di Volfgango Goethe (Domenico Giovinazzi)*, Bari, 1938.

[76] *Op. cit.*, T. I, p. 3. C'est nous qui soulignons.

nommé président du chapitre en 1809. Il fonda dans cette ville une société patriotique pour l'encouragement des arts et des métiers utiles où il joua un rôle important comme secrétaire-directeur. Il fut membre de plusieurs sociétés littéraires d'Allemagne et membre associé de plusieurs sociétés savantes de France. Faisant partie des députations qui furent envoyées par la ville libre de Hambourg au Directoire, puis au Premier Consul, il vint à Paris en 1796 et en 1801; ce fut à cette date qu'il rencontra l'éditeur Heinrichs et Charles Vanderbourg, qui traduisit la relation de son voyage en Italie. Il consacra ses loisirs à l'étude des anciens, à la lecture des historiens, à des recherches sur la théorie des arts. Ses oeuvres les plus importantes appartiennent à la littérature de voyage et concernent l'Italie, la France, l'Allemagne et la Russie. Il consacra aussi quelques monographies à sa ville natale. Il mourut le 21 octobre 1844.

Les ouvrages qui nous intéressent ici sont les suivants:

Darstellungen aus Italien, Berlin, in der Vossischen Buchhandlung, 1792.

Voyage en Italie, traduit de l'allemand par Vanderbourg, Paris, Heinrichs, an X (1802).

(*La Biographie universelle des voyages* due à Boucher de la Richarderie donne la date de 1800. Cette erreur se retrouve dans le catalogue de la collection Fossati-Bellani).

Quérard signale que ce même ouvrage est paru également sous le titre: *Nouveaux Tableaux d'Italie*, etc., traduits de l'allemand, Leyde, 1803. Nous n'avons pu consulter cette édition. Il existe une traduction néerlandaise, parue en 1803.

Avant la publication de son *Voyage en Italie*, Meyer était déjà connu du public français par un autre ouvrage, les *Fragments sur Paris*, traduits de l'allemand par le général Dumouriez, Hambourg, 1798, 2 vol.

Les renseignements concernant Meyer sont fournis par l'*Allgemeine Deutsche Biographie* essentiellement, l'*Avis de l'éditeur Heinrichs* qui précède la traduction de Vanderbourg (il s'agit de quelques brèves indications) et le livre consacré par Roland Mortier

à son traducteur: *Un précurseur de Mme de Staël: Charles Vanderbourg. 1765-1827. Sa contribution aux échanges intellectuels à l'aube
du XIXe siècle*, Paris, Didier, 1955.

III. - La première traduction du Voyage en Italie de Meyer, par Charles Vanderbourg, 1802

Lorsque Meyer séjourne à Paris pour la troisième fois, en 1801-
1802, il fréquente la colonie allemande, alors importante. L'un de
ses membres, le libraire Heinrichs, originaire de la région de Hanovre,
lui propose d'éditer en français la relation de son voyage en Italie,
dont quelques fragments, traduits par J. F. Bourgoing, ont été publiés
dans le *Spectateur du Nord*.

La proposition n'a rien qui puisse nous surprendre. A cette date,
Meyer est déjà connu du public français par ses *Fragments sur Paris*,
inspirés par son deuxième séjour en France, parus dans la traduction
due au général Dumouriez. D'autre part, certains esprits chagrins
ont beau prétendre que les *Voyages d'Italie* ne peuvent plus rien
apporter d'original, ces oeuvres ont gardé la faveur du public. De
nombreuses relations ont été publiées à la fin de l'ancien régime, la
tourmente révolutionnaire elle-même n'a pas dissipé cet intérêt. Des
hommes habiles [77], entre les mains desquels parviennent des manuscrits rédigés avant 1789, s'empressent de les éditer, faisant valoir
l'intérêt historique de ces textes parmi d'autres arguments susceptibles de justifier leur entreprise. C'est ainsi que les *Lettres* du président De Brosses paraissent pour la première fois en l'an VII, et,
quelques années après la mort tragique du couple, celles que Roland
de la Platière avait adressées au cours de ses voyages à sa fiancée
Manon Phlipon.

Le *Voyage* de Meyer est donc publié à Paris dix ans après
l'édition originale. Dans l'ouvrage qu'il a consacré à Charles Vanderbourg, Roland Mortier note que le fait est exceptionnel à cette
époque où les oeuvres allemandes sont connues avec un certain re-
tard, correspondant à peu près à une génération. En 1802 également,
Vanderbourg publie sa traduction du *Laocoon* de Lessing, paru en

[77] Sérieys, par exemple.

1766, donc une quarantaine d'années plus tôt! La remarque de R. Mortier doit cependant être nuancée en ce qui concerne la littérature de voyage: comme celle-ci inspire depuis le milieu du siècle une vive curiosité, les ouvrages jugés dignes d'intérêt peuvent être traduits très vite [78]; l'exemple le plus significatif est celui de Riedesel, le premier étranger qui ait publié la relation d'un voyage en Grande-Grèce et en Sicile: l'édition allemande paraît en 1771, la traduction en 1773. Le public français peut lire dans un délai rapide les oeuvres d'Archenholz (1788), Ferber (1776) et bientôt celle de Kotzebue (1806). La relation de voyage reste en marge de la littérature proprement dite et n'offre pas ces différences de goût si frappantes, si choquantes même aux yeux des Français, qui se révèlent dans certaines oeuvres allemandes. Cependant, de nombreux livres de voyage ne seront jamais traduits: ceux d'Adler, Moritz, Münter, Bartels, Stolberg ... Aussi, en 1802, l'éditeur Heinrichs peut-il présenter la relation de Meyer comme « un des premiers ouvrages allemands de ce genre ».

L'auteur rencontre à Paris un ancien émigré, Charles Vanderbourg, auquel est confiée la traduction de son livre. Il est donc, le plus souvent, impossible de savoir à qui sont dues les modifications intervenues dans le texte français. Dans la préface de celui-ci, Meyer signale, sans autre précision: « Je me suis permis quelques additions qui ne changent rien à l'ouvrage, ni pour la forme, ni pour le fonds » (pp. XI-XII).

Les corrections les plus apparentes concernent la répartition des chapitres. Le texte français en compte vingt-trois, au lieu de vingt dans l'original. Certains ont été scindés en deux: le chapitre 17 (Naples) correspond aux chapitres 17 et 18 de la traduction (La soirée à l'opéra, et la visite au Vésuve), le chapitre 19 aux chapitres 21 et 22, consacrés, l'un à la visite à Portici, Herculanum et Pompéi, l'autre aux Catacombes et à la Calabre. Quelques différences apparaissent également dans la répartition des paragraphes et prouvent le souci de présenter un texte plus aéré; de même, la phrase allemande, assez longue en général, est souvent décomposée en plusieurs phrases, pour éviter l'accumulation des subordonnées. Ces

[78] Il en est de même pour les relations dues aux voyageurs anglais.

différences ne modifient en rien le caractère du texte, non plus que la plupart des additions ou des suppressions.

Ces dernières portent le plus souvent sur les notes ou sur les citations: ainsi disparaissent les longs passages empruntés à Horace et Silius Italicus que Meyer avait introduits au chapitre 15 et à la fin de sa relation. Les additions sont plus variées; des transitions, dont Meyer s'était peu soucié dans l'édition allemande, sont ménagées d'un paragraphe à l'autre, d'un chapitre à l'autre. Elles sont particulièrement intéressantes dans ce dernier cas: Meyer fixait souvent l'attention sur un tableau ou un exemple qu'il jugeait significatif: celui du chevalier Guadagni au chapitre 1, l'histoire de la jeune Cenci au chapitre 11. Le texte français, au contraire, invite le lecteur à passer au chapitre suivant en piquant sa curiosité. A la fin du chapitre 1 souffle déjà l'air du large et le désir est tendu vers Venise: « Le vent, qui se jouait dans les banderolles des barques, semblait m'appeler, et je partis ». Le procédé qui consiste à « ouvrir » ainsi le chapitre au lieu de le fermer sur lui-même reste d'ailleurs utilisé avec discrétion. Il dénote une conscience plus nette des effets littéraires.

Dans ces différents cas, il est impossible de déterminer si les variantes sont dues à l'auteur ou au traducteur. Meyer, âgé de quarante-deux ans et qui n'en est plus à sa première oeuvre, attache peut-être désormais plus d'importance à la forme. Quant à Vanderbourg, les autres traductions qu'il a entreprises sans la collaboration des auteurs révèlent, selon R. Mortier, le souci de ne pas négliger les différences de goût qui interviennent d'une nation à l'autre: a-t-il voulu satisfaire l'exigence de clarté et de logique qui caractérise ses compatriotes?

D'autres modifications s'expliquent par la nécessité de ne pas blesser le public français. Quelques critiques adressées à la France ont disparu, le nouveau régime reçoit plusieurs louanges discrètes, des additions viennent souligner le rôle joué par notre pays dans certains mouvements d'idées: ainsi, quand il est question des « grands réformateurs du goût » (c'est-à-dire du goût classique), le nom de Caylus est introduit auprès de ceux de Mengs et de Winckelmann. Ou bien encore, quelques passages reçoivent de nouveaux développements: après la description du vaste paysage paisible que Meyer a pu contempler dès son arrivée à Naples depuis la chartreuse Saint-

XLVII

Martin, le texte français évoque une tempête sur ce même golfe, les éclats du tonnerre mille fois répétés par l'écho, une violente éruption du Vésuve ... Ce procédé de contraste entre divers tableaux avait d'ailleurs été utilisé à plusieurs reprises dans l'édition originale, de même, la phrase qui termine ce passage correspond tout à fait à la convinction souvent exprimée par Meyer en 1792: « Poètes, où sont les paroles, Peintres, où sont les couleurs qui nous traceront une image de ces merveilles? »

La correction la plus importante concerne le chapitre final. Dans le texte allemand, le dernier paragraphe pouvait paraître banal et peu convaincant avec cette résurrection de la Rome antique à laquelle donne lieu la contemplation des ruines. En 1802, l'accent est mis sur la nostalgie de l'auteur, sur l'importance exceptionnelle que prend dans sa vie ce voyage d'Italie accompli au temps de sa jeunesse. S'agit-il de donner à l'ouvrage une conclusion plus générale et plus personnelle? L'auteur veut-il insister sur une conviction qui s'est fortifiée en lui avec les années? Dans ce cas, l'enthousiasme éprouvé par le jeune voyageur à son passage des Alpes n'aurait pas faibli vingt ans plus tard.

Il est sans doute possible d'affirmer sans risque d'erreur que les variantes concernant le style sont imputables à Vanderbourg, telles les modifications dans la structure de la phrase signalées ci-dessus. Ces variantes ont leur intérêt. Meyer apparaît en effet comme un voyageur dont le bon sens et la bonne foi sont remarquables, que sa sensibilité prédispose à goûter certains paysages et certaines oeuvres d'art, mais qui, dans bien des cas, néglige les problèmes de forme. Il nous présente, certes, bien des tableaux réussis, mais sa phrase n'est pas toujours dépourvue de lourdeur et de platitude; il montre beaucoup d'indifférence à l'égard des répétitions. Certains termes reviennent constamment sous sa plume: le verbe *sein* (être), si peu expressif, l'adjectif *gross* pour lequel la traduction littérale, *grand*, est souvent insuffisante et qu'il faut rendre par *élevé, noble* ... Il arrive à Vanderbourg de montrer quelque timidité, quand il n'ose recourir à la traduction littérale, jugée trop peu noble, et préfère aux termes propres, *crapauds et grenouilles*, une périphrase: les *animaux croassants*, se rattachant ainsi à une esthétique qui sera bientôt périmée, mais le mérite essentiel de son style est le sens du rythme, l'harmonie de la phrase. Si l'on ne peut qualifier sa traduction de

« belle infidèle », s'il ne modifie pas la signification du texte [79], il ajoute souvent, ici ou là, un terme, une expression qui reste dans l'esprit de l'original et rend sa phrase plus nombreuse, plus rythmée, plus harmonieuse. Il a le sens de la période oratoire, dont Meyer est généralement dépourvu: on peut comparer à cet égard, au chapitre final, l'évocation du lac Lucrin dans l'édition allemande et dans la traduction. Quelques passages qui avaient un caractère assez prosaïque prennent une élégance un peu désuète, tel le premier paragraphe relatant l'éblouissement du voyageur à son passage des Alpes: « Arrivé au pied des Alpes du Tirol, qui séparent l'Italie de l'Allemagne, je trouvai par-tout l'hiver et ses frimas. Quelques pointes de verdure nouvelle, répandue çà et là, semblaient percer à regret ses tristes livrées, les boutons des arbres n'osaient pas encor s'ouvrir: la neige couvrait dans toute leur étendue les flancs des hautes montagnes ... » Bien souvent cette élégance ne manque pas de charme et parfois Vanderbourg fait preuve d'un souffle lyrique qui le rapproche, toutes proportions gardées, de Chateaubriand, dont le *Génie du Christianisme* paraît la même année, en avril 1802.

Il arrive même que sa traduction enrichisse le texte de Meyer, en rendant de façon plus frappante une idée pour laquelle l'auteur n'avait pas su trouver une expression vraiment satisfaisante. Ainsi, pour souligner l'importance exceptionnelle de sa méditation auprès du lac d'Albano, Meyer écrit assez platement: « Ungestörter und einsamer genoss ich nie eine Stunde wie die war », ce qui devient: « Aucune heure de ma vie ne me donna des jouissances plus complètes, ne fut plus entièrement à moi ». Loin de forcer le sens du texte ou de chercher à l'embellir, la traduction exprime mieux ici la pensée de l'auteur.

Meyer semble avoir apprécié à sa juste valeur le talent de son traducteur. Il se plaît à lui rendre publiquement hommage et son jugement ne paraît pas dépourvu de sincérité quand il voit dans l'édition française des mérites que ne possédait pas l'original. Cependant, il considère cette oeuvre comme une adaptation plutôt que comme une traduction: « Als Verfasser sei es mir erlaubt, ihm hier öffentlich für seine Arbeit zu danken, die, wenn ich sie Nachbildung

---

[79] C'est à peine s'il escamote quelques difficultés, se dispensant de traduire, par exemple, au chapitre 3, l'expression « mit schwarzem Boi verdeckt ».

nennen darf. dem Original grosse Vorrechte abgewinnt » (*Briefe aus der Hauptstadt und dem Innern Frankreichs*, Tübingen, 1803 - 2º éd., p. 283, note 1. Cité par R. Mortier).

Un contemporain, la Chataigneraye, définit ainsi la fidélité dont doit faire preuve le traducteur dans l'introduction à sa traduction de la *Satire des Voeux*, de Juvénal: « Elle consiste, non à s'attacher scrupuleusement à la lettre, mais à se tenir aussi près de l'original, que le permet le génie de la langue ... » (cité par R. Mortier). Telle est également l'opinion de Vanderbourg; selon lui, l'intervention du traducteur ne peut être tolérée qu'à une double condition: si elle reste exceptionnelle, et si elle est justifiée par certaines nécessités: souci de logique, goût trop différent d'une nation à l'autre. Le *Voyage* de Meyer se présente ainsi au public français sous une forme plus littéraire que celle du texte original, à une époque où Vanderbourg estime que le goût de nos voisins n'est pas plus fixé que leur langue.

L'accueil de la critique

Dans l'*Avis de l'Editeur* placé en tête du *Voyage en Italie*, Heinrichs fait valoir la qualité qui lui semble essentielle chez Meyer: c'est « ce coup d'oeil juste, cette manière philosophique d'envisager les objets qui distinguent le véritable observateur du simple voyageur ». Selon lui, sa relation a le mérite de présenter un tableau de l'Italie peu avant la Révolution. L'auteur, on le sait, insiste au contraire sur le caractère subjectif de son livre où, pense-t-il, ses amis pourront le retrouver tel qu'ils l'ont connu.

C'est généralement sur la sensibilité de Meyer, et parfois sur son manque d'objectivité, que mettent l'accent les critiques. L'ouvrage reçoit un accueil favorable dans le *Journal littéraire de la France*, 1802, p. 47. Le *Magasin encyclopédique* consacre la même année un article assez long, signé A J D B, au *Voyage en Italie* (T. I, p.472-82). L'auteur se voit reprocher une prévention trop favorable au peuple romain et une excessive sévérité à l'égard de Pie VI: au lendemain du Concordat, les critiques adressées au pontife ont dû choquer, en effet, une partie du public français. Meyer en a eu conscience et s'est justifié dans sa préface à la traduction de Vanderbourg: s'il n'a rien changé à ses observations, c'est que, pense-t-il, la fin malheureuse du pape peut inspirer la compassion, mais non faire oublier ses erreurs. Le rédacteur de l'article explique par une autre raison le manque d'objectivité qui lui apparaît comme le principal défaut de cette relation: un enthousiasme démesuré, qui fait de l'auteur un poète et non un observateur impartial. Les termes *poète* ou *poème* prennent au début de la recension une valeur nettement péjorative: « On croit lire un poème produit par l'enthousiasme que les objets excitent en lui. A peine le voyageur aperçoit les plaines d'Italie que son imagination embellit tout ce qui l'environne. Ici l'admiration commence et ne finit qu'avec le volume » (pp. 472-73). A la fin cependant, le critique se veut moins sévère et reconnaît au livre de Meyer un certain charme, mais sa conclusion ne paraît guère convaincante après tant de reproches. Elle mérite d'être citée, car elle révèle en outre une prévention nettement défavorable à la littérature du Nord, que Mme de Staël n'a pas encore opposée à celle du Midi: « Tout ce que le voyageur nous apprend avoit déjà été imprimé dans les nombreux voyages d'Italie qui se sont succédés (sic) depuis vingt ans, mais tout ce qu'il répète est embelli d'un vernis poétique qui rend la lecture de ce volume très agréable. On pourroit douter qu'il ait été écrit par un habitant du Nord, tant son faire est gracieux, tant ses tableaux sont animés ».

Quelques années, plus tard, en 1808, Boucher de la Richarderie publie dans sa *Bibliothèque universelle des voyages* un jugement moins sévère. Il reconnaît certains mérites à la littérature du Nord; quant au livre de Meyer, ses défauts et ses qualités seraient également dus à l'imagination de l'homme sensible. « Celle de Meyer l'égare quelquefois, et lui fait prodiguer les richesses de la poésie, le luxe de figures hyperboliques, où l'on ne désirerait que du naturel et de la simplicité. Du reste, il fait heureusement contraster de sombres tableaux et des peintures riantes; et si le genre descriptif, le charme de la nation allemande, est quelquefois gâté dans son voyage par des expressions emphatiques, on retrouve dans plusieurs morceaux tels que la description des Alpes du Tyrol, un style gracieux et pur, comme la nature elle-même ».

Ainsi, les défauts soulignés par la critique française sont ceux que reprochent à Meyer ses compatriotes: selon toute vraisemblance il s'agit de notre auteur quand Benkowitz s'en prend à un voyageur dont il a oublié le nom et qui, après une rapide traversée des Marais Pontins, critique systématiquement les travaux d'assèchement entrepris par Pie VI en s'appuyant sur des observations hâtives et incomplètes (*Reise von Glogau nach Sorrent*). Quant à Kotzebue, publiant son *Voyage en Livonie, à Rome et à Naples*, il a soin de préciser qu'il n'a pas cherché à « faire des descriptions sentimentales comme Meyer » (Préface, p. 2).

C'est donc la sensibilité de Meyer qui a le plus frappé les contemporains. Ils ne semblent pas avoir apprécié la verve de ses tableaux de moeurs — il y avait là, il est vrai, une veine que la littérature de voyage exploitait depuis plus longtemps. Nous sommes moins tentés aujourd'hui de lui reprocher son manque d'objectivité, et l'absence d'enthousiasme nous paraîtrait surprenante, au contraire, chez un voyageur qui eut à vingt-trois ans la chance de découvrir un pays comme l'Italie, de fréquenter les artistes étrangers séjournant à Rome ... [80]. C'est dans un guide de voyage que nous cherchons des informations sûres, précises, complètes; quant aux jugements sur les êtres et les choses exprimés par les voyageurs, nous savons bien qu'ils ne peuvent être que relatifs, sujets aux variations du goût, influencés par la sensibilité de chacun, son éducation, sa nationalité peut-être, et si les relations anciennes ont pour nous tant de charme, c'est qu'elles nous présentent l'Italie, non pas telle qu'elle fut, mais telle que la virent les honnêtes gens des siècles passés, révélant ainsi leur personnalité plus ou moins riche, plus ou moins attachante.

Elisabeth Chevallier

---

[80] Cf. Barrès: « Si l'on me demandait, quel est le plus grand bonheur, je n'hésiterais pas à répondre: c'est d'avoir vingt-deux ans et de faire son premier voyage en Italie ».

PRÉFACE DE L'AUTEUR

Ces pages furent écrites au cours des heures où je prenais plaisir à évoquer mon voyage en Italie; près de neuf ans se sont écoulés depuis et il enchante toujours mon imagination. Quelques-unes d'entre elles ont paru l'an dernier dans le nouveau *Musée allemand* (*Deutsches Museum*), mais sous une forme différente et plus condensée. J'en destinais un plus grand nombre à cette revue, quand elle cessa de paraître inopinément, et j'étais résolu à les abandonner à l'oubli lorsqu'à diverses reprises plusieurs de mes amis, qui me jugent peut-être avec trop de bienveillance, m'invitèrent à publier ces pages que j'avais réunies. Elles sont imparfaites à beaucoup d'égards, je le sais, et cette imperfection ne saurait être rachetée, à mes yeux du moins, par les qualités de certaines d'entre elles, qui peut-être ne manquent pas d'esprit; pour répondre au désir de mes amis, je les présente aujourd'hui à un plus large public, à un tribunal où je trouverai des juges moins partiaux et plus sévères que parmi ceux qui m'accordent leur amitié.

Je n'ai pas eu l'intention de donner dans cette relation de voyage une description complète et systématique de l'Italie. Il ne s'agit là que de quelques *tableaux,* pour évoquer les objets qui touchèrent le plus ma sensibilité au cours de mon voyage dans la partie de ce pays la plus riche en spectacles pittoresques. J'esquissai ces tableaux dans mon journal, sur les lieux mêmes, et je les repris par la suite, leur donnant plus ou moins de fini selon que je me trouvais dans des dispositions plus ou moins favorables, soit en les ébauchant, soit lorsque je voulus les développer. On aura donc ici une suite d'esquisses dont les modèles, offerts par ce pays magnifique, ne sauraient laisser personne indifférent. Dans les croquis qu'ils m'ont

1

inspirés et parmi lesquels j'ai opéré un choix, je me suis contenté de traduire l'impression que produisaient en *moi* ces tableaux variés et grandioses, sans me soucier de savoir si j'ai toujours pu les observer sous le meilleur point de vue et me trouver dans les dispositions les plus favorables; sans me demander ce que ces pages peuvent apporter de nouveau, ou sur quels points il leur arrive inévitablement de répéter ce qu'avaient déjà fait connaître d'autres livres consacrés à l'Italie.

Lorsque je me suis placé dans une perspective historique pour rapprocher les temps passés et l'époque actuelle — dans ce pays, une telle confrontation s'impose d'elle-même à l'observateur et se révèle fort instructive! — j'ai pris pour guides les auteurs anciens classiques et quelques-uns des meilleurs écrivains modernes qui ont parlé de l'Italie.

Beaucoup de développements ont cessé de me satisfaire aujourd'hui parmi ceux que j'avais consacrés aux oeuvres d'art et particulièrement à la peinture en Italie. En arrivant dans ce pays — pour un séjour, hélas trop bref, de cinq mois — je n'apportais qu'un ardent amour de l'art et quelques notions théoriques: je ne pouvais compenser ainsi le manque de connaissances pratiques sur les diverses parties de l'art qui, même lorsqu'elles sont alliées à l'enthousiasme et à la théorie, permettent seules de porter sur les oeuvres d'art un jugement personnel à la fois juste et compétent. Hélas, je n'ai plus guère la douce espérance de me rendre une fois encore dans la patrie des arts et de pouvoir, maintenant que depuis mon retour j'ai poursuivi l'étude de l'art avec plus de zèle et de loisir, rectifier les remarques que m'avaient autrefois inspirées ses trésors artistiques. A quelques rares exceptions près, je n'ai donc pas repris dans les extraits que je donne ici de mon journal de voyage, où le lecteur attend peut-être de telles observations, mes jugements sur les chefs-d'oeuvre que j'ai vus en Italie.

* * *

A vous, mes amis, proches ou éloignés — et tout particulièrement à toi, Frankenberg *, ami de ma jeunesse, qui fus le fidèle

* Actuellement conseiller à la chambre des finances et propriétaire à Volmershausen, près de Cassel.

compagnon de mon voyage en Italie, qui goûtas avec moi dans toute leur plénitude les joies dont il me combla — je dédie ce livre, en gage de mon amitié! Je ne recherche pas l'approbation d'un plus vaste public, que je ne puis me flatter de mériter, mais qu'il me soit accordé d'obtenir la vôtre. Mes voeux les plus chers seront réalisés si, dans ces pages où ses sentiments se sont exprimés sans feinte, vous retrouvez votre ami tel que vous l'avez connu! *

Fait à Hambourg, au printemps 1792.

L'Auteur

* Dans le cas de la préface, le commentaire suit immédiatement le texte de Meyer, tandis que les notes correspondant aux divers chapitres ont été regroupées à la suite de sa relation.

NOTE À LA PRÉFACE DE L'AUTEUR

A quelques exceptions près, le voyage d'Italie est à cette époque considéré par les étrangers comme une expérience inoubliable; rentré chez lui, le voyageur en garde la nostalgie et s'efforce de le revivre en rédigeant ses souvenirs: une telle affirmation figure dans de nombreuses relations. L'astronome Lalande lui-même a beau prôner avant tout l'objectivité, chercher à être utile à ceux qui se rendront dans « ce beau pays », il ne peut s'empêcher d'avouer le plaisir qu'il a pris à écrire son guide et à retrouver ainsi les joies du passé. Il n'est donc pas surprenant de rencontrer cette affirmation chez Meyer: son voyage d'Italie fut une période heureuse, dont l'évocation est une fête (il emploie l'expression « ein frohes Fest meiner Phantasie », dont la traduction littérale ne peut malheureusement être gardée).

Un fait peut étonner les lecteurs de notre époque, éprise avant tout de nouveauté, d'expériences exceptionnelles, et où le « voyager », comme disait Montaigne, est devenu un exercice, sinon toujours profitable, du moins destiné à occuper des périodes de vacances: c'est le grand nombre des relations de voyage publiées à la fin du XVIII⁰ siècle. Ce qu'on y cherchait il y a deux siècles environ n'est plus ce que nous demandons à nos contemporains lorsqu'ils écrivent de tels ouvrages. L'intérêt de ces livres, à nos yeux, est de nous présenter, soit un document exceptionnel sur un pays où le tourisme n'a pas encore pénétré, soit une oeuvre littéraire où l'essentiel est moins la région visitée que la richesse des impressions suscitées chez le voyageur, la beauté du style, peut-être aussi, dans certains cas, une nouvelle vision des choses, en somme, ce qu'ont pu trouver, au début du XIX⁰ siècle, les lecteurs de Chateaubriand dans la fa-

4

meuse *Lettre à M. de Fontanes sur la campagne romaine.* A la limite, le pays n'importe plus, seule compte l'expérience intérieure à laquelle a donné lieu le voyage: Giono n'affirme-t-il pas qu'il va en Italie, non pour voir l'Italie, mais pour être heureux? (*Voyage en Italie,* Paris, Gallimard, 1953, p. 62).

L'optique était différente au XVIIIe siècle. En ce qui concerne l'Italie, depuis longtemps visitée par les étrangers, la relation de voyage tend bien de plus en plus à prendre ses distances à l'égard des guides et à se constituer en genre littéraire, mais de nombreux lecteurs continuent à y chercher moins les impressions personnelles de l'auteur que des renseignements précis; cela explique la déception que leur donnent certaines oeuvres ayant pour nous un grand intérêt: on sait quelles réactions dédaigneuses suscita le *Journal de voyage* de Montaigne à sa parution en 1774 (Voir Charles Dédéyan, *Essai sur le « Journal de voyage » de Montaigne,* Paris, 1946).

Surprenant est aussi pour nous le délai souvent assez long qui, au XVIIIe siècle, sépare du voyage la rédaction et la publication des souvenirs. Nos contemporains livrent le récit de leur expérience, dès qu'elle est vécue, à un éditeur, à une revue hebdomadaire ou mensuelle. Meyer, lui, ne donne quelques pages à la *Berlinische Monatschrift* et au *Neues deutsches Museum* que six et huit ans après son retour, et son livre ne paraît qu'en 1792: ce n'est pas exceptionnel à cette époque, il existe beaucoup d'exemples analogues.

Beaucoup de ces relations, demeurées à l'état de manuscrits, circulent alors dans des cercles plus ou moins restreints: on les confie à quelques amis, parfois elles jouissent d'une certaine notoriété, et c'est ainsi que Lalande peut consulter les *Lettres* du Président De Brosses, qui ne seront publiées pour la première fois qu'en l'an VII. Il nous arrivera de retrouver de tels manuscrits, liasses jaunies ou volumes somptueusement reliés, dans les collections de quelque bibliothèque. D'autres sont publiés après un délai plus ou moins long, dans certains cas du vivant de l'auteur et sur les conseils de ses amis, qui répondent peut-être ainsi à son désir secret: voilà comment nous parviendront des oeuvres qui ne sont pas dues à des écrivains, mais à de simples voyageurs: Bartels, Meyer ... La bibliographie de ce dernier compte plusieurs titres et il s'agit toujours de relations de voyage: après l'Italie, il a visité la France, l'Allemagne, la Russie, et ne semble pas s'être laissé tenter par d'autres genres littéraires.

Les pages que Meyer consacre à l'Italie sont imparfaites, il l'avoue lui-même: moins favorisé que Wilhelm Heinse ou Karl Philipp Moritz, qui ont séjourné plusieurs années en Italie, il n'a pu y passer que cinq mois, c'est-à-dire assez peu de temps relativement à l'usage de l'époque. D'autre part, il n'est pas écrivain, et il le sait. Sa principale originalité semble être à ses yeux cet esprit qui se manifeste dans certains passages: tableaux de moeurs, développements satiriques, où il a trouvé en effet une de ses meilleures veines.

Il ne s'agit pas pour lui de donner une description complète: désormais, les guides de voyage sont nombreux et bien documentés (on peut à cet égard comparer le guide de Misson, dont la première édition date de 1691, à ceux de Richard — 1766 — et Lalande — 1769 —), les voyageurs se dispensent donc de tout dire et le critère de leur choix est de plus en plus un critère subjectif. Nous sommes à l'époque où, chez les visiteurs de l'Italie, la relation de voyage tend à se constituer en genre littéraire indépendant, parfois assez proche de l'autobiographie, et à se distinguer du guide. Certes, il n'est pas possible de fixer de limites chronologiques précises, de parler de nouveauté absolue, mais il est incontestable que les exemples de cette tendance sont de plus en plus fréquents dans la seconde moitié du XVIIIe siècle, où les auteurs insistent souvent sur l'aspect personnel de leur expérience. Au contraire un Lalande, qui compose un guide conçu comme une véritable encyclopédie du voyage d'Italie (l'expression est de René Michéa), utilise une vaste documentation puisée à des sources diverses.

Lorsque le voyageur prétend donner de l'Italie une vision qui lui est propre, son oeuvre devient dans une certaine mesure le miroir de sa personnalité, beaucoup plus que ne pouvaient l'être les guides d'un Richard ou d'un Lalande (la remarque ne vaut pas pour le guide de Misson: il ne s'agissait à l'origine que d'une authentique correspondance, destinée à informer le destinataire, et non d'un ouvrage destiné à la publication). Déjà les *Lettres familières,* datées de 1739 et 1740, donnent au lecteur l'impression d'entendre converser avec ses amis le spirituel De Brosses puis, dans cette seconde moitié du XVIIIe siècle qui voit triompher l'influence de Rousseau, le *Sturm und Drang,* l'enthousiasme de Winckelmann, on cherche moins à briller par son esprit qu'à exprimer sa sensibilité: des termes comme *Gefühl*, employé ici par Meyer, ou *sentiment*, apparaissent souvent dans les préfaces. Parfois les spectacles offerts par l'Italie deviennent avant tout des prétextes pour faire vibrer cette sensibilité: ainsi chez Dupaty, l'un de ces pèlerins exaltés qui seront nombreux à l'époque romantique, après que Mme de Staël, revenue d'Allemagne, aura souligné le rôle privilégié de l'enthousiasme dans l'expérience de l'homme, et en particulier dans celle du voyageur: « Croient-ils connaître la terre, croient-ils avoir voyagé, ceux qui ne sont pas doués d'une imagination enthousiaste? Leur coeur bat-il pour l'écho des montagnes? l'air du midi les a-t-ils enivrés de sa suave langueur? Comprennent-ils la diversité des pays, l'accent et le caractère des idiomes étrangers? » (*De l'Allemagne*, 4ème partie, chapitre XII).

Subjective, la relation de voyage est aussi, de plus en plus, incomplète. C'est au guide qu'il appartient de fournir une information sur toutes les régions, toutes les villes de l'Italie, du moins celles que l'on juge à cette époque dignes d'intérêt. Tandis que le tableau de l'Italie devient plus complet et plus précis dans les guides, les relations renoncent en général à se plagier mutuellement. Naguère beaucoup de voyageurs, s'ils n'avaient pas vu tel monument ou si leur mémoire les trahissait, n'hésitaient pas à emprunter un développement à quelque prédécesseur. Désormais, on ne cherche pas à dire tout ce qu'on a vu: nous connaissons l'itinéraire emprunté par Meyer pour gagner Rome et Naples, mais nous n'avons ici aucun renseignement sur son retour sinon, au chapitre 9, une brève allusion à la route de Montefiascone, c'est-à-dire celle de Sienne et Florence. Certes, pour composer sa relation, l'auteur devait choisir parmi les notes, sans doute abondantes, prises sur les lieux mêmes, mais l'importance numérique des pages qu'il consacre à Rome et Naples, la place de Naples à la fin de l'ouvrage, sont significatives de ses préférences. Le cas commence à être fréquent chez les contemporains et l'éditeur de Dupaty juge nécessaire de préciser dans l'*Avertissement* qu'il place en tête des *Lettres sur l'Italie* en 1785: « Ceci n'est pas un voyage d'Italie, mais un voyage en Italie ». Un *voyage d'Italie* a pour but d'informer, tandis que l'auteur d'un *voyage en Italie* peut donner la primauté à l'expression de ses sentiments.

7

La méthode adoptée consiste donc à reprendre les notes réunies dans le journal de voyage (pour d'autres voyageurs, dans leur correspondance), tantôt en les élaguant, tantôt en les complétant, à composer sa relation à partir de textes plus ou moins élaborés — méthode analogue à celle du peintre qui utilise dans son atelier les études faites sur le motif: Meyer ne l'indique-t-il pas quand il emploie ici des termes empruntés au vocabulaire de la peinture? Cependant, la relation de voyage ne reste pas à cette époque l'expression d'une pure subjectivité et Meyer, comme ses contemporains, garde le souci d'informer le lecteur. Cela explique qu'il ait recours également à une autre méthode: il ne se contente pas alors d'utiliser ses notes personnelles, mais consulte toute une littérature: textes anciens, qu'il a parfois relus en Italie même, ouvrages spécialisés dus à des historiens, des géographes, des économistes, des critiques d'art, des architectes ... livres de voyage aussi, parmi lesquels il n'omet pas les plus récents: nous le voyons se référer à la relation de son compatriote Bartels, parue en 1789-1791, ou à celle du savant français Dolomieu, consacrée au tremblement de terre de 1783. Meyer ne peut davantage, pour un pays comme l'Italie, éviter de présenter à l'occasion une perspective historique.

Expression du sentiment, présentation de spectacles pittoresques, tels sont, outre les traits d'esprit auxquels il a fait allusion au premier paragraphe, les aspects de sa relation que Meyer juge essentiels. Nous avons adopté le terme *tableau* pour traduire *Darstellung*, qui peut être rendu aussi dans certains cas par *description* ou *peinture* (Vanderbourg a préféré donner à sa traduction le titre plus fréquent à cette époque de *Voyage en Italie*). Ce livre comporte en effet de nombreux tableaux, aux différents sens que le mot peut prendre en français: description de monuments ou de paysages (place Saint-Pierre, cascades de Tivoli ou de Terni, golfe de Naples au soleil levant) — l'écrivain rivalise souvent ici avec le peintre, comme le montre la fréquence du terme *pittoresque* (*malerisch*), tout en gardant une conscience aiguë de ses limites, car il est difficile de peindre avec les mots; tableaux plus complexes où intervient aussi l'observation des êtres, consacrés aux scènes de rues (les mendiants de Venise) ou aux cérémonies religieuses; tableaux de moeurs enfin, où se fait jour, tantôt l'ironie quand l'auteur présente les avocats vénitiens, les conteurs populaires, les *ciceroni* de Rome, tantôt la satire violente dans le cas des pèlerins de Lorette ou des vexations frappant les juifs de Rome.

Neuf ans après son retour d'Italie, Meyer juge d'un oeil critique les notes de son journal concernant les oeuvres d'art et renonce à les publier. C'est pourtant l'époque où les voyageurs s'y intéressent de plus en plus. Naguère, les relations s'en tenaient à de sèches nomenclatures, exception faite de quelques oeuvres comme le *Voyage* de Misson ou celui de Montesquieu (édité seulement à la fin du XIXe s.); leur insistance sur certaines oeuvres se justifiait rarement par une analyse des qualités esthétiques, mais souvent par le désir de rapporter une fois de plus une anecdote — on affirmait ainsi, en présentant une *Crucifixion* conservée à Naples et attribuée à Michel-Ange, que le peintre, soucieux de vérité, aurait crucifié puis poignardé un pauvre homme, afin d'étudier l'expression qu'il allait donner à son Christ agonisant! anecdote que Keyssler commente ainsi: « Toute cette histoire n'est *peut-être* qu'une fable » (traduit et souligné par nous). Le même auteur se contente généralement d'indiquer dans son guide la valeur marchande d'une oeuvre d'art: la célèbre *Pietà* de l'Espagnolet, visible à la Chartreuse Saint-Martin de Naples, a été achetée 4000 ducats, écrit-il, et en vaudrait aujourd'hui 10000 (*Neueste Reisen, op. cit.,* T. II, p. 823 sq.).

Diverses raisons expliquent cet intérêt pour les oeuvres d'art, et particulièrement la peinture, qui va croissant à la fin du siècle. L'Italie, qui permettait au cavalier de parfaire sa formation politique et historique, sa connaissance des bonnes manières aussi, est maintenant considérée comme la terre des arts, vaste musée dont les chefs-d'oeuvre sont dus à l'Antiquité aussi bien qu'aux Temps Modernes. Les voyageurs sont-ils plus cultivés qu'à l'époque précédente? Beaucoup d'entre eux ont baigné dans un climat bien différent, comme le prouvent certains faits significatifs. On sait quelle est, pour les contemporains de Diderot, l'importance des *Salons* organisés à Paris et dont les lecteurs étrangers de la *Correspondance littéraire* attendent impatiemment le compte-rendu; un financier comme Bergeret de Grancourt entreprend en 1773 son voyage d'Italie en compagnie de Fragonard, qui doit dessiner pour lui; les jeunes Allemands qui passent les Alpes après avoir terminé leurs études ont suivi à l'Université des cours d'histoire de l'art et d'esthétique (voir le chapitre I de Meyer). C'est l'époque où les théoriciens cherchent à déterminer quelles facultés jouent un rôle prépondérant dans le jugement des oeuvres d'art, celle où la critique d'art progresse, grâce aux travaux d'un Gougenot et d'un Cochin, d'un Mengs et d'un Winckelmann. Le public cultivé n'ignore pas ces travaux, et les principaux guides de voyage vulgarisent les idées développées par les spécialistes. Lalande emprunte beaucoup à Cochin et à Gougenot, puis à Winckelmann dans sa seconde édition; Volkmann recommande au voyageur d'Italie d'emporter dans ses bagages le *Traité sur la peinture* de l'Anglais Richardson, connu surtout grâce à l'édition française. En outre, certains guides expliquent « la manière de connaître et d'étudier les tableaux », selon l'expression employée par l'abbé Richard dans son *Discours préliminaire* (*Nouveaux mémoires, op. cit.,* T. I, p. LXXV). On voit même paraître en 1778 une oeuvre anonyme — elle est due à Jean-Dominique Cassini — le *Manuel de l'étranger qui voyage en Italie,* conçu comme un guide portatif à l'usage des amateurs pour les aider à mieux juger « les ouvrages de peinture, sculpture et architecture ». Enfin, plus d'un voyageur rencontre en Italie, à Rome surtout, des artistes, ses compatriotes, qui parfois y séjournent longuement; c'est en leur compagnie qu'il va voir les plus célèbres chefs-d'oeuvre. Le Suédois Björnstaehl, en 1770, est fier d'entendre louer par les Italiens les jeunes peintres, sculpteurs et architectes venus de son pays (*Briefe, op. cit.,* T. I, p. 226 sq.).

Il est donc évident que le lecteur s'attend à trouver dans un livre de voyage des observations sur les trésors faisant la gloire de l'Italie. La prudence de Meyer renonçant à publier ses notes se justifie à ses yeux par le simple bon sens: comment un amateur, venu si jeune en Italie et pour un séjour si bref, pourrait-il présenter des remarques à la fois personnelles, intéressantes et judicieuses? Sa prise de position n'est pas sans rappeler ici un débat qui a passionné son époque.

On sait que le XVIIIᵉ siècle a cherché à répondre à cette question: comment est-il possible de juger une oeuvre d'art? Faut-il donner la primauté au sentiment ou à la raison? Les guides de voyage vulgarisent les conclusions des théoriciens et les voyageurs, à leur tour, prennent position dans le débat. L'abbé Dubos, dans ses *Réflexions critiques sur la poésie et sur la peinture,* dont la première édition date de 1719, estime que, pour connaître le mérite d'une oeuvre d'art, la voie du sentiment l'emporte sur celle de la discussion et de l'analyse; certes, il nuance son affirmation, notant par exemple que tous les hommes n'ont pas les yeux et les oreilles également bons, ni le sentiment également parfait, il délimite en outre le domaine du connaisseur et celui du public, mais il déclare: « Le sentiment enseigne bien mieux si l'ouvrage touche, et s'il fait sur nous l'impression qu'il doit faire, que toutes les dissertations composées par les critiques pour en enseigner le mérite et pour en calculer les perfections et les défauts (...) Le raisonnement ne doit donc intervenir dans le jugement que nous portons sur un poème ou sur un tableau, en général, que pour rendre raison de la décision du sentiment et pour expliquer quelles fautes l'empêchent de plaire, et quels sont les agréments qui le rendent capable d'attacher » (Citation empruntée à l'édition de 1770, T. II, p. 310). Pour apprécier une oeuvre d'art, l'homme possède en effet une sorte de « sixième sens », c'est « ce qu'on appelle communément le sentiment » (p. 312). Cependant, reconnaître le mérite d'une oeuvre ne signifie pas nécessairement être capable de la juger, et c'est ici que nous retrouvons la distinction si fréquente à cette époque entre *connaisseur* et *amateur*: « La perfection d'une partie des beautés d'un tableau, par exemple la perfection du dessin, n'est bien sensible qu'aux peintres et aux connaisseurs qui ont étudié la peinture autant que les Artisans mêmes » (p. 357).

Le but de Cassini, dans son *Manuel de l'étranger qui voyage en Italie,* est d'aider les voyageurs à juger les oeuvres d'art. Son premier principe est celui de l'abbé Dubos: « C'est un principe général et incontestable, qu'auparavant de juger d'après les règles, il faut toujours commencer à juger par sentiment, c'est-à-dire d'après le premier effet et l'impression plutôt naturelle que raisonnée que fait sur vous l'objet de votre examen » (p. 27). Le voyageur ne devra donc se référer au jugement d'autrui qu'après avoir prononcé le sien. Et c'est dans un deuxième temps qu'il s'efforcera de juger cet objet; s'il s'agit d'un tableau, il examinera séparément, selon une méthode très cartésienne qui était déjà celle de Roger de Piles, ce qu'on appelle « les quatre parties de la peinture », composition, dessin, expression et coloris. Ainsi, « plusieurs mois de séjour et d'observation en Italie procureront des lumières, qui ne feront que croître de jour en jour, et feront enfin de tout homme qui a du bon

11

sens et du goût, un vrai connaisseur, et même un juge éclairé »
(p. 29). Le voyage d'Italie, ou comment l'amateur peut devenir un
connaisseur . . .

Nous ignorons si Meyer a lu Dubos, le guide de Cassini semble n'avoir pas été très répandu, mais de telles idées sont désormais
diffusées dans un large public. Comment d'ailleurs un jeune Allemand n'accorderait-il pas un rôle privilégié au sentiment et même
à l'enthousiasme dans la critique, alors que l'influence de Winckelmann reste si forte sur ses compatriotes? L'expérience de notre
voyageur semble apporter une confirmation à ses idées. Dès son arrivée à Vérone, Vicence et Venise, il peut vérifier l'importance du
sentiment qui vient enfin, grâce au contact avec les chefs-d'oeuvre,
prendre la primauté sur les notions livresques acquises à l'université, qui lui permet de s'élever jusqu'aux notions de beau et de sublime, restées jusque-là lettre morte. Telle est donc la révélation
apportée par l'Italie. Et puis, neuf ans plus tard, reprenant ses notes
pour composer la relation de son voyage, il comprend qu'elles ne
sont pas utilisables; il reconnaît, comme l'affirmaient les théoriciens,
qu'il existe deux démarches distinctes: sentir le mérite d'une oeuvre
et bien juger ses diverses beautés. Dans le second cas, il attribue
un rôle principal à ces connaissances qui lui manquaient lorsqu'il
visitait l'Italie, connaissances que Cassini voulait inculquer à ses
lecteurs.

Le voyage d'Italie a été pour Meyer une période capitale dans
sa vie, et c'est lui-même que son livre doit faire revivre, mais pour
ses amis plutôt que pour le public. L'auteur reste très discret quand
il s'agit de sa vie personnelle: sa relation fait de rares allusions au
compagnon de voyage dont le nom n'est donné que dans une note
de la préface. Le temps n'est pas encore venu des effusions auxquelles se complairont par la suite tant de voyageurs, cependant, à la description sèche et aux nomenclatures qui firent longtemps l'essentiel
de nombreuses relations, l'auteur substitue souvent ses impressions,
et il fournit ainsi à ses lecteurs une double image: celle d'un pays,
vu de façon subjective, et celle d'un homme que ses amis, espère-t-il,
pourront reconnaître.

La relation de voyage, genre aux limites mal définies, tend
à cette époque à se rapprocher de l'autobiographie; l'oeuvre de
Meyer constitue un exemple de cette tendance. Répond-elle ainsi aux

voeux du public? Il semble bien que, pour celui-ci, l'intérêt documentaire garde la primauté, à en juger par l'*Avertissement* que l'éditeur Heinrichs place en tête de la traduction française: Meyer, écrit ce dernier, ayant voyagé en Italie avant la Révolution, a su montrer « la physionomie particulière qu'avait alors ce beau pays »; plusieurs critiques, tant en France qu'en Allemagne, reprocheront à l'auteur de faire, dans ses descriptions, trop de place à l'enthousiasme et au sentiment.

E. Ch.

Chapitre 1

VÉRONE - VICENCE - PADOUE [1]

Au nord des Alpes du Tyrol, dressées comme une muraille entre l'Italie et l'Allemagne, l'hiver se faisait encore sentir. A peine dans les campagnes voyait-on paraître çà et là, parmi des brins d'herbe desséchés, le vert nouveau d'une petite feuille; les bourgeons des arbres ne s'ouvraient pas encore et les pentes orientées au nord restaient couvertes de neige. Au sud, lorsque je descendis vers la plaine d'Italie, il me sembla qu'un printemps fleuri m'accueillait en souriant. Les prairies déjà parsemées de fleurs surprenaient par la fraîcheur de leur vert, les arbres fruitiers, les festons de la vigne déployaient leurs fleurs et leurs feuilles et au loin, à l'arrière-plan de ce charmant tableau printanier, s'élevaient les Alpes aux cimes couvertes de neige. En deux jours et deux nuits, le voyageur laissait l'hiver et ses rigueurs pour la douceur du printemps. L'imagination poétique, si vive soit-elle, ne peut rendre dans toute sa force l'impression produite sur l'âme par ce brusque changement des saisons: c'était l'image exaltante de la vie l'emportant sur la mort [2].

Les Alpes du Tyrol sont abruptes et sauvages, mais pour les traverser on emprunte une des plus belles routes que je connaisse. Large, bien construite et bien entretenue, elle offre des points de vue aussi variés que pittoresques. Ce qui caractérise la montagne aux alentours, c'est une grandeur invincible et véritablement sublime. De romantiques vallées s'ouvrent dans les puissantes masses de roches escarpées. Les détours du chemin sont à peine sensibles, mais chaque fois les scènes changent, les perspectives se succèdent, toujours nouvelles, toujours grandioses [3].

15

Non loin de Roveredo se trouve le lac de Garde, célèbre par les bois d'orangers et de citronniers qui bordent ses rives méridionales. Les voyageurs qui arrivent de ce côté, attirés par ce spectacle si nouveau et si plein de charme, se détournent inévitablement de la grand-route. Je me hâtais pour en jouir plus vite, mais ce ne fut qu'en arrivant sur la dernière hauteur que je pus voir tout entier ce grand lac à la forme harmonieuse et les rives septentrionales couvertes d'oliviers. Ses eaux étaient violemment agitées par une tempête. J'avais pris un bateau pour gagner la délicieuse rive du sud, quand la violence croissante de l'orage rendit la traversée impossible et, me rappelant le passage de Virgile:

« toi, Benacus *, dressant tes flots et frémissant comme la mer » (avertissement que respectent eux-mêmes les habitants de ces rives: ils ne se hasardent jamais sur le lac par gros temps), je dus renoncer à l'espoir de me promener dans des bois d'orangers en fleurs [4].

De tout temps, mon plus grand désir avait été de voir l'Italie [5], mais j'eus la surprise de savoir qu'il serait exaucé quelques mois seulement avant de pouvoir le réaliser. Les idées que je m'étais faites de ce voyage répondaient à mes désirs, quand enfin j'arrivai dans ce pays par une route où tout ce qu'on a pu rêver se montre aussitôt bien inférieur à la réalité. L'imagination la plus exaltée ne peut, même à l'aide de descriptions très précises, se représenter clairement des monuments grandioses comme l'amphithéâtre romain de Vérone, le théâtre olympique de Vicence ou les superbes palais de ces deux villes, les premières que visite le voyageur à son arrivée en Italie. Déjà, devant ces chefs-d'oeuvre dus aux architectes Sanmicheli à Vérone et Palladio à Vicence, les idées mesquines apportées d'outre-mont disparaissent progressivement et l'on s'élève peu à peu, par le sentiment, aux conceptions du beau et du sublime [6]. Ces notions abstraites que l'on avait si lentement, si péniblement accumulées aux cours d'esthétique, concernant les arts plastiques en général et l'architecture en particulier, notions de force, d'harmonie et d'unité, de beauté et de grandeur sublime, ne prennent toute leur valeur qu'ici, lorsque les oeuvres de Palladio et de Sanmicheli [7] les font vivre devant vous et que vous embrassez d'un seul regard les

* Ancien nom du lac de Garde - Virgile, *Géorgiques,* Livre II, v. 160.

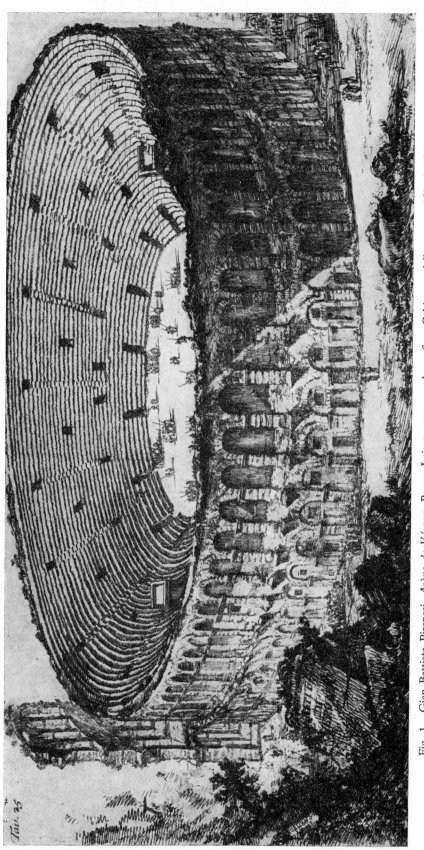

Fig. 1. Gian Battista Piranesi, *Arène de Vérone*, Rome, Istituto naz. per la grafica, Gabinetto delle stampe (Cl. du Gabinetto). Cf. p. 18.

objets dont toutes les théories n'avaient pu vous faire soupçonner la grandeur.

L'amphithéâtre romain de Vérone a gardé de nos jours toute sa puissance. A peine remarque-t-on dans cet énorme édifice quelques petites restaurations effectuées à l'époque moderne. Il compte parmi les monuments les plus grands et les plus beaux que l'Italie ait conservés de la haute antiquité. Cet ensemble colossal présente le double caractère de la grandeur et de la durée, soit que, placé dans l'arène, on lève les yeux vers les gradins qui l'entourent, ou que, du gradin le plus élevé, on considère ce formidable amphithéâtre qui peut recevoir vingt-quatre mille spectateurs. Dans un coin de l'immense arène, on avait élevé un grand théâtre de marionnettes, un groupe s'était formé devant lui pour rire des tours de Polichinelle et de ses plaisanteries stupides. Je ne pus supporter longtemps un tel spectacle dans un tel lieu. C'était la première fois que m'apparaissait le contraste entre l'Italie d'autrefois et l'Italie actuelle, contraste que je devais par la suite retrouver si souvent et sous bien d'autres formes. Pour attendre la fin de cette pantomime, j'allai me réfugier dans les corridors de l'amphithéâtre; là, sous les voûtes magnifiques, le tapage de ces fâcheuses jongleries ne me parvenait point [8].

Joseph II et Pie VI [9], en des occasions bien différentes, purent voir l'immense amphithéâtre entièrement occupé par des spectateurs. Que j'envie ceux qui furent témoins de ce spectacle! On donna à l'empereur des combats d'animaux, retrouvant ainsi la destination qui était celle de l'édifice au temps des Romains. Le pape choisit ce même lieu pour la cérémonie de la bénédiction et, dans cet amphithéâtre autrefois réservé aux jeux sanguinaires, il vit les gradins et l'arène elle-même couverts de fidèles agenouillés. A une tribune, une inscription gravée dans le marbre commémore ce haut fait! — Pie VI a également consacré le souvenir de son passage par une inscription semblable, déposée au Musée de Vérone, où sont réunis tant de beaux ouvrages de l'antiquité. A son retour de Vienne, « il s'y rendit, — donna sa bénédiction, — et revint — » c'est ici qu'il se fit baiser la main et le pied, selon une inscription moderne, rédigée en latin et scellée dans la muraille près de celles qu'ont laissées les peuples anciens: peut-être constituera-t-elle en ce lieu une curiosité de plus pour la postérité, ne serait-ce que par ce contraste et comme témoignage de la gloire déclinante de la papauté. Le généreux fondateur de cette collection, le marquis Maffei, qui, à tant d'égards, avait si bien mérité de sa patrie, vivait encore quand la ville de Vérone reconnaissante lui fit élever un monument dans le musée même. Cet homme modeste demanda qu'il fût enlevé; on ne put le rétablir qu'après la mort du marquis, avec la mention de ce dernier trait qui le rend plus digne d'admiration encore [10].

La plaine située entre Vérone et Vicence a un charme inexprimable, surtout pour le voyageur qui arrive en Italie. Elle n'est qu'un immense vignoble, et semble décorée selon le goût antique pour une fête en l'honneur de Bacchus. L'usage très ancien de faire monter la vigne pour la marier aux arbres s'est conservé jusqu'à nos jours dans toute l'Italie. C'est dans cette plaine de Lombardie que, pour la première fois, l'étranger jouit de ce spectacle enchanteur. Diverses variétés d'arbres, ormeaux et peupliers surtout, sont plantées le long des champs en doubles files qui s'allongent à perte de vue; la vigne embrasse leurs troncs, se répand jusqu'aux dernières branches d'où

« elle s'élance joyeuse dans les airs, lancée à pleines guides dans l'air pur » *

et de là retombe librement entre les rameaux. Une partie des tiges de la vigne est disposée en festons reliant un arbre à l'autre. Des champs de blé s'étendent entre ces plantations, et la grand-route court ainsi entre les vignes et les champs jusqu'aux portes de Vicence [11].

Dans cette ville qui donna naissance à Palladio, ainsi qu'aux environs, se trouvent rassemblées les plus belles oeuvres de ce grand homme [12]. Il fut l'un de ceux qui, au XVIe siècle, s'attachèrent avec le plus de zèle à retrouver la tradition de l'architecture romaine et à réveiller le goût antique dans toute sa pureté, après une longue période de sommeil où la barbarie gothique lui avait si malencontreusement succédé. Ce fut l'époque la plus brillante de l'architecture italienne. Par son génie, Palladio surpassa presque tous les artistes de son temps et s'égala au plus grand d'entre eux. Il réunit dans son style la noble simplicité grecque, la rigueur et la majesté: tels sont les principaux caractères de ses constructions, qui s'allient

* Virgile, *Géorgiques,* Livre II, v. 363.

en outre à une élégance charmante et à une légèreté pleine d'aisance. Tout ce qui ne correspondait pas à ces sublimes qualités de l'art grec lui était étranger et, toujours semblable à lui-même, il fut et il est encore, parmi tous les grands architectes des siècles passés, le modèle le plus parfait qu'on puisse se proposer d'imiter [13].

Avant de pénétrer dans la ville, à l'entrée du Champ de Mars, on remarque une porte magnifique, nommée en son honneur Arc de triomphe de Palladio. De superbes maisons de campagne ont été bâties aux environs, beaucoup d'entre elles sont dues à ce grand architecte. Il a trop prodigué son génie en édifiant les palais de la ville puisque, dans les rues étroites et sombres où ils sont situés, on ne peut généralement les voir que depuis le second étage des maisons qui leur font face. On lui a reproché, à propos de plusieurs édifices, de mal entendre la distribution intérieure et de négliger la commodité; ce défaut est commun à tous les architectes italiens des temps modernes. Leur unique préoccupation est de donner à l'intérieur de leurs palais la grandeur et la majesté qui caractérisent l'ordonnance extérieure. Il est très rare d'y trouver une distribution judicieuse, prévue pour la commodité des habitants. Celle-ci, du reste, est moins nécessaire sous le doux climat de l'Italie que dans nos pays septentrionaux [14].

Le célèbre Théâtre olympique de Vicence, son oeuvre la plus importante, prouve éloquemment combien Palladio s'était pénétré de l'esprit des Anciens. On peut l'égaler sans crainte à tous les théâtres antiques, grecs et romains, dont les plans nous sont connus, et la comparaison serait peut-être à son avantage. Palladio créa lui-même ses plans, il n'emprunta à la structure des théâtres antiques que la conception pour la développer à sa manière et c'est ainsi qu'il choisit, non la forme semi-circulaire, mais l'ellipse de l'amphithéâtre, plus favorable à la voix. Il est regrettable qu'il n'ait pu mettre la dernière main à l'aménagement et à la décoration de la scène. L'architecte Scamozzi s'en est chargé mais il n'a pas évité une certaine lourdeur, une certaine mesquinerie, on ne retrouve pas ici le génie de Palladio qui, jusque dans les plus petits ornements, savait créer une oeuvre durable et noble sans sacrifier la beauté et la légèreté. Ce théâtre si magistralement conçu reste inutilisé à Vicence, seuls les écrivains qui louent sa beauté et sa perfection en font connaître l'existence; depuis l'époque de sa construction jusqu'à nos jours, il n'a pas été imité, et c'est à tort qu'on prétend voir dans le Théâtre olympique de Vicence le modèle de ce charmant colifichet qu'est le nouveau Théâtre français de Paris. S'il est impossible de compter les fois où l'on en a relevé et restitué le plan, aucun ensemble ne s'en est jamais inspiré. Que l'influence d'un modèle digne de susciter l'imitation reste donc généralement faible! Comme la supériorité d'un grand créateur est écrasante pour la postérité qui, n'ayant ni la force ni le courage de s'élancer sur ses traces, doit se contenter de l'admirer! [15]

Situé sur une hauteur, le Couvent des Servites, Madonna del Monte, domine la vaste et magnifique perspective d'une plaine de Lombardie où alternent des villes et des villages, des maisons de campagne, des jardins et des champs cultivés; la vue s'étend d'un côté jusqu'à des montagnes formant un vaste demi-cercle à l'intérieur duquel se trouvent Vérone et Vicence, et de l'autre jusqu'à Padoue et au delà. Des yeux exercés doivent déjà découvrir d'ici Venise et la mer Adriatique, mais j'en fus empêché par la brume du soir qui commençait à s'élever.

Vicence, comme la plupart des villes italiennes, est remplie d'une populace oisive et misérable qui erre sans but ou se livre, dans les étroites ruelles, à des jeux populaires bruyants; il en résulte souvent des querelles et des rixes et les passants sont exposés à recevoir quelque coup ou quelque pierre [16]. Dans un seul quartier, où se trouve la manufacture de soie des Franceschini, l'ardeur au travail semble l'emporter sur l'oisiveté. Il y règne la plus grande activité; cinq mille personnes sont occupées à manufacturer plus de cent mille livres de soie grège par an; on a même employé la force d'un insignifiant ruisseau pour mettre en mouvement, grâce au mécanisme le plus simple et le plus ingénieux, les grands rouages des moulins et des dévidoirs.

Ville ancienne, Padoue ne brille pas, comme ses voisines, par la magnificence de ses édifices; mais son église Sainte-Justine est la plus belle de l'Italie supérieure, pour le moins. En voyant la majesté de ce temple, je reculai involontairement. Etait-ce dû à son aspect, dont la nouveauté me surprit? L'intérieur de cette église surpasse-t-il réellement tous les autres par son caractère sublime? aucune autre en Italie ne m'inspira jamais la vénération profonde, le sentiment de ferveur exaltante que j'éprouvai chaque fois que j'entrai ici. A l'intérieur, la magnificence s'allie à la simplicité, tout l'éclat de la décoration extérieure ne fait pas oublier la noble destination de l'ensemble, qui apparaît bien comme le sanctuaire de la divinité. On n'y voit point d'ornements accumulés, point d'oeuvres étrangères à cette destination et pouvant distraire l'esprit du visiteur qui s'en approche. Il est impossible, en décrivant successivement les diverses parties, de donner une idée satisfaisante de cet ensemble et de l'impression grandiose qu'il produit. Dès l'entrée, aucun obstacle ne s'oppose à la vue; elle peut saisir dans sa totalité un espace qui a environ cinq cents pieds de long, cent vingt-neuf de large et cent huit de haut. La lumière venue d'en haut, grâce à plusieurs coupoles, se répand dans l'église. Partout règnent la liberté et la clarté. Le choeur et le maître-autel sont surélevés, une grande mosaïque de marbres aux couleurs variées forme le pavement. Les chapelles latérales, qui abritent chacune un autel, se font face et se correspondent deux à deux par l'ordonnance de leur architecture et le choix des marbres dont elles sont ornées. Au-dessus des autels, entre des colonnes pour lesquelles ont été employés les marbres les plus beaux et les plus rares, on voit tour à tour des peintures dues aux maîtres de l'école vénitienne et des groupes sculptés dans le marbre. Je revins souvent à ce temple sublime, et je ne le quittai jamais sans ressentir une admiration recueillie et la paix de l'âme la plus bienfaisante [17].

La bibliothèque du couvent des Bénédictins, qui dépend de cette église, est fort belle, mais les moines, riches et bien nourris, la connaissent très peu. Ce fut avec beaucoup de peine que l'un d'entre eux put me trouver l'édition d'un auteur classique que je désirais voir et, ce faisant, il se montra peu loquace. Minerve, dans ce monastère, est reléguée dans un exil obscur, tandis que Bacchus est chez lui. Aussi mon guide fit-il preuve de la plus grande compétence dans la cave du couvent. Il m'y nomma l'une après l'autre toutes les différentes sortes de vin, précisa l'âge de chaque pièce, se répandit en louanges sur leurs qualités et leur valeur exceptionnelle; les autres moines faisaient chorus, et certes ils n'avaient pas tort. Leur vin était excellent, et ils l'offraient avec la plus grande libéralité.

Devant le couvent s'étend une grande place, nommée Prato della Valle. C'est l'ancien Champ de Mars des Romains où étaient bâtis autrefois des édifices et des temples imposants. Cette place, en grande partie inculte il y a peu de temps encore, formait au centre de la ville un marécage infect qui rendait l'air de la contrée fort malsain. Son assèchement, sa mise en culture furent accomplis en quelques années, aux frais de quelques particuliers animés d'un zèle patriotique. Celui qui est devenu le chevalier Guadagni et qui connut naguère la célébrité comme chanteur d'opéra se trouvait à la tête de l'entreprise. On creusa autour de la place un canal qui fut revêtu de pierre de taille, on y conduisit les eaux de la Brenta et l'on éleva sur ses bords des statues représentant les grands hommes de Padoue, parmi lesquels, si je ne me trompe, on remarque aussi Tite-Live, bien que le lieu de sa naissance ne soit pas connu avec certitude. Certes, ce fut une heureuse idée que de rappeler ainsi aux habitants de la ville, pendant leurs heures de loisir — car cette partie de la place sert de promenade publique — la mémoire de leurs concitoyens illustres. D'autres zones du Prato della Valle servent aux marchés hebdomadaires et aux foires annuelles et sur le pourtour ont lieu les courses de chevaux.

Le chevalier Guadagni est un homme à l'esprit éclairé, aux manières nobles et accueillantes. Dans la haute société où il a vécu longtemps et avec éclat, il s'est acquis par ses dons de chanteur des richesses dont il jouit maintenant en paix, avec autant de goût que de somptuosité. Il a pris à ses frais une part des travaux qu'a nécessités le creusement du canal entourant le Prato. La maison qu'il s'est fait bâtir, moins magnifique que commode, est meublée avec élégance. Il avait dans son cabinet, un portrait de Frédéric II et quelques lettres de la main du roi, encadrées et mises sous verre. Sans nier qu'il y eût là quelque vanité, il se justifiait en invoquant l'enthousiasme que lui inspirait toujours le souvenir de son séjour à Berlin. A l'époque de mon voyage, sa voix restait encore très agréable et il chantait avec beaucoup de goût.

Chapitre 2

VENISE[1]

Quand on se rend à Venise depuis Padoue par la Brenta, on voit nettement que l'on approche d'une grande ville. Les villas magnifiques des nobles vénitiens bâties sur les rives, le parfum qu'exalent les fleurs des orangers plantés dans leurs jardins, les jolies maisons de campagne alternant avec de riants villages, le mouvement des barques innombrables qui montent et descendent, chargées de marchandises ou de voyageurs, tout vous prépare à ce spectacle surprenant d'une grande ville qui semble surgir des flots avec ses palais et ses églises: il paraît tout à coup lorsque le canal débouche dans les lagunes, et le regard ne peut s'en détacher. Quel voyageur n'a célébré ce spectacle unique et bien digne d'admiration? [2]

La position singulière de la ville trahirait à elle seule son origine, sans qu'il soit besoin de se reporter aux données historiques. Des habitants de la terre ferme, fuyant les hordes dévastatrices d'Attila, se réfugièrent sur ces petites îles; ils y fondèrent une ville qui constituait en même temps un petit état indépendant. L'imminence du danger, la pression extérieure, la nécessité de se mettre à l'abri pouvaient seules faire concevoir l'idée de s'établir dans un tel lieu. Cette idée fut exploitée davantage quand intervinrent des circonstances heureuses et que par la suite la situation de la ville se révéla favorable au commerce et à la puissance maritime — et c'est ainsi que cette Venise tant admirée s'éleva du sein de la mer.

A chaque coup d'aviron, l'étonnement du voyageur grandit devant ce spectacle étrange. Le fourmillement des barques s'accroît à mesure qu'on s'avance dans les lagunes. Entre les bateaux de trans-

Fig. 2. *L'hôpital des « Mendicanti » à Venise*. Rome, Accademia naz. dei Lincei, Gabinetto delle stampe (Cl. du Gabinetto). Cf. p. 28.

port, plus ou moins grands, qui se croisent sans cesse, les noires gondoles glissent, rapides comme des flèches. Les bateliers crient, les gondoliers chantent des sonnets, le tumulte de la ville s'enfle de plus en plus, vous entrez enfin dans le grand canal de Venise que bordent les façades des plus magnifiques palais [3]: tout cela redouble à chaque instant votre attention. La joie que l'on éprouve devant ce spectacle n'est troublée que par les corsaires vénitiens, c'est-à-dire les douaniers et leur séquelle. On leur donne de l'argent — c'est la seule chose qu'ils recherchent, ils se soucient peu de visiter vos bagages — et ils s'éloignent, mais ils reviennent à diverses reprises sous le prétexte le plus futile, s'en prennent aux barques des étrangers qui doivent chaque fois leur donner de l'argent pour se débarrasser d'eux. Le voyageur supporterait encore de telles manoeuvres, mais leurs excuses, leurs remerciements, leurs recommandations pour telle ou telle hôtellerie, tout ce flot de paroles lui est vraiment intolérable en ces instants de l'arrivée où il voudrait se consacrer tout entier à la vue qui s'offre à lui. L'Inquisition d'Etat, si décriée, avec toute son armée d'espions, importune moins l'étranger; le pire supplice est à Venise la présence de cette troupe de vampires — et la puanteur des canaux.

Que la Place Saint-Marc est belle! C'est là que le voyageur, poussé par la plus vive curiosité, court dès son arrivée, et certes elle surpasse tout ce qu'on pouvait attendre! Les églises et les palais magnifiques qui entourent la grand-place, la charmante perspective que présente la petite place ne sont pas tout ce qu'elle a de remarquable. Il est plus intéressant encore d'observer ce spectacle toujours renouvelé: le tourbillon le plus singulier de gens de tous pays, de toutes conditions, de tous âges, de tous métiers. On voit se promener ici, pendant le jour et la plus grande partie de la nuit, une foule d'hommes et de femmes, les uns en légers manteaux de soie blancs, les autres couvertes d'un voile noir, occupés à tuer le temps par le *dolce farniente*; ailleurs, au Broglio et sous les galeries des Procuraties, accourent dès le matin, en toges noires et grandes perruques, les nobles vénitiens, membres du Sénat, et les avocats qui se rendent à leurs occupations. Ici, des promeneurs désoeuvrés s'installent sur des chaises dans les cafés ou à l'extérieur; là, des hommes d'affaires se tiennent debout, rassemblés en groupes [4].

L'arrière de la petite place Saint-Marc et la Riva de' Schiavoni, qui lui est contiguë, sont occupés par le petit peuple [5]; il s'y livre à ses affaires et à ses divertissements variés. Des boutiques y sont établies; des filous se glissent entre les chalands et les badauds, donnant à l'étranger le conseil tacite d'être prudent et de prendre garde à ses poches. Dès le premier quart d'heure, je reçus de tels avertissements aux dépens de mon mouchoir et de mon agenda, et je sus en tenir compte par la suite [6].

Un peu plus loin, sur le port, se tiennent les gondoliers et les acteurs populaires, les charlatans, jongleurs, danseurs de corde, mimes, poètes et philosophes, et la foule de leurs auditeurs. La dernière classe de ces amuseurs, nommés *Filosofi,* est la plus intéressante de toutes. Ce sont des conteurs populaires. Ils improvisent leurs déclamations ou récitent les scènes les plus célèbres extraites de diverses pièces de théâtre, ils racontent des traits empruntés à l'histoire et à la mythologie des anciens Grecs et Romains. Les auditeurs, pleins d'attention, forment un cercle, ceux des premiers rangs assis à terre pour que les autres, debout derrière eux, puissent voir le déclamateur qui se tient au centre, à demi nu; il récite de la prose ou des vers, d'une voix forte, fendant l'air de ses grands gestes. Les plus habiles d'entre eux savent par coeur les passages des poètes qui conviennent à leur auditoire, souvent ils parlent avec une flamme et une éloquence bien dignes de louanges et jamais ils ne manquent leur but, qui est de susciter chez leurs auditeurs les larmes, le rire ou de bruyants applaudissements. Il faut avouer que la plupart de ces conteurs prennent de grandes libertés à l'égard de la vérité historique. Celle-ci doit se plier à leurs inventions avec la même complaisance qu'aux fantaisies de plus d'un historien célèbre. D'ordinaire, les faits qu'ils empruntent à l'histoire deviennent dans leurs récits d'extravagantes caricatures, ce qu'on en attend surtout, c'est la mort du héros. De quelle façon? peu importe, mais il faut qu'il meure, et le plus souvent d'une mort lente et horrible. Ainsi Darius, blessé par Bessus d'un *coup de pistolet,* se débat dans les convulsions de l'agonie et supplie Alexandre, qui arrive fort à propos, de lui donner le coup de grâce. C'est en vain que ce *noble ami* cherche à le sauver; Darius meurt et Alexandre succombe à son chagrin près du cadavre de son nouvel ami. César est couvert de profondes blessures dont le sang s'écoule à flots (et pour rendre l'illusion plus complète, le déclamateur s'est muni d'une vessie pleine de sang); au

27

moment de mourir, il adresse à ses meurtriers, et particulièrement à Brutus, des adieux fort touchants — commentaire inattendu du célèbre: « Et toi aussi, mon fils? » — là-dessus, il expire, réconcilié avec Brutus qui, touché de repentir, se donne la mort. Un compagnon du philosophe assume le second rôle du drame ou celui-ci s'en charge lui-même, changeant de personnage grâce à une perruque, un chapeau ou même un pot en guise de casque, et déguisant sa voix.

De tous les plaisirs de Venise, le plus enrichissant est celui qu'offrent les célèbres conservatoires [7], véritables pépinières de musiciennes et de cantatrices. On en compte quatre, qui se disputent la prééminence et dont les plus réputés étaient lors de mon voyage les deux hôpitaux de la Pietà et des Mendicanti. Ces très anciens établissements d'éducation se trouvent placés sous la surveillance d'une société de nobles et de bourgeois. Outre les fonds qui leur appartiennent en propre, ils reçoivent des subsides de l'Etat. Les jeunes filles sont confiées à l'autorité d'une abbesse qui néglige par trop la discipline. Il leur est permis de porter un habit séculier quand elles paraissent en public et bien des regards brillants sous le voile ne dissimulent pas que le voeu de chasteté est inconnu dans leur couvent. A son mariage, chacune d'entre elles reçoit une dot de deux cents ducats. Les conservatoires ont leurs maîtres de chapelle particuliers et les plus grands compositeurs de l'Italie ont occupé ces fonctions. Je n'oublierai jamais quelle surprise me causa cette particularité de Venise, que je préfère à toutes les autres. Le premier jour de mon arrivée — c'était un dimanche — sans m'avoir prévenu de rien, on me conduisit à l'élégante chapelle de l'hôpital des Mendicanti. Dès l'entrée, j'entendis les accents d'une symphonie qui me sembla venue de la voûte. Je ne voyais pas d'orchestre et pourtant j'entendais la musique d'un orchestre. Alors je découvris derrière les étroites grilles des tribunes les jeunes filles en habits de religieuses, qui jouaient de divers instruments à cordes et à vent, sous la direction d'une compagne. Jamais je n'ai trouvé, sauf quand Haydn dirigeait les musiciens d'Esterhazy et par la suite à l'Opéra de Naples, ce goût dans l'exécution, cette force et cette précision dans l'ensemble du choeur, l'esprit et la flamme qui animaient cet orchestre de jeunes filles. Tous les dimanches, les conservatoires exécutent des concerts spirituels — Heures privilégiées! Je ne négligeai aucune occasion d'en jouir pendant mon séjour à Venise; c'est à vous, aimables filles, que je dois ces joies de l'esprit qui ne m'ont plus été données depuis au même degré, à vous que j'admire, et en particulier à vos voix si pures, Cassini, Pavan et Pasquali! Je l'entends encore dans la céleste musique du *David,* cette voix enchanteresse, quand dans le récitatif elle adressait à David ces mots: *te diligo,* avec l'accent de la tendresse la plus profonde et la plus suave, puis passait aussitôt à un adagio capable d'émouvoir l'homme le plus insensible et d'arracher des larmes aux vieillards les plus froids. Dans une autre oeuvre de musique sacrée, le *Sedecias* d'Anfossi, la Cassini chantait les prophéties et les malédictions de *Jérémie* avec une dignité, une vérité et une énergie bouleversantes, telles qu'on ne peut les entendre deux fois en sa vie [8].

Venise doit ses plus beaux palais et ses plus belles églises à l'architecte des Grâces, Sansovino, ainsi qu'à Palladio et Sanmicheli. Il est déplorable cependant que pour beaucoup de ces églises en particulier, ici comme dans d'autres villes d'Italie, les travaux n'aient pu être menés jusqu'à leur fin, faute d'argent; certaines ne sont même qu'à demi terminées. Triste spectacle que celui d'un bel édifice où l'on découvre les signes d'une conception grandiose, quand il apparaît abandonné, à la fois inachevé et décrépit. On croit voir un adolescent naguère plein de promesses et désormais grisonnant, semblable à un vieillard! [9]

Les oeuvres les plus importantes des grands peintres de l'Ecole vénitienne sont dispersées dans les palais, les églises et les couvents; pour l'amateur qui séjourne dans cette ville, une des principales occupations est d'aller les contempler [10]. Dans leurs oeuvres si fréquemment décrites, les artistes semblent toujours vivants ici: le Titien, inégalable pour ses effets de coloris, Paul Véronèse, qui se montra si grand dans l'ordonnance judicieuse et la composition de ses peintures, et qui ne peut être surpassé pour leur vérité, Tintoret, dont le génie créateur est si plein de fougue, les Palmas, les Bassans et leurs élèves. Pour l'ami des arts qui voyage en Italie et qui a déjà pu acquérir quelque connaissance des oeuvres des plus grands peintres, particulièrement à Dresde, la Rome allemande, où est réunie une riche collection, il est extrêmement intéressant d'étudier les grands maîtres des siècles passés dans leur pays natal et d'apprendre à les mieux connaître. C'est là qu'on voit l'artiste passer de l'enfance de son génie à un plein épanouissement; on observe comment évolue l'élève des grands maîtres qui, parti d'une imitation servile, montre peu à peu une plus grande originalité pour aboutir enfin à la création personnelle. Chaque grande ville d'Italie a donné le jour à tel ou tel peintre, ou bien il y a reçu sa formation, ou encore une grande partie de ses oeuvres s'y trouvent réunies; aussi le voyageur qui visite une ville importante, ou plusieurs d'entre elles quand elles se partagent la production d'un même artiste, est-il amené à entreprendre sur les lieux mêmes cette intéressante étude [11].

Les quatre chevaux antiques qui surmontent le portail de l'église Saint-Marc font face à la grande place portant aussi ce nom; on n'y passe jamais sans adresser un regard d'admiration à cette oeuvre magnifique que nous a léguée l'antiquité. Leur ardeur indomptée, le feu qui les anime, cet élan que rien ne semble devoir arrêter révèlent qu'à l'origine ils furent destinés au quadrige d'un vainqueur ou au char même du divin soleil [12]. Certes, l'artiste grec ne pouvait soupçonner que l'oeuvre à laquelle il avait donné une si noble destination connaîtrait, bien des siècles plus tard, semblable déchéance et que ses fiers coursiers seraient un jour condamnés à servir d'ornement au portail d'une église gothique, parmi les innombrables arcs, clochetons, colonnettes et volutes! Le contraste est singulier, comme aussi celui que présentent cette église et le palais gothique de Saint-Marc avec les édifices vraiment royaux situés à l'opposé, la *Monnaie* et la Bibliothèque de Sansovino. Sur le côté, entre les hautes colonnes de granit de la petite place, on voit s'élever, dans une île, la superbe façade de l'église Saint-Georges, oeuvre de Palladio [13].

Il semble que les anciens peintres vénitiens aient épuisé toutes les ressources de leur art pour embellir le palais de Saint-Marc, siège de l'aristocratie, et pour présenter à la postérité le souvenir flatteur des exploits accomplis autrefois. Les peintures dont sont revêtues les salles du conseil retracent de grandes scènes empruntées aussi bien à l'histoire de Venise, qui en est si riche, qu'à l'histoire étrangère. Quels admirables chefs-d'oeuvre! Quel commentaire excellent pour l'histoire des siècles passés! Mais « *ces temps ne sont plus* », disait en souriant Joseph II, à la vue de l'oeuvre où Zuchero a représenté le coup de pied que, si l'on en croit la légende, le pape Alexandre aurait donné à l'empereur Frédéric Barberousse en levant son excommunication. — « Les temps ne sont plus »: voilà ce qu'on peut dire de la plupart des événements retracés en ces lieux et empruntés à l'ancienne histoire de Venise, si féconde en glorieux exploits. Les expéditions chevaleresques accomplies de nos jours par un Emo et un Condulmero contre les repaires de pirates de la Méditerranée sont-elles dignes d'inspirer les peintres? [14]

Les nobles et les avocats vénitiens qui fourmillent dans les grandes salles du palais offrent à l'étranger un singulier spectacle lorsqu'il y pénètre pour la première fois. Il voit des hommes s'y bousculer, enveloppés d'une toge noire, la tête couverte d'une immense perruque qui leur descend presque jusqu'aux hanches; les uns s'entretiennent avec leurs clients, d'autres se rendent en hâte aux divers tribunaux pour exercer leur éloquence ou écouter celle d'autrui. La plupart des avocats ont une manière de plaider qui accroît encore l'étrangeté du lieu et constitue l'une des curiosités de Venise. C'est un véritable duel sans merci. Entourés d'auditeurs rangés en demi-cercle, les deux adversaires entrent en scène, portant la toge et la vaste perruque. Ils exposent les faits avec calme, lenteur et clarté; mais, au moment des débats, chaque orateur quitte soudain son calme et semble entrer dans une terrible fureur. Il fend l'air de ses larges manches noires, il frappe du pied; son verbe est un torrent dévastateur, il ne parle plus, il crie. Il secoue son énorme tête; son visage s'enflamme, on voit se gonfler les veines de son front; tout son corps est agité d'un mouvement convulsif. Il ne peut demeurer un instant en place, marche à grands pas, se tourne tantôt vers les juges auxquels il s'adresse du ton le plus convaincu et le plus furieux, tantôt vers le public, tantôt vers son adversaire qui demeure fort paisible, s'apprêtant à répondre de la même voix tonnante dès que le premier va perdre le souffle ou toussoter pour s'éclaircir la voix. Quand vient le moment du verdict, on voit souvent les deux avocats escalader les marches de l'estrade où siège le juge pour tenter d'y remporter l'ultime victoire. J'assistai à l'une de ces batailles entre deux avocats qui, exposant une affaire pourtant fort simple, prirent d'assaut les marches de l'estrade jusqu'à la dernière et arrivèrent tout près du juge; celui-ci demeurait très calme sur son siège, il se leva enfin pour ... renvoyer les parties au lendemain. Si tous les avocats de Venise ne plaident pas ainsi, tel est pourtant le cas de la plupart d'entre eux et les plus renommés

31

eux-mêmes ne sont pas tout à fait exempts de ce débit violent et outré, qui est devenu chez eux une habitude. Toutefois, j'ai écouté avec un réel plaisir certains de ces derniers et j'ai pu admirer leur clarté et leur méthode dans l'exposé de la cause, l'esprit, la fougue dont ils faisaient preuve en expliquant leurs raisons de réclamer tel ou tel verdict. La vivacité propre aux Vénitiens, jointe à la souplesse et aux grâces de la langue, accroît encore ce plaisir et captive souvent l'attention pendant des heures. L'auditoire témoigne aux orateurs son approbation par des applaudissements, et son mécontentement par des protestations bruyantes [15].

Chapitre 3

VENISE

Les voyageurs du temps passé comme les contemporains ont brossé un effroyable tableau de l'Inquisition d'Etat à Venise, avec tout le cortège de ses espions innombrables et de ses délateurs agissant dans l'ombre, les arrestations soudaines des gens qui font l'objet d'une dénonciation, la procédure secrète, l'exécution des sentences de mort... Dans cette peinture à demi véridique, à demi altérée par des traits inventés de toutes pièces ou fortement exagérés, il est impossible de distinguer l'erreur de la vérité; seul l'observateur impartial y parvient quand un séjour prolongé à Venise lui a permis d'acquérir une expérience personnelle et quand il a réfléchi à l'histoire de la ville en comparant la façon dont s'est constitué cet Etat et le développement de ce tribunal secret. C'est alors seulement qu'il se réconcilie avec ce tableau terrible, dans la mesure du moins où il acquiert la conviction qu'à Venise, compte tenu de la constitution, des relations extérieures et des conditions locales, un tel mal était nécessaire à l'Etat pour maintenir l'équilibre à l'intérieur et la paix aussi bien au dedans qu'au dehors. Quelques faits bien caractéristiques empruntés à l'histoire de l'aristocratie vénitienne peuvent expliquer ce que je viens d'affirmer [1].

L'Etat de Venise dut sa fondation à la terreur que suscitèrent les barbares venus du Nord quand ils dévastèrent l'Italie au Ve siècle, ainsi qu'à la haine des tyrans et à l'amour de la liberté. Refusant de se soumettre, les habitants des côtes cherchèrent un asile pour y vivre libres; ils le trouvèrent en se plaçant sous la protection de la nature dans les îles de l'Adriatique. La concorde et l'égalité des droits furent d'abord les seuls liens de la république nouvelle; bientôt pourtant, comme la population continuait à affluer de terre ferme, il fallut établir différentes institutions politiques. Le peuple partagea longtemps le pouvoir avec des tribuns élus par lui, puis la jalousie toujours en éveil de ses voisins, les troubles intérieurs suscités par les rivalités des familles rendirent nécessaire l'élection d'un chef suprême, qui resta subordonné à la nation et porta le titre de duc (*Doge*). La paix de l'Etat ne fut pas rétablie pour autant. Les fermentations intestines s'amplifièrent et devinrent générales. La liberté du peuple dégénéra en anarchie, le juste sentiment qu'il avait eu de sa grandeur devint soif de conquêtes, la modération des chefs et l'union des familles firent place à l'ambition de régner, à la discorde et à de sanglantes insurrections. L'Etat serait bientôt devenu la victime de ces désordres intérieurs et une proie facile pour ses voisins. On profita de ce moment pour établir la prépondérance des familles nobles. La forme républicaine du gouvernement fut peu à peu altérée. D'abord élus pour un certain temps, les conseillers du doge et les représentants de la nation aux assemblées du peuple parvinrent à se maintenir dans leurs fonctions. Le corps politique du Grand Conseil, composé des familles nobles, fut institué; bientôt il nomma seul à tous les emplois de l'Etat; ses membres, après s'être fait confirmer dans leurs charges pour leur vie, parvinrent à les rendre héréditaires. Tous ces changements furent introduits sous le prétexte de calmer les désordres à l'intérieur et à l'extérieur, de maintenir la constitution et la liberté de l'Etat, tandis que le peuple assoupi n'en voyait pas la portée. Il les accepta, et la liberté dont il avait joui jusque-là fut supprimée par la nouvelle constitution, favorable à l'aristocratie.

La morgue et le despotisme des patriciens s'accrurent lorsqu'au XIVᵉ siècle de nouveaux troubles et des factions intestines menacèrent de renverser cette constitution peu après qu'elle fut établie. Pour la maintenir, pour prévenir les conspirations, on institua le Conseil des Dix; cet organisme devait choisir parmi ses membres trois hommes qui lui seraient soumis, et seraient soumis comme lui au Grand Conseil: ce furent par la suite les Inquisiteurs d'Etat. Leur puissance, d'abord limitée, s'accrut enfin grâce à des moyens légaux ou illégaux; les patriciens eux-mêmes durent bientôt la redouter, puisque leurs crimes furent traduits devant le tribunal de l'Inquisition et jugés avec une extrême rigueur. L'arrogance des riches patriciens envers les patriciens plus pauvres et la noblesse de la Terre-ferme, les manoeuvres illégitimes auxquelles ils avaient recours pour s'emparer des dignités — tantôt corrompant les électeurs, tantôt fomentant des émeutes parmi le peuple — leur mépris envers toutes les classes de la bourgeoisie qu'ils opprimaient, voilà tous les abus que combattirent les Inquisiteurs d'Etat, et ils s'y employèrent avec la plus grande énergie. Ils furent les sauveurs du peuple par leur vigilance à l'égard des aristocrates qui, dans leur colère, cherchaient à susciter des complots secrets ou des attaques ouvertes; toujours attentifs à la conduite des puissances étrangères, ils assurèrent la paix à l'extérieur; et ils rétablirent la sécurité publique en donnant à la police de sages règlements. Il ne faut donc pas s'étonner que les nobles aient toujours échoué dans leurs fougueuses tentatives pour répandre parmi le peuple la haine de ce tribunal qu'ils exécraient, afin d'en provoquer la chute, et que le peuple comme les meilleurs d'entre les grands n'aient vu en lui que « le soutien des lois, le fondement de l'égalité et de la concorde, le frein mis à l'ambition des chefs, le moyen le plus sage de réunir toutes les parties de la République » * — Tous ces devoirs, le Tribunal sut les accomplir pendant des siècles jusqu'à nos jours. On pourrait certes relever dans son histoire, surtout aux époques les plus anciennes, bien des décisions arbitraires, des traits de sévérité injustifiée et même de cruauté — sombres taches, que rien ne peut effacer! elles ne permettent cependant pas de méconnaître les immenses avantages qu'un Etat comme celui de Venise dut à cette sage institution, ni de la condamner totalement. En 1762, l'une des plus violentes attaques qu'eussent déclenchées les aristocrates menaça de renverser le tribunal; elle avait l'appui énergique d'Alvise Zeno et Paolo Renier, le précédent doge, mais le procureur Marco Foscarini et le vieux sénateur Antonio Giorgi réussirent à l'écraser, et l'Inquisition d'Etat fut maintenue avec l'éclatante approbation du peuple [2].

De nos jours, les trois Inquisiteurs d'Etat sont choisis le plus souvent parmi des vieillards connus pour leur probité et jouissant de l'estime générale. L'âge a calmé leurs passions, l'approche du tombeau les incite à la justice et à la modération. Les lumières des

---

* Telles furent les expressions employées par un membre de la noblesse, *Nani,* quand il défendit ce tribunal contre les attaques des patriciens, en 1628.

temps modernes, elles aussi, ont beaucoup adouci la rigueur de ce tribunal et l'ont ramené à sa première destination, fondamentale dans un Etat comme celui de Venise: la répression des ambitions de la noblesse, le maintien de la sécurité à l'intérieur et à l'extérieur. Quand les Inquisiteurs d'Etat apparaissent en personnes, ils suscitent le silence général et l'obéissance aux lois. S'ils se font voir au *Broglio* ou au palais, les groupes de ces nobles pleins de morgue, qui d'ordinaire ne se dérangent pour personne, s'ouvrent aussitôt pour leur laisser le passage, nul n'ose prononcer un mot ou se départir de l'attitude la plus respecteuse; le seul aspect de leur *Fante* ou huissier disperse les bruyants attroupements de la populace et il suffit à ce dernier de prononcer avec une solennelle lenteur les mots: « Au nom de l'Inquisition d'Etat! » pour rétablir le calme.

Le doge Renier, mort en 1789, fut encore frappé, peu de temps avant de disparaître, par la rude main de ce tribunal dont cet homme altier se montrait depuis si longtemps l'ennemi. Les Inquisiteurs d'Etat lui déléguèrent un de leurs subordonnés pour lui donner un avertissement concernant certaines charges qu'il avait distribuées au mépris de la légalité, afin d'en retirer des avantages financiers. Le doge répondit avec hauteur; alors les Inquisiteurs se rendirent en personnes chez lui et lui adressèrent une remontrance solennelle; quand les triumvirs se retirèrent, les portes de l'appartement ducal se fermèrent et le doge y demeura trois mois emprisonné.

Le procès instruit par l'Inquisition d'Etat lors de la dernière conjuration des Pisani et des Contarini, le verdict auquel il a abouti, ont au premier coup d'oeil l'apparence d'une rigueur injustifiée; mais les mobiles secrets et profonds de cette conspiration qui prit une telle ampleur sont restés trop peu connus pour permettre de porter sur la procédure un jugement objectif. Les patriciens sans fortune étaient fort probablement d'intelligence avec la noblesse de Terre-ferme pour renverser le gouvernement et le remplacer à leur avantage. Un de mes amis vénitiens, O . . . . ., célèbre avocat, y fut compromis malgré son innocence. Il était intimement lié avec l'un des chefs du parti, sans avoir part à la conjuration. Un soir où il se trouvait parmi ses amis — il avait coutume de les réunir dans son salon de la place Saint-Marc [3] — on vint l'appeler et . . . sur l'escalier il se trouva face à face avec le redoutable *Fante*. O . . . . . dut le suivre jusqu'à la prison, déjà sa famille le croyait perdu. Mais une nuit, après une détention de quelques semaines, peu rigoureuse et au cours de laquelle il ne fut ni interrogé ni obligé de comparaître devant le tribunal, le même huissier taciturne lui ouvrit sa prison et sans autre explication le reconduisit jusqu'à la porte de son salon. Des écrits de sa main, trouvés dans les papiers des conjurés, avaient prouvé son innocence, et le tribunal fit libérer le prisonnier politique O . . . . . en le dispensant même de l'exhortation solennelle qui est d'usage en pareil cas.

Rien ne vient troubler la sécurité publique; Venise, privée d'enceinte et de garde, sillonnée de si nombreux canaux, se distingue en cela de la plupart des grandes villes italiennes, malgré sa situation défavorable; elle le doit à l'Inquisition, dont le regard vigilant sait pénétrer jusque dans les asiles les plus secrets du crime et les ténèbres de la nuit, pour maintenir la sécurité de l'Etat et rétablir rapidement l'ordre dès qu'il vient à être troublé [4].

La légende prétend que les habitants de Venise aussi bien que les étrangers ne pourraient sans danger s'entretenir des affaires politiques et religieuses, et particulièrement de l'Inquisition d'Etat, que l'étranger doit exercer la plus grande prudence dans sa conduite en public; mais il s'agit là de ces contes colportés par des voyageurs partiaux ou pusillanimes. L'honnête homme qui observe la bienséance et qui, respectueux des lois, ne trouble en rien l'ordre public, est en sécurité à Venise, comme en tout autre lieu. On a prétendu qu'il était très risqué d'exprimer librement son avis sur les actes de l'Inquisition: j'ai eu souvent la preuve du contraire. Dans ma chambre d'auberge, je me crus plus d'une fois obligé de rappeler à la prudence quelques avocats de mes amis lorsqu'ils parlaient de ces questions sans aucune retenue, à voix haute, sur un ton déclamatoire, selon l'habitude prise au tribunal et qu'ils gardaient dans la vie courante; mais ils n'en tenaient aucun compte, poursuivant leur conversation sans montrer plus de réserve, se bornant à la rigueur à baisser quelque peu le ton — cela à l'auberge ou même lors de nos promenades sur la place Saint-Marc.

Le Môle de Palestrina, encore peu connu, est une des entreprises les plus grandioses, une des oeuvres les plus hardies que l'on doive aux temps modernes *. Il sert d'écran aux îles reliées à Venise

* M. Bartels lui a consacré quelques pages dans ses *Lettres sur la Calabre*, Tome I, p. 218 [5].

et les protège, ainsi que la ville, des tempêtes de l'Adriatique. Cette digue opposée à la violence des vagues aura, quand elle sera terminée, une longueur de quarante milles italiens. Lors de mon voyage, on en avait à peine achevé le quart après plusieurs années de travail. Elle est faite d'énormes blocs de pierre équarris, sa largeur est de soixante pieds et sa hauteur au-dessus du niveau de la mer représente plusieurs fois la taille d'un homme. Quand la houle s'élève, le premier assaut des vagues vient se briser contre cette digue; faute d'une hauteur suffisante, elle ne peut opposer aux masses d'eau qui affluent lors des grandes tempêtes une barrière absolument efficace; elle se trouve alors submergée, mais elle peut les rendre moins dangereuses: quand les lames ont frappé le môle, elles continuent leur course avec moins de violence. Puisse la prochaine génération montrer dans la poursuite de cette oeuvre, fort onéreuse mais extrêmement utile, la même constante fermeté dont a fait preuve la génération actuelle en la commençant dans un esprit d'entreprise qui force l'admiration.

« Avec la hardiesse des Romains et l'argent de Venise »: * voilà l'inscription, orgueilleuse sans doute, mais justifiée, que l'on a placée sur cet ouvrage d'une audace toute romaine.

Un jour où nous revenions d'une promenade jusqu'aux îles de la lagune les plus éloignées, une violente tempête nous surprit, mes amis vénitiens et moi. Nous demeurâmes d'abord tranquillement assis dans notre frêle gondole ballottée par les vagues qui grossissaient toujours. Bientôt nous entendîmes nos deux gondoliers, dont l'un manoeuvrait à la proue et l'autre à la poupe, entonner le même chant, comme s'ils s'étaient concertés. C'étaient des stances du Tasse, aussi familières pour eux que des chants populaires. Mes compagnons vénitiens, soupçonnant par là que le danger augmentait, se regardaient avec effroi; enfin le rameur de la proue, sans doute par sollicitude, pour éviter que notre frayeur ne s'accrût à l'aspect des vagues déchaînées, tira les noirs rideaux de la gondole et nous demanda de tenir fermées également les ouvertures latérales de notre petite chambre. Notre navigation se poursuivit de la sorte au fort de la tempête, sans que les gondoliers interrompissent leur chant. Ainsi parvinrent-ils à dissiper notre peur, du moins la mienne et

* *Ausu. Romano. Aere. Veneto.*

Fig. 3. Ludovico Gallina, *Le doge Paolo Renier*. Venise, Museo Correr (Cl. du musée). Cf. p. 35-36.

celle de mon compagnon de voyage, allemand comme moi. Nous arrivâmes enfin à bon port à Venise, et, comme nous débarquions, mon gondolier s'écria: « Voilà une tempête où un *barcarole* lui-même pourrait laisser sa vie! » Il est très rare que ces habiles bateliers périssent en mer, bien qu'ils se risquent au large par tous les temps sur leurs légères gondoles. C'est, dans l'ensemble, une classe d'hommes intéressante que celle des *barcaroli* à Venise. Connaissant leur résolution et leur esprit rusé, la police les surveille de près, car leur nombre et l'union qui règne parmi eux pourraient les rendre redoutables. Cependant, la police sait s'attacher la plupart d'entre eux dont elle fait ses espions et ses serviteurs, elle apaise ainsi les troubles qui naissent dans cette classe grâce à des hommes qui en font partie. Un gondolier est en même temps le domestique du maître qu'il sert, il l'annonce dans ses visites et fait toutes ses commissions en ville. Il est en outre le confident de ses aventures et son défenseur intrépide dans toutes les querelles qui peuvent en résulter. Leur gaîté toujours égale, le chant qui leur est particulier rendent plus agréables encore les promenades sur l'eau auxquelles la vue incomparable sur les îles de Venise et des lagunes, aux édifices si variés, donne tant de charme. L'habileté de leur manoeuvre est admirable. Avec une rapidité incroyable et de légers détours, ils font glisser leurs petites gondoles qui se croisent et se dépassent sans jamais se heurter. L'aventure que j'ai contée ici donne une preuve de leur prévoyance et de leur sagesse quand ils doivent faire face au danger ou même le prévoir [6].

Dans toute l'Italie et particulièrement à Venise, le climat et le goût particulier des habitants ont fait naître la coutume de renverser l'ordre fixé par la nature à la veille et au sommeil, d'employer aux occupations de la journée les trois-quarts de la nuit, pourtant destinée au repos. C'est la nuit qu'ont lieu les réunions dans les maisons des particuliers et les *casins,* salles où s'assemblent la noblesse et la riche bourgeoisie, ainsi que tous les divertissements publics. Le peuple lui-même se conforme à cette coutume pour vaquer à ses occupations; à minuit, les étroites venelles sont aussi animées, aussi bruyantes qu'en plein jour. Malheur à l'étranger qui n'est point fait à ce bruit et cherche en vain le repos dans les chambres donnant sur ces ruelles! Les véritables gens d'affaires craindraient même d'encourir le soupçon de négligence s'ils se montraient le jour dans les lieux de divertissements publics. Pour compenser l'insuffisance du sommeil nocturne, ils font dans la journée une sieste de plusieurs heures, si bien que toutes les affaires publiques ou privées se trouvent littéralement suspendues. Les maisons, les boutiques, les magasins partout illuminés chassent complètement des rues l'obscurité de la nuit. Ces magasins sont si nombreux qu'ils se touchent partout et les *Botteghe* (ces petites maisons si joliment décorées et bien éclairées où l'on peut se procurer du café et toutes sortes de rafraîchissements) ne connaissent en général l'affluence qu'aux heures de la nuit. Les dames de qualité elles-mêmes s'y réunissent, accompagnées de leurs sigisbées [7].

Quoi que l'on puisse dire pour justifier cet usage italien, il n'en est pas moins une des principales raisons qui expliquent la corruption des moeurs dans les classes élevées et la ruine de bien des familles, car il entraîne à la plus grande prodigalité les sigisbées soumis aux caprices de leurs dames. Il faut reconnaître que la bienséance extérieure est toujours respectée et, à cet égard, cette coutume, qui fut introduite autrefois en Italie mais qui semble, du moins en d'autres villes que Venise, perdre de son importance, est moins indécente, moins scandaleuse que l'usage des sigisbées tel qu'il existe en fait dans les grandes villes d'autres pays: là, s'il ne prend pas ouvertement ce nom, il blesse davantage la délicatesse des moeurs, porte un plus grand préjudice à la paix des familles et sape au moins aussi profondément les principes de la moralité [8].

Les nombreuses curiosités, tous les divertissements publics et privés de Venise, cette ville unique entre toutes, l'hospitalité, dans la mesure où celle-ci est favorisée par la coutume locale des assemblées et des réunions et, d'après ce que j'ai pu en juger, exercée envers tous les étrangers sans exception, jusque dans les plus hautes classes, les rencontres intéressantes avec les Vénitiennes, qui unissent à l'esprit et à la beauté la gaîté la plus vive, tout cela ne peut cependant compenser une certaine uniformité de la vie quotidienne; elle finit par se répandre sur toute chose et devenir lassante pour le visiteur étranger lorsqu'il y fait un séjour de quelque durée. La principale cause de cette uniformité est la situation singulière de Venise, groupe d'îles coupées de la terre ferme. La place Saint-Marc, la seule promenade publique, est bien trop étroite pour la foule qui s'y presse, aussi perd-elle bientôt pour le voyageur une grande

41

partie du charme qu'il lui trouvait à l'arrivée. On ne peut bien respirer qu'en se promenant sur l'eau, et pour revoir la verdure des arbres, des prairies et des jardins, dont on a vite la nostalgie dans cette ville, il faut entreprendre une longue navigation et s'enfermer dans ces noires gondoles aux rideaux de drap également noirs. Souvent, cette seule contrainte suffit à faire abandonner un tel projet. En été, l'odeur des canaux est extrêmement incommode. A l'exception de quelques places assez grandes et des *Riva* (quais), les ruelles, très étroites, sont à peine praticables en raison de la foule qui s'y bouscule et de leur malpropreté. Enfin les mendiants les plus hideux, répandus sur les ponts, au coin des rues et devant les églises, suscitent le dégoût et l'horreur. Beaucoup d'entre eux, misérables créatures qui ressemblent à peine à des hommes, sont couchés à même le sol, leurs corps, rongés et rendus méconnaissables par des chancres et des ulcères, offrent l'image la plus horrible que l'on puisse trouver dans la nature, celle de la décomposition du tombeau. Avant même qu'on n'aperçoive ces cadavres vivants, leur présence est annoncée de loin par une odeur de putréfaction, des hurlements et des lamentations. On affirme que ces misérables, eux aussi, sont à la solde de l'Inquisition d'Etat et que souvent déjà leurs dénonciations ont permis d'importantes découvertes. Le premier devoir de la police serait pourtant de purger la ville de ce monstrueux spectacle! Lorsque je pense à Venise, je retrouve souvent malgré moi cette horrible impression, ou celle que laissent ses autres inconvénients; elle n'affaiblit cependant pas les souvenirs plus précieux dont je lui reste reconnaissant, ceux que je dois aux joies sans nombre de la vie de société et à tant de plaisirs délicieux [9].

Chapitre 4

FERRARE - RAVENNE - ANCÔNE - LORETTE
TERNI - NARNI [1]

Un grand désir m'était venu de revoir la terre ferme; selon la coutume vénitienne, je quittai Venise à minuit au clair de lune, par un beau soir d'été. La ville éclairée par les rayons de la lune, les îles, les lagunes prenaient une romantique beauté; le calme de la nuit régnait sur les eaux et répandait une majesté sereine sur tout ce tableau, si différent des scènes que m'avait offertes l'arrivée à Venise; peu à peu, les voiles de la nuit le dissimulèrent à mes yeux [2].

A peine eus-je retrouvé la terre ferme que je voulus sans plus attendre me griser du spectacle qui m'avait tant manqué et qui me rendait la vie, celui des prairies, des arbres et des jardins; de grand matin, par le temps le plus radieux, je suivis à pied la délicieuse rive de la Brenta, je me rendis sous les voûtes que formaient les citronniers et les orangers en fleurs dans le magnifique domaine, composé d'une maison de campagne et de son jardin, appartenant à la noble famille vénitienne des Pisani [3].

Quel contraste entre l'animation de Venise et l'aspect de Ferrare, la ville pontificale, que l'on est surpris de trouver déserte! La différence entre les deux villes est tout aussi étonnante en ce qui concerne la position, le peuplement et les ressources. Un profond silence règne ici dans les très larges rues, dans les vastes églises où l'on ne voit personne, comme si les habitants avaient abandonné la ville. L'herbe pousse entre les pavés des rues, les maisons restent fermées. Cette désolation est une conséquence de la domination du

Saint-Siège: depuis deux siècles où il est en possession de la région, il a provoqué, par une négligence qui ne saurait trouver d'excuse, la décadence de la ville et le dépeuplement de la campagne. Quand on voit la majeure partie du pays ferrarais et de la Romagne inhabitée, inculte et couverte de marécages, on a l'impression qu'une inexorable fatalité règne sur tout le territoire des Etats du Pape. Jamais, même au temps où la puissance du Vatican était la plus redoutable, quand les foudres de l'excommunication pouvaient atteindre des pays très éloignés, elle n'a eu des effets plus terribles que ceux qui apparaissent ici, au sein même des possessions de l'Eglise. Des travaux avaient bien été envisagés pour prévenir les inondations des différents cours d'eau et assécher une très grande partie de ce pays marécageux: ces projets n'ont reçu jusqu'ici aucune exécution et cependant, si l'on considère la situation et l'étendue de ces marais, la tâche présente beaucoup moins de difficultés que dans le cas des Marais Pontins. Pie VI n'aime que les entreprises susceptibles d'un grand renom et il se fie trop à la trompette de la Renommée, cette déesse vénale, pour annoncer sa gloire à l'univers; peu lui importe au demeurant si ses entreprises sont réellement menées jusqu'au bout et par quels moyens [4].

Au XVIe siècle, la cour des ducs de Ferrare, princes de la Maison d'Este, comptait parmi les plus brillantes et les plus éclairées; elle réunissait les génies que la postérité considère encore comme les plus grands et leur offrait au besoin un asile. L'Arioste y faisait entendre les sublimes accents de sa lyre, le Tasse y composait ses chants immortels, inspiré par son amour pour la belle Eléonore d'Este. Alphonse, dont il avait célébré dans ses vers la magnanimité, ne montra cependant aucune générosité et sur l'ordre de ce duc le Tasse dut expier sa funeste passion, qu'il tentait pourtant de dissimuler en lui, par une longue captivité, puis par la mort qui le frappa peu après sa libération, comme il allait recevoir sur le Capitole la couronne de lauriers récompensant les poètes. Les cendres de l'Arioste reposent dans l'église des Augustins, sous une inscription pédante dont l'impudent auteur n'a trouvé qu'un style ampoulé pour instruire la postérité de la gloire du poète [5].

Avant d'arriver à l'ancienne cité de Ravenne, maintenant dépeuplée, on voit, à demi caché dans l'ombre solennelle d'un bosquet, un monument qui rappelle un trait de l'amour filial dans l'anti-

PIO SEXTO PONT·OPT·MAX·
BONARUM ARTIUM AUSPICI ET PATRONO
Velinum aere expressum per Fossam Curianam nunc Clementinam in Narem refluentem
Interamnatium et Reatinorum lissidiis celeberrimum
FRANGISCUS CARRARA BERGOMAS S·CONGREGATIONIS CONGILII A SECRETIS
D·D·D·

Fig. 4. Carlo Antonini, d'après Jacob Philipp Hackert, *La cascade du Velino près de Terni*. Rome, Istituto naz. per la grafica, Gabinetto delle stampe (Cl. du Gabinetto). Cf. p. 53 sq.

quité: le tombeau élevé au roi Théodoric par sa fille Amabazonta. Le voyageur admire la beauté de cette pittoresque petite rotonde à demi revêtue de lierre et de mousse, il se sent ému quand il pense à sa destination. La coupole a trente-huit pieds de diamètre, elle est faite d'un seul bloc de pierre taillé dans les carrières de l'Istrie, transporté ici puis élevé sur des murs hauts de quarante pieds: un tel exemple prouve quelle supériorité les Anciens avaient atteinte dans le domaine de la mécanique, en théorie comme en pratique [6].

Le tombeau de Dante Alighieri, le sublime poète, se trouve à Ravenne, près du mur d'un couvent; l'accès, jadis libre, en est maintenant fermé. Le cardinal de Gonzague a fait élever au-dessus de cette sépulture une chapelle dépourvue d'ornements, dont l'entrée porte cette simple inscription: « Tombeau du poète Dante » *. Pour mieux rendre présent à la mémoire des passants le souvenir des illustres disparus, pour évoquer souvent leurs mérites, les Romains avaient coutume d'édifier leurs tombeaux le long des voies les plus fréquentées. On a voulu, avec celui de Dante, imiter un usage si plein de sens [7].

Le chemin désert qui traverse cette partie des Etats pontificaux permet aux pèlerins de se rendre à la sainte maison de la Madone de Lorette, et il présente tous les caractères convenant à une route de pèlerinage. En effet, le silence lugubre qui règne dans les villes, les villages et sur les grandes routes, interrompu seulement par les sonneries des cloches des couvents, l'aspect de ces villes jadis brillantes mais maintenant déchues et dépeuplées, tout semble destiné à détourner l'âme des joies terrestres dont la veille encore on jouissait à Venise, à la préparer aux exercices de pénitence qu'il faudra accomplir avant d'accéder à la maison sainte et à lui donner la foi dans les *miracles* de la Madone de Lorette. Même les vénérables vestiges des grands arcs de triomphe romains, des ponts et des aqueducs aux dimensions colossales, debout entre les baraques misérables où vit la population, ne peuvent adoucir le sentiment de malaise qui s'empare du voyageur, mais l'accroissent au contraire par la confrontation accablante entre ce que ce pays *fut* et ce qu'il *est*.

On ne retrouve la joie qu'au delà de Pesaro, quand on découvre une vaste perspective sur la mer Adriatique. Celle-ci m'apparut

* *Dantis poetae sepulcrum.*

dans l'éclat du soleil levant, couverte de voiles de toutes tailles qui, longeant ces côtes misérables, se hâtaient vers l'opulente Venise. Pendant plusieurs milles où la route suit le rivage, je pus jouir d'un spectacle grandiose; je voyais la surface des eaux s'étendre à perte de vue, les grands navires des différentes nations, aux formes diverses, et les petites barques qui se croisaient en tous sens.

Non loin de Fano, la route traverse le Métaure, fleuve à jamais mémorable par la victoire remportée sur ses bords pendant la seconde guerre punique, victoire des plus sanglantes et décisive pour le destin de Rome. La grande armée d'Hasdrubal, cinquante-six mille combattants qui avaient passé les Alpes, fut anéantie en ce lieu avec son chef. « Laissez, s'écria le général romain Livius, lorsqu'il voulut mettre fin à l'horrible carnage, laissez vivre les quelques hommes qui restent: ils proclameront leur défaite et notre vaillance! » En deçà du fleuve s'élèvent les collines entre lesquelles l'armée punique se trouvait acculée; cernée par les Romains, elle y fut écrasée; ce fut là que les troupes d'éléphants sauvages, se rebellant contre leurs conducteurs impuissants, tournèrent leur fureur contre leur propre armée au lieu de charger l'ennemi, accroissant ainsi la déroute et la confusion générale; ce fut là que le généreux Hasdrubal, pour ne pas survivre aux coups d'un destin contraire, se précipita dans les rangs ennemis et, digne de son père et de son frère, mourut les armes à la main [8].

On aperçoit bientôt dans le lointain une petite hauteur s'élevant du sein de la mer: c'est le pittoresque promontoire sur la pente duquel est située Ancône. Pour s'y rendre, on prend la route qui suit la courbure du golfe. Ancône est la ville la plus vivante des Etats du Pape, grâce à son commerce qui favorise le peuplement et toutes les industries. On y oublie les tristes impressions qu'avait fait naître la désolation de Ferrare, de la Romagne et d'Urbino. Quand on a vu les habitants de ces malheureuses provinces, on est surpris ici par l'air de santé et la gaîté de ses industrieux citadins. Des juifs, des musulmans, des hérétiques y vivent en paix auprès des *vrais fils de l'Eglise*; ils y jouissent d'une liberté de conscience qui n'existe nulle part ailleurs dans l'empire de la vraie foi. Mieux instruits grâce à la fréquentation des étrangers, les esprits s'ouvrent ici davantage aux lumières et à la tolérance, même parmi le peuple et le clergé [9]. Mon valet de place, trouvant fermé le choeur d'une église

47

où il voulait me montrer des peintures, se mit à frapper à la porte au moment même où les moines chantaient les Heures; j'eus beau lui proposer de revenir une autre fois, il poursuivit son vacarme et parvint à faire plus de bruit que les chanteurs. Quand on lui eut ouvert, nous nous trouvâmes entourés des religieux qui nous firent eux-mêmes observer les peintures: « Ne craignez pas, me dit mon valet, de troubler la dévotion de ces gens, ils n'en ont pas plus que les cloches qui sonnent! » A notre arrivée et à notre départ, les moines me saluèrent avec beaucoup d'amabilité et ils refusèrent de me laisser parler quand je tentai de leur présenter mes excuses pour la liberté que j'avais prise et pour le tapage de mon serviteur.

Séduits par les nombreux avantages commerciaux que leur donne la conversion, les juifs embrassent la religion catholique beaucoup plus fréquemment à Ancône que dans le reste des Etats du Pape, où ils sont pourtant soumis à un cruel despotisme. J'assistai à l'une de ces conversions, qui se fit avec toute la pompe mystique dont l'Eglise sait entourer les cérémonies spectaculaires de la religion. Pour m'éblouir de tout son éclat [10], le vicaire de l'évêque, qui officiait, m'avait conduit près des marches de l'autel; j'y appris trop tard combien il est pénible, quand on n'en a pas l'habitude, de rester agenouillé pendant la cérémonie de la grand-messe; je ne pus m'en dispenser tant que je n'eus pas trouvé un moment favorable pour m'échapper en me glissant dans la foule des religieux et du peuple.

Le beau port d'Ancône a la forme d'un demi-cercle, aux extrémités, deux grands môles le protègent des tempêtes de l'Adriatique; les maîtres de Rome, depuis le temps des empereurs jusqu'à nos jours, ont travaillé à l'agrandir, à le fortifier, à y construire d'importants édifices. Près du port, l'Arc de Trajan, que le Sénat de Rome fit ériger dans le marbre pour honorer ce souverain, garde, bien que ruiné, ses caractères de grandeur et de magnificence. Il semble avoir inspiré à Vanvitelli l'idée du monument élevé à Clément XII, qui n'en est pas très éloigné. Aux temps modernes, c'est à ce pape que le port a dû les travaux d'amélioration les plus importants. Assez habile pour amener la postérité à confronter le souvenir de ses mérites à ceux de ce grand prédécesseur — ambition fréquente chez les hommes d'Eglise régnant sur les possessions de l'ancienne Rome — Clément XII s'est fait édifier, en face de l'arc de Trajan, un monument en forme d'arc de triomphe. Sur la place du marché, la ville a érigé à ce pape une statue de marbre, accompagnée d'une inscription fort simple, en reconnaissance des bienfaits qu'il a répandus sur le port et la ville. De même, Pie VI a pris soin par avance de perpétuer son souvenir à Ancône en commandant une statue qu'il voulait se faire élever ici, alors même que la plupart des travaux envisagés par lui pour l'amélioration du port n'avaient pas encore reçu d'exécution; on vient à peine de commencer le plus important d'entre eux, la construction d'un phare [11].

Depuis le rocher de Garbetta qui, non loin de la ville, dresse au-dessus des eaux une paroi abrupte, on jouit sur toute la contrée et sur la mer d'une vue grandiose et sans limites. J'y montai de grand matin, quand les teintes de l'aurore commençaient à paraître à l'horizon au-dessus de la mer, j'y vis le tableau le plus sublime offert par la nature, celui que le pinceau téméraire du peintre et du poète a si souvent tenté de reproduire: le lever du soleil sur la mer. Spectacle dont la majesté ne peut être imitée ou exprimée, tout l'art de l'homme, quand il s'y essaie, n'aboutit qu'à trahir sa faiblesse! Dominant la paisible surface des eaux, j'apercevais, à une distance de cent vingt milles italiens, les côtes montagneuses de la Dalmatie, en cet instant solennel où le soleil allait apparaître; l'atmosphère vibrait comme un océan de feu, une gloire rayonnante, réfléchie par la mer, nimbait l'endroit précis d'où s'élança tout à coup le premier rayon, d'abord semblable à un point incandescent, au-dessus d'une montagne de cette rive éloignée [12].

Ce fut sur cette impression grandiose que je quittai Ancône. Le rocher de Garbetta est le lieu où j'ai passé les instants les plus solennels de ma vie, celui dont le souvenir reste pour moi un enchantement!

Sur le chemin d'Ancône à Lorette, on ne voit que des mendiants et des troupes de pèlerins vêtus de noir selon l'usage; certains se reposent au bord de la route, d'autres vont et viennent; on n'entend que les lamentations des premiers et les chants que les autres entonnent en l'honneur de la Madone de Lorette. La ville sainte occupe le sommet d'une éminence escarpée, on y monte avec un attelage de boeufs, lentement, en costume de pèlerin. Elle est peuplée de pèlerins et animée par une foire perpétuelle, unique en son genre. Les places publiques et les rues sont occupées par de petites boutiques où l'on peut acheter des images de toute sorte et de toute grandeur, représentant la Madone et sa maison, d'humbles médailles à son effigie, des chapelets, bénits pour avoir touché la maison sainte, des rubans où est indiquée la hauteur de la statue de la Vierge et bien d'autres bagatelles semblables dues à l'industrie religieuse. Tout cela constitue pour la petite ville une ressource lucrative et, bien qu'on s'y plaigne beaucoup d'y voir diminuer la foi et l'affluence des pèlerins, fait largement vivre ses habitants [13].

« *Cossi* (sic) *disse anche l'Imperatore* » — c'est ce que disait aussi l'empereur — me répondit l'aubergiste de la poste lorsqu'en descendant chez lui je lui témoignai mon étonnement de trouver tant d'animation dans la ville. Je crus d'abord l'avoir mal compris, mais je remarquai bientôt que ce « *cossi disse l'Imperatore* » revenait souvent comme un refrain dans ses discours. Tandis que nous montions ensemble l'escalier que l'empereur lui aussi, à ce que disait l'hôte, avait gravi, puis quand nous fûmes arrivés dans la chambre que l'empereur avait occupée, il entreprit de me faire, non sans de longues digressions, le récit suivant: quelques années auparavant, l'empereur Joseph II était arrivé, vêtu d'une légère veste de courrier, était descendu chez lui, avait payé un sequin pour un verre d'eau et l'avait à diverses reprises appelé familièrement « *caro mio* »; puis, sans même aller visiter la *Casa santa,* il s'était remis en route; on ne l'avait reconnu que quelques heures plus tard, en voyant arriver les équipages de sa suite, au grand effroi de l'aubergiste et du cardinal-gouverneur de Lorette. Je pus rectifier par la suite, grâce à d'autres témoignages, le récit de cet ennuyeux bavard qui prétendait avoir fidèlement gardé dans sa mémoire le souvenir du moindre mot prononcé par Joseph II et qui, pour rappeler cet événement, employait à tout propos son « *Cossi disse l'Imperatore* » [14]. Ce fut un après-midi que Joseph II arriva, vêtu en courrier, pour voir sans se faire reconnaître les trésors ensevelis en ce lieu [15]. On lui dit que la maison sainte n'était ouverte que le matin et pour ceux qui s'y présentaient en tenue convenable, qu'à cette heure on ne l'ouvrait pour personne. Il se fit conduire chez le gouverneur qui lui confirma lui-même cette réponse en des termes assez rudes, ajoutant qu'en tout cas, si l'on ouvrait aussi la maison l'après-midi, ce serait pour des souverains et non pour des courriers. Pendant cet entretien avec le cardinal, Joseph, soit par un mouvement d'humeur, soit pour laisser entendre que son rang était plus élevé que son vêtement ne le faisait supposer, mit son chapeau. Le gouverneur ne sut pas interpréter cet usage de la *Grandezza* espagnole, au contraire il le prit pour une insulte à sa dignité. L'empereur se remit donc en selle sans avoir vu ni le sanctuaire, ni le trésor de la Madone de Lorette, et il poursuivit son chemin vers Rome.

Laissons-là ces richesses si grandes qu'il est impossible de les dénombrer, perles et pierres précieuses près desquelles l'or et l'argent entassés dans la chambre du trésor ne sont pas plus appréciés que de vils métaux, aussi les moines, dans leur présomption, ne prennent-ils même pas la peine de les faire voir aux étrangers. Quant à ceux qui admirent l'état princier jusque dans ses manifestations les plus banales, abandonnons-leur ce faste où se manifestent avec éclat la superstition et la vanité de grands personnages cagots: il ne mérite pas de retenir l'attention du penseur. « C'est ce que disait aussi l'empereur! » aurait peut-être répété ici le maître de poste: du moins, telle était certainement sa pensée! Pour l'observateur philosophe, les scènes qui se déroulent aux environs de la maison sainte présentent un plus grand intérêt [16].

L'église abrite en son centre la sainte maison de Marie, qui en constitue le sanctuaire; les fumées de l'encens brûlé au cours de tant de messes, celles des lampes allumées en permanence emplissent ce vaste édifice et forment autour de la *Sacra Casa* une sorte de nuage qui étourdit le visiteur. Quand les pèlerins s'approchent, ils semblent être saisis d'une sorte de vertige et avoir perdu la raison, car on les voit, tels des êtres pris de démence, accomplir les actions les plus surprenantes. En entrant dans la demeure qui, selon la tradition, serait celle de Marie, apportée en ce lieu par les cohortes célestes, j'en vis quelques-uns se jeter à terre de tout leur long et y demeurer pendant des heures, le front appuyé aux pierres que la Vierge aurait touchées. D'autres, agenouillés les bras en croix, immobiles, tournés vers la petite fenêtre par laquelle Gabriel vint saluer Marie, ne la quittaient pas des yeux, comme s'ils s'attendaient à voir l'ange apparaître une seconde fois. Ici, les uns se blessaient le front et les joues à force de les frotter à l'âtre de la Vierge; là, d'autres accomplissaient le même geste contre les ornements de bronze de la porte. Les frottements et les baisers continuels des dévots ont fini par faire disparaître la tête, autrefois en saillie, d'un

Christ qui y figurait dans un bas-relief représentant la flagellation. De nombreux pèlerins, le rosaire à la main, font en se traînant sur les genoux le tour de la sainte maison, autant de fois que leur confesseur leur impose cette pénitence. Cet usage a fini par creuser tout autour, dans le pavement de marbre, un chemin circulaire ayant la profondeur d'une rigole. Il faut y ajouter le tumulte de la foule qui, entrant et sortant sans cesse, s'écoule par le grand portail de l'église, la cohue, la bousculade quand on ouvre les portes, la voix des prêtres célébrant la messe — on en dit environ deux cents dans une matinée — les sonnettes des enfants de chœur, le murmure des prières: tout cela réuni forme le tableau le plus éloquent de la victoire remportée par la superstition sur la saine raison.

En quittant l'église du côté de la ville opposé à celui par lequel on est entré, on a la surprise de découvrir, depuis la colline où est située Lorette, une des scènes les plus délicieuses que puisse offrir la nature. Une large vallée, richement cultivée et coupée de lignes d'arbres fruitiers, s'incline au pied des montagnes; au delà et à gauche, le regard se promène sur l'étendue sans limites de la mer Adriatique. Ce paysage, où tout respire la prospérité et la liberté, chasse les impressions défavorables que l'on avait éprouvées en voyant les prêtres exercer leur tyrannie sur le peuple imbécile; ces sentiments pénibles finissent par disparaître tout à fait à mesure que l'on s'éloigne de Lorette et que l'on gravit les Apennins en se dirigeant vers Rome.

C'est auprès de Tolentino que le chemin commence à monter. Les Apennins n'inspirent pas cet étonnement, cette émotion profonde que l'on ressent dans les Alpes en voyant ces grandes masses de rochers arides et escarpés, ces cimes dénudées, dressées vers le ciel et couvertes de neiges éternelles. Ici, les paysages de montagne séduisent par leur charme, mais les Alpes du Tyrol ont un caractère sublime. Dans cette partie de l'Italie, la chaîne des Apennins forme d'abord des collines modérées et fertiles dominant de riantes vallées. On s'élève par degrés jusqu'aux plus hauts sommets et l'on jouit chaque fois d'un nouveau point de vue sur les hauteurs qu'on a laissées derrière soi, les vallées qui les séparent, les croupes des monts éloignés. Dispersées çà et là, le long du chemin et dans les villes, d'importantes ruines de temples, arcs de triomphe, amphithéâtres, aqueducs, rappellent aux passants les temps les plus reculés et le génie des hommes qui édifièrent de tels monuments. Ici un paisible ruisseau coule dans une prairie au bord de la route, là un fleuve assez considérable se précipite en bouillonnant dans la vallée. Dans les beaux pâturages du Clitumne, auquel l'aimable Pline attribuait déjà la vertu miraculeuse de donner une couleur blanche au bétail qui buvait ses eaux, je vis paître de grands troupeaux de ces boeufs dont la tête d'un blanc d'argent porte de hautes cornes recourbées. Quelques-uns se reposaient dans la prairie, d'autres se désaltéraient dans le fleuve aux eaux limpides comme le cristal. Les Romains avaient une prédilection pour les blancs troupeaux de cette vallée et surtout pour ses boeufs magnifiques. Quand on célébrait un triomphe, on en faisait monter quelques-uns au Capitole, devant le char du vainqueur, car celui-ci ne pouvait offrir aux dieux, en signe de reconnaissance, de plus nobles victimes.

« Ce sont tes blancs troupeaux, ô Clitumne, et le taureau, grande victime, qui souvent, après avoir été baignés dans ton courant sacré, ont conduit aux temples des dieux les triomphes romains » * [17].

Il existe dans l'ancien monde des cataractes bien plus considérables par leur hauteur que la cascade du Velino près de Terni; d'autres peuvent être plus larges et plus abondantes, mais aucune ne réunit ces différents caractères, la hauteur, l'abondance, le pittoresque des environs, au même degré que ce Niagara de l'Italie. Le chemin qui conduit de Terni à la cascade du Velino offre déjà de nombreux et fort beaux points de vue, soit qu'on lève les yeux vers la chaîne boisée, interrompue par des rocs dénudés, à mi-hauteur de laquelle serpente l'étroit chemin rocailleux, soit qu'on les abaisse vers la vallée resserrée où la Nera, grossie par les eaux du torrent descendu de la montagne, poursuit sa course à grand bruit entre les oliviers, les figuiers et les orangers. Jamais comme dans le cas de cette cataracte l'art n'a secondé de façon plus heureuse la nature, cette grande créatrice de la beauté et du sublime véritables, pour présenter une des scènes les plus belles et les plus grandioses qu'il soit possible de contempler. Le Velino descendait jadis de la mon-

---

* Virgile, *Géorgiques,* Livre II, v. 146. La description de ce fleuve, de sa source et des belles contrées qu'il traverse a été donnée par Pline le Jeune dans la huitième lettre du Livre III; elle caractérise bien le génie de cet écrivain aimable, demeuré insurpassable dans ses peintures de paysages.

tagne par laquelle arrive le voyageur et, précipitant ses eaux abondantes dans la vallée où se trouvait la ville d'Interamna (l'actuelle Terni), il y provoquait, ainsi qu'aux environs, de fréquentes et dangereuses inondations. Le consul romain Marcus Curius entreprit des travaux pour le détourner dans un autre lit, dès sa sortie du lac delle Marmore, où ses eaux se réunissent; il fit sauter, au sommet d'une montagne, le mur de roc qui le séparait de la Nera, dans laquelle il se déverse aujourd'hui. Ces travaux de dérivation furent exécutés dès le Ve siècle après la fondation de Rome. L'éclatement de la roche a laissé des traces que l'on peut voir immédiatement avant d'arriver à la cataracte. La forte chute d'eau venant du lac Marmora, situé à un niveau plus élevé, forme en cet endroit un fleuve impétueux qui s'écoule par un étroit canal entre des parois rocheuses. La rapidité en est très grande, les pierres qui y sont jetées ne coulent pas à pic, mais flottent à la surface du fleuve qui les entraîne jusqu'à l'abîme où il se précipite; aussi est-il appelé, dans cette partie de son cours, la « Fuite » (la *Fuga*). On arrive à cette Fuite par un étroit passage pratiqué dans le rocher latéral. On la voit poursuivre sa course sur la droite avec la même violence et le regard la suit jusqu'à la cataracte. Quelle témérité pour les peintres que de vouloir représenter ces grandes scènes de la nature, dont le mouvement et la vie sont les caractères essentiels! J'ai vu plusieurs tableaux où d'habiles artistes avaient voulu s'y essayer, mais ils n'avaient pu donner que des imitations froides et sans vie.

De quelque point qu'on la regarde, depuis le côté, d'en haut ou d'en bas, la cataracte du Velino présente un tableau plein de grandeur et de sublime beauté, celui d'une force que rien ne peut vaincre. Lorsqu'on descend d'une trentaine de pas sur le côté de la cascade, on atteint une partie de la montagne qui s'avance en surplomb; de là on voit le flot écumant se détacher du rocher avec un fracas de tonnerre et former dans sa chute un arc de cercle immense. Une poussière d'eau se répand comme un brouillard autour de l'énorme colonne; les rayons de soleil, en s'y jouant, forment un arc-en-ciel dont les diverses couleurs paraissent encore plus éclatantes grâce à la fraîche verdure des arbres qui couvrent la montagne et au blanc argenté de l'écume. Plus bas, le torrent se précipite dans un vaste et profond bassin de rochers d'où ses eaux rejaillissent en jets écumeux et en grandes vagues, pour former, sur tout le pourtour de ce bassin qu'entourent de gros blocs de pierre tombés de la montagne, une multitude de petites cascades. Celles-ci se réunissent et se déversent dans la Nera, qui jusque-là coulait paisiblement dans la vallée; elle devient alors un torrent impétueux, roulant ses eaux vers Terni avec une violence terrible. Le mugissement continuel de la cataracte, encore redoublé par l'écho que répercutent les parois des montagnes, suscite l'épouvante; on ne saurait même le comparer au bruit du tonnerre, dont les éclats les plus violents ne provoquent dans l'air qu'un ébranlement passager. Quant au sentiment que fait naître ce merveilleux spectacle, où la cataracte, environnée de montagnes grandioses, forme un surprenant contraste avec les délicieux bosquets d'oliviers, de figuiers et d'orangers situés dans la vallée de l'impétueuse Nera, il ne peut être exprimé: pour lui non plus, la langue n'a pas d'expression capable de traduire son caractère unique et sublime! [18]

Autant que je sache, la hauteur totale de la cataracte du Velino n'a jamais été mesurée avec exactitude, car trop de difficultés s'y opposent. Pour compenser cependant l'absence de mesures précises, l'oeil évalue approximativement cette hauteur totale à trois cents pieds.

Comment expliquer le silence absolu gardé par les géographes et les poètes de l'antiquité au sujet de cette cataracte? La seule explication possible en est la suivante: peut-être, à son origine et aux premiers siècles de notre ère, attirait-elle moins l'attention parce qu'elle était moins importante; peut-être n'atteignit-elle que par la suite, quand on y eut conduit de nouvelles eaux, quand le canal fut élargi, cette grandeur et cette sublime beauté qui nous plongent dans l'étonnement. C'est en vain en effet que, selon la coutume des commentateurs, on force le sens du passage suivant, extrait de l'*Enéide,* dans lequel on veut voir une description de cette contrée et de la cataracte:

« Il y a, au centre de l'Italie et au pied de hautes montagnes, un endroit bien connu et dont la renommée est grande sur de nombreux bords, la vallée le l'Ampsanctus: des deux côtés le flanc noir de la forêt la presse de son feuillage épais, et, au milieu, un torrent fait sonner sur les pierres le fracas de son flot tourbillonnant. Là se montrent une caverne pleine d'horreur et les soupiraux du cruel Pluton, et l'énorme gouffre de l'Achéron débordé ouvre sa gorge pestilentielle » *.

Par ces horribles cavernes exhalant des vapeurs empoisonnées, séjour favori de Pluton, le poète fait descendre aux enfers la Furie Alecto. Si l'on excepte le « torrent tombant avec fracas sur des pierres », qui peut s'appliquer aussi bien à n'importe quel cours d'eau rapide, sans désigner une cataracte de cette importance, on ne trouve dans sa description aucun trait qui convienne à la région du Velino et de sa chute. Mais ce tableau paraît correspondre en tous points, si l'on en croit les voyageurs, à une autre contrée de l'Italie, plus méridionale, située dans la Principauté ultérieure du Royaume de Naples. Entre les hautes montagnes des Apennins, près de la petite ville de Fricenti, s'enfonce une étroite vallée, enserrée par des collines aux ombrages épais. Le sol en est aride; d'une mare bourbeuse, l'eau jaillit avec violence à une grande hauteur, comme poussée par des vents souterrains, puis elle retombe en tourbillonnant dans le gouffre qui l'engloutit. Les vapeurs méphitiques qui s'en exhalent répandent aux environs une odeur insupportable. Ces contrées, jadis peuplées par les Hirpiniens, étaient nommées vallées de l'Ampsanctus. On avait élevé un temple à l'antique déesse Méphitis sur les sombres rives de cet étang, appelé aujourd'hui encore lac Mofetta, du nom qui désigne plusieurs lacs et plusieurs cavernes du même type dans cette Italie si féconde en feux souter-

* *Enéide*, VII, v. 563 [19]. Ce passage est extrait de Virgile, d'autres qui suivront sont empruntés au même auteur et à d'autres poètes anciens; ils se rapportent à quelques-unes des régions les plus intéressantes que j'aie visitées en Italie. Je les donne ici en langue allemande, en y joignant le texte original, bien que l'entreprise ne manque pas de hardiesse, mais je n'en connais aucune traduction autorisée par le jugement du public. Celles que l'on trouvera donc ici, je les ai faites avec un de mes amis les plus chers, ensemble nous avons poursuivi l'étude des classiques, cette inépuisable source de joies élevées. Les poètes anciens à la main, j'ai voulu, lors de mon voyage en Italie, comparer la nature telle qu'elle se présente dans ces contrées et qui fut pour eux un modèle grandiose, avec les belles pages où ils l'ont imitée; cette comparaison m'a procuré un si vif plaisir que je n'ai pu me refuser celui de communiquer quelques-unes de leurs descriptions les plus réussies, et pour permettre à tous les lecteurs de les apprécier, je les ai traduites en allemand ou j'en ai cité des traductions déjà connues.

rains. Ce sont là, en Italie, les cavernes (*spiracula*) qui exhalent des vapeurs sulfureuses, « séjour favori de Pluton et de Caron » [20].

Quant à la vallée située entre Terni et Narni, elle est la Tempé de cette partie de l'Italie. La chaîne des Apennins l'entoure sans la resserrer, la nature y est riante et y répand ses dons. De vertes prairies parsemées de fleurs, des champs de blé, des vignes mariées à de grands arbres, des allées couvertes que la nature seule dessina, des groupes d'arbres fruitiers, des haies de feuillage touffu au bord du chemin se présentent successivement aux yeux. La Nera serpente dans la vallée et rappelle au voyageur le magnifique spectacle de la chute du Velino, qui perd en elle et ses eaux et son nom [21].

Au pied de la colline de Narni, on voit des arches encore bien conservées et les autres vestiges du pont d'Auguste [22], construit jadis pour relier deux collines et rendre ainsi un chemin plus court. Ces ruines comptent parmi les plus belles que l'Italie ait conservées des grands ouvrages de l'antiquité, parmi les plus instructives aussi car elles prouvent avec quelle audace les Romains savaient surmonter tous les obstacles quand ils exécutaient de tels travaux, avec quelle sagesse ils construisaient, ces hommes assez habiles pour vaincre toutes les difficultés tenant au site lui-même et pour donner à leurs édifices une durée capable de défier des millénaires; seuls purent en triompher les hordes barbares venues du nord pour se livrer au pillage et à la dévastation, ou les tremblements de terre qui ébranlèrent violemment leurs fondements; et malgré tout la destruction ne fut pas complète. Une arche de ce pont demeure entière, sa largeur est de soixante et quelques pieds; une seconde, qui avait une largeur presque double et qui reste sans égale dans l'architecture des ponts pour la hardiesse de sa voûte, est à demi écroulée; deux autres le sont entièrement, il n'en subsiste que les robustes piliers, qui ont vingt-huit pieds et sont faits de grandes pierres de taille superposées. On affirme que le simple poids de ces pierres, dont les faces intérieures sont parfaitement unies, les fait tenir les unes sur les autres sans le secours d'aucun mortier; il m'a pourtant semblé qu'elles étaient jointes par une masse de pouzzolane, j'en ai remarqué des traces distinctes dans les creux des jointures extérieures. Les peintres de paysage qui vivent à Rome ont pour sujet de prédilection ces vestiges de l'antiquité, à la fois pittoresques et grandioses, situés dans un cadre enchanteur; les architectes en font l'objet de leurs études. Aucun d'entre eux ne termine son séjour à Rome sans être venu dessiner le pont d'Auguste sur les lieux mêmes.

Sur le chemin de Rome, près d'Otricoli, on remarque, pour sa beauté et sa grandeur, une oeuvre de l'architecture moderne due au Pape Sixte-Quint — un tel homme sur le trône pontifical! — c'est le grand pont du Tibre nommé *ponte felice* [23].

A quelque distance, longeant le Tibre aux eaux jaunâtres, s'élèvent les coteaux fertiles des antiques Sabins. Plus loin encore, le Soracte altier se dresse jusqu'aux nues; on y avait autrefois consacré des bois et un temple à Apollon.

On rejoint ici la voie flaminienne, qui date des premiers siècles de Rome. Elle est recouverte de grandes pierres qui se touchent. Pendant un certain temps, le pavé antique, interrompu çà et là, souvent inégal, rend la route très pénible. Soudain, mon postillon s'arrêta en plein galop et s'écria: *ecco! Roma!* (Voilà Rome!). A ce nom, saisi d'un frisson subit, je levai les yeux et j'aperçus devant moi, perdu dans le lointain, le dôme de Saint-Pierre [24].

Chapitre 5

R O M E [1]

« Déesse de l'univers et des nations, Rome, que rien n'égale
et dont rien n'approche » *.

C'est ainsi qu'en arrivant dans sa patrie, le Romain, fier de
sa dignité de citoyen, saluait jadis la déesse Rome! Cette auguste
image de la divinité, aujourd'hui encore, est présente à l'esprit du
voyageur quand il s'approche de la ville. Il se sent pénétré d'un sentiment grave et profond, que les mots ne sauraient exprimer. Plus
il s'avance, plus les idées et les images surgissent, se pressent, ne
laissant nul repos à la pensée. Il entre dans la ville, et le contraste
offert par la réalité le remplit d'horreur. L'auguste déesse Rome,
qui avait pour attributs la lance et le bouclier, s'est transformée
en un saint de bronze portant la clef capable de *lier et délier*, et
c'est à ce saint patron qu'on a dédié le temple le plus magnifique
de l'univers!

Toutes les images de la Rome antique qui s'étaient présentées
au voyageur sur le chemin de l'arrivée, celles de sa majesté et de
son invincible puissance, de son gouvernement, de ses moeurs et
de sa religion, celles de sa grandeur et de sa magnificence, disparaissent dès qu'il voit la Rome pontificale [2]. Il lui faut un certain
temps pour s'habituer à ce spectacle. La vue de l'édifice sublime

* *Terrarum dea gentiumque Roma, cui par est nihil, et nihil secundum.*
Martial, XII, Epigramme 8.

entre tous qu'est la basilique Saint-Pierre me frappa d'étonnement; entrée par la porte Angelica, ma voiture contourna d'abord l'église, puis elle fit un détour pour m'amener sur la place devant la colonnade et cet ensemble m'apparut alors dans tout l'éclat de sa splendeur — la surprise que j'éprouvai en un tel instant m'en a laissé un souvenir inoubliable; mais cette vue même ne put me délivrer entièrement de la stupeur où j'étais tombé après avoir ressenti une si violente émotion quand, ayant évoqué les brillantes images de l'antiquité, je les vis soudain faire place à la réalité. — Lorsque ce spectacle inattendu me frappa comme la foudre, je sortis pourtant de mes rêveries pour crier: halte! à mon postillon qui poursuivait sa course. Il ne m'entendit pas, je dus me laisser emmener à contre-coeur, ébloui par ce que j'avais entrevu un instant. Le désir d'en jouir pleinement devint plus vif encore et, dès que j'eus mis pied à terre devant l'auberge, rien ne put me retenir [3].

On regrette, non sans raison, que le quartier de l'église Saint-Pierre, les petites rues qui y mènent depuis le pont Saint-Ange et les îlots de maisons qui lui font face correspondent si peu à sa grandeur. On voudrait les voir abattre, on voudrait pouvoir s'acheminer vers Saint-Pierre depuis ce pont par une large rue où le regard découvrirait de plus loin ce spectacle grandiose. J'ignore si un tel projet a jamais été conçu, mais son exécution rencontrerait sans nul doute de grandes difficultés, sans pouvoir répondre aux espérances qu'elle aurait fait naître. Ma surprise fut d'autant plus agréable quand, au sortir d'une rue étroite, je découvris à la fois tout ce qu'il est possible de voir au premier regard: la splendeur éblouissante de cette majesté qui écrase tout ce qui l'environne, cette place, cette coupole s'élevant vers le ciel! « Je veux — le premier souvenir qui vienne à l'esprit devant cette oeuvre sublime est celui des fières paroles que Bramante, l'auteur du premier projet de cette église, aurait prononcées en voyant le Panthéon — je veux vous mettre une coupole semblable là-haut; sans prendre appui sur terre, elle semblera planer dans le ciel ». Michelangelo Buonarroti, ce penseur si profond dans les trois arts du dessin, succéda à Bramante dans la construction de l'église Saint-Pierre; il édifia la coupole et tint tout ce que son prédécesseur avait promis. Mais ce grand homme ne pensait pas que son chef-d'oeuvre, lui aussi, montrerait si tôt les marques de la fragilité des choses humaines. La coupole se fendit

Fig. 5.   Friedrich Wilhelm Eugen Doell, *Johann Joachim Winkelmann*. Rome, Pro-
tomoteca comunale (Cl. Istituto centrale per il catalogo e la documentazione).
Meyer vit ce buste alors qu'il se trouvait encore au Panthéon. Cf. p. 67.

après un siècle environ; on fut obligé, pour apaiser les craintes des Romains quand on découvrit ses importantes fissures et pour diminuer le danger d'écroulement que l'on redoutait, de la consolider au moyen de robustes liens de fer. Cet irréparable dommage a suscité entre les architectes modernes une querelle bien inutile, puisqu'elle ne pourra malheureusement lui apporter aucun remède: selon les uns, le Bernin aurait affaibli les piliers de fondation en aménageant des escaliers et des chapelles dans les souterrains sacrés, pour complaire à la pieuse croyance des fidèles; d'après les autres, c'est la construction intérieure de la coupole même qui serait défectueuse et aurait provoqué, entre autres causes, ces fissures et ces fentes. On dit que Michel-Ange aurait prévu ces risques de dégradation et recommandé, à son dernier souffle encore, de ne pas toucher aux piliers de fondation [4].

Le projet du Bernin pour l'aménagement de la place Saint-Pierre, avec la quadruple colonnade qui l'entoure, les deux jets d'eau et l'obélisque dressé en son centre, peut rivaliser, par sa grandeur et sa majesté, avec le plan de l'église elle-même; ce fut l'un des plus grandioses desseins qu'un architecte ait jamais conçus et exécutés. De quelque point qu'on la contemple, cette place prodigieuse enchante toujours les yeux par quelque beauté nouvelle: que l'on se tienne à l'entrée, devant l'un des deux bras de la colonnade, ou que, depuis les marches qui mènent au grand portail de la basilique, on se tourne vers la place; que l'on se rende jusqu'à son centre, près de l'obélisque égyptien; que l'on en fasse le tour en suivant chaque colonnade pour regarder, entre les divers entre-colonnements, la place et la colonnade opposée. Dans ce dernier cas en particulier, la forme elliptique des quatre rangs de colonnes permet de découvrir presque à chaque pas de nouveaux et merveilleux effets, grâce à la très grande variété des angles et des perspectives. A chaque instant la beauté, la grandeur apparaissent sous un aspect différent. C'est la nuit surtout que cet ensemble se montre dans toute sa majesté sereine et véritablement sublime, quand la lune éclaire la place et ses colonnades, l'obélisque, les eaux abondantes des fontaines et la basilique. La lumière et l'ombre se répartissent alors par grandes masses sur les objets les plus rapprochés, les plus éloignés se confondent sous une faible lueur. Les deux jets d'eau brillent d'un éclat argenté et semblent lancer des étincelles. Tout est paisible; seul le doux murmure de ces fontaines sans cesse jaillissantes interrompt le silence de la nuit - « symbole sacré, dit un poète, de la vie qui se manifeste éternellement dans la nature » [5].

Rien de si trompeur, pour l'oeil qui n'est pas accoutumé à ces masses colossales, que les dimensions de la place, de l'intérieur de Saint-Pierre et de chacune de ses parties. On n'apprend que peu à peu à les évaluer avec exactitude. Peu après mon arrivée, je vis, depuis la balustrade qui surmonte les colonnades, le pape donner sa bénédiction à la foule. Six mille spectateurs étaient réunis sur la place, selon l'affirmation de mes compagnons, à laquelle je peux me fier, mais j'avais l'impression de voir quelques groupes de personnes réunies çà et là et je n'estimais leur nombre qu'à deux mille. L'aspect de certains objets est trompeur, lui aussi. Les grands blocs de granit entourant le pied de l'obélisque et dont la taille atteint celle d'un homme me paraissaient avoir la forme et la hauteur des bornes que nous plaçons d'ordinaire au bord des routes. Dans l'église, les figures et les décorations sont colossales, mais leurs proportions ont été calculées avec tant de justesse par rapport à l'ensemble que l'on sous-estime aussi leur grandeur tant qu'on veut l'évaluer à distance [6].

La justesse des proportions entre les différentes parties et l'ensemble, la beauté et la variété des détails, le caractère grandiose de la construction rendent l'intérieur de ce temple bien digne d'admiration, cependant l'impression qu'il produit au premier coup d'oeil ne répond pas à l'idée, assurément fort exagérée, qu'on s'en était faite *. J'avais été ému au plus profond de mon être en voyant pour la première fois Sainte-Justine de Padoue, la chartreuse Sainte-Marie-des-Anges à Rome, le Panthéon, et j'ai retrouvé cette émotion chaque fois que j'y suis retourné, elle m'a laissé un souvenir plus vif que celle de ma première visite à Saint-Pierre. Il faut y revenir souvent pour que l'oeil parvienne à oublier les nombreuses oeuvres qui y sont accumulées et dont le rôle est purement ornemental, sculptures, peintures, revêtements de marbre, décorations de toute sorte, et à jouir, sans se laisser distraire, de l'unité et de la grandeur qui caractérisent les

* Ma seule prétention est de relater dans ces pages l'impression particulière que j'ai ressentie devant les objets et les sentiments qui me sont propres: fût-ce au risque de me tromper, je n'aime pas les emprunter à d'autres. Cependant, si je ne m'abuse, mon opinion rejoint celle de très nombreux visiteurs en ce qui concerne l'intérieur de Saint-Pierre.

proportions de cet ensemble. Jusque-là, l'oeil s'égare dans cet espace immense; déconcerté par tous ces objets si divers, il n'en trouve aucun qui puisse le retenir.

Le baldaquin du maître-autel, aussi haut que les plus grands palais de Rome, et les colonnes qui le soutiennent sont faits en partie avec le cuivre et le bronze des ornements arrachés au Panthéon. On pourrait à la rigueur pardonner à un prêtre couronné de la tiare ce forfait commis au détriment du plus beau monument légué par l'antiquité; mais qui excusera le Bernin, un artiste si renommé, d'avoir favorisé une telle entreprise, d'avoir dérobé les matériaux qu'il allait employer pour l'autel parmi les dépouilles que leur haute antiquité avait rendues sacrées? [7]

Pour embrasser la totalité de cette église colossale, des voûtes qui la surmontent et de la magnifique coupole, pour bien juger leurs proportions, il faut monter sur l'entablement des colonnes qui supportent les voûtes ou aux deux galeries intérieures de la coupole. Là, on oublie ces ornements accumulés qui, d'en bas, retiennent le regard et dispersent l'attention; on découvre vraiment cet ensemble remarquable par sa grandeur et son unité, on est rempli d'étonnement et d'admiration. Et quand vient l'heure de prendre congé de Rome, c'est à la coupole qu'il faut monter, jusqu'à la lanterne et au grand globe. De là, à une hauteur de quatre cents pieds, on jouit d'une vue immense sur Rome et tout le pays qui l'entoure. On éprouve une mélancolie qui n'est pas sans charme en promenant une dernière fois son regard sur cette ville et cette contrée où l'on a goûté tant de joies auparavant inconnues et qui ne reviendront plus! On évoque une dernière fois toutes les impressions qu'on y a reçues, on recueille ces grands souvenirs pour le reste de sa vie et on dit enfin adieu à Rome et à ses environs ! [8]

Avec Carlo Marchioni, maintenant disparu, qui fut l'architecte de la chambre pontificale, on crut voir revivre l'esprit de Borromini et de son école, si étrangère au bon goût en architecture, quand il éleva un monument en l'honneur de Pie VI, la Sacristie située près de Saint-Pierre, qui a suscité tant de critiques. Le style de cet édifice est aussi dépourvu de noblesse que de correction. Les proportions se révèlent pour la plupart inexactes. Partout des saillies et des angles font obstacle à la vue; des colonnes et des autels se trouvent relégués dans des coins obscurs, l'ensemble est surchargé d'ornements mesquins. Tous ces défauts blessent l'oeil du simple amateur et révoltent le connaisseur [9].

Le véritable caractère d'un temple consacré à la divinité, on le trouve à la Chartreuse de Rome, Sainte-Marie-des-Anges. C'est toujours avec un sentiment de profonde ferveur religieuse que l'on s'approche de l'Etre invisible et très haut à qui cet édifice est dédié, ou du moins devrait l'être. Michel-Ange l'éleva sur l'emplacement et entre les ruines des anciens Thermes de Dioclétien, dont il remploya les murs antiques. Toutes les constructions qui lui sont dues respectent de la façon la plus rigoureuse l'unité et la majestueuse simplicité qui caractérisent son projet grandiose. A une époque récente, on a décoré l'intérieur avec un goût plein de noblesse. L'église s'annonce à l'extérieur par une façade extrêmement simple. On entre d'abord dans une petite rotonde ornée avec simplicité, vestige de l'antique édifice romain, que Buonarroti a su utiliser. On y voit les tombeaux de deux cardinaux et des peintres Salvator Rosa et Carlo Maratti. En pénétrant dans l'église elle-même, dont la forme est celle d'une croix latine, on éprouve une sorte d'effroi à la vue de sa hauteur et de sa largeur prodigieuses; mais bientôt on se sent irrésistiblement attiré par son caractère de grandeur et de simplicité. Quand on a fait quelques pas en se dirigeant vers le milieu de la croisée du transept, on peut embrasser tout l'ensemble de l'édifice. Nul objet n'arrête le regard, aucune décoration surajoutée ne le retient. Les hautes murailles n'ont pour ornements que d'importantes peintures de l'école romaine ancienne et moderne. Huit puissantes colonnes de granit, hautes de quarante-deux pieds, provenant des anciens thermes, s'élèvent aux quatre angles intérieurs de la croix. Ce sont les seules décorations remarquables de cette église. J'avais coutume de m'y rendre le soir, à la venue du crépuscule, quand nul bruit de pas ne troublait plus le silence qui rendait ce lieu plus solennel encore. Appuyé à l'une des grandes colonnes, je m'abandonnais à cette impression bienfaisante et souvent je m'y trouvais encore lorsqu'à la nuit tombante le gardien du couvent descendait à l'église, venait s'agenouiller près de l'autel pour une prière solitaire, puis s'apprêtait à fermer les portes. Pour compenser la frayeur qu'il éprouvait en me voyant paraître tout à coup, je lui souhaitais une « *felicissima notte* » et je m'éloignais avec le projet de revenir le lendemain, ce que je fis bien souvent [10].

A l'intérieur de la basilique Saint-Paul ont été remployés les vestiges les plus précieux provenant des palais, temples et tombeaux de la Rome antique. Une double rangée de colonnes, aussi remarquables par la richesse de leurs matériaux, marbre de Paros, granit, porphyre, que par leur hauteur exceptionnelle et l'élégance de leur forme, soutient un plafond plat et gothique. Ainsi voit-on ici la sublime beauté grecque et la splendeur romaine étrangement unies au mauvais goût des barbares. Le pavement, lui aussi, est en partie composé d'informes fragments de marbres antiques portant des inscriptions latines. La faible lumière qui tombe d'en haut ne suffit pas à dissiper l'obscurité solennelle de ce lieu où règne un silence funèbre, car on visite peu cette vaste église; située dans un quartier éloigné et malsain, elle demeure presque toujours déserte [11].

Que dire du Panthéon! qui peut trouver des mots capables d'exprimer toute la grandeur, toute la majesté de ce temple élevé aux dieux de Rome et resté debout dans sa splendeur et sa puissance d'autrefois! Si des mains avides l'ont dépouillé de tous ses ornements, elles n'ont pu altérer le caractère sublime qu'il doit à son architecture. Il a résisté à la violence des barbares. Ils ont pu piller ce sanctuaire des dieux et des arts, mais il ne leur fut pas permis de l'anéantir: il semble que ces impitoyables pillards de Rome furent eux-mêmes sensibles à sa haute dignité, qu'elle parvint à les toucher et que, par ses seuls mérites, le temple réussit à échapper à la dévastation dont le menaçait la main de fer des barbares. Le Panthéon a défié le cours des siècles et s'est conservé jusqu'à nos jours. Ce fut le soir que j'y entrai pour la première fois, au moment où la lumière du jour, qui pénètre par l'ouverture circulaire ménagée au sommet de la coupole, commençait à décliner et restait tout juste suffisante pour permettre de distinguer les objets. Cet éclairage, me semble-t-il, est celui qui convient le mieux à la calme grandeur, à la noble simplicité de ce temple et de son portique — du moins je n'ai jamais plus profondément ressenti ces caractères qui lui sont propres. Pourquoi faut-il que de nombreuses adjonctions modernes, dues aux architectes et aux dévots, étrangères à l'esprit de l'antiquité, viennent détruire l'impression produite par ce monument sublime? Agrippa avait fait de ce temple le sanctuaire de tous les grands dieux et peut-être le souvenir de cette ancienne destination a-t-il suscité l'heureuse idée de le consacrer au souvenir des hommes illustres qui, à Rome, ont cultivé et enseigné les arts. On y a élevé à la mémoire de Raphaël et d'Annibal Carrache, de Mengs et Winckelmann aussi, des monuments qui sont ornés de leurs bustes. Cependant les défunts qui reçurent cet honneur insigne ne le durent pas toujours à un éminent mérite, l'art ne prit pas toujours soin de ne placer ici que des ouvrages dignes de ce sanctuaire. C'est ce que prouvent les tombeaux élevés à des hommes qui ne peuvent être comparés à de tels artistes et plusieurs bustes fort médiocres — celui de Raphaël est l'un des plus mauvais [12].

CHAPITRE 6

R O M E[1]

C'est à juste titre que Raphaël est l'idole des artistes venus à Rome de toutes les nations de l'Europe pour s'y consacrer à l'étude de l'art, et que son culte a pour sanctuaire le Vatican. Dans leur patrie, ces artistes pouvaient se bercer d'illusions, proclamer « *Anch'io son' pittore!* » (moi aussi je suis peintre!); certains osent encore le dire à Rome, mais nul ne peut plus l'affirmer dans les salles qui portent le nom de Raphaël et devant ses chefs-d'oeuvre incomparables *. Tous, même s'ils ont le sentiment de leur propre valeur, reconnaissent leur néant dès qu'ils découvrent ce maître inégalé; le temps seul leur permet de s'accoutumer à la gloire qui *L'*environne, d'oser enfin s'approcher de *Lui* et de se consacrer à l'étude de *Ses* oeuvres [2]. Mais ces oeuvres qui représentent le sommet de la peinture,

---

* M. von Ramdohr a publié un ouvrage devenu classique, *De la peinture et de la sculpture à Rome,* que tout voyageur arrivant dans cette ville pour y voir les trésors de l'art devrait consulter comme un guide, dont tout artiste, tout amateur devrait faire son étude constante; on distingue surtout dans la première partie, parmi tant d'excellentes observations que renferme ce livre, celles qui concernent le développement du génie de Raphaël, le commentaire dense et profond de ses peintures du Vatican et le détail de la collection des antiques du même palais. L'auteur unit un esprit philosophique pénétrant et un profond discernement à un sentiment élevé de l'art; il possède, outre un vaste savoir théorique et pratique, un coup d'oeil capable de juger rapidement l'ensemble et les détails d'une oeuvre. A mon retour d'Italie, je rencontrai M. von Ramdohr au pied des Alpes, et mon seul regret, dans cet hommage que je rends à son mérite et à son autorité de critique, est de n'avoir pu, lors de mon séjour à Rome, prendre pour guide son excellent livre [3].

Fig. 6. *Pie VI visitant la salle des muses du musée Pio-Clementino au Vatican.*
Rome, Museo di Roma (Cl. Archivio fotografico comunale). La salle fut
inaugurée en 1782 c'est-à-dire l'année précédant le voyage de Meyer. Cf.
p. 70-71.

éphémères comme toutes les choses de ce monde, sont menacées depuis longtemps. La plupart d'entre elles ont souffert de l'humidité qui règne en ce local peu aéré, comme de la négligence des hommes; bientôt on n'en pourra plus voir que l'ombre. Beaucoup d'artistes peu scrupuleux ont encore accéléré ces ravages par leur conduite inexcusable quand ils ont copié ces peintures: ils les ont tachées, en ont calqué les figures, ils ont osé clouer leur papier à la fresque même! On accuse particulièrement les artistes de la nation française qui ont autrefois étudié à Rome et dont aucun peut-être ne peut plus répondre à cette grave accusation de barbarie, de sacrilège envers les Mânes sacrés de Raphaël; à la honte des peintres, on en trouve partout les traces les plus visibles. S'il s'agit d'une calomnie, les artistes français ont pu accréditer eux-mêmes ces bruits défavorables, dans la première moitié de ce siècle, par le peu d'estime et même le mépris qu'ils ont témoignés à Rome aux chefs-d'oeuvre de l'art et de l'antiquité. Il y a quelques dizaines d'années encore, quelques-uns de ces originaux dépourvus de goût et de connaissances donnaient aux autres artistes de Rome un spectacle unique en son genre: tandis que les Allemands, guidés par les grands réformateurs du goût en matière d'art, Mengs et Winckelmann, allaient étudier au Vatican les peintures de Raphaël ou les grands ouvrages de la sculpture grecque et méditaient les leçons offertes par ces chefs-d'oeuvre parfaits, les Français demeuraient sur le pont Saint-Ange pour reproduire avec le plus grand zèle, par le dessin ou le modelage, les statues des anges et des apôtres, ces masses informes et dépourvues de tout mérite [4]. Mais l'art français qui avait connu le déclin au cours de ce siècle retrouva, avant qu'il ne fût achevé, sa renommée d'autrefois, grâce aux grands noms de Pierre, David et Drouais. Libérés des préjugés qui pesaient sur beaucoup de leurs maîtres, éloignés du goût mesquin tout puissant dans leurs écoles et leurs académies, ces peintres, ainsi que quelques autres, délaissèrent le chemin routinier qu'avaient suivi tant de leurs prédécesseurs, pour se former d'après les grands modèles de l'antiquité et les meilleurs maîtres des anciennes écoles italiennes. Avec eux, l'art voit s'ouvrir en France une époque nouvelle et féconde; ce pays, où la liberté nationale est devenue sacrée, lui promet appui et récompense, comme aux époques où il brillait de tout son éclat en Grèce et à Rome [5].

Pie VI a beaucoup fait pour la collection des antiques du Vatican, l'actuel musée Pio-Clementino. Lors de mon voyage, le pape avait déjà presque doublé le nombre des morceaux qui s'y trouvaient au commencement de son règne, et il l'augmente encore chaque année. Il s'est réservé le droit de premier acheteur auprès de tous ceux qui trouvent des antiques; il acquiert ainsi les objets sans que les antiquaires puissent se livrer à la surenchère, de première main, pour un prix raisonnable. De plus, les anciennes salles des antiques ont été agrandies, et on n'a rien épargné pour embellir celles qui ont été récemment construites. Lors des aménagements toutefois, les moyens l'ont, plus d'une fois, emporté sur le but et la vanité du pape sur l'utilité publique. Le nom du pontife brille partout en de pompeuses inscriptions, il est même gravé en lettres d'or sur le piédestal de tous les morceaux qu'il a achetés, accompagné de ces mots: « *Munificentia Pii VI P. M.* » (dû à la munificence de Pie VI). Dans plusieurs des nouvelles salles, il semble qu'on ait cherché uniquement, en exposant les trésors de l'antiquité, à rehausser la gloire de Pie VI le Magnifique, protecteur et restaurateur des arts [6]. Un jour défavorable et souvent tout à fait faux empêche de voir ces trésors dans toute leur beauté; il faudrait les mettre en valeur grâce à une meilleure présentation et à une disposition des salles plus satisfaisante. Pour remédier à ces défauts, il faut voir ces chefs-d'oeuvre à la lumière des flambeaux; ils gagnent d'ailleurs toujours à être ainsi éclairés et se montrent alors dans toute leur beauté [7]. La nuit qui précéda mon départ de Rome, je visitai la collection d'antiques du Vatican, le flambeau à la main, en compagnie d'artistes allemands nombreux et remarquables, peintres, sculpteurs, architectes; ce fut la fête d'adieu que je voulus leur donner et me donner à moi-même. Inoubliables heures consacrées à la contemplation, à la jouissance paisible et pure des perfections idéales conçues par le génie des grands artistes grecs et romains pour en douer ces êtres d'une nature supérieure auxquels leur main sut donner naissance! Eclairé par la lumière mouvante de nos flambeaux, le marbre semblait s'animer. L'artiste grec ne pouvait soupçonner, quand il créait son oeuvre, l'effet qu'elle produirait ainsi. Tandis que nous approchions avec lenteur, portant nos flambeaux, Apollon, tel un être d'essence divine, semblait descendre de son piédestal et s'avancer vers nous dans les airs, lever d'un mouvement altier sa tête où brille une éternelle jeunesse pour dissiper l'antique nuit du chaos et faire triompher le jour. Ce n'était pas le vainqueur courroucé de Python

71

qui, ayant bandé son arc d'argent et abattu un monstre abject, lance encore à son ennemi terrassé un regard de colère, non! c'était le dieu du Soleil lui-même, précipitant sa course pour entrer dans sa vaste carrière et répandre sur le monde, avec les flots de sa lumière, la vie et la fécondité — image du jour tel qu'il se leva au premier matin de la création * [8].

Près de l'Apollon se trouve le groupe du Laocoon, frappé d'une terrible douleur, et de ses fils; les sentiments qu'inspirent ces deux oeuvres forment un étrange contraste. Le dieu de la lumière captive le regard; à l'aspect de ce groupe qui suscite la terreur, on recule involontairement. Ce père, livré à la vengeance divine, semble subir plusieurs agonies, puisqu'il doit encore assister aux tourments de ses fils. Il lutte en vain contre la force bien supérieure du monstre, rien ne saurait empêcher le destin de les frapper tous les trois. C'est quand on voit ce groupe à la lumière des flambeaux que l'illusion de la vie est la plus parfaite. Tous les muscles contractés par la douleur et l'effort de résistance semblent se mouvoir, les veines paraissent se gonfler davantage quand on déplace lentement les flambeaux; l'expression de l'agonie devient plus terrible, l'ultime gémissement semble prêt à s'échapper des lèvres entr'ouvertes de l'infortuné. Il n'est rien de plus émouvant, de plus effrayant pour l'imagination que de contempler cet homme de douleur dans le silence de la nuit. On détourne les yeux de cette oeuvre qui représente une souffrance inhumaine, dont le modèle ne se trouva jamais dans la nature et n'exista que dans la pensée de l'artiste ou les fables de la mythologie [9].

Voyez ici le bel enfant, le divin Ganymède, qui se livre étourdi-

* Je reconnais volontiers que cette interprétation, selon laquelle l'artiste grec aurait représenté l'Apollon du Belvédère comme le symbole de la lumière se levant au premier jour de la création, peut apparaître trop hardie, trop audacieuse et contraire à l'opinion des grands historiens de l'art, qui se bornent à voir en lui le vainqueur de Python. Le sentiment que m'a fait éprouver cette statue et que je rapporte ici, s'il ne s'oppose pas aux anciens mythes, ne s'appuie cependant sur aucune tradition. C'est moi qui, en contemplant cette merveilleuse figure, divine en vérité, pris plaisir à m'abandonner à cette première impression, susceptible de satisfaire également la sensibilité et la réflexion. Quelle fut ma joie par la suite en trouvant cette impression, qui m'avait donné tant de joie, confirmée, du moins en partie, dans la *Théorie des sciences et des beaux-arts,* due à Sulzer, article *Allégorie,* et dans l'ouvrage classique de von Ramdohr, *op. cit.,* 1ère partie, p. 50.

ment aux plaisirs de l'instant et sourit avec complaisance, sans autre pensée que celle d'être le compagnon passionnément aimé du père des dieux et des hommes — et l'Apollon Musagète qui s'avance d'un pas dansant, vêtu d'une tunique flottante, la tête couronnée de lauriers; satisfait de son rôle, il savoure gaiement les beaux fruits des arts; le choeur des Muses l'entoure, chacune d'elles caractérisée de la manière la plus judicieuse; Melpomène est la plus remarquable, le pampre couronne sa tête dont nulle autre, pas même celle de la Vénus de Médicis, ne surpasse la beauté si gracieuse et la charmante douceur — plus loin, le Génie, doué d'une merveilleuse beauté, qu'un artiste grec inspiré créa, semble-t-il, pour en faire le protecteur de sa bien-aimée; — et tant d'autres statues, tant d'autres bustes de dieux et d'hommes divins, qui sont dignes d'être égalés à ces chefs-d'oeuvre de la collection vaticane ou n'ont guère moins de mérites! Arrêtons encore nos regards sur le Torse si admiré des artistes et des connaisseurs: c'est celui d'Hercule entré parmi les dieux et jouissant de la béatitude céleste! Il semble que l'artiste ait voulu le représenter au moment où le divin héros, ayant accompli ses pénibles travaux, jette un dernier regard sur sa brillante carrière, qui lui a valu d'accéder au rang des immortels, et goûte pleinement le sentiment de sa grandeur! [10] Mais le dieu de la lumière et des Muses, Apollon, nous rappelle irrésistiblement à lui. Il n'est dans cette riche collection aucune oeuvre que l'on ne quitte pour revenir à lui, c'est toujours près de lui que l'on s'attarde à la fin de la visite pour emporter le souvenir d'une oeuvre sublime. L'inexprimable majesté de cette figure divine produit sur tous les spectateurs une impression si forte que devant lui tout se tait. Plusieurs de mes compagnons s'étaient montrés assez loquaces pour juger les mérites et les défauts d'une autre statue, mais tous gardèrent le silence devant l'Apollon, au moins pendant les premiers instants, comme s'ils avaient craint d'offenser la majesté du dieu par une critique audacieuse. Ils se contentaient d'indiquer de la main les perfections qu'ils lui découvraient. Ce fut devant l'Apollon du Belvédère et en cette heure solennelle que je pris congé de mes amis, ces artistes dont la conversation m'avait si souvent instruit et dont l'humeur enjouée et sociable m'avait procuré tant de joyeux moments. Nous nous séparâmes en silence pour ne jamais nous revoir peut-être, du moins pour ne plus nous réunir en ce lieu [11].

La vie la plus agréable du monde et, selon moi, la plus digne d'envie, est celle que mènent à Rome les artistes étrangers (si l'on en excepte les vexations et les querelles que suscitent parfois entre eux l'envie et l'esprit mesquin, les cabales, les pressions exercées par les artistes les mieux nés et les plus fortunés sur leurs camarades moins favorisés). La plupart d'entre eux y séjournent pendant les années de leur jeunesse, ces belles années où un être possède toute sa fraîcheur d'âme et n'est pas encore accablé de soucis: et ils y trouvent en outre ces plaisirs inépuisables, cette nourriture quotidienne de l'esprit qu'ils doivent aux plus belles productions de la nature et de l'art, dont l'Italie offre une telle variété! Rien peut-il rendre l'âme plus sereine et la vie plus heureuse que ces occupations qui comblent à la fois l'esprit et le coeur, que ce progrès selon lequel on s'élève par degrés dans la connaissance de l'art? Que de sources de joie s'offrent ici au jeune artiste de talent qui se consacre à l'étude! Aussi voit-on rarement un homme moins préoccupé du passé, plus satisfait du présent, plus libre d'inquiétude pour l'avenir, que certains de ces jeunes gens qui s'instruisent à Rome. Chacun d'eux garde toujours sa gaîté et sa belle humeur, qu'augmente encore la jouissance d'une liberté sans bornes. Il supporte même facilement la pauvreté et les difficultés matérielles. Une *pagnotta* (un petit pain), un verre d'eau à la glace, et le voilà en route pour étudier Raphaël au Vatican: là, il oublie les soucis dus à l'indigence et les chagrins qu'ont pu lui causer la jalousie et l'esprit de coterie. Il en revient apaisé. Heureuse vie! et comme elle diffère, dans bien des cas, de celle qu'il doit mener après son retour dans sa patrie, où son mérite, souvent méconnu, reste plus souvent encore sans récompense, et où il ne trouve plus, comme à Rome, les joies qui pourraient compenser tant de mortifications!

CHAPITRE 7

R O M E [1]

A la mort de Pompeo Battoni, qui était à l'époque de mon voyage le « Nestor » des artistes travaillant à Rome, l'art de la peinture parut connaître son déclin en Italie *. Le génie et la fougue qui avaient caractérisé l'art italien au cours de son brillant passé continuaient à vivre chez ce peintre, ils le guidèrent sur les traces de ses illustres devanciers. Aujourd'hui, d'autres nations sont devenues les héritières de ce génie; les Italiens eux-mêmes doivent reconnaître la supériorité des Allemands, des Anglais et des Français et les mérites par où ils se distinguent dans tous les arts du dessin. Pompeo Battoni fut en butte, comme beaucoup de ses grands prédécesseurs, à la jalousie et à l'esprit mesquin de nombreux contemporains; en retour il leur témoigna plus d'indulgence et de justice. Il m'a souvent parlé avec enthousiasme de notre compatriote Mengs, dont il savait apprécier les éminentes qualités. Quand de jeunes artistes, quels qu'ils fussent, s'adressaient à lui, il les accueillait avec bienveillance, il les aidait de ses conseils, leur accordait son appui pour seconder les heureuses dispositions qu'il décelait en eux et les encourageait à persévérer dans les progrès qui leur permettraient d'atteindre leur noble but. Les tableaux de Battoni ne sont pas tout à fait exempts de défauts en ce qui concerne le dessin et l'exécution; dans les tons, on leur reproche une certaine uniformité dont on finit par se lasser: mais qui, parmi ses illustres devanciers, échapperait à toute critique? Ce grand homme n'avait pas mérité que, sans égard pour son éclatante

* Il mourut en 1787 à un âge avancé.

75

supériorité, on lui reprochât si aigrement, à Rome même, ces points faibles de son art. Ses oeuvres restent des modèles pour la vérité et la diversité de l'expression, la beauté des draperies et l'harmonie des tons. Il s'était formé dans sa jeunesse, semble-t-il, d'après Carlo Maratti; cependant, par une suffisance quelque peu puérile, il ne voulut jamais l'avouer et prétendit ne rien devoir qu'à lui-même [2]. Malgré certains caprices d'artiste et une singularité qui dans sa vieillesse dégénéra souvent en un égoïsme excessif, Battoni pouvait se faire aimer par sa bonhomie et la franchise de son caractère; jusqu'à sa mort, il se garda de négliger la partie technique de son art et il conserva une rapidité, une facilité dans le travail véritablement surprenantes [3]. Il montra toujours une aimable sérénité d'esprit et les peintures de ses dernières années ne trahissent aucun déclin de ses facultés intellectuelles. Il était parvenu très tôt à une remarquable habileté artistique qu'il sut toujours conserver. L'excellente *Madeleine* de la galerie de Dresde, peinte il y a quarante ans, ressemblait tout à fait par la manière aux tableaux auxquels je le vis travailler: rien ne flattait davantage le vieil homme que de s'entendre dire combien son pinceau restait égal à lui-même. « *Che volete fare* » (cette expression lui était coutumière), répondait-il alors, avec une suffisance que la bonhomie du ton lui faisait pardonner, « vous voyez là de quoi Battoni était déjà capable il y a quarante ans, et comment il a su rester fidèle aux principes qu'il avait adoptés autrefois après mûre réflexion. Tel est le propre des grands hommes! » Un jour, dans une peinture qu'il venait de terminer et qui représentait les fiançailles mystiques de sainte Catherine, j'admirais la figure du Christ enfant pour la vérité de l'expression, la naïveté enfantine et la beauté du coloris des chairs: « Il a l'air vivant », ajoutai-je. « Il a l'air? répondit-il; *che volete fare,* si je n'avait peint moi-même cet enfant, en vérité, je croirais qu'il est vivant! » Battoni avait autour de lui toute une académie d'élèves qui étudiaient sous sa direction. Je les vis tous occupés à copier des portraits du grand-duc et de la grande-duchesse, exécutés par leur maître, dont ces princes avaient demandé un certain nombre. Tous deux étaient représentés assis. La grande-duchesse avait auprès d'elle la tête de Minerve, des lettres à son adresse étaient posées sur une table; près du grand-duc on voyait la *Roma pacifica*. L'invention de Maron [4], cet excellent peintre de portrait qui travailla à Rome et fut le beau-frère de Mengs, me

Fig. 7. Carlo Lasinio, *Pompeo Battoni*. Rome, Istituto naz. per la grafica, Gabinetto delle stampe (Cl. du Gabinetto). Cf. p. 75 sq.

paraît cependant plus heureuse dans le tableau où il a peint la grande-duchesse. Il l'a représentée assise auprès d'une table sur laquelle se trouve le plan de Rome, le groupe des trois Grâces est placé à ses côtés. Battoni était parfaitement désintéressé. Comme je lui exprimais mon désir de posséder un dessin de sa main et qu'il n'en avait aucun chez lui, il m'offrit de faire mon portrait au crayon. On pouvait penser que la signature « *Pompeo Battoni fecit* », placée au bas du dessin, devrait être payée un bon prix; mais, quand il eut terminé, il ne demanda que trois sequins. Malgré ses nombreux travaux et les sommes considérables qu'il en recevait, il vivait avec une très grande économie, presque dans l'indigence, au sein de son aimable famille. Sa fille, qui se distinguait par sa beauté et son talent de cantatrice, mourut peu de temps après mon voyage. Sa bienfaisance envers les pauvres, les églises, les couvents allait jusqu'à la prodigalité, aussi a-t-il laissé à sa mort une part fort peu considérable de la grande fortune qu'il avait acquise. Sa première sortie, dès le début du jour, était pour se rendre à la messe; de là, il allait au marché où, selon la coutume ancienne, il achetait lui-même les provisions pour son ménage et faisait porter ses achats derrière lui. Il ressemblait de façon frappante aux portraits de notre grand Haller.

Angelica Kauffmann [5], à peine connue de l'Allemagne, sa patrie, qu'elle a quittée dans sa prime jeunesse, a passé une partie de sa vie en Angleterre; le nom de cette grande artiste allemande y est prononcé avec vénération, tout comme en Italie, ce pays dont elle est l'orgueil. Son père découvrit de bonne heure ses dispositions exceptionnelles et lui fit quitter très jeune encore son obscure bourgade de Souabe pour la conduire vers la terre des arts, l'Italie. Ce fut là qu'elle s'instruisit et qu'elle atteignit dans les genres divers cette perfection dont témoignent ses oeuvres. Elle se rendit ensuite en Angleterre, mais sa constitution délicate ne put résister ni au chagrin qu'elle éprouva quand elle vit se briser ses espérances de bonheur domestique dans l'union conjugale, ni à l'influence nocive du climat. Depuis dix ans bientôt, elle est revenue en Italie avec un bon dessinateur de paysage et d'architecture, nommé Zucchi, qu'elle a choisi pour époux; elle ne quittera plus ce pays. C'est là qu'elle vit désormais, aimée et honorée de tous, partageant son temps entre Rome et Naples. Qu'on blâme si l'on veut son dessin, qui n'est pas toujours juste et précis, ou les défauts de son coloris: Angelica

Kauffmann réunit tant de si grandes qualités par où elle reste inégalable, que la critique ne peut l'atteindre. Cette fécondité dans l'invention et dans le choix des sujets, son habileté à composer des groupes qui ne sont jamais trop nombreux, la beauté et la grâce des figures isolées et cette féminité si aimable qui se fait sentir dans les formes, telles sont les perfections qui distinguent son art. Le caractère de la femme a de profondes affinités avec les mérites du peintre, car ceux-ci ont leur source dans son coeur; ses tableaux sont le miroir d'une belle âme et toutes ces figures féminines, avec leur inimitable expression de douceur et de dévouement, cette sérénité d'âme et cette modestie, cette profonde sensibilité mêlée de tristesse, sont autant de portraits d'Angelica. Dès les premières heures que l'on passe auprès d'elle, on découvre en elle ces rares qualités, qui représentent les plus hauts degrés de la perfection chez les femmes; on admire par la suite avec quelle belle harmonie ses dons se sont unis pour former un des caractères de femme les plus attachants qui soient. Lors de mon voyage, l'artiste habitait l'un des quartiers les plus élevés de Rome, la Trinité des Monts. Rien ne pouvait interrompre son activité durant la journée: même si elle était souffrante, elle ne quittait pas ses pinceaux. Elle peint avec une facilité et une rapidité impossibles à décrire; on était frappé d'étonnement par les rapides progrès des tableaux qu'on l'avait vu commencer. C'était le soir, au retour de la fraîcheur, qu'elle se délassait enfin. Alors le cercle choisi de ses amis et de ses relations se réunissait dans un petit jardin attenant à sa maison; tandis que la conversation se déroulait avec infiniment d'esprit, elle partageait avec eux les fruits de ses arbres, qu'elle avait cueillis elle-même. Au cours de mes fréquentes visites, j'ai bien souvent été amené à lui parler de Klopstock[6], car son coeur lui inspirait chaque fois de nouvelles questions. Elle a pour cet auteur une affection et une vénération allant jusqu'à l'enthousiasme. Elle a échangé quelque temps avec lui une correspondance sur des projets de gravures pour le *Messie*, mais a renoncé à travailler aux planches, m'a-t-elle dit avec modestie, de crainte de ne pouvoir satisfaire le poète et répondre à son attente *. Elle aimait m'entendre

* Klopstock possède, depuis 1767, un grand et fort beau tableau d'Angelica, représentant la scène où, dans le deuxième chant du *Messie,* on voit Samma, accablé de douleur, près du tombeau de Benoni.

« L'infortuné Samma gisait évanoui sur la tombe du plus jeune et du lui conter des traits concernant la vie personnelle de Klopstock et lui citer des passages des *Odes* et du *Messie* qui avaient quelque rapport avec la vie familiale de l'auteur au moment où il les écrivit. Jamais, cher Klopstock, je n'ai entendu prononcer votre nom avec un sentiment plus profond, une sympathie plus chaleureuse que par cette noble femme. La personne d'Angelica n'a plus l'éclat de la jeunesse, mais son visage garde une impérissable beauté qui a survécu au charme juvénile, celle de son caractère plein de bonté, reflété dans ses traits. Les yeux si doux sont animés par le noble génie de l'artiste, le son de sa voix n'est qu'harmonie. Elle avait alors une santé délicate, chancelante. Après tant d'années, sa sensibilité semblait toujours marquée par l'impression du malheureux échec auquel avait abouti sa vie conjugale en Angleterre. Elle était si vulnérable que les tristesses de la vie ébranlaient ses nerfs avec une violence peu commune. Je vis quelle douleur fut la sienne à la mort du cardinal Rezzonico, pour lequel elle éprouvait une grande estime, et quand elle apprit dans quelles circonstances difficiles la reine de Naples avait mis au monde un enfant mort; cette royale amie, avec qui Angelica entretenait une correspondance familière, se trouva bien près du trépas. A ce moment, l'artiste travaillait à un grand tableau représentant la Famille royale de Naples; elle prit alors une couverture pour dissimuler le berceau resté vide qui avait été destiné au nouveau-né. Lorsque disparut à la même époque le grand graveur anglais Ryland [8], qui s'était distingué en particulier par d'excellentes gravures faites d'après les dessins d'Angelica, cette mort affreuse la plongea dans une profonde tristesse; souvent, dans de telles circonstances, elle parlait d'espérances déçues et de désirs toujours trompés en cette vie, avec une émotion qui semblait se mêler au souvenir de ses propres souffrances. A mon départ, elle me donna un fort beau dessin fait de sa main: il représente Herminie gravant dans l'écorce

plus chéri de ses fils. Il gisait là, pressant de ses bras affaiblis la froide pierre qui recouvrait le corps de son enfant déjà livré à la décomposition... Près de lui se tenait son autre fils, il levait au ciel ses yeux baignés de larmes... le tendre adolescent, bouleversé par la douleur et la compassion... comme son coeur déborde de pitié et d'amour, comme il tremble...».

Tel est le sujet de ce tableau, dont l'exécution est magistrale en ce qui concerne la composition, le dessin, les effets d'ombre et de lumière; quant à l'expression des divers personnages, Samma, Joël et Jean, elle correspond parfaitement à la sublime description du poète [7].

Fig. 8. Francesco Bartolozzi, d'après Joshua Reynolds, *Angelica Kauffmann*. Rome, Accademia naz. dei Lincei, Gabinetto delle stampe (Cl. du Gabinetto). Cf. p. 78 sq.

d'un arbre le nom chéri de Tancrède et l'histoire de leurs amours malheureuses *.

L'Allemagne peut encore réclamer pour siens les noms illustres de Hackert, Trippel et Guillaume Tischbein, bien que ces artistes soient désormais perdus pour leur patrie; ils ont dû choisir un climat plus doux, plus favorable à leur inspiration et où leur art leur vaut des récompenses plus hautes que l'Allemagne ne peut — et ne veut — leur en accorder. Qu'on pense au peu d'empressement et à la parcimonie qu'elle montre quand il s'agit d'acquérir leurs plus belles oeuvres [9]. C'est presque uniquement à l'étranger qu'on les admire, qu'on les apprécie à leur juste valeur. Les plus grands ouvrages d'Angelica Kauffmann se trouvent en Angleterre, les chefs-d'oeuvre d'un Trippel et d'un Hackert, en Russie. Les princes allemands osent traiter de tels artistes avec aussi peu d'égards que des ouvriers qu'ils destineraient à travailler dans les manufactures, quand ils s'avisent de rappeler d'Italie l'un d'entre eux avec l'intention d'exploiter son talent en Allemagne. Si, au cours de cette humiliante négociation, le noble orgueil de l'artiste se révolte contre les procédés indignes des favoris qui en sont chargés, il n'en faut pas plus pour qu'elle soit définitivement abandonnée.

Quand on entre dans l'atelier d'Alexandre Trippel à Rome, on croit voir ceux des Grecs illustres à l'école desquels s'est formé ce sculpteur, aussi estimable par l'élévation de son talent que par la loyauté, la noblesse de son caractère [10]. On s'y trouve entouré d'oeuvres complètement terminées, sculptées dans le marbre, et de leurs moulages en plâtre, de travaux commencés qui sont encore entre les mains du maître ou des aides et des élèves travaillant sous sa direction, d'ébauches et de modèles d'ouvrages nouveaux, restés à l'état de projets. Tous prouvent quelle importance cet excellent artiste attache à l'étude de l'antique et avec quelle profondeur il s'est pénétré du génie des Grecs, ses grands maîtres; on y voit comment il unit à une imagination créatrice en plein essor la noble simplicité grecque, à l'expression la plus énergiquement marquée, la correction la plus rigoureuse dans les contours et la plus grande délicatesse quand il rend le nu dans le marbre. Ses drapés sont sagement pensés, ils ne dérobent jamais à l'oeil la beauté des formes, leurs plis abon-

* Le Tasse, *Jérusalem délivrée,* chant VII, v. 19-20.

érigé en l'honneur du comte Tschernitscheff est célèbre; quand il fut exposé dans son atelier en 1789, tous les artistes ne s'en approchaient qu'avec une admiration mêlée de respect. Trippel l'emporta enfin sur les odieuses cabales que l'envie et l'esprit de dénigrement avaient suscitées parmi les artistes, et sur les jugements de quelques antiquaires qui faisaient la loi à Rome. Le monument du comte russe prouva sans conteste le mérite éclatant de ce sculpteur qui ne doit qu'à lui sa grandeur [17].

Guillaume Tischbein est lui aussi un de ces artistes allemands dont l'Italie honore et récompense le mérite. Le roi de Naples l'a nommé directeur de son Académie des Beaux-Arts, voilà donc encore un peintre enlevé pour toujours à sa patrie. A Zurich, Cassel et Vienne, on a de lui quelques bons tableaux, portraits, copies d'après de grands maîtres des écoles italiennes et compositions historiques de son invention. A l'époque de mon voyage, le plus grand et le meilleur de ses tableaux était le *Conradin de Souabe,* il se trouve maintenant dans les appartements du duc de Gotha; objet d'admiration pour le petit nombre de personnes qui ont le privilège de le voir, il serait bien digne d'inspirer un burin habile et d'être ainsi mieux connu d'un vaste public. A Rome, j'ai vu Tischbein faire d'après nature les études qu'il utilisa pour cet ouvrage remarquable, et en particulier pour les têtes; je puis donc démentir l'affirmation de quelques connaisseurs selon lesquels l'artiste se serait contenté de les emprunter à des peintures et à des statues antiques se trouvant à Rome. Le sujet de cette oeuvre est celui-ci: Conradin de Souabe et Frédéric d'Autriche reçoivent leur arrêt de mort. Les nobles et malheureux adolescents sont assis dans leur cachot de Naples, auprès d'un échiquier. Révolté par la cruauté de Charles d'Anjou, qui, l'ayant dépouillé de l'héritage de ses pères, lui prend encore la vie, Conradin se retourne; son regard exprime la fierté d'un être supérieur à son destin, le mépris pour le lâche tyran qui lui envoie son arrêt de mort; il semble chercher des yeux l'assassin de sa noble race pour le foudroyer de ce regard *. Il n'en est pas ainsi de son ami Frédéric d'Autriche, qui se trouve assis en face de lui. Cet arrêt de mort le

* Je possède dans ma collection une excellente copie de la tête de ce jeune héros, due à Tischbein lui-même, et ne refuserais pas de la confier un jour à un habile graveur sur cuivre, mais je n'en connais aucun à Hambourg.

frappe d'étonnement et de stupeur; la tête inclinée sur la main, en proie au regret et à un ardent désir de vivre, il baisse les yeux et s'abandonne à une morne douleur. Les personnages secondaires, gardes, geôliers et spectateurs, pour lesquels plus d'un sbire de Rome et plus d'un moine étourdi ont dû servir de modèles, ne sont pas moins bien caractérisés. Je trouvais une certaine hardiesse à cette idée de placer au premier plan un homme vêtu d'un manteau blanc richement drapé, mais l'artiste a fait preuve d'un tel bonheur d'exécution que l'effet est très réussi [18]. Ce tableau est d'autant plus intéressant qu'il traite un sujet choisi dans l'histoire de l'Allemagne, qui peut fournir une si riche matière à la peinture; pour ceux dont le goût étroit ne saurait se plaire qu'aux sujets grecs et romains, empruntés à l'histoire des dieux et des héros — sujets dont la sempiternelle répétition semble à d'autres si lassante — et au costume des Anciens, ils ne trouveront dans cette oeuvre rien qui puisse les choquer ou qui nuise à la profonde émotion suscitée par cet événement historique. Dans cette oeuvre comme dans plusieurs autres, également inspirées par l'histoire de l'Allemagne, Tischbein a prouvé comment un artiste avisé peut triompher des difficultés qu'il rencontre, surtout en ce qui concerne le costume [19]. Ce peintre se distingue aussi dans le portrait, où il est particulièrement heureux dans le choix des attitudes caractéristiques et des accessoires * [20]. Son coloris est chaud, fidèle à

* On trouvera dans le *Journal des Modes* de mars 1791, outre quelques informations très intéressantes concernant M. Tischbein, la description de plusieurs portraits de la famille royale de Naples et celle d'autres tableaux qui témoignent de ces heureuses dispositions. Je tiens de cet artiste qui m'est cher le portrait de deux amis intimes voyageant en Italie: l'invention, la composition et le coloris en sont fort beaux et pleins d'intérêt. Ses personnages, qu'il a situés dans les jardins de la Villa Médicis, se tiennent par le bras et regardent d'un air pensif la statue d'une *Dea Roma* qui leur fait face et dont les bras mutilés, les mains portant le globe terrestre et la lance reposent sur le piédestal, symbole parfait de cette Rome déchue qui domina le monde. Au second plan, à quelque distance, s'élèvent la coupole de Saint-Pierre et le superbe tombeau d'Hadrien, devenu le Château Saint-Ange. Cette invention, l'expression qui en résulte chez les deux personnages, répandent sur le tableau une gravité qui ne manque pas d'agir sur le spectateur — et l'ensemble, remarquable par la vérité des portraits, a ainsi le mérite de se situer dans une perspective historique.

la réalité, plein de vie. Il use de touches larges et grasses. Aussi ses tableaux produisent-ils une forte impression [21].

Grâce à son long séjour à Rome, cet artiste possédait une connaissance précise de chaque quartier; son coup d'oeil rapide et juste lui permettait de découvrir les aspects les plus pittoresques d'une région, les parties les plus belles d'une oeuvre d'art; il savait indiquer à ses compagnons le point exact d'où l'on pouvait voir un paysage sous la perspective la plus favorable. C'est aussi pour ces raisons que j'appréciais tant sa compagnie. Que de fois, me laissant guider par cet ami fidèle, je l'ai suivi les yeux fermés ou à reculons pour me retourner quand il l'ordonnait, dès que nous étions arrivés à l'endroit voulu; je restais alors frappé d'étonnement devant un paysage qui se présentait dans toute sa beauté ou devant quelque détail particulièrement heureux d'un tableau. Il se gardait de troubler par de longs discours la contemplation, le recueillement, la sublime jouissance de ces instants privilégiés, il se refusait à proclamer bruyamment son admiration, à faire prévaloir son propre sentiment, mais il laissait ses compagnons observer par eux-mêmes et réagir selon leur sensibilité [22].

Outre ces excellents peintres, le célèbre graveur Pichler [23], mort depuis, et Hackert, l'actuel peintre de paysage du roi de Naples, fort apprécié pour la maîtrise dont il fait preuve dans l'emploi du crayon bistre et de la gouache, il y avait alors à Rome bien d'autres artistes allemands très doués. La plupart d'entre eux, maintenant rentrés en Allemagne, se sont fait connaître des connaisseurs et des amateurs. Leurs noms honorent leur patrie; ni eux, ni leurs compatriotes séjournant à Rome ne sont responsables si l'art allemand actuel ne peut pas toujours soutenir la comparaison avec celui d'autres nations.

C'est avec cette vénération qui sanctifie la mémoire des hommes doués de mérites éminents que les artistes de Rome prononçaient le nom de Jean-Sébastien Bach, l'un des fils du grand musicien allemand disparu. Ce fils y mourut dans sa trentième année, le 11 septembre 1778, d'un mal qu'il avait négligé et qui fut mal soigné par les chirurgiens ignorants de cette ville. L'art déplore avec raison la perte prématurée d'un être qui portait tant de promesses. Quant à ses amis, ils appréciaient également en lui l'artiste habile et inspiré, et le plus généreux des hommes; ils parlaient avec admiration de la sérénité et de la constance qu'il avait gardées lors de sa douloureuse agonie. On sait les qualités qui faisaient de lui un paysagiste accompli: ses compositions originales traduisaient l'essor sublime et poétique de son imagination, dans ses tableaux inspirés de la nature il savait présenter de la façon la plus heureuse une vérité choisie, son exécution se distinguait par sa vigueur et sa précision, et sa grande sûreté de goût se révélait en particulier dans sa façon de dessiner et de composer ses groupes d'arbres. Une simple pierre dépourvue d'inscription marquait l'emplacement de sa tombe dans les romantiques environs de la Pyramide de Cestius. On parlait de lui élever un monument de marbre, ce projet n'a pas été réalisé jusqu'à présent, et pourtant il serait facile de résoudre les difficultés financières si les amis qu'il a laissés à Rome, les artistes et surtout les sculpteurs, faisaient preuve d'intérêt et de zèle. Une simple dalle de marbre portant son nom et l'année de sa mort suffirait à rappeler sa mémoire; par ses vertus et son talent, il a bien mérité que le lieu où reposent ses cendres soit reconnu du passant et puisse échapper à l'oubli [24].

Le cimetière des protestants de Rome, proche de la magnifique Pyramide de Cestius, est l'un des plus beaux sites des environs immédiats. L'ancien Romain pour lequel fut élevé ce monument de marbre eût pu comparer ce lieu à l'entrée des Champs-Elysées, tant il est grandiose, solennel et enchanteur. Il se compose d'un gazon borné du côté de la ville par de hauts murs d'enceinte tapissés de lierre épais et d'autres plantes sauvages; çà et là des tours et des créneaux en ruines forment des motifs pittoresques; entre ces ruines s'élève la pyramide qui devait servir de tombeau à un Romain de l'époque la plus florissante de l'antiquité. Elle se dresse fièrement à une hauteur de cent treize pieds et sa forme intacte montre qu'elle a su défier les ravages des siècles. Le marbre a pris avec le temps une teinte noirâtre, le lierre et la mousse font un pittoresque vêtement à ce colosse sans le couvrir entièrement. Sur l'autre côté de la place s'ouvre un bois de chênes peu touffu. Les vieux arbres, dispersés dans un large espace, courbent jusqu'à terre leurs branches les plus basses, étalent leur couronne opulente et laissent entre eux des échappées sur les riantes prairies des environs. C'est un séjour de paix et de repos dont rien ne vient troubler le silence à l'heure où les derniers rayons du soleil couchant, qui rougissent la pointe de la pyramide et la cime des chênes, rendent ce lieu plus solennel encore [25]. Tel est le cimetière des hérétiques qui, tolérés et même estimés à Rome durant leur vie, sont après leur mort bannis des murs où réside le chef visible des croyants et déposés dans cette terre sans aucune bénédiction, pour y pourrir auprès du tombeau d'un païen. Les enterrements s'y font de nuit et en silence. La bière, qui, à Rome, est toujours portée découverte quand il s'agit des catholiques, doit être fermée. Il est permis aux amis du défunt de suivre le corps en carrosse et avec quelques flambeaux, mais ils sont accompagnés d'une escorte de sbires. Monsieur le Conseiller Reifenstein [26], l'antiquaire, toujours prêt à faire amicalement bénéficier de son appui et de son savoir les artistes et les amateurs qui s'adressent à lui, prononce auprès de la tombe une oraison funèbre. Ce qu'on raconte des prêtres catholiques, qui, dans leur acharnement à convertir les protestants malades, iraient jusqu'à commettre des violences, est faux pour la plus grande part; et l'on n'entend plus désormais le cri de la populace romaine: « *all' fiume, all' fiume!* » (à l'eau, à l'eau!) quand passent les convois nocturnes des protestants [27].

Le bon Schwendemann [28], un Suisse qu'il me sera impossible d'oublier, était à cette époque le plus grand des graveurs en médailles séjournant à Rome; Pie VI l'appréciait et lui rendait quelquefois visite. Il y a quelques années, il fut victime de cette jalousie qui oppose si souvent les artistes. Le pape lui avait demandé quelques médailles à son effigie, elles prouvèrent quelle maîtrise l'artiste avait atteinte. Il fut assassiné à Rome par un de ses compatriotes, comme Winckelmann l'avait été à Trieste, mais il survécut encore quelques jours au coup meurtrier; quant à l'assassin, ne voyant aucun moyen d'échapper aux sbires qui s'approchaient, il se donna la mort avec l'arme du crime sous les yeux du malheureux Schwendemann qui baignait dans son sang. L'infortuné avait en particulier la main droite entièrement paralysée pour avoir reçu plusieurs blessures, et quand ses amis, qui n'avaient pas perdu tout espoir de le voir guérir, venaient lui rendre visite, il la leur montrait en disant: « Voyez cette main mutilée — laissez-moi donc mourir! »

CHAPITRE 8

R O M E[1]

C'est dans la région du Palatin et du Capitole, et sur l'antique Forum romain, situé au pied de ces deux collines, que se montrent le plus clairement les signes de l'effrayante vicissitude de toute chose; c'est là que les vestiges de l'éclat et de la grandeur passés apparaissent en plus grand nombre pour souligner de façon frappante l'immense contraste entre ce que fut Rome et ce qu'elle est. La voie triomphale qui menait au Capitole et au temple de Jupiter, ce chemin de l'honneur et de la gloire que les généraux victorieux gravissaient autrefois dans la pompe de leur triomphe, accompagnés de leurs légions, est aujourd'hui le rendez-vous d'une populace malpropre et de mendiants couverts de haillons. Le grand escalier construit avec les débris de marbre provenant du temple de Quirinus conduit à la place où s'élevait le temple superbe consacré au maître des dieux, ce temple de Jupiter Capitolin renommé jadis pour l'éclat de sa décoration intérieure et la richesse de ses trésors sacrés; on y voit aujourd'hui l'église franciscaine de l'Aracoeli; les pécheurs repentants montent les marches en se traînant sur les genoux, afin d'expier leurs péchés par cette mortification qui leur a été imposée. Des meurtriers y restent assis sans que nul ne vienne les déranger, bravant ainsi le châtiment des lois humaines sous l'inviolable protection de l'Eglise[2].

Michel-Ange avait senti ce contraste entre le Capitole antique et la colline qui porte ce nom aujourd'hui encore; en y consacrant son génie, il tenta de lui rendre un dernier reflet de son ancienne splendeur quand il entreprit les constructions et les décorations de la place elle-même ou l'aménagement de l'escalier. Il y a pleinement réussi.

L'escalier principal, tout comme la décoration, empruntée aux monuments de l'ancienne Rome, que l'on voit au sommet de la colline — trophées, colonnes, les statues des Dioscures et de Constantin — ou encore le palais sénatorial et celui des Conservateurs, révèlent un goût plein de noblesse. Au pied de l'escalier se trouve la statue d'une *Dea Roma* qui a perdu la tête et les bras; sur la colline, devant le palais des Sénateurs, une autre a la tête et les mains maladroitement restaurées. Au centre de la place se dresse la statue équestre du grand empereur Marc Aurèle. Il étend la main en signe de paix; son port de tête révèle la sérénité d'une grande âme, et l'on peut lire dans son regard ce calme philosophique qui rendait si noble le caractère de ce prince et que nous retrouvons dans les portraits qui nous sont parvenus.

Les Encyclopédistes français, ces maîtres du style qui se sont mis à la solde d'une Société de gens de lettres pour compiler une oeuvre aussi monstrueuse que l'*Encyclopédie,* auront beau présenter leurs critiques personnelles ou celles des oracles dont ils se font l'écho, ils auront beau relever de nombreuses fautes dans le dessin et l'attitude *, le cheval de Marc Aurèle donne l'illusion la plus parfaite du mouvement et de la marche, tout son corps est plein de vie et la tête exprime une noble ardeur [3].

Au palais du Capitole, l'une des ailes conserve de précieux trésors de l'art et de l'antiquité qui furent mis au jour dans les ruines de l'ancienne Rome; l'autre, une fort belle collection de peintures. Seule la joie de contempler toutes ces oeuvres d'art peut encore inciter le visiteur à se rendre en un lieu d'où les Romains, maîtres

* Dans l'*Encyclopédie méthodique ou par ordre des matières, par une société de gens de lettres etc.,* à Paris, chez Pankouke, 1788, parmi bien d'autres absurdités contenues dans la partie *Beaux-Arts,* il faut lire aussi, à l'article *Equestre,* qui occupe des pages entières, celles qui ont trait à cette statue. Il y est dit entre autres choses que deux de ces célèbres critiques, ayant vu exposé à *Saint-Pétersbourg,* chez le sculpteur *Falconet,* auquel on doit la statue de *Pierre le Grand,* un moulage de cette tête de cheval antique, l'ont prise pour une tête de rhinocéros ou de vache! et ainsi de suite. Voilà bien ces Parisiens de naguère, pour lesquels leur capitale représentait l'univers et qui ne trouvaient nulle part ailleurs de salut. Peut-être les Français sont-ils aujourd'hui plus équitables et sauront-ils, même hors de Paris, même dans ce Nord jusqu'ici tant méprisé, distinguer mieux qu'autrefois un faucon d'un clocher.

du monde, s'arrogeaient le droit de fixer aux nations leur destin. Quiconque aime l'histoire et la littérature anciennes et y cherche des leçons de philosophie trouve un intérêt tout particulier à la belle collection de bustes représentant des philosophes antiques et des empereurs romains. C'est dans un silence recueilli que l'on s'avance vers eux, comme si l'on allait rencontrer réellement les ombres de ces hommes célèbres par leur génie et leur puissance; on cherche si leurs traits expressifs confirment le jugement que l'histoire a porté sur eux d'après leurs actions. L'homme que l'on aime et que l'on admire se trouve ici auprès du tyran le plus odieux. L'idée que l'on s'est faite de son apparence extérieure d'après ce que l'on sait de lui se voit tantôt vérifiée, tantôt contredite ou surpassée; et l'on oublie même de se demander, lors de cette intéressante recherche, si le nom qui a été donné assez arbitrairement à telle ou telle de ces têtes est bien celui qu'elle devrait porter [4].

Près des palais du Capitole passe le chemin menant à la roche tarpéienne. Au temps de l'ancienne Rome, elle dominait un abîme effrayant où les criminels trouvaient inévitablement la mort quand on les y précipitait; cet abîme est en partie occupé par des constructions et presque entièrement comblé; celui qu'on y jetterait de nos jours risquerait tout au plus, peut-être, de s'y rompre bras et jambes.

Sur la pente de la colline, la Voie sacrée était jadis empruntée par les généraux vainqueurs quand ils montaient au Capitole pour y offrir leur sacrifice; elle est maintenant couverte d'une épaisse couche de sable. Il existe encore quelques restes des substructions antiques de cette colline: elles prévenaient autrefois les glissements du terrain sablonneux. De nos jours, le sable a recouvert les belles ruines du temple élevé par Auguste à Jupiter tonnant; on n'en peut plus voir qu'une infime partie, remarquable par son entablement et la richesse de ses chapiteaux. De l'autre côté de la pente, entre de grands arbres au feuillage épais, se dressent les ruines du superbe portique qui précédait le temple de la Concorde: huit colonnes de marbre avec leur entablement. Ce fut le dictateur Camille qui édifia ce temple pour consacrer solennellement le souvenir de la paix rétablie après une sédition populaire. Sous son portique, les sénateurs se réunissaient pour délibérer des affaires les plus importantes et lorsque des occasions solennelles les appelaient au Forum romain. Cicéron y prononça ses réquisitoires contre Catilina, l'ennemi de la patrie.

VEDUTA DEI, ORTI FARNESIANI
In Roma presso Domenico Pronti Incisore.

N.º 32

Fig. 9. Domenico Pronti, *Les jardins Farnèse sur le Palatin*. Rome, Istituto naz. per la grafica. Gabinetto delle stampe (Cl. du Gabinetto). Cf. p. 94 sq.

Quand on a passé l'arc de triomphe de Septime Sévère, on arrive au Forum, le centre de la vie publique dans l'ancienne Rome, le théâtre des événements politiques les plus importants — il est devenu le marché au bétail de la Rome moderne, le rendez-vous des mendiants et de la populace désœuvrée qui, pour tuer le temps, s'y livre à de bruyants jeux populaires. Quel horrible tableau de destruction que celui de ce Forum jadis si magnifique, couvert d'innombrables statues d'hommes célèbres, de palais, d'arcs de triomphe, de temples, d'édifices publics, de colonnades! Tout n'est plus que ruines. Ce qui reste de tant de monuments est en partie tapissé de mousse et de lierre, enfoui sous d'épaisses broussailles, comme si le temps voulait encore cacher aux yeux des Romains actuels, indignes de leurs ancêtres, les dernières marques de la gloire passée. Les portiques des temples qui furent élevés à Romulus et Marc Aurèle quand ils eurent accédé au rang des dieux servent aujourd'hui à décorer la façade de quelques chapelles consacrées à des martyrs de la foi chrétienne. A l'emplacement des Rostres, là où retentissaient jadis les voix puissantes des généraux et des orateurs quand ils dirigeaient avec une irrésistible puissance les délibérations du peuple assemblé, on a édifié une église à la Vierge, et auprès d'elle se dressent encore les trois magnifiques colonnes d'un temple à Jupiter Stator. De l'autre côté du Forum se trouvent les ruines du temple de la Paix, et le chemin qui longe les restes du palais des Césars mène à l'arc de Titus, puis à l'arc de Constantin et à l'amphithéâtre de Vespasien. L'imagination sollicitée par ces nobles monuments de l'antiquité est à chaque instant troublée par le son des cloches, le mugissement du bétail destiné à la boucherie, les cris des marchands, le tumulte et les rixes de la populace occupée à ses jeux; tout lui rappelle l'effrayante vicissitude qu'a connue le sort de Rome et dont cette place est le témoin le plus éloquent. Seules les premières heures du jour permettent de trouver ici la paix nécessaire pour méditer et voir revivre l'antiquité [5].

L'un des côtés du Forum est borné par la colline du Palatin, vaste espace occupé par les importantes ruines du palais des Césars — c'est l'actuel jardin Farnèse. Le goût du luxe était si démesuré chez les empereurs romains que ces demeures des tyrans furent douées d'une magnificence et d'une étendue sans égales. On y avait réuni dans une enceinte immense des palais, des temples, des bains, des cirques, des théâtres, des naumachies, des places, des jardins et des bois. Plusieurs vestiges des édifices antiques ont été utilisés avec bonheur pour embellir le jardin Farnèse, propriété du roi de Naples, qui est aujourd'hui en partie abandonné, en partie entretenu. Ce jardin a livré des antiques en grand nombre et il serait encore possible d'en découvrir si l'on y reprenait les fouilles; mais la cour de Naples, qui se croit sans doute assez riche en trésors de ce genre, ne se donne nullement cette peine. De nouveaux aménagements ont permis un accès plus facile à diverses ruines romaines, cachées dans ce jardin et offrant les effets les plus pittoresques. Par un escalier pratiqué dans un édifice obscur, en forme de tour, on descend jusqu'à une voûte spacieuse dont les murs et la couverture à demi effondrés sont tapissés d'une verdure vivace. On arrive ensuite à une petite rotonde revêtue de lierre et de vigne sauvage; la lumière y vient du sommet et l'on distingue çà et là, à travers le feuillage, des niches abritant des statues antiques mutilées. De là, une allée ombragée conduit à une grotte aménagée entre des décombres; des eaux y sont amenées par les soins de l'art, elles jaillissent de ses parois et vont se perdre plus bas entre les rochers. Comme les nouvelles constructions ont été négligées, elles ont le même aspect que les ruines antiques. Tout disparaît sous la mousse et les broussailles, tout est noirci par le temps; on ne voit pas d'ornements modernes faire tache dans ce tableau grandiose. Dans les parties abandonnées du jardin, les nombreuses allées sont envahies par des buissons sauvages et parsemées de ruines. Plusieurs d'entre elles passent sur les voûtes de souterrains dont serpents et lézards ont fait leur repaire; le guide qui vous conduit par un étroit sentier vous avertit souvent de ne pas vous en écarter d'un pas pour éviter le risque de tomber dans des cavités que seules parfois couvrent les broussailles. Depuis les endroits les plus élevés de ce jardin, on voit l'ensemble du Forum romain et de ses ruines, entre le Capitole et la masse colossale du Colisée, l'amphithéâtre de Vespasien [6]. Dans une autre partie du jardin, la plus belle sans doute, se trouve une terrasse en surplomb; c'est là qu'on a réuni, sous les grands chênes majestueux qui l'ombragent, de très nombreux fragments de colonnes, des chapiteaux d'un travail exquis, des corniches et des frises du plus beau marbre blanc. Lieu magnifique, que l'on ne quitte jamais sans regret! Le 16 juillet, jour qui m'est cher puisqu'il a vu naître une personne aimée, mes amis me donnèrent, pour célébrer cet anniversaire, une fête nocturne sur cette terrasse, parmi les marbres antiques dont elle est couverte. C'est là, éclairés par des flambeaux, que nous vidâmes nos coupes, tandis que se faisait entendre un concert de voix et d'instruments. Des chapiteaux avaient été placés côte à côte pour nous servir de sièges, la table de marbre était un important morceau d'entablement. Disposés à diverses hauteurs sur un bloc de marbre comme sur un autel, les flambeaux pétillaient et répandaient sur la scène une vive lumière. Les antiques murailles qui nous entouraient nous renvoyaient, dans le silence de la nuit, les sons adoucis des cors, venus des voûtes éloignées [7]. L'éclat des flambeaux produisait des effets pittoresques dont il est impossible de décrire la grandeur et la majesté, aussi bien dans ces grottes et ces allées que dans les corridors du Colisée où nous nous rendîmes en quittant le jardin Farnèse. Quand, dans ses galeries à demi ruinées, les grandes nappes de lumière perçaient les épaisses ténèbres, quand les vastes ouvertures, les fissures énormes se trouvaient brusquement éclairées, on croyait voir l'immense voûte tantôt s'élargir encore, tantôt se resserrer; là, elle semblait chanceler sur ses piliers énormes; ailleurs le danger paraissait plus grand encore, comme si elle était sur le point de s'écrouler. Tout, dans ces obscurs corridors semblables à des catacombes, était illusion pour l'oeil, terreur pour l'imagination. On recule involontairement pour échapper à l'effondrement du colosse. Il n'est pas à Rome de champ plus fécond pour les artistes que ce puissant amphithéâtre, que ses galeries voûtées, à demi effondrées, aux ruines envahies par les broussailles. A toutes les heures du jour, les diverses parties de cet ensemble grandiose offrent un aspect sublime; mais c'est la nuit, sous les rayons de la lune ou éclairées par les flambeaux, qu'elles prennent une grandeur terrible et qui ne saurait être exprimée. Je ne connais pas en peinture de plus grands effets que quelques dessins au crayon bistre ou à la sépia, rehaussés de blanc, où l'artiste s'est plu à voir jouer ainsi la lumière dans les corridors du Colisée. On a bâti à Rome des palais entiers avec des fragments de ce colossal amphithéâtre; il a subi les outrages du temps, les barbares venus du nord y ont exercé leurs ravages, et cependant il se dresse encore dans toute sa grandeur, dans toute sa force. Toutes ces catastrophes ont pu l'endommager, mais non l'anéantir. Ces blocs de rochers amoncelés dureront des siècles encore, bien que diverses parties s'écroulent ici et là chaque année. La perte reste bien faible, comparée à la grandeur de l'ensemble [8].

Par sa destination, la Colonne triomphale élevée à Trajan est plus noble que ce monstrueux édifice réservé aux combats d'animaux. Ce fut une idée assurément fort belle du Sénat romain que d'éterniser ainsi la mémoire d'un prince qui compta parmi les meilleurs et les plus grands, et d'honorer en même temps les compagnons de ses exploits. La place trajane était l'une des plus magnifiques de Rome. Entourée de palais, de temples, d'arcs de triomphe et de statues, la colonne se dressait au centre; les hauts faits de Trajan y sont représentés avec un art remarquable, en suivant une spirale qui monte jusqu'au chapiteau. Il ne reste plus aucune trace des édifices qui entouraient cette superbe place — seule la colonne a survécu aux destructions de Rome. Trajan est l'unique empereur ayant reçu les honneurs de la sépulture dans la ville même; ses cendres, déposées dans une urne d'or, furent enfouies sous le monument, bien digne de lui, que lui avait élevé sa patrie. Sur la colonne, haute de cent dix-huit pieds, on voyait la statue de l'empereur debout. Elle est aujourd'hui remplacée par celle de saint Pierre — et il n'est pas à Rome de monument où l'apôtre ait moins mérité de figurer [9].

CHAPITRE 9

R O M E[1]

C'est une mode abusive, trop répandue aujourd'hui parmi les voyageurs, que de formuler des arrêts sévères et sans appel concernant des nations entières, sans penser combien il est hasardeux de juger de façon définitive le peuple d'un pays étranger où l'on n'a séjourné que quelques mois et où l'on est trop rarement venu sans être influencé par des préjugés; on croit qu'il suffit d'avoir rassemblé quelques expériences personnelles ou même seulement quelques anecdotes, entendus ici ou là, relatives aux traits qui caractérisent certains individus ou certaines classes, pour avoir la compétence nécessaire et pouvoir se prononcer sur le *caractère national*[2]. Que ne faut-il pas considérer cependant, quand on veut porter un tel jugement en toute équité! Or rien n'est plus ordinaire que de voir des voyageurs décider du caractère des diverses nations, en exagérant leurs qualités ou leurs défauts. Chez les Italiens, c'est habituellement sur les défauts que l'on met l'accent[3]. On les présente comme le peuple de la terre le plus exécrable. « Ce sont, — a dit récemment un voyageur français * qui donne à toutes ses observations un tour épigrammatique et par là s'est acquis l'approbation unanime de ses compatriotes — ce sont les diables de Dante dans le paradis de Milton! »[4] Ces juges des nations prononcent leurs arrêts en considérant d'ordinaire la lie du peuple, la dernière classe de la populace, et appliquent ensuite leurs jugements à l'ensemble de la population,

---

* *Sur quelques contrées de l'Europe, ou lettres du chevalier de * * ** (vraisemblablement Boufflers) *à Madame la Comtesse de * * **, Londres, 1788.

98

sans même reconnaître, ni établir le plus souvent, les limites qui séparent cette populace de la classe supérieure plus éclairée, ni adoucir leurs sentences en faveur de cette dernière [5]. La différence me semble pourtant considérable entre la classe inférieure et le reste de la population, beaucoup plus nette que dans tout autre pays, et surtout en Italie du Sud; elle ne correspond pas comme on l'admet ailleurs à une plus ou moins grande diffusion des Lumières. Il n'existe aucune espèce d'éducation populaire, la jeunesse n'a aucune formation morale, le travail et l'activité qui en résulterait font totalement défaut, le peuple manifeste le penchant le plus invétéré à l'oisiveté, la police et la religion favorisent les vices [6]: telles sont les causes de cette barbarie, de cette corruption générale des moeurs qui caractérisent la populace romaine. On connaît son instinct sanguinaire, une des manifestations les plus terribles et les plus détestables de sa sauvagerie que favorisent la mauvaise organisation de la police et la protection accordée à tous par l'Eglise: dans son sein maternel, celle-ci reçoit l'assassin le plus infâme et l'y laisse railler l'impuissance de la loi. Pie VI avait conçu la pensée de réformer, à cet égard du moins, cette immoralité et cette licence de ses Romains, et il fut énergiquement secondé dans cette tentative par le gouverneur de la ville. Une sévère punition du crime, la suppression des nombreux lieux d'asile, l'obéissance de tous à la loi signalèrent cette heureuse période; mais la brusque apparition des Lumières dans le domaine politique ne dura pas plus de quelques jours à Rome. Braschi n'avait pas l'esprit fécond et entreprenant de Montalto, Pie VI n'avait pas l'énergie et la persévérance de Sixte Quint. Pendant ce laps de temps si court, il suffisait de tirer son couteau, geste quotidien et machinal chez l'homme du peuple, pour être condamné à l'estrapade, sans égard à la personne. Des assassins pris sur le fait furent pendus après un rapide procès. Cette réforme de la police porta bientôt ses fruits: le nombre des assassinats fut en diminution, et le peuple aurait bientôt perdu la meurtrière habitude de sortir le couteau à tout propos. Cependant, comme le châtiment frappa un jour le serviteur d'un cardinal ou un employé de sa maison, tout le Sacré Collège se mit à crier à la rigueur et à la violence. Pie VI se laissa fléchir et limita de nouveau l'autorité du gouverneur [7].

Le droit d'asile dont bénéficient les églises, les couvents et les ambassadeurs étrangers, la facilité avec laquelle les prêtres donnent l'absolution favorisent, outre la mauvaise organisation de la police, les innombrables assassinats. Partout le meurtrier peut trouver des refuges et des gens prêts à l'aider. C'est moins à la victime qu'à l'auteur d'une blessure ou d'un coup mortel que les témoins accordent leur pitié et leur secours [8]. Un soir, lors d'un feu d'artifice auquel j'assistais, un jeune garçon fut poignardé par un abbé avec lequel il s'était pris de querelle. On se rassembla autour du criminel et quand je voulus connaître la cause du tumulte, on me donna de divers côtés, d'une seule voix, cette réponse apitoyée: « *poverino! ha ammazzato un uomo!* » (le pauvre! il a tué un homme!) Le meurtrier disparut, on étendit le mort dans la rue auprès d'une borne et l'on plaça une lanterne à ses côtés pour que, si des membres de sa famille venaient à passer, ils pussent le reconnaître et l'emporter. On riait, on raillait « le toupet du *giovinetto,* qui n'avait eu que ce qu'il méritait ». Un des principaux lieux d'asile pour les criminels est le grand et bel escalier qui mène à l'église de la Trinité des Monts. Pendant la journée, leurs parents et leurs amis leur y portent des vivres, ils ont des repaires où se réfugier la nuit. Au bout de quelques jours, l'affaire est oubliée, les meurtriers recommencent à circuler librement. Tout le monde les connaît et sait le nombre de leurs crimes. On me montra par exemple un gaillard de belle taille, qui posait comme modèle à l'Académie de France et qui, disait-on tout haut, avait déjà tué six hommes. On parle d'un meurtre de cette espèce comme d'une nouvelle insignifiante. « Au moment où je partais de chez vous hier soir, me dit un jour mon valet de louage, deux hommes ont été poignardés sur la place d'Espagne, à deux pas d'ici. — Je n'ai pas entendu de bruit, répondis-je. — Oh! mais c'est qu'il n'y pas eu de bruit, on ne fait pas attention à cela. — Et quelle était la cause de ce meurtre? poursuivis-je. — Une bagatelle, une querelle de jeu! — Et les criminels? — Vous les voyez là sur l'escalier » (de la Trinité des Monts). Les fêtes populaires sont le signal des assassinats; la police le sait et ne tente rien pour les prévenir. Il se forme des clans nombreux qui se provoquent en des combats sanglants; le police en est avertie et ne cherche pas à les empêcher. Comme un de mes amis visitait l'hôpital de la *Consolazione*, où sont transportés les blessés, il trouva les garçons fort occupés à faire évacuer l'une des salles. Il demanda quelle était la cause de cet empressement et reçut cette réponse: le soir même

Fig. 10. Francesco Piranesi, d'après Jean-Louis Desprez, *Pie VI adorant le Saint-Sacrement dans le chapelle Pauline au Vatican*. Rome, Istituto naz. per la grafica, Gabinetto delle stampe (Cl. du Gabinetto). Sur le faste des cérémonies pontificales à l'époque du voyage de Meyer cf. p. 108 sq.

devaient avoir lieu de sanglantes escarmouches entre les sbires et un parti de gens du peuple; il fallait donc préparer de la place pour les blessés! Quand je visitai cet hôpital après les fêtes populaires et religieuses, il s'y trouvait cent quatre-vingts blessés qui avaient reçu des coups de couteau et qui, pour la plupart, étaient déjà à l'agonie [9].

Il ne faut pas s'étonner si tant de causes réunies ont donné à ce peuple un caractère féroce; ses dispositions naturelles, l'effet du climat le portaient déjà à se livrer sans mesure à ses passions déchaînées, or rien ne vient mettre un frein à celles-ci dès leur première explosion. Au cours des jeux auxquels la populace désoeuvrée se livre dans les rues et sur les places, non seulement les joueurs, mais aussi les assistants prennent parti avec passion pour l'un ou l'autre camp; ces jeux suscitent ordinairement des querelles et des rixes qui, dans bien des cas, se terminent sur le champ à coups de couteau, lorsque les adversaires n'ont pas assez de modération pour remettre leur vengeance à une occasion plus favorable. Les jours de fête, les réjouissances populaires dégénèrent en furieuses bacchanales et s'achèvent souvent par des massacres. Le soir de la Saint-Pierre, en de telles circonstances, six hommes furent tués et huit dangereusement blessés dans une seule maison.

Détournons le regard de ces scènes d'horreur et d'autres qui leur ressemblent! devant elles, l'humanité recule en tremblant. De telles expériences viennent mêler trop d'amertume au plaisir, si enviable à tant d'autres égards, de séjourner en Italie. Les lois ne pourront rien contre ce penchant trop enraciné dans le caractère du peuple et qui le pousse à apaiser par le meurtre ses violents accès de colère, à étancher dans le sang sa soif de vengeance; rien ne changera tant que le grand exemple du philosophe qui gouvernait naguère la Toscane n'aura pas incité les souverains de l'Italie à l'imiter en donnant une éducation au peuple: ce qui pourrait du moins rendre meilleures les prochaines générations. Pour introduire ses lois sages et douces, Léopold commença par développer l'éducation de son peuple; celui-ci, à la vérité, était d'un caractère plus paisible que les Romains. En Toscane, l'*Instituteur du Peuple* précéda le *Législateur*. Celui-ci contruisit donc son grand système sur un fondement solide puisqu'en premier lieu il avait rendu meilleur le caractère de la nation, extirpé tous les préjugés, tous les abus de l'Eglise qui favorisaient les penchants les plus bas. Et Léopold put voir les fruits de sa haute vertu politique chez la génération même qu'il gouvernait [10].

Les vices du gouvernement ont sans doute fait dégénérer au plus haut degré le caractère de la populace romaine, cependant l'observateur philosophe y décèle çà et là des tendances plus nobles; elles semblent prouver que tout n'est pas perdu et qu'on pourrait en attendre les résultats les plus heureux si on entreprenait de les développer. Le sentiment de l'honneur, le désintéressement et la générosité n'ont pas disparu chez certains sujets [11]. J'en ai fait une expérience frappante et, sans vouloir fonder arbitrairement sur elle seule un jugement favorable à la nation tout entière, je suis du moins fort enclin à en tirer une conclusion qui puisse s'appliquer à une grande partie d'entre elle; j'ai la conviction que, si un sage gouvernement entreprenait de former ces éléments les meilleurs, les conséquences les plus heureuses en résulteraient pour les autres. De tels aperçus sur le caractère profond de quelques individus sont comme un rayon de lumière venant illuminer soudain pour quelques instants une sombre voûte en ruines: il y révèle des trésors inconnus; on regrette que leurs propriétaires les ignorent et ne puissent les utiliser. Mon aventure fut la suivante. A mon départ de Rome, et à quelques milles avant le relais de poste de Montefiascone, ma voiture se brisa sur la route pontificale qui est fort mal entretenue, il fallut la faire traîner pendant une lieue d'Allemagne pour la ramener à la ville. Ce fut une ennuyeuse expédition; je laissai mon compagnon de voyage retourner en arrière avec mon domestique et je continuai mon chemin seul, à pied. La journée était très chaude; quand j'eus fait la moitié du trajet, je pris quelque repos dans un bosquet, près de la grand-route où ne passait personne. Soudain, voici qu'apparut un cavalier! Il tenait par la bride un second cheval sellé, un grand manteau brun l'enveloppait; quand il passa près de moi, il me découvrit dans le petit bois et me demanda si j'étais le voyageur dont la voiture s'était brisée, puis il me proposa de me donner son cheval de main pour me faciliter la rude montée de la colline, au sommet de laquelle on voyait la ville dans le lointain. J'ignorais les dangers du voyage dont parlent les étrangers, mais qu'ils exagèrent trop souvent pour faire valoir leur courage ou régaler les curieux d'une aventure périlleuse [12]; j'acceptai donc sans arrière-pensée l'offre de l'inconnu, je me mis en selle et nous partîmes. Cependant le cavalier, avec son manteau brun et son chapeau rabattu, me paraissait moins aimable que sa proposition; il se tenait derrière moi tandis que nos montures allaient d'un pas inégal, ne disait mot ou répondait à mes questions avec une extrême brièveté; rien ne paraissait devoir l'engager à faire prendre à son cheval un pas mieux réglé — si bien que peu à peu il me devint vraiment suspect. Pour m'éclairer, j'eus recours à une question décisive: « Qui êtes-vous, mon ami? » demandai-je en me tournant vers lui. Au même instant, le vent avait rejeté en arrière son manteau jusque-là bien fermé, je vis des pistolets, une carabine et un sabre qu'il portait à la ceinture. A l'aspect de ces armes qu'il avait tenues cachées, je crus me trouver en présence du *Bravo* en chair et en os, et toutes les histoires de bandits italiens dont j'avais douté jusque-là se présentèrent en foule à mon imagination effrayée [13]. « *Una guardia* » (je suis un garde), me cria-t-il, réponse qui me rassura fort peu. Sous l'effet de cette frayeur soudaine, je perdis contenance et pus seulement lui enjoindre d'une voix mal assurée de ne plus se tenir derrière moi, mais à mon côté. Il m'avait deviné. « Si vous l'exigez, me dit-il d'une voix rude, je passerai devant vous »; ce qu'il fit sans attendre ma réponse, jusqu'au moment où nous arrivâmes à Montefiascone peu de temps après. Là, descendant de cheval, je lui tendis un important pourboire pour le récompenser de m'avoir rendu service et le dédommager tacitement de mes injustes soupçons. Il le refusa d'un geste de la main, éperonna son cheval et fut bientôt hors de ma vue. Cette noble fierté, ce désintéressement chez un homme de la dernière classe du peuple (c'était un garde-forestier de la région, comme je l'appris par la suite) ferait honte à la conduite ordinaire de ses pareils dans d'autres nations qui se prétendent plus policées. Mes amis de Rome, dont les témoignages ne peuvent être mis en doute, m'ont confirmé qu'il existait de semblables traits de délicatesse dans le caractère de ce peuple si généralement décrié. On se garde pourtant d'utiliser et de cultiver ses heureuses dispositions, car c'est sur cette insuffisante éducation du peuple que s'appuie le despotisme des prêtres et des princes. La cour pontificale voit diminuer son prestige, maintenant que ses ressources s'amoindrissent et que l'esprit de notre siècle se révolte contre les despotes: sa politique semble donc avoir un double motif de laisser le peuple dans sa barbarie, afin de pouvoir l'opprimer d'autant plus impunément. On empêche aussi la multitude d'observer la conduite du gouvernement en l'occupant de ses plaisirs et des spectacles religieux dont Rome est le théâtre le plus vaste et le plus brillant.

Cette nation énervée et dépourvue de courage [14] souffre presque sans murmure l'oppression inouïe qui s'exerce jusque sur ses besoins de chaque jour. Nul n'ignore la calamité qui, depuis un siècle et demi déjà, pèse sur les Etats du pape et en dévore la substance: c'est ce honteux monopole de l'huile et des grains, équivalant à un droit d'usure exercé par la chambre pontificale. Il constitue l'une des principales causes de la décadence où est tombé ce pays. Le trésor pontifical, toujours à court d'argent maintenant que tant de sources de richesses se sont à peu près taries, se soutient encore par ce monopole, ou du moins croit y trouver des secours considérables. Mais son calcul est faux. Pour prévenir la famine, même dans les années les plus fertiles — à vrai dire, on n'en connaît plus dans ce pays où l'agriculture est complètement ruinée — il faut faire venir des grains de l'étranger, moyennant des sommes considérables, et l'on perd ainsi l'avantage que l'on avait extorqué en achetant le grain à bon marché dans les Etats du pape. Les subalternes qui achètent et revendent les grains et l'huile sous le couvert de l'autorité gouvernementale exercent des abus et des fraudes inouïs: il faut voir là également l'une des causes déterminantes de cette immoralité répandue chez les Romains. Cette exécrable économie politique a ruiné l'agriculture, car le paysan, n'ayant aucun espoir d'être payé de ses sueurs, aucun appui susceptible de l'encourager, se contente de cultiver la quantité de grain strictement nécessaire à sa subsistance et celle qu'il est tenu de fournir moyennant un profit insignifiant, puisque le trésor lui en donne un prix très bas. Cette ruine de l'agriculture a naturellement entraîné le dépeuplement du pays [15].

On sait que le peuple soumis à une telle oppression n'a qu'un moyen, les pasquinades [16], pour manifester son mécontentement à l'égard du gouvernement; celui-ci n'y prête d'ailleurs pas grande attention. Pie VI lui-même, quand il traverse le Trastevere, a déjà pris l'habitude de voir les habitants de ce quartier, les plus hardis parmi les Romains [17], se montrer à leurs portes en brandissant vers lui une *pagnotta* (le très petit pain ordinaire) et une bouteille d'huile, et à les entendre crier, lorsqu'il lève la main pour leur donner une de ces bénédictions dont il est prodigue: « Non, non, saint Père, ce n'est pas une bénédiction, c'est du pain et de l'huile qu'il nous faut! » Il s'est accoutumé à trouver, au cours de ses promenades quotidiennes, les plus rudes avertissements, les inscriptions les plus railleuses. En 1783, le pape avait fait transporter à grands frais à Monte Cavallo un obélisque égyptien qui y fut par la suite érigé et où furent gravées des inscriptions célébrant lourdement les louanges de sa Sainteté; on y trouva une affiche portant ces mots: « *Signore! di a questa pietra, che divenga pane!* » (Seigneur! dites à cette pierre de se transformer en pain!). Aux murs de la sacristie nouvelle de Saint-Pierre, on vit un jour les lignes suivantes:

Le Paludi *, Subiaco **, e la Sagristia,
sono tre coglionaria
Di Vossignora.

Ces dernières années, le népotisme du pape a passé toute mesure, il est venu s'ajouter à toutes ses autres prodigalités. On sait quel rang occupent ses neveux, ces chevaliers d'industrie, et comment il les comble sans cesse de richesses et d'honneurs. A cet égard, peu de papes ont poussé la prodigalité aussi loin que le souverain actuel. La satire la plus mordante, si plate qu'en ait pu être la forme, s'est trouvée dans la correspondance de *Pasquin* et de *Marforio* ***. « Comme le bruit de la mort du pape s'était répandu, *Marforio* demanda: A-t-on déjà ouvert le corps du saint Père? Que disent les médecins? *Pasquin* répondit: ils ont trouvé ses neveux dans sa tête, dans son coeur les jésuites, dans son estomac l'ordonnance ecclésiastique de l'empereur Joseph II et dans ses pieds les Marais Pontins ».

Lors de mon voyage, les Romains disaient déjà entre eux que le palladium destiné à sauver l'Etat en cas de pressante nécessité, ces cinq millions d'écus déposés autrefois par Sixte Quint au château Saint-Ange, n'était pas demeuré intact, mais qu'une partie en avait été gaspillée dans des entreprises infructueuses inspirées par l'ambition et le désir de gloire; on n'osait cependant pas en parler à voix

---

* Les Marais Pontins.
** Dans le bourg qui porte ce nom, le pape avait fait construire une église somptueuse, mais d'un très mauvais goût; elle avait coûté fort cher.
*** Elle figure au cinquième volume des *Lettres hyperboréennes* [18], et mérite bien d'être considérée avec attention à Rome pour les allusions qu'elle renferme.

haute. Il est mieux établi que toutes les forces de l'Etat ont été paralysées, toutes les ressources épuisées par l'administration la plus vicieuse. Le tribut qu'en d'autres temps Rome recevait régulièrement de l'étranger se fait toujours moins abondant. Jadis l'or y arrivait à flots mais les temps ne sont plus où, dès qu'une de ses sources se trouvait tarie, la baguette magique des papes savait en faire surgir ailleurs une nouvelle. A l'étranger, on ne fonde plus de couvents, on n'élève plus de nouveaux autels à tel ou tel saint, Rome perd donc sa part des trésors qui auraient été offerts en ces occasions. La pourpre cardinalice n'est plus payée qu'avec parcimonie, il arrive même que les pays ultramontains ne la recherchent plus. Les récentes canonisations sont devenues suspectes et il est bien rare de voir les dévotes tantes des rois de France réunir les lourdes sommes nécessaires à la béatification d'un mendiant dont on fait un saint *. Toi aussi, saint Benoît Joseph Labre, qui étais naguère le plus sale de tous les mendiants, tu perds à Rome même la foi qu'inspiraient tes miracles! Une sainte maison ne survolera plus la mer une seconde fois pour se transporter dans les environs de Rome; il est extrêmement rare que les rois, comme ils le faisaient jadis, portent de somptueux présents à la Madone de Lorette. L'anathème pontifical lui-même, qui fut si redoutable, est classé parmi les contes de l'ancien temps; les foudres de l'excommunication qui, lancées du Vatican, atteignaient immanquablement leur but, même le plus lointain, et suscitaient aussitôt l'obéissance ou anéantissaient les rebelles qui osaient les braver, ces foudres ne sont plus considérées par les ultramontains téméraires que comme d'insignifiants éclairs, capables tout au plus d'effrayer encore des enfants ou des faibles d'esprit.

Dans des circonstances aussi défavorables et qui empirent sans cesse, la politique du pape le plus sage serait condamnée à l'échec. Pie VI sait pourtant, malgré un tel état de choses, tenir son rang avec noblesse et dignité et s'acquérir chez les Romains crédules les titres de libéral, de réformateur et de protecteur des arts. Il se concilie le respect et la vénération, il gagne même les mécontents lorsqu'il paraît en public au cours des imposantes cérémonies et des fêtes religieuses si brillantes, que rehausse encore la noble prestance de celui qui y joue le rôle principal, le chef suprême de l'Eglise [19].

* On sait que le cas s'est produit l'an passé.

Chapitre 10

R O M E [1]

Jamais peut-être on n'a vu sur le trône pontifical un homme capable, comme l'est Pie VI, d'unir à des avantages physiques demeurés exceptionnels jusqu'à un âge avancé la plus grande dignité des attitudes, la noblesse et la grâce des mouvements, l'élégance des manières. « Qu'il est donc beau! » s'écrient les dames romaines elles-mêmes — les meilleures connaisseuses en matière de beauté masculine — saisies d'enthousiasme à son approche, quand il paraît en public dans toute la pompe des solennités religieuses * [2]. Pie VI n'épargne d'ailleurs rien pour s'y entourer du plus grand éclat et pour éblouir le spectateur. Il a fait transformer par le joaillier du Saint-Siège, Carlo Sartori, tous les attributs pontificaux, qu'il ne trouvait pas assez riches ou assez modernes. Deux tiares (*triregni*) ont été ainsi embellies et enrichies d'un grand nombre de pierres précieuses, la monture d'une troisième a été modifiée. On lui a refait à neuf deux mitres magnifiques. A quelle entreprise faut-il encore se vouer pour s'acquérir le mérite d'avoir restauré la couronne et le triple empire? [3] C'est pour les Romains une véritable joie que d'apercevoir leur pape dans tout l'éclat de sa parure [4]. Le jour de la Fête-Dieu, quand il apparaît, porté par ses gardes du corps, agenouillé devant le Saint Sacrement et revêtu des ornements pontificaux, le Romain, enthousiasmé par ce spectacle, oublie ses ancies griefs, le petit bourgeois

---

* Je rappellerai ici une anecdote déjà connue: *O quanto è bello!* s'écriait du haut de son balcon une dame romaine en voyant Pie VI au cours d'une procession. Une autre, dont l'enthousiasme se mêlait à une plus grande piété, répondit: « *Tanto è bello, quanto è santo!* » (Il est aussi beau qu'il est saint).

tout le reste du jour, ne parle plus en famille que du « *bellissimo gruppo del santo Padre!* » (le superbe groupe du saint Père) [5].

D'après les impressions que produisent sur un spectateur libre de tout préjugé les brillantes solennités religieuses de Rome, on peut se faire quelque idée de ce que doivent éprouver les Romains des classes populaires. J'ai moi-même vu le pape au cours des cérémonies de l'Ascension, de la Fête-Dieu et de la Saint-Pierre et j'avoue que, si préparé que je fusse à ce spectacle, je me suis senti ému au-delà de toute attente [6].

L'adoration du pape par le sacré collège des cardinaux, qui a lieu à la chapelle Sixtine, la bénédiction que le pontife donne ensuite à la foule constituent les cérémonies de l'Ascension; peut-être d'autres pontifes ne paraissent-ils pas à leur avantage lors de la première, où les cardinaux doivent baiser la main et le pied du pape, mais Pie VI remplit son rôle avec beaucoup de grâce, et il accomplit celle de la bénédiction avec une très grande dignité. A l'approche du cardinal qui se tenait à genoux, il se penchait en avant d'un mouvement aisé et gracieux et, comme s'il voulait le relever, il lui tendait sa main à baiser; ensuite il allongeait un peu le pied, tandis qu'un prélat debout à ses côtés relevait son vêtement qui cachait une jambe bien prise. Dans le moment où le cardinal se courbait pour lui baiser le pied, il le bénissait, puis lui donnait au front le baiser de paix. Cette cérémonie terminée, il prit place sur la *sedia gestatoria* [7], revêtu de tous les ornements pontificaux, et fut ainsi porté à la *loggia* qui surmonte l'entrée de Saint-Pierre. Cette tribune est trop petite et trop étroite pour sa destination, les connaisseurs l'ont souligné et ont souvent remarqué d'autres erreurs de proportions dans la façade de la basilique. Le moment où l'on tira le rideau à l'intérieur de la tribune et où la *sedia,* sur laquelle se trouvait le pape, arriva à la balustrade, fut le signal qui déchaîna tout près de là le feu des canons du château Saint-Ange et mit en branle les innombrables cloches de Rome. Sur la place Saint-Pierre, où les gardes pontificaux étaient rangés en ordre de parade, une musique militaire retentit tout à coup; le bruit des timbales et des tambours, les sons éclatants des trompettes se mêlèrent aux acclamations des spectateurs qui s'y trouvaient rassemblés par milliers. Un profond silence succéda bientôt à ce tumulte général: Pie VI se levait de son siège et à l'instant même tous les assistants, jusqu'aux plus éloignés, étaient tombés à genoux devant lui. Le regard tourné vers le ciel, il tendit les bras très haut, puis ramena lentement ses mains jointes sur sa poitrine, ensuite il ouvrit les bras pour répandre sur la ville et sur le monde la bénédiction qu'il avait implorée du ciel — et il disparut de la tribune.

Pour la Fête-Dieu, on donne au peuple huit jours durant le spectacle de processions auxquelles participe le clergé des diverses fondations religieuses de Rome, et le pape lui-même préside à la première, qui est aussi la plus grande et la plus brillante. La veille, à proximité de Saint-Pierre, on tendit au-dessus des rues que devait emprunter le cortège des toiles destinées à le protéger du soleil ou de la pluie, on y plaça des sièges et des tribunes pour les spectateurs. On répandit du sable blanc sur le pavé, et le matin même de la fête, on y jeta des rameaux de myrte et de laurier, des feuillages et des fleurs. Les maisons étaient décorées de tapis aux vives couleurs. Le parfum des branchages et des fleurs qui jonchaient le sol se répandait aux environs. Bientôt, une foule de spectateurs des deux sexes, en habits de fête, se rassembla sur les tribunes, aux fenêtres donnant sur ces rues, sous les colonnades et sur la place Saint-Pierre. L'entrée triomphale d'un *Imperator* ne pouvait, dans la Rome antique, être préparée avec plus d'éclat et de solennité. Le matin, à neuf heures, le cortège se mit en marche. Un grand nombre de jeunes garçons, écoliers et orphelins, venaient en tête, conduits par quelques membres de la garde pontificale; ils chantaient et portaient des cierges allumés. Ils étaient suivis par des centaines de moines appartenant aux différents ordres religieux, les séminaristes, les prêtres des diverses paroisses, les chapitres, et une multitude de prêtres venus de la ville et de la campagne, chacun ayant à la main un cierge allumé quatre fois plus gros que celui des enfants: c'était un présent de la basilique Saint-Pierre qu'il emporterait à la fin de la procession. On voyait ensuite la triple couronne richement ornée que portait la noblesse romaine accompagnée par les avocats du Consistoire, les procureurs et les juges de la *Rota romana,* et de nombreux prêtres séculiers; puis les trois simples couronnes d'or et la mitre du pape; suivaient les généraux des quatre principaux ordres monastiques, les évêques et les cardinaux revêtus de chapes éclatantes, et un grand nombre d'officiers ecclésiastiques ou civils. Cette longue procession, qui s'avançait avec lenteur et dans un silence solennel, était en marche depuis deux heures quand soudain les sonneries de toutes les cloches et le tonnerre des canons du

Fig. 11. Francesco Barbazza, *Une des « machines » élevées devant le palais Colonna à l'occasion des fêtes pour la présentation de la « Chinea » en 1782.* Rome, Biblioteca Casanatense (Cl. M. Vivarelli). Meyer eut l'occasion d'assister aux fêtes de l'année suivante. Cf. p. 114.

château Saint-Ange annoncèrent l'apparition de Pie VI, chef suprême de l'Eglise, qui sortait en cet instant par le grand portail de Saint-Pierre, porté sur la *sedia*. Il est impossible d'imaginer la beauté de ce groupe digne d'inspirer un peintre, l'impression profonde qu'il produit sur le spectateur, fût-ce le plus libre de tout préjugé. Les gardes portaient sur l'épaule la *sedia* couverte d'un tissu précieux et c'est ainsi que, sous un dais tenu par des membres de la noblesse, s'avançait le vénérable et beau vieillard. La marche des porteurs était si égale et si lente que le pape semblait planer au-dessus de la foule. Le corps penché en avant, il s'appuyait à l'autel placé devant lui et où le Saint Sacrement se trouvait exposé dans un ostensoir richement serti de pierreries. A la vérité, le pape est assis pendant cette céré-monie, mais son attitude, le vaste manteau de satin blanc brodé de couronnes d'or qui l'enveloppe tout entier, tombe de ses épaules en larges plis ondoyants jusque sur les porteurs, couvre entièrement la *sedia* et même l'autel, tout cela donne l'illusion qu'il est agenouillé devant l'autel. On ne voyait que ses mains jointes posées sur cet autel et sa tête grise découverte. Le mouvement de ses lèvres montrait qu'il priait en silence, ses yeux levés vers le ciel semblaient baignés de larmes. L'expression de son visage était celle d'une ardente, d'une sublime prière. Il ne faut donc pas s'étonner si une telle scène, aussi judicieusement conçue que bien composée, ne manque jamais de pro-duire un grand effet sur la foule assemblée pour la voir et sur le peuple! On ne peut observer sans en être profondément touché la forte émotion qu'elle suscite dans toute l'assistance. A peine l'appa-rition du pape fut-elle annoncée par les canons et les cloches, à peine vit-on sortir du grand portail de l'église ce groupe pyramidal qui semblait planer dans le lointain, que la multitude se jeta à genoux, se frappant la poitrine, comme si la foudre l'avait atteinte, tous les yeux baignés de larmes se levaient timidement vers le pontife qui s'approchait avec le Saint Sacrement, tous les regards extasiés le suivaient comme une apparition divine jusqu'au moment où il dis-parut. Quelques princes, les généraux de la papauté, revêtus de brillantes armures, suivaient le pape et un grand nombre d'estafiers, les Suisses, la garde à pied et à cheval fermaient le cortège qui, pas-sant par les colonnades et trois des rues voisines, mit près de cinq heures pour faire ce court trajet. Le pape monta ensuite au maître-autel de Saint-Pierre et le peuple se pressa dans l'église pour y recevoir la bénédiction apostolique; aussitôt après, il se hâta de sortir pour consacrer la fin de ce jour de fête aux ripailles et beuveries, qui se terminent souvent par des coups de couteau et des assassinats. Voilà comment l'impression éprouvée peu d'heures auparavant se trouve bientôt effacée, combien l'émotion suscitée par cette mise en scène religieuse reste passagère et montre peu d'efficacité quand il s'agit de rendre meilleur le caractère de ce peuple [8]!

La veille de la Saint-Pierre et le soir du grand jour où est célébrée la fête de cet apôtre, chef de la hiérarchie ecclésiastique, la coupole de la basilique est illuminée et l'on tire du château Saint-Ange un feu d'artifice. L'illumination de la coupole est le plus beau spectacle de ce genre qu'il soit possible de voir au monde; l'imagination la plus vive reste ici bien loin d'atteindre la réalité et tout l'art de l'écrivain ne saurait en approcher. C'est en prenant quelque éloignement, depuis le pont Saint-Ange, qu'on voit se présenter dans toute sa splendeur le dôme majestueux de Michel-Ange. Un temple éclatant de lumière apparaît alors et semble suspendu dans le ciel nocturne. Toute la partie de la coupole orientée vers la place, jusqu'à la nef même, est garnie de plusieurs milliers de lampes enveloppées de papier huilé. On peut observer avec exactitude les lignes architectoniques de la coupole, grâce à cet éclairage qui dessine en traits lumineux la grande et magnifique architecture. Telle est la première scène de ce beau spectacle. Vient ensuite une seconde illumination, plus grande et plus éblouissante encore, mais moins remarquable par sa beauté que par la rapidité avec laquelle on passe de la première à la seconde: le spectateur éprouve alors une surprise que les mots ne peuvent exprimer. D'énormes torches et des vases remplis de poix sont fixés à la coupole. Le signal du changement est donné par une cloche et, à l'instant même, un torrent de feu inonde le dôme. Les torches et les vases de poix flamboient par centaines, leur éclat entoure la coupole d'une gloire rayonnante. Cette transformation qui tient du miracle est réalisée grâce à quelques centaines d'ouvriers; placés derrière les fenêtres de la coupole, ils attendent pour les ouvrir le signal de la cloche, puis, en un instant, allument les torches. Ce spectacle étonnant, unique, agit comme un coup de baguette magique sur le peuple assemblé place Saint-Pierre et aux environs. L'air retentit d'applaudissements et d'acclamations tumultueuses, puis la foule se presse entre les carrosses qui se croisent, et

113

gagne le pont Saint-Ange pour y voir le feu d'artifice tiré du château. Le plus beau moment de ce spectacle, par ailleurs insignifiant, est la célèbre *girandola*, explosion de cinq mille fusées qui s'élèvent à la fois dans les airs, répandant autour d'elles une pluie d'étincelles et retombent en éclatant avec un bruit de tonnerre. C'est une immense gerbe de feu, qui veut imiter une éruption volcanique; elle se soutient en l'air quelques secondes, puis disparaît avec fracas [9].

A l'époque de mon voyage, le prince Colonna, connétable de Naples, fit encore la présentation solennelle de la haquenée et des sept mille écus représentant le tribut de Naples; il y respecta le cérémonial le plus grotesque et les usages féodaux des siècles passés. La suppression de ce tribut devait susciter par la suite bien des protestations. La cour du jeune prince, escortée de la garde pontificale, sortit de son palais pour se rendre à cheval à l'église Saint-Pierre; elle se composait en partie d'abbés vêtus de manteaux noirs, car le jeune prince avait reçu son éducation chez les moines et il était fort dévot. C'était pitié de voir ces pauvres gens d'Eglise, apeurés, se montrer de si piètres cavaliers; ils allaient, la tête couverte d'un capuchon noir, craignant sans cesse d'être désarçonnés; ni le pas lent de leurs paisibles montures, ni l'escorte des officiers du prince marchant à leurs côtés ne semblaient pouvoir les rassurer tout à fait. Deux écuyers du prince conduisaient la haquenée blanche aux sabots d'argent, elle avait aussi des harnais d'argent et de grands panaches de plumes. Derrière elle, monté sur un cheval noir, s'avançait le prince Colonna dans l'ancien costume des barons napolitains, couvert d'un long manteau de drap d'or à l'espagnole; il était entouré d'un essaim d'estafiers, de gardes, de mores, de coureurs et autres officiers de sa maison. Douze carrosses de gala appartenant au prince, attelés chacun de six chevaux, et une garde à cheval fermaient le cortège. A l'entrée de l'église Saint-Pierre, le pape, assis sur un trône, reçut de l'ambassadeur la bourse contenant le tribut et le cheval qui s'agenouillait devant lui, mais l'usage était de renvoyer ce dernier au prince moyennant une somme convenue: l'animal pouvait ainsi, à la cérémonie de l'année suivante, recommencer les tours qu'on lui avait enseignés avec tant de peine. A cette époque, il était déjà question de supprimer le tribut de Naples, et sa remise solennelle fut en effet suspendue peu de temps après [10]. Au château Saint-Ange, où je m'étais rendu pour voir la cérémonie, l'ébranlement provoqué par les décharges d'artillerie fit tomber d'une haute muraille une peinture sur bois représentant Saint-Pierre; ce fait se produisit pendant le passage du cortège. Ceux des spectateurs qui se piquaient de politique secouèrent la tête et voulurent tenir cet événement, survenu précisément ce jour-là, pour un présage défavorable concernant le paiement du tribut que le roi de Naples avait si longtemps contesté; mais le peuple se mit à crier: *miracolo! miracolo!* — car le tableau — ô miracle! — se retrouva debout contre le mur après sa chute — et on se bouscula pour venir baiser cette image miraculeuse.

Chacun de ces deux jours, le prince Colonna donna au peuple un grand feu d'artifice; il convia la noblesse romaine à une brillante assemblée dans la magnifique galerie de son palais, où sont réunies des collections d'antiques et de peintures; les étrangers qui étaient recommandés à quelques grandes maisons y furent également invités et reçurent l'accueil le plus obligeant [11].

La figure de bronze qui se trouve dans la basilique et représente saint Pierre ressemble à une statue assise de consul romain; elle jouit de la vénération générale, surtout depuis le miracle public accompli en 1725 en faveur d'un Polonais paralysé; les deux jours de la fête du saint, elle était revêtue des ornements pontificaux de drap d'or et parée de la tiare, parfaitement semblable à un roi more dans tous ses atours. Le peuple, particulièrement ces jours-là, s'en approchait avec le plus grand respect. Le pape lui-même vint dans l'église, accompagné de quelques cardinaux, il baisa respectueusement le pied de la statue, qui passait sous le magnifique vêtement, et s'y frotta ensuite le front, les épaules, les joues et le cou. Lors de ces jongleries, il fallait moins admirer l'expression composée du pape que son sang-froid. Le gros orteil de la statue est complètement usé par les frottements et les baisers quotidiens des fidèles [12].

Peu de semaines avant mon arrivée à Rome mourut le fameux Benoît Joseph Labre, qu'à cette époque on n'appelait de préférence que « *il Santo* » (le saint). Je pus voir certaines marques de l'agitation que sa mort provoqua dans le peuple, et j'appris de bonne source les nombreuses histoires de ses miracles, car mon hôte, un Allemand, avait une grande vénération pour le saint. Il se comptait lui-même au nombre de ceux qui en avaient reçu des grâces particulières, puisque chaque semaine, durant sa vie, le mendiant Labre avait accepté de lui une portion de riz. Ce nouveau saint avait été le mendiant le plus hideux qu'on pût rencontrer dans les rues de Rome. Tout le jour on le voyait, agenouillé dans la fange la plus épaisse, la barbe longue, la chevelure hérissée, les vêtements déchirés, avec tous les attributs de la misère la plus répugnante. Il restait ainsi, même à la saison des pluies, dans l'attitude d'un possédé, immobile, les bras étendus, murmurant des prières et des prophéties — objet de dégoût et d'horreur pour les passants! Les parties de son corps que laissaient voir ses haillons étaient couvertes de lèpre et d'ulcères. Il ramassait avec soin la vermine qui tombait de son corps pour lui rendre la nourriture qu'elle avait coutume de trouver sur ses membres en putréfaction. C'est dans cet état qu'on le trouva mourant sur le bord de la rue. Un artisan recueillit le moribond dans sa pauvre maison, pour attirer sur elle la bénédiction du ciel. La guérison soudaine de son enfant fut le premier miracle qui suivit la mort du saint, on y vit un témoignage de reconnaissance. Le pape fit apporter au Vatican le bois du lit dans lequel il avait rendu le dernier souffle, afin d'y dormir lui-même. Quelques jours après sa mort, Labre se rendit encore en France parmi ses frères qui s'étaient brouillés et rétablit la paix dans sa famille. Le Cardinal de Bernis fut obligé d'entretenir avec la France une correspondance pour enquêter sur ce miracle — et il en certifia l'authenticité [13]. L'église de la Madonna de' Monti, où le corps avait été enterré, fut entourée d'une garde importante, car il fallait réprimer le tumulte du peuple qui s'y pressait en foule innombrable pour vénérer son nouveau saint. La cohue était telle que l'on courait le risque d'être étouffé quand on s'efforçait d'entrer dans cette église. Cependant, malgré sa réputation de thaumaturge largement répandue et qu'il était criminel de mettre en doute, on racontait déjà tout bas à cette époque une fâcheuse affaire; elle ne laissait pas d'assombrir l'éclat de sainteté dont le nouveau faiseur de miracles était entouré. Aujourd'hui personne ne peut plus ignorer, même à Rome, le complet discrédit dans lequel est tombée sa gloire. La véritable cause en est, dit-on, le fait que la France n'a pas versé la somme exigée d'elle, patrie de Labre, pour fournir aux frais énormes de la béatification. Quant à l'affaire qui, peu après la mort du nouveau saint, porta tort à sa renommée et fit suspecter par le peuple l'authenticité de ses pouvoirs miraculeux, voici ce qu'on en racontait. Un homme, paralysé depuis plusieurs années, avait été traîné par sa famille près du tombeau de Labre, dans l'espoir d'une guérison. Il demeura plusieurs jours en prières, suppliant le thaumaturge de le guérir, mais ce fut en vain; il ne fit qu'attirer ainsi l'attention des prêtres et du peuple. Les premiers, prévoyant que cette affaire déjouerait leurs projets, auraient désiré éloigner cet homme en secret, mais le peuple insista pour qu'il tentât une dernière fois d'adresser au saint une invocation fervente. On engagea le malade à se tenir debout en s'appuyant sur ses béquilles et à implorer encore, dans cette position, le miracle qui ne pouvait manquer de se produire. Il obéit, — après avoir longuement supplié le saint à voix haute, il lança loin de lui ses béquilles pour prouver sa foi — et tomba, privé de tout secours. Les prêtres, qui s'attendaient à ce dénouement, fondirent alors sur le malheureux, le traitèrent d'impie, d'ennemi secret de la religion, l'accusèrent d'insulter le saint et le présentèrent au peuple comme un exemple du châtiment que le saint réservait à l'incrédulité. Ce fut à ce moment que se produisit un véritable miracle, — mais à vrai dire tout négatif: le pauvre homme, qui s'était fait dans sa chute de nombreuses blessures, ne fut pas lapidé par le peuple qu'on excitait contre lui, et il échappa à la fureur des prêtres.

On vendit en deux mois douze mille méchantes gravures représentant le nouveau saint, à raison d'un demi-paul la pièce; et dans ce nombre ne figurent pas les statues de plâtre et de cire, un peu meilleures, donc plus chères. Des indulgences étaient attachées à la vente de ces images, à leur distribution gratuite aux pauvres; les haillons du saint, déchirés en petits morceaux, furent envoyés au loin comme reliques.

« Que Rome soit votre principal champ d'observation — ces lignes remarquables me furent écrites avant mon voyage en Italie par un prélat éclairé, occupant un poste élevé dans une cour allemande — mais, pour éviter d'être scandalisé, renoncez à observer avec trop d'attention la conduite des prêtres: de nos jours encore, elle ne diffère guère de ce qu'elle était à l'époque de votre grand patriarche Luther ». Cette étonnante remarque, faite à un protestant par un prélat de l'Eglise romaine, m'a été confirmée à Rome dans bien des cas, mais tout particulièrement dans les scènes auxquelles donna lieu la mort de Labre [14].

Pendant les nombreuses cérémonies et processions religieuses, les juifs restent cachés dans le quartier où ils sont emprisonnés, sur l'autre rive du Tibre, afin de ne pas s'exposer, par leur simple présence, aux mauvais traitements de la populace, autorisés par le gouvernement lui-même. Leurs coreligionnaires, presque partout, sont plus ou moins humiliés et opprimés, mais c'est à Rome que ce peuple infortuné reçoit les pires humiliations, les pires brimades. En 1775 encore, le pape actuellement régnant publia un édit concernant les juifs, resté sans égal par une dureté qui tient de la barbarie. Confinés dans une rue étroite, écartée, malpropre et nauséabonde, nommée *il ghetto* [15], ils ne sont autorisés — ainsi le veut l'édit pontifical! — à se montrer dans la ville que durant le jour et doivent, *sous peine de mort,* rentrer au soleil couchant dans cet horrible cachot. Pour pouvoir le quitter et jouir pendant plusieurs jours du bon air de la campagne, lorsque leur santé, ébranlée par cet air fétide et contaminé, a besoin d'être rétablie, il leur faut présenter une dispense en bonne et due forme. Ils encourent certains châtiments, les galères par exemple, s'ils s'approchent du couvent de l'Annunziata ou s'ils entrent dans les églises, les couvents et les hôpitaux. Il leur est interdit, *sous peine de mort,* d'employer des chrétiens comme domestiques ou d'engager des chrétiens pour quelque service que ce soit et, de façon générale, d'entretenir des relations ou un commerce quelconque avec des chrétiens. Aucun de ceux-ci n'est autorisé à voyager dans une voiture en compagnie d'un juif ou à lui prêter sa propre voiture; les juifs ne peuvent, *sous peine de châtiment corporel,* circuler dans Rome à cheval, en carrosse ou en calèche. L'usage de ce dernier véhicule ne leur est permis que pour leurs voyages. Les deux sexes portent ici, comme dans beaucoup d'autres localités italiennes, une marque de couleur jaune, qui les distingue des autres habitants. Leurs enterrements se font dans le plus grand silence, et nulle pierre ne doit marquer l'emplacement de leur tombeau. Ces cruelles ordonnances frappent tous les juifs, ceux qui habitent Rome et les étrangers quand ils y séjournent. Malgré ces persécutions et les impôts écrasants qui pèsent sur eux, huit à dix mille juifs vivent dans la ville — c'est le plus misérable peuple de la terre! — parmi eux, un petit nombre de riches savent échapper à ces dures lois, moyennant finances, et en particulier au confinement dans le *ghetto.* Au siècle où la tolérance est si généralement répandue, le despotisme pontifical ne se contente pas de tourmenter ces malheureux de façon si atroce: avec la cruauté la plus raffinée, on leur rappelle encore, au cours d'une cérémonie qui a lieu chaque année, ces époques de ténèbres où l'on ne faisait aucune différence entre les juifs et les animaux. A la fin du XVᵉ siècle en effet, quand on rétablit les courses de chevaux, on les fit précéder par des courses de juifs; elles avaient lieu pendant le carnaval, en présence du pape, tandis que le peuple donnait libre cours à sa cruauté. On a depuis exempté les juifs de cette servitude, mais pour commémorer cette *marque d'humanité,* chaque année encore, au début du carnaval, une députation doit se présenter au Capitole pour y remettre aux magistrats romains, *à genoux,* une somme de trois cents écus, rançon de leur course qui constituait un spectacle dont le peuple s'est vu privé[16]. Si horrible que soit au demeurant l'oppression politique sous laquelle languissent les juifs de Rome, elle est loin d'atteindre la cruelle tyrannie exercée sur leurs consciences par la Sainte Mère l'Eglise qui veille tendrement au salut de leurs âmes. Un nombre déterminé de juifs doit, sous peine d'amende, se rassembler, le samedi après-midi — c'est-à-dire le jour de leur sabbat! — dans une église catholique, pour y entendre un sermon de conversion. Un messager de paix — un Dominicain à voix tonnante — monte en chaire et leur représente, avec les imprécations les plus terribles, combien leur religion est digne d'anathème, la nécessité où ils se trouvent de se réfugier dans le sein de l'Eglise pour échapper aux peines éternelles de l'enfer. Après cette admonestation paternelle, il continue sur le même ton en maudissant leur opiniâtreté et la façon dont ils résistent à ces exhortations qu'ils entendent chaque semaine. Les fréquentes tentatives auxquelles ont recouru ces infortunés pour se dérober aux sermons des convertisseurs sont toutes demeurées vaines. Ils se bouchaient les oreilles: on examine maintenant les oreilles des assistants. Ils dormaient, ronflaient même: on a mis des surveillants qui éveillent dormeurs et ronfleurs en les frappant rudement. Mais il leur restait encore un moyen qu'on n'a pu leur enlever: maintenant ils toussent et bâillent si fort que la voix tonnante du Dominicain elle-même est souvent couverte par ce tapage. Puis ils quittent l'église avec des éclats de rire farouches, maudissant en secret leurs tyrans[17].

Chapitre 11

ROME[1]

Tous les étrangers venus à Rome avaient coutume autrefois de se faire accompagner d'un *cicerone* qu'ils chargeaient de les instruire quand ils allaient voir les oeuvres d'art et les vestiges de l'antiquité. Ces prétendus *ciceroni* sont très nombreux aujourd'hui encore, ils ne manquent pas d'importuner le voyageur dès son arrivée[2]. Les princes romains, les cardinaux et autres grands personnages entretiennent à demeure quelques-uns de ces animaux, qui espionnent pour eux les moindres nouvelles de la ville et leur servent d'entremetteurs; la première faveur — souvent aussi la dernière — accordée par eux à l'étranger qui leur est recommandé, consiste à lui envoyer, dès son arrivée à Rome, l'un de ces parasites, avec un certificat de ses rares talents, et il faut le supporter longtemps avant de réussir à se débarrasser de lui, au risque de perdre les bonnes grâces de son protecteur[3]. Cette engeance si importune, tous ces *ciceroni, abbati* et soi-disant *antiquare* (sic) de Rome appartient pour la plupart à la lie de la seconde classe du peuple; aussi dangereux pour le goût de l'étranger que pour sa bourse, ils n'ont, à quelques rares exceptions près, ni connaissances, ni ce sens inné qui permet de découvrir le grand et le beau dans les oeuvres d'art[4]. Toute leur science se réduit à une stérile nomenclature, et même sur ce point le visiteur ignorant est bien heureux s'ils ne l'induisent pas en erreur. J'entendis un jour un *cicerone* qu'un jeune Anglais avait pris pour guide — car les voyageurs de cette nation suivent encore l'ancienne coutume — s'écrier devant les ruines d'un temple antique: « *Ecco le rovine del famoso, del superbo, del maestoso tempio di Vesta!* » (Voici les ruines du célèbre, du superbe, du magnifique temple de *Vesta!*). Le jeune homme devait déjà posséder quelques connaissances, car il fit cette objection à celui qui prétendait lui donner un enseignement artistique: « Les anciens temples de cette déesse avaient d'ordinaire une forme ronde, pour symboliser la voûte des cieux, or il semble bien qu'on ait affaire ici à un édifice quadrangulaire. — *Sicuro, sicuro, Eccellenza,* répliqua l'ignare pédant, *ma queste pure sono le rovine del maestoso, del superbo, del famoso tempio di Vesta! Capisce?* » (Bien sûr, Excellence, mais ce n'en sont pas moins les ruines du majestueux, du superbe, du fameux temple de *Vesta!* Avez-vous compris?) « *Very well* », dit l'Anglais, peu satisfait de la réponse donnée par le sot, et il poursuivit son chemin. En revanche, pour tout ce qui concerne les lieux de débauche ou les diverses classes des prêtresses de Vénus, les *ciceroni* ont une science très étendue; leur savoir est immense quand il s'agit des escroqueries les plus diverses. Souvent, le soir, je les ai vus quitter en compagnie de leurs élèves les temples en ruines de l'antiquité, très satisfaits d'en avoir fini avec leurs leçons sur l'ancienne Rome, pour aller se perdre avec eux dans les temples modernes de Vénus et de Bacchus. Leur salaire est d'un sequin par jour, mais il ne faut pas oublier une condition sur laquelle ils se montrent intraitables: leur élève doit prendre un carrosse de louage, pour que le *cicerone* puisse lui faire visiter plus commodément les curiosités. C'est aux tables d'hôte, toujours bien pourvues à Rome, que ces gens se trouvent dans leur élément. Ils y déploient une activité continuelle, un zèle infatigable, assis auprès de leurs écoliers qu'ils rassasient de leur savoir étourdissant. Deux, trois assiettes et davantage, chargées de portions énormes, sont disposées devant eux; s'ils interrompent cette occupation qui est pour eux la principale, c'est pour examiner la qualité, la quantité des nouveaux plats et faire signe aux serviteurs — ceux-ci leur sont tout dévoués et contribuent à les recommander auprès des *Cavalieri inglesi* — d'approcher ces plats et d'augmenter le nombre des satellites gravitant autour de leur assiette [5]. L'état de laquais de louage est souvent le premier degré qui permet d'accéder à la dignité de *cicerone*. Quand il a fait ainsi le tour de Rome pendant quelques années, un drôle a pu acquérir des connaissances douteuses et réussir à se mettre dans la tête les noms des diverses curiosités; il prend alors le nome d'*abbate* et de *cicerone*. J'avais pour laquais un homme assez

121

honnête au demeurant, mais extrêmement borné, quoiqu'il eût une assez bonne mémoire des noms; en prenant congé de moi, il me remercia pour les observations qu'il m'avait entendu faire ici ou là sur quelques oeuvres d'art; il m'expliqua que dorénavant il ne suivrait plus personne en qualité de laquais, mais porterait le petit manteau et la calotte de couleur noire, pour se faire le *cicerone* des *cavalieri forestieri* désireux de voir les curiosités de Rome. J'eus beau l'exhorter énergiquement à renoncer à ce ridicule projet (mais après tout, que pouvait-il en résulter de pire, sinon d'ajouter un sot au grand nombre de ceux qui composent déjà cette catégorie?), mes admonestations restèrent sans effet. J'ai appris par la suite que mon laquais, Andrea N. N., est bel et bien devenu un *cicerone* portant la tenue d'*abbé* et, en tant que tel, accompagne certains étrangers sous le nom de *l'abbé aux chiens,* dû à quelques-uns de ces animaux qu'il a chez lui d'ordinaire.

Lorsque Joseph II vint à Rome pour la première fois, il se conforma à la coutume et engagea un *cicerone* dont on lui avait recommandé de la façon la plus avantageuse les prétendues connaissances. Il fit le tour de la ville en voiture avec son homme pour voir les curiosités et dut subir les formules apprises par coeur que ces gens débitent d'une voix monotone, à peu près comme le font chez nous les savoyards quand ils montrent la lanterne magique en disant: « Regardez bien, vous allez voir des merveilles! » Mais si Joseph II, selon sa coutume, posait des questions plus précises, l'homme restait muet, ou se bornait à reprendre ses formules toutes faites. Dans les églises et dans les palais, il allait même, à l'avance et en secret, demander aux gardiens les noms des maîtres auxquels sont dues les plus célèbres peintures, puis il les répétait à l'empereur. Ils avaient plusieurs fois par jour l'occasion de passer sur la place Barberini, car l'empereur habitait aux environs. C'est là que se trouve, sur la grande fontaine, le célèbre triton du Bernin. La première fois le *cicerone,* voyant ouvert le vaste champ de ses connaissances, se mit à crier: « *Ecco, ecco il famoso tritone del cavaliere Bernini!* » (Voilà, voilà le fameux triton du cavalier *Bernin*!). Bientôt après, le voiture y passa une seconde fois, et il s'écria avec la même emphase: « *Ecco, ecco il famoso tritone del cavaliere Bernini!* » Ils y revinrent ce jour-là à trois ou quatre reprises, de même les jours suivants, et chaque fois, élevant la voix sur le même ton, l'homme criait son « *ecco, ecco* »

Fig. 12. Domenico Pronti, *Le casino de la villa Negroni.* Rome, Istituto naz. per la
grafica, Gabinetto delle stampe (Cl. du Gabinetto). Cf. p. 126. C'est l'ancienne villa Montalto détruite au XIXe siècle.

etc. Joseph II ne put jamais oublier le *cicerone* qu'il avait dû supporter pendant plusieurs jours, ni son emphatique *ecco, ecco!*

Pour visiter Rome avec fruit, il faut s'être préparé par l'étude de la littérature antique — celle de l'histoire et de la mythologie romaines est particulièrement utile, de même celle des poètes classiques — il faut être guidé par une connaissance exacte de l'ancienne Rome et s'être renseigné auprès d'un antiquaire bien informé — tous les étrangers de Rome citent avec considération les noms des Allemands Reifenstein et Hirt comme ceux d'excellents connaisseurs de l'antiquité — alors on peut se promener seul parmi les ruines, délivré de tous les fâcheux, on peut examiner par soi-même, établir des comparaisons et on se trouve récompensé par des découvertes dont on n'est redevable qu'à soi [6]. C'est grâce à ces recherches personnelles que l'on élargit vraiment le champ de ses connaissances. On les puise en soi-même, on les vérifie ensuite en relisant à diverses reprises les Anciens, en comparant ces auteurs ou les meilleurs d'entre les Modernes avec la réalité elle-même. Quand on parcourt Rome et ses environs sous la conduite de ces guides dignes de foi, on s'instruit toujours avec un grand profit, même si dans bien des cas ce n'est pas sans peine. On renonce alors volontiers à la compagnie de ces demi-savants qui, non contents de trouver les traces de la plus haute antiquité bien visibles pour nous dans les vestiges de ces grands monuments et attestées en outre par l'histoire, se plongent souvent dans de vaines subtilités à propos de choses insignifiantes, veulent faire croire qu'ils savent, *eux,* appliquer à chaque tas de pierres le nom qu'il portait jadis et se prononcer d'une manière infaillible sur son ancienne destination. Ils forment une catégorie bien importune, ces espions de l'antiquité, avec leurs dissertations érudites sur des objets que le temps lui-même a dérobés à nos regards et couverts du voile de l'oubli! Que de fois ces insupportables bavards viennent troubler le visiteur dans le sentiment sublime et recueilli qu'il éprouve parmi les ruines de la Rome antique, celui de se trouver *sur les lieux mêmes où vécurent les anciens Romains;* que de fois ils gâchent sa joie en ces heures solennelles où il croit accompagner le Romain des temps jadis, ici aux temples de ses dieux et aux sacrifices, là sur le chemin de la gloire et de la pompe triomphale, ailleurs aux divers spectacles, aux délibérations destinées à régler le sort des nations ou aux sanctuaires de l'art [7]! Ce que ces

124

gens vous donnent alors, c'est, à propos d'insignifiantes bagatelles, un verbiage pédant où ils prétendent exposer d'importants résultats, ce sont des affirmations dépourvues de fondement qu'ils veulent faire prendre pour des conclusions bien établies! Il existe à Rome une autre catégorie de fâcheux, moins importune en vérité, mais tout aussi riche d'éloquence et pauvre de réflexion; elle se recrute surtout parmi les étrangers arrivés depuis peu à Rome, pour qui tout est encore nouveau et digne d'étonnement: *ceux qui admirent en aveugles les moindres bagatelles, pourvu qu'elles soient antiques.* Les Anglais et les Allemands sont particulièrement contaminés par cette manie. Ils confondent, sans exceptions, les notions de *beau* et d'*antique*. La moindre vieille pierre déterrée par la bêche ou la charrue suscite leur intérêt; quiconque se permet d'exprimer le plus léger doute ou même ose préférer une oeuvre d'art moderne à un morceau que l'épithète *antique* a consacré, est traité par eux d'*Abdéritain.* Les gens rusés qui se livrent au commerce des antiques savent exploiter cette folie des étrangers novices et leur faire payer souvent assez cher leur *whim,* sans leur donner pour cela un objet ayant une réelle valeur.

Dans les magnifiques villas des princes romains sont réunies les plus grandes oeuvres d'art léguées par l'antiquité; tout concourt à faire de ces villas le séjour le plus enchanteur, la position, le voisinage, la diversité et la richesse des points de vue et des paysages environnants. Il est vrai que, dans la plupart des cas, leurs jardins sont encore ordonnés selon l'ancien goût français [8], mais comme la plupart de ces villas princières ne sont ni habitées, ni entretenues par leurs propriétaires, le temps a réparé les fautes que le mauvais goût d'autrefois avait commises dans leur aménagement et qui portaient préjudice au bel art des jardins. Les formes ridicules dues aux ciseaux des jardiniers et qu'imposait jadis la mode ont en partie disparu. On ne voit plus guère d'arbres taillés en boule ou en éventail, maintenant la nature leur a rendu leur port majestueux, elle en a fait des groupes pittoresques, elle a transformé en bosquets ombreux les tonnelles et les passages voûtés que l'on avait voulu édifier, à l'imitation de l'architecture, avec les arbustes les plus rares et les plus précieux. Les jardins et les parcs de quelques autres villas plus souvent habitées ont été récemment redessinés selon les exigences du meilleur goût. La nature, qui a prodigué à l'Italie les plus riches de ses dons, met tous ses soins pour porter à leur perfection la sublime beauté ou le charme si gracieux des jardins ainsi aménagés. Elle a tant fait pour ces contrées privilégiées qu'il suffit d'une très faible intervention de l'art pour parachever les grands tableaux qu'elle y a esquissés. Que d'heures joyeuses l'amitié m'a réservées le soir dans ces beaux lieux, après les journées brûlantes consacrées à visiter les oeuvres d'art et les monuments de l'antiquité [9]! mon esprit exigeait alors une détente, la fraîcheur des ombrages invitait à un repos réparateur, et je me rendais tantôt aux villas Médicis et Millini qui, grâce à leur position élevée, offrent une vaste perspective sur Rome et ses environs, tantôt dans les nobles allées de pins et de chênes de la villa Pamfili, ou à la superbe villa Albani, dont la disposition est celle d'une ancienne demeure romaine, dans les sombres allées mélancoliques de la villa Negeroni *, que bordent les cyprès, les lauriers et les myrtes — et surtout dans le parc magnifique de la villa qui appartient au prince Borghèse, ce noble protecteur des arts et du goût [10]. Il occupe de nombreux artistes, Allemands ou autres étrangers, en les chargeant d'exécuter des ouvrages destinés à embellir sa maison de campagne, célèbre par sa magnificence et la richesse de ses trésors artistiques. Pour aménager le grand parc de la villa, on a utilisé de la façon la plus heureuse les inégalités du terrain. On ne voit nulle part, dans les proches environs de Rome, le chêne, le platane et le pin croître avec tant de vigueur et d'orgueil. Jamais on ne quitte ces jardins sans y avoir découvert des beautés nouvelles, des marques de grandeur jusque dans les détails, ni sans désirer revenir au plus vite dans ce sublime bois de chênes, dans ces allées de pins, de cyprès et de lauriers, auprès des pittoresques jets d'eau et du petit lac abrité dans une vallée, au pied d'une colline mollement inclinée. L'image des vieux chênes qui entourent ce lac romantique, reflétée dans son paisible miroir, paraît plus belle encore à l'heure

---

* Transporté d'enthousiasme au cours d'une heure privilégiée qu'il passait dans cette villa Negeroni à la mélancolique beauté, M. de Ramdohr a composé une courte description de ces jardins et de la superbe partie boisée, due à Michel-Ange, située sur la colline proche. Celui qui est allé en ce lieu, et celui-là seul, peut éprouver dans toute leur force les sentiments exprimés par l'auteur et lui être reconnaissant d'avoir si bien traduit ce que ressent tout visiteur. Des mains criminelles, me dit-on — il s'agirait de nouveaux propriétaires insensibles à la beauté de cette villa — ont fait abattre les cyprès et les pins du jardin. Quelle perte irréparable!

où leur cime est empourprée par les rayons du soleil couchant. Au milieu de ses eaux, sur une petite île, s'élèvent quelques-uns de ces arbres vénérables. Rien peut-il être plus bienfaisant que de goûter les charmes de la solitude dans ce beau parc au lever ou au déclin du jour, et surtout auprès du lac, dans la vallée que j'ai décrite? En de tels instants, combien les méditations sur le passé et l'avenir se trouvent favorisées à la vue de ce lac au clair miroir et à la surface paisible, dans cette vallée où des chênes l'abritent des orages! ce spectacle leur donne plus d'élévation et de beauté, tout comme l'image des grands chênes réfléchie par l'eau paraît plus belle encore [11]. Mais comment transcrire de telles impressions, par nature incommunicables? peut-être semblent-elles même incompréhensibles à qui n'a pas visité ces lieux — elles ne peuvent être ressenties et partagées que par celui-là seul qui a, comme moi, connu, aimé cette partie de la magnifique villa. J'en appelle à son sentiment, il est le seul qui puisse me comprendre.

Le noble prince Borghèse fait preuve de grandeur et de magnificence dans tout ce qu'il entreprend pour l'ornement de sa villa. Le palais a sans doute atteint aujourd'hui le degré de perfection qu'il s'employait à lui donner à l'époque de mon voyage: le propriétaire possède à la fois la richesse et le goût, les antiques de sa collection sont fort nombreux et comptent parmi les plus beaux et il a su choisir, pour décorer chacune des salles, les meilleurs artistes de Rome. Comme si le génie de l'antiquité inspirait encore toutes ses actions, il exerce envers les étrangers une hospitalité conforme à la tradition de l'ancienne Rome. Il aime à les voir dans son parc, recherche leur conversation, il sait mettre à profit, après les avoir examinés, les conseils que lui donnent des hommes de goût. La liberté sans limites dont jouissent ici tous les étrangers est annoncée par l'édit suivant, que le prince a fait publier par le gardien de son parc et afficher dans le parc même *!

« Nous, gardien de la villa Borghèse Pinciana, faisons connaître ce qui suit:

Qui que tu sois, ne sois ici qu'un homme libre! ne redoute pas les entraves d'un règlement! Promène-toi où tu veux, cueille ce que

---

* M. Volkmann en a donné l'original, en latin, dans ses *Historisch-kritische Nachrichten,* Tome II, p. 378.

tu veux, retire-toi quand tu le veux. Tout est destiné ici aux étrangers plus encore qu'au propriétaire. Dans l'âge d'or que promet une sécurité générale, le maître de cette maison ne veut pas avoir donné de lois de fer. Que son hôte ait pour unique loi sa volonté, réglée par la bienséance. Mais si quelqu'un, par une malice préméditée, viole les règles de l'urbanité, il doit craindre que le gardien courroucé ne brise les signes sacrés de cette hospitalité qu'il aura lui-même profanée ».

La famille Cenci, éteinte au début du XVIIe siècle, possédait sur l'emplacement de cette villa une maison de campagne que le pape Paul V, un Borghèse, donna par la suite à son neveu. La tradition varie beaucoup en ce qui concerne cette malheureuse famille et les causes ayant entraîné la disparition de son nom; on ne peut affirmer avec certitude que le portrait d'une belle jeune fille, attribué à Guido Reni et exposé au Palais Colonna, soit celui de la jeune Cenci, coupable de parricide. Les renseignements que m'ont donnés plusieurs Romains ne s'accordent pas sur les motifs secrets qui amenèrent le pape à prononcer l'arrêt de mort, mais pour le reste ils sont à peu près unanimes; d'après eux et malgré toute l'horreur du parricide que certains lui imputent, mais qui n'est pas prouvé, l'âme héroïque de cette jeune fille l'élève au rang des Romaines les plus célèbres de l'antiquité par leurs grandes actions. Souillé des vices les plus grossiers, celui qui était alors le chef de la famille Cenci n'avait pas craint de former des projets incestueux contre l'innocence de sa fille, alors dans tout l'éclat de sa beauté. Si l'on en croit certains, la jeune fille, poussée au désespoir par ces offenses réitérées à son honneur, excitée surtout par une mère que la jalousie rendait furieuse, décida avec celle-ci la mort du père incestueux. Quand on découvrit le meurtre, l'un des assassins qui avaient été soudoyés pour tuer Cenci fut arrêté; il ne put résister aux tourments de la question et accusa la mère et la fille d'avoir fomenté le crime. Elles nièrent; toutes les souffrances de la torture ne purent arracher à la fille un aveu de culpabilité. Alors on la confronta avec l'assassin qui avait avoué. Il ne put supporter ce regard plein de mépris pour un lâche tel que lui, ces reproches; et quand il apprit que le corps délicat de la jeune fille, forte de son innocence, avait résisté à la torture, le bandit fut ébranlé profondément. Il retira son accusation, prétendant qu'il s'agissait d'une calomnie, et aucune violence ne put l'obliger à confirmer ses précédentes déclarations.

Puis la mère, à son tour, fut soumise à la torture. Elle avoua les faits - et un seul regard, un seul mot de cette mère chérie, engagée avec elle dans son malheureux destin, suffit à vaincre la fermeté de la fille. Celle-ci reconnut à son tour qu'elle avait participé au meurtre de son père. Elle fut décapitée, ainsi que sa mère et son frère, dernier espoir de la maison, et les neveux du pape s'emparèrent de leurs biens [12].

Chapitre 12

TIVOLI[1]

De nombreuses difficultés surgissent quand on veut décrire des paysages, des tableaux grandioses offerts par la nature, et plus encore s'il s'agit de ces contrées qui ne présentent pas au spectateur une grandeur et une majesté susceptibles de l'éblouir, mais lui plaisent par un caractère particulier, un charme subtil et indéfinissable; c'est aussi le cas lorsqu'on cherche à communiquer les impressions ressenties en de telles circonstances; bien souvent les voyageurs méconnaissent ces difficultés et peu d'entre eux parviennent à les surmonter avec bonheur. De là tant de descriptions longuement et fastidieusement brossées, mais incapables de satisfaire vraiment les lecteurs qui en connaissent les originaux ou d'enflammer l'imagination des autres en leur offrant un tableau plein de vie. Je ne sens que trop pour ma part cette infériorité de l'écrivain par rapport au dessinateur: il suffit à celui-ci de jeter quelques traits sur le papier pour confondre tous les efforts du premier et attester le pouvoir de l'art graphique. Elle m'apparaît surtout au moment où je m'essaie à décrire quelques paysages voisins de Rome. C'est là que la nature a répandu le plus précieux de ses dons, le plus bienfaisant aussi par la durée de son influence: ce charme si doux, cette beauté si gracieuse qui attirent et retiennent le regard, mais suscitent des impressions difficilement communicables. Je les revois encore dans toute leur grandeur, toute leur richesse, toute leur diversité, ces magnifiques environs de Rome; le voyageur les découvre avec un enthousiasme jusqu'alors inconnu et leur souvenir s'imprime dans son âme en traits qui ne s'effaceront plus. Le temps n'a jeté sur eux qu'un léger voile et permet au regard, que ne distrait plus cet ensemble grandiose, de choisir quelques détails isolés parmi ces tableaux si riches. Si ma main est incapable de rendre tous les traits que mes yeux ont observés, je veux tenter pourtant d'en esquisser quelques-uns.

Tivoli est cet ancien Tibur qu'a célébré Horace dans ses chants immortels. La cascade retentissante, la chute de l'Anio, les bosquets, les vergers lui faisaient préférer cette région aux plus grandes villes de la Grèce, il lui trouvait plus de charmes qu'à la vallée de *Tempé* * elle-même, gloire de la Thessalie. C'est dans cet asile, à ses yeux le plus riant de la terre, qu'il souhaite terminer, dans le repos du philosophe et les occupations du campagnard, une vie jusqu'alors accablée d'ennuis. C'est ici qu'il invite ses amis à offrir à ses cendres le tribut de leurs larmes **. Dans sa villa proche de Tibur, sur les rives fraîches de la Digentia ***, il avait vu combler ses plus chers désirs. Les dieux lui avaient accordé en ce lieu des dons plus nombreux et plus précieux qu'il n'en demandait; il s'estimait heureux et ne souhaitait que de conserver ces présents divins ****.

A Tibur, fondée par les Argiens et célèbre longtemps avant Rome, les Césars des premiers siècles, comme de nombreux héros, lettrés et poètes illustres, avaient leurs maisons de campagne. La ville put échapper longtemps au joug des Romains et demeurer un état libre. Lorsqu'enfin ceux-ci s'emparèrent de la ville, la conquête fut célébrée à Rome avec toute la pompe triomphale. L'actuel Tivoli, une misérable bourgade, n'a plus rien de son ancienne gloire, sinon le titre d'« orgueilleuse » (*superbum*) et le S.P.Q.T. (Le Sénat et le Peuple de Tibur) qui figurent encore dans les inscriptions modernes. Sur les ruines du temple autrefois consacré à l'Hercule de Tibur, et qui renfermait une précieuse bibliothèque, on a bâti la cathédrale. L'ancien temple de la Sibylle, déesse protectrice de Tibur, subsiste encore en partie avec sa belle colonnade; c'est l'une des ruines les plus belles et les plus gracieuses de l'Italie. Il donne une grande beauté à ce paysage. Situé sur une colline surplombant l'étroite et romantique vallée de l'Anio, il domine cette vallée, les montagnes pittoresques qui lui font face et la grande cascade du fleuve, sans cesse

* *Odes,* 7, 1.I.
** *Odes,* 6, 1.II.
*** *Epîtres,* 18, 1.I, v. 104.
**** *Satires,* 6, 1, II.

mugissante [2]. Pour s'y rendre, on traverse le vignoble de la petite auberge, par un sentier ayant vue sur la vallée, à l'ombre d'une treille en berceau d'où pendent des grappes brillantes. L'aubergiste — il est aussi membre du sénat de Tibur! — le *Sign. Francesco,* si avantageusement connu de tous les voyageurs, prenait le titre de « *padrono del tempio* »; il m'exposa les droits de propriété que depuis des siècles sa famille prétendait avoir sur ce temple. On dit qu'il les a maintenant cédés au pape et se contente d'un nouveau titre, celui de gardien du sanctuaire élevé à la Sibylle de Tibur; il veille avec le plus grand soin à sa conservation et chaque année remet au pape un état des dépenses qu'il a engagées pour entretenir le temple de l'ancienne déesse tutélaire. Qui ne le connaît, le brave Francesco, ou, si l'on préfère, *Checo,* selon le diminutif amical qu'on a coutume de lui donner? Le bon accueil que l'on reçoit chez lui pour un prix modique, l'égalité de son humeur joviale le font aimer de tous et attirent les étrangers dans sa petite auberge. Grand ami des artistes et des amateurs, en particulier des Allemands, il les traite avec les prévenances les plus marquées. Pour le dédommager de les avoir si bien traités, ceux-ci décorent les murs de sa maison en donnant libre cours à leur joyeuse humeur d'artistes et il sait apprécier leurs spirituelles productions comme des souvenirs de ses bons amis. Puisse-t-il vivre heureux, le bon Francesco de Tivoli, l'ami et le protecteur des arts et des artistes!

La grande cascade du Teverone, autrefois nommé Anio, n'est pas comparable à la chute du Velino près de Terni. Elle n'en approche ni par la hauteur ou le volume, ni par la beauté du paysage environnant. C'est de la colline où se trouve Tivoli qu'elle se présente sous l'aspect le plus pittoresque. D'en bas, elle offre une vue moins avantageuse et partiellement masquée par de nombreuses baraques situées en-deçà du torrent. Quant aux chutes plus petites (cascatelles) qui s'échappent en divers endroits du Teverone et se précipitent du sommet d'une haute muraille rocheuse riche en points de vue pittoresques, c'est en s'enfonçant dans la vallée qu'on peut les voir dans toute leur beauté. Pour apprécier le tableau enchanteur que présente cette étroite vallée enserrée entre deux parois de montagne et s'approcher progressivement des cascatelles, si diverses par la grandeur et la beauté, on prend le chemin qui sort de la ville par le côté opposé, puis on descend jusque dans la vallée. A droite, on voit

Fig. 13. Balthasar Anton Dunker et Georg Hackert, d'après Jacob Philipp Hackert, *Une des sources du torrent Licenza près de Tivoli.* Rome, Accademia naz. dei Lincei, Gabinetto delle stampe (Cl. du Gabinetto). Scène familière d'excursion littéraire: des touristes se sont rendus à la villa d'Horace proche de Licenza (*Digentia*) à mi-côte du Colle Rotondo (*Mons Lucretilis*) et examinent la Fonte Oratina (*Fons Bandusinus*). Un des personnages semble lire à haute voix un livre qui doit être un recueil de vers du poète. Cf. p. 131.

briller, parmi les masses sombres des arbres et des buissons couvrant la roche, l'eau qui s'échappe des flancs de la montagne par trois ou quatre bouches voisines l'une de l'autre. C'est la petite cascatelle. Sa forme, son volume varient selon que le débit des eaux est plus ou moins abondant. J'ai vu deux de ses ruisseaux, d'abord isolés, se précipiter de la plus haute plate-forme, puis ils se confondaient; je les ai vus quelquefois se briser en jets d'écume sur les blocs de rochers qui s'élèvent parmi les buissons et quelquefois, s'ils étaient grossis par un afflux plus abondant, franchir ces rochers en formant un arc argenté. Près de là, plusieurs ruisseaux moins importants descendaient en bondissant sur la surface inégale de ce mur rocheux, ils disparaissaient parfois entre les broussailles pour reparaître soudain plus bas sous l'aspect de plusieurs cascades séparées. Ces ruisseaux, dont l'éclat d'argent se détache sur la sombre végétation des pentes, sont encore plus beaux lorsque les rayons du soleil viennent y faire jouer les couleurs les plus variées.

Quand on continue à descendre dans la vallée pour s'approcher de Tivoli, la grande cascatelle offre un spectacle encore plus grandiose et plus pittoresque; elle inspire souvent les peintres de paysage, mais il est rare qu'ils parviennent à rendre toute la splendeur et la majesté que lui a données la nature. Un torrent considérable, haut de soixante pieds environ, se déverse sur un large palier de roc, entre les ruines de palais romains et de hautes broussailles, et de là se précipite dans la vallée en une grosse colonne d'eau ayant plus de deux fois la hauteur de la première. Quand on se trouve sur le sommet qui lui fait face, on jouit dans tout son ensemble de cette scène si imposante: sur la hauteur, à gauche, Tivoli, le temple de la Sibylle et les ruines de la villa de Mécène; la grande cascade du Teverone au pied de la montagne; en face, les pentes couvertes d'une épaisse végétation où se détachent les deux cascatelles aux flots écumants; à droite, la fertile vallée où s'écoule le Teverone — puis, quand cette vallée s'ouvre vers Rome, la haute coupole de Saint-Pierre à l'arrière-plan. Mais si l'on veut admirer ce merveilleux spectacle naturel sans se laisser distraire par l'ensemble grandiose que forme tout ce paysage, il faut se placer au pied de la colline, devant le lieu précis où arrivent les eaux et le plus près possible. Sur la hauteur en effet, le regard se perd dans ce tableau si varié et si étendu, il s'égare entre les divers objets et le caractère unique de cette scène lui échappe. On se fraie à grand-peine un chemin à travers les broussailles couvrant la pente de la montagne. Le bruit toujours croissant de la cataracte ressemble à celui d'une tempête que l'on entendrait s'approcher dans la forêt; les épais buissons qui vous environnent ne laissent pas la moindre échappée, si bien qu'on est d'autant plus surpris en continuant à avancer, de découvrir tout à coup ce spectacle inégalé. La cataracte, avec un bruit étourdissant, se précipite en un vaste et profond bassin creusé dans le roc et entouré d'énormes quartiers de pierre. Les eaux rejaillissent de tous côtés avec une terrible violence et forment une nuée de poussière humide qui s'élève en tourbillonnant, semblable — si une telle comparaison est permise quand il s'agit d'un spectacle si majestueux — à la fumée s'échappant d'un grand poële où ronfle le feu. Dans le bassin, les ondes se combattent comme les flots de la mer en furie, elles se brisent en écumant contre les hauts rochers qui l'entourent. D'autres roulent par-dessus ses bords et forment entre les blocs de pierre tantôt des tourbillons, tantôt des cascades plus petites qui, selon leur éloignement par rapport au bassin et selon la direction des vagues qui viennent se joindre à elles, changent à tout instant de forme et disparaissent tour à tour. Là, quelques-unes glissent, limpides comme un miroir, sur des pierres que l'eau a polies; ailleurs d'autres s'élancent très haut en faisant jaillir des rais d'écume. Un torrent se détache de la grande cascade pour emprunter la pente rapide d'un lit resserré par des rochers. Ses flots roulent en bouillonnant sur d'énormes pierres, puis se mêlent aux eaux de la grande cascatelle. Les branches du Teverone, ainsi réunies, forment un fleuve impétueux qui s'écoule dans la vallée et se répand dans la plaine. Le caractère pittoresque du tableau si rare offert ici par la nature est encore accentué par les objets proches de la cascatelle. Sur la plate-forme qui reçoit la cascade à sa première chute, ainsi qu'au sommet de la colline, on voit s'élever, au-dessus des buissons bas, divers groupes d'arbres, de grands pins isolés, des cyprès en forme de pyramides. Le flanc de la colline, de part et d'autre de la chute d'eau, est couvert de broussailles sauvages qui, toujours arrosées par une poussière humide, sont du vert le plus frais et le plus brillant. Même quand aucun souffle d'air ne se fait sentir, le voisinage de ces eaux agitées communique à leur feuillage un frémissement continuel. Dans la vallée, le tussilage (le *tussilago Petasites* de Linné) croît entre les blocs de rochers et autour de la cascade, il couvre de ses larges feuilles

les rocs qui entourent le bassin. C'est aux rayons du soleil matinal que la cascatelle apparaît dans sa plus grande beauté. Le flot argenté qui se précipite sur un flanc de montagne couvert d'une verdure sombre, les rayons du soleil qui se brisent dans l'écume en couleurs chatoyantes, les arcs-en-ciel qu'ils forment au-dessus du bassin, le beau paysage des alentours brillamment éclairé — tout concourt à former un ensemble dont on ne saurait exprimer la grandeur et la beauté. Ce fut à ce moment que je vis un Anglais, excellent paysagiste cependant, pénétré de la conviction que son art ne pouvait rivaliser avec la nature qui avait composé cette scène inimitable, déchirer son esquisse déjà très avancée et la jeter dans le torrent [3].

Je ne me hasarderai pas à donner un parallèle complet entre la cascade de Tivoli et celle de Terni. Elles ont fait naître en moi des impressions toutes différentes, mais que je ne puis présenter comme des règles valables pour tous, chacun se fiera ici à sa propre sensibilité; j'éprouve un tel plaisir à évoquer ces joies passées que je ne veux pas l'affaiblir par des comparaisons. Je suis resté plusieurs jours à Tivoli, j'ai donc eu le loisir de contempler la cascatelle à diverses reprises et à des heures différentes; je n'ai vu qu'une fois, en passant, la cataracte du Velino près de Terni. Un spectacle si grand et si rare gagne à être observé à plusieurs reprises, on y éprouve un plaisir toujours plus vif. Moins ébloui par l'ensemble, l'oeil le saisit mieux qu'à la première vue, toujours imparfaite, et il découvre sans cesse de nouvelles beautés de détail. Ma situation à Tivoli, le calme dont je pus jouir à chacune de mes fréquentes visites à la cascatelle, quand l'émotion de la première surprise fut passée, expliquent pourquoi mon sentiment lui donne la préférence sur la chute du Velino. Le Velino a un débit plus abondant, il est plus large et peut-être plus haut, aussi offre-t-il un spectacle sublime, qui frappe le spectateur d'étonnement, mais l'autre, avec sa double chute, les montagnes qui l'environnent, couvertes de ruines et de broussailles, avec de beaux points de vue sur la vallée, présente un aspect plus pittoresque et touche plus directement la sensibilité. Là, c'est une majesté sublime qui vous bouleverse et vous fait reculer d'effroi, ici, une paisible grandeur qui vous émeut et vous attire. La stupeur, l'étonnement que j'avais ressentis près de la chute du Velino n'étaient cependant qu'une émotion passagère; elle se dissipa vite quand je me fus éloigné de ce tableau grandiose et le souvenir ne me permet pas de la retrouver dans toute sa force. Il faudrait pour cela revoir cette cataracte aussi étourdissante que le tonnerre. Mais l'impression que laisse la cascade du Teverone dure toute la vie; même quand on l'a quittée, on garde le souvenir de sa beauté, elle vous réserve toujours de nouvelles joies.

La grotte de Neptune, près de Tivoli, offre un spectacle unique et fort pittoresque. Au pied de la montagne sur laquelle est située la ville se trouve une caverne creusée dans le roc, dont l'eau recouvre l'entrée; à travers l'arc voûté que forme cette entrée, on peut voir un gros torrent y tomber avec fracas. Le jour y pénètre par une ouverture de la voûte placée exactement au-dessus de la cascade. Il est impossible d'exprimer la beauté de ce spectacle, quand le soleil matinal s'élève au-dessus des rochers escarpés entourant la caverne. Ses rayons arrivent exactement sur la chute d'eau. A l'arrière-plan, alors vivement illuminé, l'eau projette des gerbes argentées; à l'entrée, les sombres parois inégales des rochers et la voûte noire sont en partie éclairées par le reflet rougeâtre des rayons du soleil [4].

La villa d'Hadrien fut l'une des créations les plus fastueuses des empereurs romains. Ses ruines se trouvent au-dessous de Tivoli, dans la plaine qui s'étend vers Rome; elles ressemblent à celles d'une ville dévastée. De nos jours encore, elles donnent une idée de ce que pouvait être jadis la magnificence de la villa; les antiquaires se livrent à d'incessantes recherches pour identifier ces constructions dont le temps a laissé des traces visibles. Hadrien s'était fixé ici un noble but: pour garder de ses voyages un souvenir bien vivant, il voulut réunir dans sa villa, grâce à de fidèles reconstitutions, les édifices et les paysages les plus beaux, les plus célèbres du monde romain et surtout de la Grèce.

Selon les indications des antiquaires, comparées aux données fournies par l'histoire et la géographie anciennes, les constructions principales étaient les suivantes: partant de la grande voie tiburtinienne, un chemin bordé de monuments qui célébraient la victoire et la gloire des héros conduisait à la magnifique porte de la villa. C'était là, à l'entrée, que se trouvaient les casernes, les places où s'exerçaient les cohortes prétoriennes, les champs de course et plusieurs grandes places entourées de portiques. Non loin de là s'élevait un grand édifice reproduisant l'architecture du Poecile ou de la Stoa d'Athènes. C'était une double colonnade divisée par une haute muraille et destinée à protéger les promeneurs des rayons du soleil. A côté se trouvaient des temples et des portiques plus petits. Venait ensuite la bibliothèque avec ses jardins, ses bains, ses jets d'eau, ses colonnades et ses salles de repos; puis le grand théâtre. Du côté du midi, il y avait plusieurs sortes de bains. Les Romains aimaient avec passion ce luxe, dont à vrai dire le climat faisait une nécessité, et mettaient à profit les inépuisables ressources de leur esprit inventif pour construire, avec un faste et une grandeur inconnus de nos jours, les édifices destinés à satisfaire ce besoin si répandu. Chez les Grecs, les champs de courses, les terrains réservés aux exercices gymniques et les temples dédiés aux dieux qui les protégeaient, Hercule, Castor et Pollux, étaient environnés de vergers et de jardins d'agrément, de prairies bien irriguées et de bosquets ombreux. On croit en avoir trouvé des traces également à la villa Hadrienne. Dans une autre partie de cette villa, il y avait le bois des Académiciens et des bâtiments édifiés à l'imitation de ceux qui, dans Athènes, abritaient l'Académie de Platon; — le temple d'Apollon et des Muses; — le portique du Lycée, école de la philosophie aristotélicienne à Athènes, avec ses fontaines, ses bains, ses galeries, ses jardins et les bosquets des péripatéticiens; — et le temple dédié à Pan, le dieu des campagnes. L'empereur avait fait élever aussi, pour honorer et récompenser ses guerriers blessés mais non vaincus, un édifice semblable au Prytanée, où l'on proclamait à Athènes le mérite des citoyens et où la patrie reconnaissante se chargeait de leur entretien, en récompense de leur vertu. Une autre partie de la villa portait le nom de la charmante vallée de Tempé, située en Thessalie. Les installations destinées aux naumachies, ou combats nautiques, avaient été exécutées avec le plus grand luxe et le goût le plus raffiné. On avait creusé un vaste et long bassin, qu'entourait un amphithéâtre, pour y amener de l'eau et former un lac sur lequel se déroulaient les joutes. Sur la hauteur était bâti un temple en forme d'immense conque, dédié au Neptune égyptien, Canopus. Du milieu de sa demi-voûte partait un passage conduisant au sanctuaire du dieu et aux appartements des prêtres. Les oeuvres d'art les plus magnifiques, venues de Grèce, décoraient ces divers bâtiments et beaucoup d'autres, en particulier le palais qu'habitait l'empereur lui-même.

L'imagination de celui qui avait aménagé sa villa avec tant de faste ne fut cependant pas satisfaite quand il eut réuni en ce lieu les contrées de la terre les plus éloignées, évoquées par les reconstitutions des monuments les plus célèbres et par les oeuvres d'art les plus belles qu'il y faisait apporter. Il lui fallait encore errer dans le séjour des morts. Dans une partie écartée et solitaire de cette villa, sa fantaisie inépuisable créa l'empire de Pluton. C'est là que coulaient les fleuves infernaux, Phlégéton, Cocyte et Léthé. Sur les murs du sombre palais dédié aux divinités de l'Erèbe étaient représentés les plus horribles châtiments de l'enfer: la roue d'Ixion, le rocher de Sisyphe, Prométhée déchiré par le vautour, le tonneau sans fond des Danaïdes et Tantale éternellement affamé devant des mets abondants mais inaccessibles. Si l'on en croit les affirmations des antiquaires, l'empereur, pour représenter les tourments des damnés, aurait fait aménager ici des prisons souterraines et construire au-dessus d'elles des bâtiments, de telle sorte que le cliquetis des chaînes, les coups de fouet et les hurlements des criminels soumis au châtiment y montaient du fond des cachots et que l'écho des voûtes, en les multipliant, les rendait plus lugubres encore. Près de ce ténébreux séjour souterrain se trouvait la demeure des élus, les bienheureux Champs-Elysées [5].

La villa Hadrienne ne put se maintenir un siècle entier dans toute sa beauté et sa magnificence. Déjà les premiers successeurs de l'empereur qui l'avait fondée commencèrent à la dépouiller pour orner les bâtiments qu'ils faisaient élever. Négligée et déserte, elle tomba peu à peu en ruines; quand vinrent les barbares du Nord, les pillages et les incendies dévastateurs achevèrent de la détruire.

Il ne reste plus aujourd'hui que le squelette mutilé d'un corps jadis si magnifique, et il ne peut donner qu'une idée bien confuse de cet ensemble si étendu, où s'étaient déployés la prodigalité la plus somptueuse et l'esprit le plus inventif. Mais quand on considère les traces nombreuses et incontestables qui subsistent encore de sa grandeur et de sa beauté, les oeuvres d'art merveilleuses qui furent tirées de ses ruines, on pardonne aux antiquaires les suppléments ingénieux et les additions erronées où leur imagination créatrice se donne si libre cours, selon sa coutume, quand il s'agit de restaurer cette villa détruite. Les édifices en ruines y ont, dans leur état actuel, un aspect grandiose et pittoresque; ils présentent, comme c'est souvent le cas dans ces contrées, une image effrayante de la fragilité et de l'instabilité des choses humaines. Les ruines se trouvent dispersées dans une vaste plaine. Ici, un grand et superbe piédestal, qui appartenait jadis au cirque, est à moitié pris dans le mur de terre d'une hutte de vigneron, une arcade à demi écroulée s'élève auprès d'une cheminée; là, les vestiges d'un temple magnifique touchent à une misérable cabane de paysan. Ailleurs, un marécage entoure les ruines de bâtiments antiques, d'autres sont à demi couvertes par des broussailles sauvages.

Les vestiges de la villa qui subsistent encore et dont on croit avoir découvert l'ancienne destination sont ceux du palais impérial, des casernes prétoriennes, du cirque, du Poecile, du théâtre, des temples de Canopus et d'Apollon, de la bibliothèque, du temple dit de l'Enfer, de quelques bains — il reste aussi beaucoup de ruines dispersées dans un rayon de plusieurs milliers de pas et que l'on n'a pu identifier avec certitude.

Sur le penchant d'une colline proche de Tivoli s'élèvent les merveilleux groupes de cyprès et de pins de la villa d'Este, propriété des ducs de Modène [6]. Avec quel bonheur la main créatrice d'un Borghèse saurait-elle exploiter les beautés naturelles de ces jardins abandonnés, qui depuis si longtemps n'ont pas été soumis aux règles de l'art! On y trouve encore partout une multitude de petites machines hydrauliques et de jets d'eau, ces bagatelles dont sont entichés les Romains d'aujourd'hui. Le gardien de la villa s'en amuse aux dépens des étrangers et rit de leur frayeur lorsque des jets d'eau cachés, qu'il fait fonctionner à l'improviste, les transpercent comme une pluie soudaine [7]. Çà et là, des grottes et des machines hydrauliques, plus ou moins ruinées, apparaissent de façon fort pittoresque sous les broussailles et les tiges de lierre. Depuis le balcon du palais, on jouit d'une vue magnifique sur la vaste plaine de Rome, couverte d'oliveraies et de ruines de temples, de tombeaux et d'aqueducs.

Mécène, favori d'Auguste, envers lequel il sut montrer tant de souplesse, protecteur des poètes qui le flattaient et l'encensaient à l'envi, avait à Tibur sa maison de campagne. On en voit les ruines sur le penchant de la montagne où est bâtie la ville, au-dessus de cette paroi rocheuse d'où la grande cascatelle se précipite dans la vallée. Telle est du moins l'identification que l'on donne à ces importants vestiges de bâtiments romains: en vérité, cette position méritait bien d'être choisie par un protecteur des arts désireux d'y établir sa demeure! Il trouvait là un cadre romantique, il pouvait jouir sans obstacle d'un vaste paysage. D'un côté, la vue s'étend sur la plus belle partie de la vallée où coule le turbulent Anio, la grande cascade et au-delà sur les montagnes; de l'autre, sur la riche plaine de Rome jusqu'à la mer et sur la ville elle-même. Si l'on en juge d'après les ruines, la villa se composait d'une grande voûte s'appuyant à la montagne et d'un étage bâti au-dessus. La partie inférieure était traversée par la voie tiburtinienne, la grand-route de Rome à Tibur. Deux ouvertures pratiquées dans la voûte éclairaient par le haut cette route sur les côtés de laquelle se trouvaient des pièces voûtées: quelques-unes, vraisemblablement, étaient réservées aux communs, d'autres, grâce à leur fraîcheur, constituaient des appartements d'été. Sur cette puissante voûte reposait la partie supérieure de la villa. Il y avait au centre une place carrée, fermée de trois côtés par des portiques et des galeries, le quatrième était ouvert et offrait une vue magnifique sur Rome et la plaine du Latium bornée par la mer. Derrière les portiques s'étendait une suite de chambres ayant la même grandeur et la même distribution. Elles donnaient à l'extérieur sur une seconde colonnade *. Ces ruines sont maintenant envahies par des buissons sauvages, des arbres et des vignobles. Ce qui reste de la voûte inférieure de la villa garde un caractère grandiose et présente un aspect fort pittoresque. Lorsqu'on descend de la ville vers la vallée de l'Anio, on est surpris de voir tout à coup s'ouvrir cette voûte colossale parmi les arbres et les broussailles pendantes. On entre; plongé dans une obscurité solennelle que perce à peine le jour venu d'en haut, on entend gronder un torrent qui tombe de la voûte tout près de là. Il se jette dans un canal en maçonnerie suivant lequel il traverse la voûte au niveau de l'étage supérieur et sort à l'autre extrémité par une ouverture de la muraille, pour se joindre au pied des ruines aux eaux qui forment la grande cascatelle.

* Les grandes planches consacrées par Piranèse à la villa de Mécène sont trop flattées, comme la plupart de ses oeuvres, et ne correspondent pas à la nature [8].

Chapitre 13

F R A S C A T I[1]

La campagne qui s'étend de Rome à Frascati est complètement inculte. Au plus fort de l'été, elle ressemble à une lande d'Allemagne, triste, stérile et dépeuplée. L'herbe est brûlée par le soleil, on ne voit nulle trace de culture ou d'élevage. Aucun objet n'attire le regard; les ruines de quelques bâtiments qui datent de l'époque romaine, mais n'ont pas été identifiés, sont dispersées çà et là, elles ne peuvent distraire le voyageur de l'ennui et de l'humeur qu'il éprouve devant la désolation de cette terre[2]. Mais voici que s'élève là-bas, en pente douce, une chaîne de collines et de montagnes aux formes variées qui s'étend au loin vers la droite et la gauche. On s'en approche très vite quand on a pris pour cette promenade une des voitures légères utilisées dans le pays, et son aspect change et embellit à chaque instant. Bientôt on aperçoit les vallées qui y pénètrent; l'oeil distingue les nuances des différents verts: ceux des bois d'oliviers, des chênes, des pins et des cyprès, des vignobles et des vergers couvrant les vallées et les pentes[3]. On arrive à la colline de Frascati et l'on voit s'ouvrir un étroit vallon. Les flancs des collines qui l'enserrent sont plantés de vignes et d'arbres fruitiers et les grandes maisons de campagne appartenant aux princes romains, les jardins ombragés s'y font remarquer par leur beauté. Avant d'atteindre la petite ville bâtie sur une pente, on découvre à chaque instant, grâce aux détours du chemin, les aspects variés de cette campagne délicieuse. Les sites du vallon, les perspectives que l'on devine offertes au sommet des montagnes, l'air pur et léger que l'on respire plus librement, la fraîcheur des ombrages, tout rappelle cet antique *ager Tusculanus* que les Romains

142

ont tant aimé, tant fréquenté, et que leurs écrivains ont tant célébré. L'ancienneté de la ville de Tusculum, qui constituait l'un des états romains indépendants les plus célèbres, est bien digne de respect, elle remonte à la plus haute antiquité et se dissimule sous le voile des fables; il en est de même de son château, qui passait pour imprenable et dont les ruines subsistent encore sur la montagne dominant Frascati. Peu importe si, dans la nuit des temps, la ville de Tusculum fut fondée par Tuscus, fils d'Hercule, ou Telegonos, un fils d'Ulysse et de Circé; il est plus intéressant de savoir qu'elle fut le berceau de la famille des *Catones* et des *Fabii* et que, ses courageux habitants ayant défié Hannibal victorieux en fermant les portes d'enceinte, il n'entreprit pas de les forcer. Sur le flanc de la colline de Tusculum s'élevaient les villas des César et des Caton, des Sylla, Crassus, Lucullus, Hortensius et Cicéron. Ce dernier évoque avec enthousiasme la beauté de sa villa et ses Tusculanes sont un beau témoignage de la sérénité d'âme dont jouissait ici celui qui fut l'un des plus grands parmi les hommes d'Etat, les philosophes et les orateurs. Les moines de cette contrée revendiquent de nos jours l'honneur de posséder les ruines de son Tusculanum. Cette région, comme tout l'actuel territoire romain, présente la terrible image de l'instabilité des choses. L'antique état libre de Tusculum, si fier de sa liberté, est maintenant un siège cardinalice; le peuple est pauvre, énervé, dégénéré; la ville, mal construite et à peine peuplée. La grandeur de ses anciens monuments, temples et palais, apparaît encore dans leurs vestiges; ceux-ci, de nos jours, font la fierté des princes romains qui les exposent dans leurs villas, mais ne sont même pas assez riches pour entretenir leurs maisons de campagne et profiter pendant l'été de leur belle position. Dans les villas des princes Taverna, Mondragone, Conti, Bracciani et Falconieri, on rencontre quelques marques de bon goût, mais d'autres, plus nombreuses, révèlent le goût mesquin des Romains actuels: les oeuvres d'art les plus parfaites y voisinent avec les colifichets les plus puérils [4]. Ainsi, Tusculum est complètement transformé, seule la nature de cette contrée est restée la même. La variété des points de vue, la salubrité de l'air n'ont pas changé. C'est sur la colline de Frascati que se réfugient les Romains quand le mauvais air de la saison chaude les chasse de leur vallée [5]. La plupart des domaines appartenant aujourd'hui aux princes romains sont abandonnés de

143

leurs propriétaires et les jardins négligés; mais l'ami de la nature, dont le goût ne s'est pas laissé corrompre par tant de décorations mesquines, estime qu'ils gagnent à cet abandon. Partout où l'art cessait d'intervenir, la nature a repris ses droits, elle apparaît désormais, dans ces jardins qu'elle comble de ses dons, avec toute sa beauté, faite de simplicité et de grandeur. Elle a même embelli, au moment où ils tombaient en décrépitude, quelques-uns des ouvrages de l'art. Les ruines qu'on s'était si péniblement efforcé de copier, tous les ornements inutiles dont on avait entouré les ridicules imitations des belles cascades d'Italie ont été avec le temps couverts de mousse, revêtus de lierre et de pampre sauvage, à demi cachés par des arbustes. Ici de grands arbres majestueux, pins et platanes, forment au travers des jardins une allée que la nature seule dessina; là s'élève un groupe de cyprès dont la forme évoque celle d'une pyramide. Comme en un labyrinthe, on se perd dans les détours des sombres allées de myrtes et de lauriers pour aboutir tantôt à une grotte pittoresque, tantôt à un berceau de verdure qu'ont formé ces nobles arbustes et où se mêlent le jasmin et la rose sauvage. Le murmure des ruisseaux qui coulent auprès des bosquets, le bruit éloigné de cascades que l'on ne peut apercevoir se mêlent aux chants des rossignols. Dans ce séjour plein de charme, on goûte un calme bienfaisant, une douce mélancolie. Une âme agitée par les passions violentes ou par les orages du destin peut y retrouver la paix qu'elle ne connaissait plus. L'harmonie qui règne dans la nature captive le regard et l'ouïe, elle agit insensiblement sur le coeur et le réconcilie enfin avec lui-même et avec les autres [6]. Depuis la hauteur de Tusculum, derrière Frascati, près de la Ruffinella, ancienne maison de jésuites, et près des ruines de Tusculum, on jouit d'une vue ample et grandiose: elle s'étend sur la plaine de Rome, bornée ici par des montagnes, là par la mer, et sur des villes et des bourgs plus ou moins éloignés.

D'après quelques traits qui nous sont parvenus de l'histoire de Tusculum, particulièrement lorsque la ville perdit sa liberté et que Rome connut son déclin et sa chute, l'historien remarque chez les Tusculans un certain penchant à l'émeute et à la rébellion, joint à un caractère pusillanime et même à la lâcheté. Les habitants de l'actuelle Frascati ont bien hérité de leurs ancêtres une partie de ces défauts. Ces gens qui vivent dans une véritable Arcadie sont un peuple turbulent, querelleur, enclin au meurtre [7]; ils se distinguent des autres habitants de la contrée en poussant ces vices beaucoup plus loin encore. Aussi la police de Rome veille-t-elle avec plus de soin qu'elle n'a coutume de le faire ailleurs sur les désordres populaires qui naissent à Frascati. Comme le peuple se livrait sur la place à ses jeux favoris, le compte des doigts (*la mora*) et le jeu de boules, j'ai vu s'élever presque à chaque minute des querelles et des rixes. Et c'est encore modérer ses passions que d'en rester là chez ce peuple dont la colère se déchaîne d'habitude sans aucune retenue et dont le premier geste est de tirer un couteau et de frapper. J'eus à Frascati une aventure par laquelle je ne prétends certes pas confirmer le jugement sévère que j'ai rapporté sur le caractère national des habitants, mais elle peut du moins prouver comme ces gens ont coutume de jouer avec des engins meurtriers et de les faire intervenir dans leurs impudentes plaisanteries. Fatigués de nos courses, nous étions assis dans une chambre d'auberge, mes compagnons et moi, presque entièrement dévêtus par une après-midi étouffante; nous attendions la fraîcheur du soir pour nous remettre en route et je fumais. Soudain, une femme surgit d'une chambre voisine et, brandissant vers moi un poignard dégaîné en des gestes sauvages et menaçants, elle m'ordonna avec des cris aigus de cesser de fumer. Surpris de la sorte alors que je me trouvais dans un état intermédiaire entre la veille et le sommeil, j'éprouvai une frayeur qui s'accrut encore lorsque, par malchance, voulant me lever de ma chaise alors appuyée à la muraille, je tombai avec mon siège. Mes amis s'étaient élancés pour désarmer cette femme; encore à demi rassuré sur mon sort, je l'entendis expliquer avec de grands rires que tout cela n'était qu'un jeu, que dans la chambre voisine se tenaient certaines personnes de sa connaissance qui ne pouvaient supporter l'odeur du tabac (il est exact que les Italiens, surtout dans les régions les plus chaudes, sont très sensibles aux odeurs fortes, la cause en est due au climat) et qu'on l'avait envoyée vers moi pour me prier de ne plus fumer. Cette demande amicale, présentée à la manière romaine, explique peut-être pourquoi (contrairement à l'affirmation de nombreux artistes et à l'opinion selon laquelle l'air pur du pays exercerait une si heureuse influence sur la constitution des habitants) je n'ai trouvé aucune beauté aux femmes de Frascati, ni aucune grâce à leur costume [8].

J'ai vu le lac Régille [9], au-dessus de Frascati, à l'heure où les rayons du soleil couchant éclairaient de lueurs rougeâtres la plaine

Fig. 14. Victor Pillemant, d'après François Vernet et Pierre Wallaert, *La cascade de Tivoli*. Rome, Istituto naz. per la grafica, Gabinetto delle stampe (Cl. du Gabinetto). Cf. p. 132 sq.

qui l'entoure; c'est là que, jadis, après un combat acharné et sanglant où périrent de nombreux héros, les Tarquins bannis de Rome et leurs alliés latins succombèrent sous l'ardeur victorieuse des Romains devenus libres et de leur général Postumus [10]. Les Romains, amis du merveilleux, affirmèrent que deux fils des dieux, les Dioscures eux-mêmes, avaient combattu parmi eux sous une apparence humaine mais avec une force divine, afin d'assurer, par une victoire décisive sur les tyrans, la liberté que Rome venait d'acquérir. Métastase est né à Frascati [11]. La nuit où je revins du champ de bataille proche du Régille, je lus son *Caton à Utique*. Cet illustre Romain, qui sacrifia sa vie à la liberté, était un arrière petit-fils de Caton le Censeur, né à Tusculum.

La route qui mène de Tusculum - Frascati — par sa position, la salubrité de l'air, ses points de vue, ses jardins, la ville actuelle n'est pas tout à fait indigne du nom qu'elle portait dans l'antiquité — à Albano emprunte les allées ombragées de plusieurs maisons de campagne, puis descend durant une heure jusqu'à l'abbaye bénédictine de Grotta Ferrata, à l'ombre de platanes et de chênes élevés et vigoureux qui la bordent de deux côtés, tout en offrant une très belle vue sur la plaine de Rome. Le célèbre Tusculanum de Cicéron se trouvait-il dans ces parages, entre Frascati et Grotta Ferrata, ou bien sur le flanc de la montagne de Tusculanum, près de la maison des jésuites nommée la Ruffinella? Les moines se querellent ici à ce sujet, comme sur le lieu où naquit Homère, et dont l'emplacement demeure hypothétique. Je pencherais pour les bénédictins de Grotta Ferrata, car c'est dans cette contrée seulement que coule l'*Aqua Crabra,* un canal nommé aujourd'hui la Marana, dont Cicéron parle avec intérêt dans plusieurs passages consacrés à sa maison de campagne. Dans l'incertitude où nous sommes à ce sujet, c'est la seule indication qui nous soit donnée sur la situation de cette antique Villa.

Comme Philippe Hackert est prussien, on ne l'appelle ici que *Sign. Filippo Borussiano*; depuis mon voyage, il a reçu du souverain de Naples le titre qu'il méritait si bien de premier peintre de paysage du roi, et une importante pension. Cet artiste hospitalier m'avait invité dans sa maison de campagne d'Albano. J'ai passé chez lui quelques jours inoubliables dans les environs délicieux de son *Albanum*; ils l'emportent sur ceux de Frascati par leur variété, leur tranquillité champêtre et aussi par ce caractère de grandeur que l'on remarque dans toute la contrée.

Chapitre 14

ALBANO - NEMI [1]

La situation et les ruines d'Albano suscitent entre les antiquaires des querelles qui se poursuivront éternellement, sans pouvoir apporter de réponse satisfaisante à ces questions insolubles: dans quelle partie de cette contrée Ascagne avait-il fondé Alba Longa? L'actuel Albano doit-il son origine à une ville romaine du même nom, ou aux ruines de la villa du grand Pompée? et encore: les vestiges situés à l'entrée de la petite ville et semblables à une tour de guet médiévale sont-ils le tombeau d'Ascagne ou de Claude, qui mourut victime d'un assassinat? Quel fut le Romain héroïque dont les restes reposaient sous le tombeau dit des Horaces, au delà d'Albano? ces recherches par trop subtiles, d'autres encore qui sont du même ordre et tout aussi vaines, portant sur des objets que le temps a dérobés à l'oeil des mortels, le pédantisme avec lequel les antiquaires prétendent trancher de tels problèmes, tout cela vient troubler les joies plus douces prodiguées par la nature dans ces heureux pays où elle invite à jouir de l'heure présente.

Le lac d'Albano n'a pas une très grande étendue, mais ses rives pittoresques sont pleines d'attraits. L'oeil peut en voir à la fois tout le contour et en découvrir les diverses beautés. Sa forme est irrégulière. De riantes collines l'environnent, entre lesquelles apparaissent les masses de quelques rochers escarpés; elles produisent un vin que les Romains estimaient à l'égal du Falerne. La nuance verdâtre des eaux, la brume du soir qui s'élevait sur le lac et sur ses rives montueuses comme une vapeur bleuâtre donnaient à ce tableau une couleur dont il est impossible de décrire la douceur et l'harmonie. Jamais le lac ne paraît plus enchanteur qu'à la fin du jour; le Monte

Cavo, situé au delà de la rive opposée, y reflète alors sa pyramide embrasée par les rayons du soleil couchant; la légère brume du soir flotte sur les eaux et au pied des collines, encore à demi éclairées quand l'astre avant de disparaître y jette une dernière lueur. Pendant leur séjour à Rome, Hackert et le grand paysagiste anglais Moore l'ont souvent peint à cette heure privilégiée [2].

A l'arrière-plan de ce paysage, dominant le lac et ses collines, s'élève la pyramide majestueuse du *Mons Albanus*, aujourd'hui Monte Cavo. Il était consacré à Jupiter, protecteur du Latium. C'est là qu'étaient célébrées chaque année les fêtes fédérales des peuples du Latium — *feriae latinae* — les généraux revenus vainqueurs apportaient au temple les prémices de leur victoire [3]. Quel lieu eût été aussi digne du maître des dieux, qui avait sous sa protection tout le pays situé au pied de cette montagne! Edifié au sommet, le grand temple dominait ce vaste paysage. Quand on commençait les sacrifices, les peuples de la vallée voyaient s'élever en tourbillons la fumée de feu rituel. On trouve encore sur la pente, outre quelques fragments de colonnes, des restes de la voie triomphale qui conduisait au temple de Jupiter. Le sol de cette contrée est formé de matières volcaniques, et si les lacs d'Albano et de Nemi ont la forme de cratères, c'est qu'ils occupent les bouches d'anciens volcans, jadis redoutables, dont l'histoire se perd dans la nuit des temps. Les bords enchanteurs de ces lacs permettent d'oublier les images d'épouvante que suscite un tel souvenir.

Castel Gandolfo, situé sur le sommet de l'une des collines qui entourent le lac, fut autrefois la résidence favorite du noble Ganganelli; de là, une très belle route conduit à Albano, puis à une haute allée de chênes majesteux, nommée *la Galleria,* qui aboutit à la villa Barberini, bâtie sur les ruines de la villa de l'empereur Domitien. Jamais je n'ai vu des chênes plusieurs fois centenaires — ces arbres sont l'image de l'homme quand il a conservé dans sa vieillesse la plénitude de ses forces — ayant une taille si développée, tant de santé et de vigueur que dans la région d'Albano et de Nemi, et particulièrement dans la majestueuse allée de la villa Barberini. Les paysagistes de Rome en font leurs modèles de prédilection et la sublime description de Virgile * convient à chacun de ces arbres superbes.

* *Géorgiques,* II, v. 191.

149

Arens del Hamburg 1792.   D. Berger Sculp. 1792.

Fig. 15. Daniel Berger, d'après Johann August Arens, *Voûte souterraine de la « villa de Mécène » à Tivoli*. Planche gravée illustrant le frontispice de l'édition originale des « Darstellungen aus Italien » de F. J. L. Meyer (Cl. Bibliotheca Hertziana). Cf. p. 140-141. La « villa de Mécène » est en réalité le sanctuaire dédié à Hercule vainqueur.

Le chêne de Jupiter, « dont la tête est aussi voisine des régions de l'éther que de ses racines il s'étend vers le Tartare. Aussi ni les hivers, ni les coups de vent, ni les averses ne le déracinent; il demeure inébranlable et triomphe par sa durée de bien des postérités, de bien des générations d'hommes qu'il voit se dérouler. Lui étend au loin ses rameaux et de çà et de là ses bras vigoureux, et au centre son tronc soutient un dôme énorme d'ombrage ».

Au delà d'Albano, près de la route qui mène à La Riccia, on remarque, devant la porte d'enceinte, le tombeau des Horaces. Ce grand ouvrage de maçonnerie, en forme de carré, était autrefois surmonté de cinq tours dont deux subsistent encore aujourd'hui. Sur le pourtour et à la partie supérieure du monument croissent des broussailles, et ces vestiges, ainsi revêtus par le temps d'une végétation désordonnée, offrent un aspect pittoresque que l'art lui-même ne pouvait leur donner à l'origine[4]. La tradition défendue par les antiquaires veut voir là le tombeau de ces nobles héros que furent les Horaces et les Curiaces, mais elle se trouve en contradiction sur divers points avec les textes des historiens anciens, qu'il s'agisse des lieux occupés par les camps des Romains et des Albains, de celui où le combat commença entre ces héros et se poursuivit sans trêve, de ceux enfin où les combattants tombèrent l'un après l'autre et où chacun fut inhumé à l'endroit même de sa chute. Certains, qui ne veulent pas laisser sans attribution ces ruines, les considèrent avec plus de vraisemblance comme le tombeau de la famille du grand Pompée, qui avait ici sa villa Albanum[5]. Lorsque ses cendres furent revenues d'Egypte, son épouse Cornélia leur donna une sépulture dans cette villa, et le style égyptien des ruines ne contredit pas l'opinion selon laquelle son tombeau se trouverait ici. Non loin de là, on est surpris de découvrir un ermitage situé à quelque distance de la route et profondément enfoui dans le sombre fourré. J'y arrivai de grand matin, par un temps radieux. Devant la porte, le vénérable ermite savourait la fraîcheur de l'air matinal. Les premiers rayons du soleil levant éclairaient le beau paysage des environs. L'ermitage, à demi caché dans les broussailles, avec, sur les marches de l'entrée, la silhouette grise de son occupant, venait compléter le tableau offert par cette contrée, qui produit un effet si grandiose et si pittoresque[6].

L'actuelle La Riccia est la ville antique d'Aricia, sur la via Appia, l'étape « modeste » où Horace passa la première nuit de son voyage à Brindes. Ce lieu se distingue par sa belle position et par la rotonde qu'y construisit le Bernin dans sa manière si élégante. Ici le chemin tourne à nouveau, traverse un bois de chênes toujours frais et ombragé, même à l'heure brûlante de midi, et conduit aux rives du lac d'Albano et à un couvent de capucins. Je vis se reposer à l'ombre des chênes un troupeau de taureaux blancs aux longues cornes recourbées. Cette forêt offrait aux voyageurs un spectacle enchanteur sur le lac d'Albano et ses pittoresque rivages, et le réconfort de sa fraîcheur à l'heure la plus brûlante du jour. Un moine sortit du couvent et nous invita à en visiter le jardin. La position de celui-ci, les perspectives que l'on y découvre depuis les terrasses orientées vers divers points de l'horizon, ont une beauté grandiose. Ici, à l'ombre de grands chênes, une source claire comme le cristal coule avec un doux murmure; la forêt borne la vue et laisse à peine une échappée sur le lac. Ailleurs on domine une vaste plaine de l'ancien Latium, qui fut dans l'antiquité le théâtre de tant d'actions glorieuses! Le regard se promène sans obstacle sur cette terre classique jusqu'au vaste horizon de la mer. A droite, la vue s'arrête sur les hauteurs de Rome. Derrière elles se trouve le pays des Sabins et le Soracte toujours couronné de nuages. Que de grandeur offre ce spectacle! Comme il invite aux méditations les plus graves et fait revivre dans la mémoire les scènes du passé! Nulle part ailleurs dans les environs de Rome ces images sublimes ne s'imposèrent à moi en si grand nombre et avec un tel pouvoir d'illusion; jamais il ne me fut donné de goûter une heure aussi sereine, aussi solitaire que celle-là [7]. Celui qui contemple avec recueillement cette contrée fameuse voit affluer des souvenirs bien précis et confirmés par l'histoire: ceux d'un éclat qui ne put jamais être atteint une seconde fois au cours des siècles, ceux des hauts faits par où s'illustrèrent jadis les habitants du Latium; et aussi des notions plus vagues, puisées dans l'histoire la plus reculée et mêlées à des fables, mais qui ne démentent pas ce grand caractère par où se distingue l'antiquité: tout cela invite l'âme à des réflexions graves et solennelles. L'histoire parle, et pour porter témoignage de ce qu'elle rapporte, voici devant nous les monuments de la Rome antique et de ses environs! Ces monuments sont détruits, mais leurs vénérables ruines attestent encore la supériorité de ceux qui les édifièrent. Les temps modernes n'ont produit que des imitateurs et non des hommes capables de créer de telles oeuvres. Tous ces objets sublimes démontrent la même vérité, qui émeut profondément l'observateur philosophe, qui réduit au silence les sceptiques assez hardis pour contester les hauts faits de ces époques lointaines ou les orgueilleux panégyristes des temps modernes: la grandeur à laquelle, en l'espace si court de quelques générations, sut s'élever l'illustre peuple de Rome, n'a jamais pu être atteinte au cours des siècles suivants. Cette exhortation du noble Pline * nous concerne aussi, nous, les descendants de ces Germains qui vainquirent les légions romaines: « Respectez leur ancienne gloire et jusqu'à cette vieillesse qui est vénérable dans l'homme et sacrée dans les villes. Qu'auprès de vous soient en honneur l'antiquité, en honneur les grandes actions, en honneur même les légendes! (...) Ayez devant les yeux que cette terre est celle d'où nous est venu notre droit, qui nous a donné nos lois, non après nous avoir vaincus, mais sur notre demande ». Un capucin du couvent, vêtu d'un froc malpropre, vint nous offrir pour collation du pain, du vin et des figues, m'arrachant ainsi à mes méditations sur le passé et aux charmes de la rêverie qu'elles avaient suscitée.

Ganganelli avait une prédilection pour la région d'Albano. Quand il fut pape; il se fit construire un oratoire dans la partie située à l'est de ce jardin; il y venait souvent, lorsqu'il se trouvait à son palais d'été de Castel Gandolfo, pour s'élever par la prière jusqu'à Celui auprès duquel il ne devait pas tarder à se rendre. Devant ce sanctuaire de la piété, on éprouve une profonde sympathie pour la destinée du noble prince infortuné, qui fut victime de la politique temporelle et du courage qu'il avait témoigné en combattant l'hydre redoutable du jésuitisme [9].

Un sentier difficile, mais qui dédommage le promeneur de ses peines en lui offrant sur le lac d'Albano les vues les plus romantiques, descend jusqu'au canal percé dans le rocher (*Emissario*) par où s'écoulent les eaux du lac quand elles atteignent une certaine hauteur. Cet ouvrage, un des plus grandioses et des plus dignes d'admiration que nous ait légués l'antiquité la plus reculée, fut réalisé quatre cents ans avant notre ère [10]. Aujourd'hui encore, après vingt-deux siècles, il n'a rien perdu de sa robustesse ou de son utilité! Le lac d'Albano, grossi par une crue exceptionnelle, menaçait d'inonder

* Pline, L, VIII, lettre 24 [8].

Rome et tout le pays des environs. On interrogea l'oracle de Delphes: il ordonna de faire écouler les eaux du lac dans la plaine de Rome et promit qu'à cette condition les Romains seraient enfin maîtres de Veii, ville devant laquelle ils soutenaient un siège depuis dix ans. En peu de temps, cet ouvrage prodigieux fut exécuté avec un art qui paraît inconcevable de nos jours et prouve quelles profondes connaissances les anciens avaient acquises de l'architecture hydraulique. Il a fallu pratiquer dans les rochers de la rive une voûte de six pieds, large de trois; les eaux s'y écoulent sur une distance de trois mille sept cents pas. A leur sortie, elles font tourner quelques moulins, puis vont arroser l'aride plaine de Rome. Telle était l'intention contenue dans le sage oracle du dieu de Delphes. L'entrée du canal, avec sa haute voûte percée dans le roc, a un caractère de grandeur majestueuse. Le gardien abandonna au courant, sous l'arche du canal, quelques lumières fixées à de petites planchettes de bois. Pendant une cinquantaine de pas, elles éclairèrent l'intérieur de la voûte et en révélèrent ainsi la belle structure, puis elles atteignirent l'endroit où l'eau tombe à un niveau plus bas et s'éteignirent. Non loin de l'entrée de l'émissaire, on voit dans les rochers des restes de grottes et de bains considérables. Ces installations étaient jadis consacrées aux nymphes du lac et leur fraîcheur réconfortait les habitants des rives. Le crépuscule descendait sur le lac quand je remontai la colline, et j'eus peine, à travers le beau labyrinthe des buissons qui les couronnent, à trouver mon chemin pour regagner la demeure hospitalière de Hackert [11]. L'artiste se consacrait alors à un tableau destiné à l'impératrice de Russie, ayant pour sujet *un clair de lune sur les environs du Ponte Molle, près de Rome*. L'effet recherché dans une telle oeuvre ne peut être obtenu que si le peintre travaille à la lumière artificielle.

Rien ne peut surpasser l'illusion de vérité que produit cette manière encore peu connue de représenter le clair de lune; M. Philippe Hackert en est l'inventeur. Le paysage proprement dit est d'abord peint sur du papier, à la détrempe; on découpe ensuite séparément les grandes masses pleines qui doivent y figurer, telles que les montagnes, les fabriques, les vaisseaux etc., on les colore et on les colle sur ce papier. Les parties de l'eau qui doivent réfléchir avec le plus d'intensité les rayons de lune sont grattées au couteau jusqu'à ce que le papier soit devenu très mince et les autres endroits du paysage, plus ou moins éclairés, sont enduits d'une liqueur spiritueuse et transparente. Tout le reste est coloré, sauf les endroits réservés aux effets de lumière et le disque de la lune, qui restent entièrement blancs. On colle alors toute la feuille, par son côté coloré, sur du papier blanc très fin où l'on découpe seulement le disque de la lune. Puis on place le morceau ainsi préparé * entre les deux glaces d'une boîte spécialement construite à cet effet, ayant les mêmes dimensions que la peinture et très bien fermée, de sorte que la lumière des lampes suspendues à l'intérieur ne perce pas au dehors et concentre ses effets sur le tableau. On fixe une de ces lampes derrière le disque de la lune et la seconde derrière l'endroit du paysage que ses rayons éclairent le plus fortement. Tout l'art du plus grand paysagiste ne saurait produire sur la toile un effet semblable à celui que permet d'obtenir un mécanisme si simple; on ne peut se faire une idée précise de sa beauté qu'en le voyant. Le contraste entre la lumière de la lune et les zones d'ombre réparties dans un paysage calme et solitaire, la couleur chaude des objets les plus proches, le dégradé insensible des lointains, l'éclat frémissant des rayons reflétés par la mer ou par un ruisseau, le bord argenté des nuages groupés autour de l'astre — quelle vérité dans tout cela, quelle puissance d'illusion! — Hackert avait placé au-dessus de la porte

* Je ne sais si cette description du procédé employé par Hackert pour obtenir un effet de clair de lune peut donner au profane une idée de ce qu'il est, et si des artistes plus familiarisés avec le mécanisme de ce travail la trouveront absolument exacte. A l'époque de mon voyage, il s'agissait d'une découverte récente et encore tenue secrète, et quand on observe les oeuvres ainsi réalisées, on ne peut comprendre parfaitement la manière dont elles sont exécutées. Cette façon de peindre un tableau n'a du reste rien à voir avec les amusements frivoles que procurent les boîtes d'optique, comme on pourrait peut-être le croire d'après les diverses phases du travail mentionnées ici; il s'agit bien d'une véritable oeuvre d'art: il suffit pour s'en convaincre d'observer ces beaux ouvrages et de se rappeler avant tout que Hackert en eut l'idée et s'y consacra durant les heures du soir. Un de ces tableaux, large de trois à quatre pieds, lui fut payé deux cents sequins par le grand-duc. Je dois au peintre Nesselthaler trois ouvrages semblables, plus petits, mais où l'effet n'est pas moins beau: une vue du Golfe de Naples et du Vésuve en repos, avec sa colonne de fumée montant vers la lune; le même golfe pendant une tempête nocturne; un paysage solitaire où des arbres créent une zone d'ombre et que traverse un ruisseau arrosant une prairie.

de son cabinet l'un de ces paysages éclairés par la lune. Le soir, le tableau recevait seul la lumière, tandis que la pièce restait dans l'ombre. Assis en cercle autour de lui, les assistants jouissaient en silence de ce spectacle enchanteur et sentaient monter en eux ce doux sentiment de mélancolie que les mots ne sauraient exprimer [12].

Le chemin qui mène au bois de Diane, près de Nemi *, et au lac consacré à la déesse de la nuit, passe par une agréable vallée, à demi entourée de rochers dénudés et de montagnes verdoyantes. De la grand-route qui, entre Albano et Gensano, occupe une position élevée, on découvre une campagne très fertile. A mon passage, j'y vis les paysans occupés à la récolte du chanvre et aux travaux dans les vignes; ailleurs, de nombreux troupeaux aux robes de couleurs variées paissaient dans les prairies. Aimable spectacle, bien rare dans les Etats de l'Eglise, où les champs et les prairies également déserts ne rappellent que trop souvent comme le peuple des campagnes est opprimé et misérable, quelle décadence connaît ce pays qui fut fertile entre tous! J'oubliais ces tristes observations dans cette riche vallée. En voyant la joie des paysans, on pouvait d'abord croire qu'ils célébraient une fête champêtre, mais les hommes et les femmes chantaient parce qu'ils récoltaient le chanvre et le lin *pour eux et leurs enfants,* puis ils rentraient gaiement avec leurs charrettes pleines. Cette allégresse ne règne pas chez le paysan à l'époque de la moisson; car alors, il n'espère pas retirer de son labeur le moindre profit pour lui et ses enfants. Le malheureux ne moissonne que pour la chambre pontificale, pour ses tyrans qui engloutissent les fruits de son travail et trafiquent de sa sueur [13].

En approchant de Gensano, on commence à découvrir le beau lac de Nemi. Sa forme ovale, les collines boisées et assez peu élevées qui l'entourent lui donnent l'aspect d'un cratère. Il n'est pas aussi grand que le lac d'Albano, ses rives sont moins fertiles, ses collines aux formes moins variées ne présentent pas des aspects si pittoresques; mais il doit son charme subtil à l'harmonieuse simplicité de son contour, au caractère aimable et paisible de la contrée. Il est l'image d'une âme pure et sereine par l'immobilité apparente de ses eaux que nulle tempête ne vient agiter [14]. Cette originalité n'avait

* « *Nemus Dianae* ».

point échappé aux Anciens; ils donnèrent à ce lac un caractère sacré en le rattachant à leurs mythes. Ils l'appelaient le « miroir de Diane » *. Le temple de la déesse s'élevait sur ses bords, elle y avait son bois sacré, la grande forêt de chênes qui entoure le lac. On n'a jamais pu prouver si Oreste et Iphigénie, ayant fui la Tauride, avaient apporté ici la statue de *Diane,* si, pour sacrifier à la déesse inexorable, le sang humain avait été répandu sur ces paisibles bords comme sur les rivages inhospitaliers de la Scythie. Il est plus vraisemblable de penser — à supposer que la statue soit bien venue ici — qu'Oreste lui vouait un culte plus pacifique et ne souillait point par de tels sacrifices le temple et les autels qu'il lui avait élevés en ce lieu. Les sources qui jaillissent sur les rives étaient consacrées aux Muses et aux Nymphes. On voit encore au pied des collines quelques restes de l'ancienne voie sacrée qui conduisait au temple de Diane, mais aucun vestige n'indique plus l'emplacement de celui-ci. La plus belle vue sur le lac, ses rivages et toute la contrée qui s'étend jusqu'à la mer s'offre depuis le jardin des capucins, situé près de Nemi, sur la crête des collines, avec ses allées en berceau et les groupes si pittoresques formés par le cyprès et les pins. D'ici, comme du couvent d'Albano — et ce sont des couvents qui permettent de voir l'antique Latium! — on découvre une vaste plaine du Latium. On y voit les ruines de Lavinium, la première ville fondée par Enée à l'endroit même où il avait débarqué; celles de Lanuvium, avec le temple jadis dédié à Junon conservatrice; celles d'Ardea, capitale des Rutules. Les religieux de Nemi se montrèrent moins discrets que ceux d'Albano. Quelque chemin que je prisse, je rencontrais toujours de ces moines malpropres qui m'accablaient de leurs ennuyeux bavardages et me contaient d'interminables légendes de saints. Je priai ces fâcheux de me laisser jouir de la paix et de la solitude et fus exaucé quand je leur donnai quelque argent; je revins alors sous les cyprès pour aller contempler à loisir le tableau grandiose offert par ce pays qui fut celui des anciens Romains. Je sentis renaître les sentiments que j'avais éprouvés sur la terrasse du jardin d'Albano, ils étaient dus aux mêmes causes. Là-bas, un moine mendiant au froc malpropre était venu troubler mes méditations — ici, ce fut le spectacle

* « *Speculum Dianae* ».

inattendu d'un ossuaire qui portait cette inscription composée en latin d'église: *

Aux Mânes pieux.

Apprends de nous, dont tu vois ici les os et les cendres, ô homme, qui que tu sois, à connaître — ce qu'est l'homme.

Cette austère exhortation des morts, par laquelle un ossuaire rappelait au passant l'inéluctable instabilité de toute chose, fit prendre un autre cours à mes sentiments. Je quittai l'ombre des cyprès, puis le couvent, et j'écoutai même avec plus d'indulgence le moine qui, au moment où je pris congé, me donna encore à méditer quelques grossiers miracles du bienheureux Benoît Labre [15].

---

* P.M.S. A nobis, quorum hic cineres atque ossa videntur, disce homo, quicumque es, noscere - quid sit homo.

Chapitre 15

LES MARAIS PONTINS * [1]

La voie Appienne de Rome à Brindes, cette « reine des voies romaines »**, traversait en ligne droite les Marais Pontins.

Pie VI découvrit les fondements de la route antique, composée de gros quartiers de roc, qui étaient ensevelis dans les marais, et la remit en usage. Cette route compte maintenant parmi les plus belles d'Italie, elle honore le nom de celui qui l'a restaurée bien plus que les nombreux monuments de marbre élevés sur ses bords pour proclamer à l'intention du voyageur les louanges du pape. C'est le projet d'assécher les antiques Marais Pontins, conçu par Pie VI dès le début de son règne, qui donna l'occasion de rétablir cette belle route.

A l'époque de mon voyage, les éloges prodigués à cette grande entreprise qu'est l'assèchement des marais retentissaient bien au delà des Alpes; le nom de Pie, à les en croire, rejoignait dans une même gloire celui des plus grands hommes d'Etat qui, dans la Rome antique, avaient comme lui conçu et mis à exécution l'idée d'assécher les très anciens marais du territoire pontin. Si la trompette de la *Fama* vénale publiait à grand bruit cette entreprise à l'étranger, à Rome même l'observateur éclairé, l'homme capable de la juger en toute impartialité en parlait avec moins d'enthousiasme. Selon lui, c'était une noble pensée que de vouloir conquérir sur le marécage

---

* J'ai déjà publié une description des Marais Pontins dans la *Berlinische Monatschrift* (Octobre 1789); celle que je donne ici a été remaniée et presque deux fois plus développée.

** Les écrivains antiques l'appelaient *Appia viarum regina*.

159

un pays très étendu, dévasté depuis des millénaires, et lui rendre la fertilité qui avait jadis fait sa gloire, assainir ainsi le climat, favoriser l'agriculture et le peuplement, accroître les revenus publics; s'il trouvait l'entreprise hasardeuse dans un Etat qui ne disposait d'aucune ressource par lui-même, il l'estimait digne du plus grand prince par l'ampleur de ses vues; mais le plan d'exécution lui paraissait insuffisamment mûri, incapable de répondre à ce qu'on en attendait et d'aboutir à une réussite. « Pie VI, disait-il, au lieu de consulter des hommes sages, expérimentés dans ce genre de travaux, n'a écouté que ceux qui flattent son ambition tout en recherchant leur propre intérêt; on ne s'est pas soucié de procéder d'abord sur les lieux à un examen circonspect des conditions particulières à cette région, ni de considérer quelles ressources exigera de l'Etat l'exécution d'une entreprise aussi vaste et que la nature même de son plan condamne à traîner en longueur, mais c'est dans le cabinet du pape que ce plan a été conçu, qu'on en a commencé et poursuivi la mise en application; bien que le développement des travaux ne corresponde en rien aux espérances de Pie VI, les auteurs du projet continuent à tromper ce souverain débonnaire, faisant miroiter à ses yeux des illusions puériles, affirmant qu'on a obtenu de réels profits et que tout se passe le mieux du monde; — les Marais Pontins, continuait notre observateur, sont un gouffre sans fond où s'engloutissent l'argent et les hommes ». Ce jugement sévère m'apparut d'abord comme le langage d'un Romain mécontent de l'actuel gouvernement en général, et, par suite, prévenu également contre cette grande entreprise du pape, l'assèchement des Marais Pontins. Plein de méfiance à l'égard de ce verdict, espérant vérifier mes suppositions, car j'attendais mieux de cette tentative hardie, je me rendis dans les Marais Pontins, je les traversai deux fois avec un *vetturino* que j'avais engagé à Rome, dont la lenteur me laissa le temps d'examiner d'assez près le pays tout entier et les travaux que l'on y poursuivait; — mais le jugement de ce Romain ne m'apparut que trop confirmé par la réalité, et mes espérances furent déçues [2].

Rappelons ici les principaux traits de l'histoire des Marais Pontins: ils permettent de mieux comprendre l'entreprise actuelle. Dans cette contrée qu'une destinée implacable semble avoir de tout temps condamnée à l'insalubrité et qui doit son nom à la très ancienne capitale des Volsques *Suessa Pometia*, l'origine des marécages se perd dans la plus haute antiquité. Les anciens historiens et géographes parlent de leur existence, mais non de leur formation. Ce sont les deux rivières Amasenus et Ufens — elles ont conservé jusqu'à nos jours leurs noms antiques — qui, semble-t-il, par leurs inondations, ont porté les premiers ravages dans quelques parties de ce pays. Des montagnes de Norma, Sarmonetta, Sezze et Piperno, qui dominent la vallée vers le nord et l'est, s'écoulent une quantité presque innombrable de ruisseaux plus ou moins importants, dont les sources ne tarissent jamais. Ils se réunissent au pied de cette chaîne pour y former plusieurs rivières dont le lit se trouve resserré par le sable et le limon qu'ont entraînés tous ces torrents; trop abondantes pour être contenues par leurs rives basses, au moment des crues et surtout pendant la saison pluvieuse, les eaux s'enflent, débordent et se répandent dans la plaine, où elles ne trouvent pas d'écoulement. Plusieurs de ces torrents se déversent directement dans quelques parties de la vallée situées à un niveau très bas, ils y forment de grands lacs fort poissonneux. Telle est la cause qui, de nos jours, maintient cette contrée à l'état de marécage et semble avoir agi de tout temps, sauf à certaines époques où les Romains réussirent à assécher d'importantes parties du territoire et peut-être le pays tout entier, empêchant ainsi les marais de s'accroître si rapidement.

Une colonie de Spartiates mécontents des austères lois de Lycurgue quitta Lacédémone et vint aborder sur cette côte, après avoir surmonté de grands périls en mer. Elle trouva un pays fertile, s'y établit et consacra à une déesse inconnue, Feronia, des temples, des bosquets et des fontaines. Peu à peu, la contrée devint fameuse et l'on y compta vingt-trois villes, dont certaines étaient considérables. Les Volsques occupèrent par la suite le pays pontin. Il devint le grenier à blé de Rome et lui fut d'un grand secours en période de disette. Mais, au temps de la plus grande prospérité de Rome, il ne restait plus que le souvenir de ces vingt-trois villes et l'on employait déjà indifféremment les dénominations de campagne pontine (*ager pontinus*) et de Marais Pontins (*palus pontina*). Les plus illustres familles romaines bâtissaient cependant de somptueuses villas dans les régions qui étaient demeurées saines ou l'étaient redevenues grâce à des travaux d'assèchement, et que leur charme et leur fertilité rendaient dignes des louanges des poètes. Trois siècles environ avant notre ère, dans le secteur dont il a été question précédemment, apparaît celui qui, le premier, entreprit de bonifier cette contrée, le censeur Appius Claudius, surnommé l'Aveugle. Il fut le fondateur de la voie Appienne, dont une partie traversait les marais. La chaussée, comme les nombreux ponts et les contre-allées destinées aux piétons, était construite avec de grands blocs de basalte et de travertin, on y avait placé des milliaires et ménagé des haltes. Le passant voyait des deux côtés des édifices et des tombeaux magnifiques, destinés à lui rappeler que ceux dont ils renfermaient les cendres avaient vécu comme lui et qu'il était mortel comme eux. Les fragments de l'histoire de ces temps qui sont parvenus jusqu'à nous n'attribuent pas au *Censor* l'assèchement du pays devenu alors un vaste marais. Un siècle et demi plus tard, le consul Cornelius Cethegus entreprit cette oeuvre et put la mener à bien, les étendues qu'avaient couvertes les marécages furent rendues à l'agriculture. Après une longue période au cours de laquelle, semble-t-il, des inondations détruisirent les anciens ouvrages, Jules César voulut reprendre les travaux, il espérait, si l'on en croit Plutarque, son historien, « conquérir assez de terres ici pour occuper des milliers de laboureurs ». Une telle pensée porte véritablement l'empreinte du génie élevé que possédait cet homme exceptionnel! Mais si jusque-là il avait été heureux dans toutes ses entreprises, la mort l'empêcha d'exécuter ce grand projet.

Marc Antoine, son frère le tribun après lui et surtout l'empereur Auguste, en poursuivirent l'exécution. Ce dernier fit creuser le long de la voie Appienne un grand canal destiné à recevoir les eaux des rivières et des marais. Les voyageurs s'embarquaient d'ordinaire sur ce canal et faisaient par voie d'eau une partie du trajet. C'est ainsi qu'Horace décrit sa navigation dans l'amusant journal où il relate son voyage de Rome à Brindes en compagnie de Mécène *. Laissons parler le poète lui-même [4].

« Au sortir de la grande Rome, Aricie m'a reçu dans un modeste gîte. J'avais pour compagnon le rhéteur Héliodore, de beaucoup le plus savant des Grecs. De là, nous avons gagné le Forum d'Appius, fourmillant de mariniers et de cabaretiers frippons **.

* Livre I, *Satire* 5 [3].

** Cette localité se trouvait alors à l'endroit précis où la voie Appienne pénétrait dans les marais, beaucoup moins étendus à cette époque que de nos jours. S'il ne reste aucune trace de la ville, les « cabaretiers frippons »

Notre paresse a coupé en deux cette étape, que font d'une traite ceux qui relèvent plus haut leur tunique: la voie Appienne est moins fatigante à qui ne se presse pas *. Là, à cause de l'eau, qui était détestable, je traite mon estomac en ennemi **, attendant, non sans impatience, mes compagnons qui dînaient. Déjà la nuit s'apprêtait à étendre ses ombres sur la terre et à semer le ciel de constellations. Et alors, les clameurs de voler des esclaves aux mariniers, des mariniers aux esclaves. « Aborde ici » ***, « Tu en fourres trois cents! », « Holà! il y en a assez ». Pendant qu'on fait payer, qu'on attelle la mule, une heure entière passe. Les moustiques maudits, les grenouilles des marais écartent de nous le sommeil ****. Après que, gorgés de piquette, marinier et voyageur ont,

n'ont pas disparu, au contraire ils se sont multipliés dans les auberges de la région. Le seul moyen d'échapper à leurs filouteries est de s'entendre au préalable avec le *vetturino* pour les repas et le logement. Si l'on néglige cette précaution, on n'est pas mieux servi pour autant et l'on doit payer trois fois plus cher. Mais les cochers de louage ont coutume, comme cela va de soi, de conduire les étrangers dans les plus mauvaises auberges, qui conviennent à leur état de *Diis minorum gentium.*

    * Moi aussi je dus mettre deux longues journées pour aller de Rome à Terracine, car mon *vetturino* était bien lent. De nos jours cependant, la via Pia n'a plus cette particularité d'être « moins fatigante à qui ne se presse pas », comme l'avait noté Horace pour la via Appia. Une malpropreté telle que les mots ne peuvent en donner une idée, dont le seul souvenir suffit à inspirer le dégoût, règne dans les auberges de cette contrée, dans les chambres, les lits — et à table [5]!

    ** Le vin lui-même et toute autre boisson ne sauraient être consommés sans risque à notre époque. Malheur au voyageur qui ne s'est pas muni à Rome de boisson et de repas froids en prévision de ce voyage! C'est en vain qu'il aspire à manger une bonne bouchée, à boire une goutte d'eau pure. Un plat de poissons qui sentent la vase du marécage, ou une assiette malpropre contenant des *macaronis* préparés avec une huile nauséabonde, du vin aigre ou de l'eau croupie — celle du marécage — voilà ce qu'on lui sert et qu'il doit payer bien cher.

    *** Les voyageurs avaient alors coutume de s'embarquer de nuit près de *Forum Appii* (peut-être y avait-il là un relais de poste pour la navigation) sur le grand canal d'Auguste qui longeait la route, ils descendaient ainsi, tirés par des mulets, jusqu'au temple de Feronia, où ils arrivaient le matin suivant.

    **** Il en est de même aujourd'hui encore. Le coassement des grenouilles est souvent dans nos régions un doux chant berceur; ici, où leur grand nombre et leur proximité rendent si incommodes ces hôtes des marais, il ressemble au vacarme que ferait une écluse. Les mouches et moustiques y sont à l'envi, chanté leur bonne amie absente *, à la fin, fatigué, le voyageur commence à dormir et le marinier paresseux détache et laisse paître sa mule, fixe le câble à une pierre et ronfle, couché sur le dos. Et déjà le jour arrivait quand nous sentons que la barque n'avance pas d'une ligne. L'un de nous alors, cervelle chaude, saute à terre et travaille, avec un bâton pris à un saule, la tête et les reins de la mule et du marinier. A la quatrième heure, au plus tôt, on nous débarque enfin. Nous nous lavons le visage et les mains dans ton onde, ô Féronia **! Puis, ayant déjeuné, nous nous traînons l'espace de trois milles et nous arrivons au pied d'Anxur, posée sur ses roches blanches qui brillent au loin ».

Trajan, après Auguste, fut le bienfaiteur de cette région. Il répara la voie Appienne et y fit bâtir des ponts et des édifices magnifiques. Une nouvelle route parallèle à la première, la *via Trajana*, fut construite par ses ordres. Pendant les quatre siècles qui s'écou-

légion! ils pénètrent par les fentes des volets de bois, en essaims si compacts qu'ils assombrissent l'air, et s'unissent à la vermine qui rampe et saute sur le sol, sur les murs et dans les lits, pour priver encore le malheureux de la dernière consolation à son triste sort, le sommeil. De nos jours, d'ailleurs, il est beaucoup plus dangereux qu'à l'époque d'Horace de dormir en cours de route dans cette région marécageuse, où l'air est devenu fort malsain. S'endormir au dehors, la nuit et pendant la saison chaude, serait aujourd'hui entrer dans le dernier sommeil. Quand je revins de Naples, à la mi-juin, mon voiturin se montra plein de sollicitude; son principal souci était de venir fréquemment près de la voiture, à l'heure du crépuscule, pour me rappeler que je devais absolument éviter de m'endormir et me conter les accidents funestes dont, si souvent déjà, avaient été victimes ceux qui négligeaient cette précaution [6].

* La sonnerie de toutes les clochettes et de toutes les chaînes dont sont parés les mulets des voituriers romains, selon l'usage de la région, les paroles laconiques du *vetturino* et les jurons grossiers par lesquels il a coutume d'exciter ses bêtes, plutôt que d'utiliser le fouet, ses plates anecdotes de charretier, voilà de quoi il faut se contenter au lieu de dormir.

** Le bosquet, le temple et la fontaine consacrés à cette déesse se trouvaient à trois mille pas de l'antique cité d'Anxur, au bas d'une colline dont le pied baignait dans le marécage. C'était une pieuse coutume des voyageurs que de visiter le bosquet et le temple, et de faire leurs ablutions à la fontaine sacrée. On pense avoir découvert la trace de cette dernière, mais le temple a disparu, l'histoire de cette déesse inconnue est tombée dans l'oubli. Terracine fut par la suite bâtie au pied de la montagne calcaire qui avait porté à son sommet l'antique Anxur.

lèrent jusqu'à la chute de l'Empire, nous ne trouvons plus aucune mention des Marais Pontins, ni de travaux entrepris pour continuer ou même entretenir les canaux et les autres anciens ouvrages de bonification. Le pays fut abandonné aux ravages des eaux qui descendaient des montagnes, à celles qu'y laissaient les inondations et qui croupissaient de toutes parts. Enfin, le roi Théodoric prit de nouvelles mesures pour arracher à la ruine ce pays; nous citerons ici la description effrayante qu'il en donna quand il s'adressa au Sénat romain pour lui faire connaître son intention de confier le pays à un praticien riche et entreprenant, Decius, qui serait chargé de l'assécher: « Ce marais semble animé d'une rage ennemie pour désoler toute la contrée aux alentours; ses eaux, que l'on négligea longtemps de contenir, se sont répandues sur tout le pays comme une vaste mer, leurs terribles inondations ravagent les champs fertiles et changent en désert de riantes campagnes. La terre, dépouillée de ses récoltes par les eaux dévastatrices et désormais couverte par le marécage, ne peut plus rien produire qui permette aux créatures de subsister. Admirons donc le génie audacieux des siècles passés, qui revit chez un de nos contemporains: ce que les forces réunies de l'Etat craignirent si longtemps de tenter, lui seul l'a entrepris » etc. *. D'après une inscription découverte près de Terracine, on apprend que l'exécution de ce plan avait été couronnée de succès et que Théodoric laissait au patricien les terres ainsi rendues à la culture pour qu'il les exploitât en toute propriété et sans aucune taxe, parce que le roi trouvait juste « que chacun pût jouir en paix des fruits de son travail ».

Ainsi, durant des siècles, les travaux d'assèchement alternèrent avec de longues périodes où les marais furent totalement abandonnés. Il ne faut donc pas s'étonner si les papes n'ont trouvé qu'un marécage là où les Romains les plus illustres avaient leurs maisons de campagne, s'ils ont dû se contenter d'une misérable redevance sur les terrains de chasse et les zones de pêche là où le paysan romain récoltait cent fois plus qu'il n'avait semé, et où l'Etat trouvait toujours des greniers pleins en période de disette! Les souverains couronnés de la tiare ont dû sans doute livrer de rudes combats avant de tenter à leur tour, avec leurs faibles moyens, les travaux d'assè-

---

* *Cassiodore,* L. II, Lettres 32 et 33.

chement qui soulevaient tant de difficultés. Certains d'entre eux cependant se mirent à l'oeuvre avec une volonté ferme, une résolution virile. Il faut citer à cet égard les noms et les travaux de Boniface VIII en 1294, Martin V en 1417, Léon X en 1514 et Sixte Quint en 1585. Ceux qui se distinguèrent le plus furent Martin et Sixte, ce génie digne de l'ancienne Rome, qui mit ici la même grandeur et la même énergie que dans toutes ses entreprises. C'est ce qu'attestent encore les restes de leurs grands ouvrages, les canaux Rio Martino et Fiume Sisto, qui sont toujours utilisables ou le seraient à peu de frais si la jalousie n'intervenait dans les nouveaux plans. La mort de ces papes, l'incurie dont firent preuve leurs successeurs, cette envie mesquine qu'ils éprouvèrent, comme beaucoup de pontifes, à l'égard de leurs illustres devanciers [7], interrompirent la poursuite des travaux. Deux siècles après Sixte Quint, le pays se trouva de nouveau abandonné à sa malheureuse destinée et à une complète désolation. Le Saint-Siège estimait, comme c'est en effet le cas, que dans une entreprise aussi coûteuse on n'était pas assuré du succès. Sans doute on fit des projets, mais sans les mettre à exécution. Quelques papes choisirent le parti le plus sage en la matière, ils consultèrent plusieurs ingénieurs venus des Pays-Bas, où la science de l'hydraulique est parvenue à une telle maîtrise. Ces experts, ainsi que quelques Italiens *, proposèrent les moyens les plus simples pour procéder à l'assèchement: il ne s'agissait que de détourner ou de réunir plusieurs canaux et rivières, mais aucun ne fut jamais appliqué.

C'est dans un état effrayant que le pape actuellement régnant trouva les marais abandonnés depuis deux siècles. Sa grande résolution d'entreprendre les travaux d'assèchement exigeait un courage viril. En effet, ce fut sans doute une position bien critique pour Pie VI quand, au début de son pontificat, faisant un voyage dans la région, il découvrit du haut d'une colline l'immense marécage qui l'entourait et comprit le danger auquel il s'exposerait s'il aventurait sa personne sacrée sur ce sol perfide! C'était là un présage, dont il avait alors à peine conscience, des nombreuses difficultés qu'il devait rencontrer également dans le domaine politique au cours de

---

* Plusieurs Italiens ont fourni récemment dans ce domaine des plans tout à fait réalisables; parmi eux se distinguent surtout Bolognini et Ximenes, car leurs projets sont aussi simples que peu coûteux dans leur ensemble.

son règne! En cette circonstance, il prit la décision qui convenait à un homme sage et que, à cette époque encore, il pouvait mettre à exécution: il ordonna des mesures pour la construction d'une route sûre et de quelques grands ponts, afin de pouvoir au moins traverser ces marécages sinistres qui l'entouraient sans risquer d'y être englouti. Quand cela fut fait, on procéda aux travaux d'assèchement. Gaetano Rappini, mathématicien versé dans la science de l'hydraulique, fut appelé de Bologne pour diriger ces travaux sous l'inspection du cardinal Palotta. Sans se préoccuper, semble-t-il, des projets qu'avaient déjà faits ses prédécesseurs, il suivit un plan de son invention, mais à la vérité celui-ci se révéla le plus mauvais, le plus onéreux de tous. Des gens du métier remarquèrent bientôt que les premières ébauches péchaient par un excès de précipitation; quant au plan qui suivit, ils y virent tant de défauts qu'il paraissait impossible de réussir si on l'appliquait. Mais Pie VI, qui se fiait davantage à ses conseillers, persévéra dans l'entreprise déjà commencée; pour apaiser les mécontents, il recourut au don de persuasion qui lui a valu le surnom de *il persuatore* — le résultat de son voyage auprès de Joseph II n'aurait cependant pu le lui mériter [8].

La principale question qui doit se poser en premier lieu à celui qui considère cette entreprise est celle-ci: avant de faire le plan des travaux d'assèchement, a-t-on pris soin de vérifier à quelle hauteur se trouve le niveau de la mer relativement aux parties basses de la vallée, et comment a-t-on procédé aux mesures? Il est difficile d'y répondre, du moins d'une façon qui soit tout à fait satisfaisante. Au premier siècle de notre ère, Vitruve * affirmait déjà que les Marais Pontins n'avaient pas d'écoulement en raison de leur niveau inférieur à celui de la mer. C'est aujourd'hui encore l'opinion de certains Romains compétents en ce qui concerne la majeure partie de l'intérieur des marais, ils ajoutent que le plan actuel a été établi uniquement d'après quelques cartes de la région, sans qu'on ait fait au préalable des mesures précises. Les promoteurs de l'entreprise affirment en revanche que la principale objection adressée au projet actuel, c'est-à-dire le fait que le niveau de la mer serait supérieur à celui de la plus grande partie des marais, se trouve réfutée par des travaux de nivellement qui auraient bien été exécutés. Quoi qu'il

* *De Archit.*, L. I, 4.

167

Fig. 16. *Pie VI visitant les travaux d'assainissement des Marais Pontins.* Planche illustrant les *Fasti del S. P. Pio VI* publié en 1804 par Gian Battista Tavanti. Rome, Biblioteca Casanatense (Cl. M. Vivarelli). Cf. p. 159-160.

en soit — car en cette affaire aucune question ne peut recevoir de réponse certaine sur le plan théorique — on peut douter du moins, à en juger par l'exécution du projet, que des mesures précises aient été effectuées au préalable. Le canal principal, qui doit conduire les eaux à la mer, a été construit au centre des marais dans une partie très basse, et par suite, comme on peut en juger au premier coup d'oeil, il n'a qu'une très faible pente vers la mer.

Ce fut à quelques milles italiens de Velletri que je vis du haut d'une colline une grande étendue de marais. Quel triste spectacle! Cette vallée de l'antique Latium, longue de trente milles italiens, large de huit à douze milles, n'est ici qu'un immense bourbier envahi par les roseaux, et ailleurs un lac aux eaux limoneuses. Un brouillard grisâtre plane sur la vallée; ce sont des vapeurs pestilentielles qui s'élèvent des marais, propageant au loin les maladies et la mort; elles forment vers le soir une épaisse nuée couvrant tout le paysage! Au moment des crues, les torrents qui affluent de la chaîne montagneuse située entre Sonnino et Terracine répandent la désolation sur ce pays. Le terrain de la vallée est inégal; plusieurs parties sont visiblement plus basses que d'autres et se trouvent à un niveau inférieur à celui de la mer. S'il fallait donc construire un nouveau canal — on estima cet ouvrage indispensable quand on entreprit les travaux actuels, car, selon les apparences, il ne suffisait pas de curer les rivières et de réparer les anciens canaux — il me semble, à en juger d'après les conditions locales, que seul un canal suffisamment grand et robuste, creusé au pied des montagnes qui déversent leurs eaux dans le marais, aurait pu recevoir au moins le premier afflux de ces eaux, dont l'écoulement est trop abondant pour la plupart des rivières, au lit peu profond et à faible pente vers la mer. Le canal ainsi construit aurait eu une inclinaison suffisante vers la mer, il aurait pu conduire les eaux qui s'y seraient rassemblées dans des canaux plus petits, reliés à quelques rivières. Au lieu de cela, le pape a fait creuser un canal au centre des marais, mais celui-ci ne peut recevoir que les eaux des régions environnantes ou des parties plus hautes de la vallée. Il ne permet pas d'assécher un seul pied de terrain dans les marécages situés à un niveau inférieur au sien. En outre, ce canal est trop étroit relativement aux services qu'il devrait rendre, il est situé trop bas pour avoir une pente suffisante vers Terracine, où il débouche dans la mer, et l'évacuation des

169

eaux ne peut être assez rapide quand elles arrivent des montagnes avec un débit très abondant. Sur ses bords, sur ceux de quelques rivières les moins profondes, qu'il a fallu surélever, on a construit des digues, mais elles ne sont ni assez robustes ni assez étanches pour pouvoir résister à la violence des crues. Elles s'écroulent alors par pans entiers, ou sont emportées et englouties.

Dans les récents travaux, on a recherché, comme cela se conçoit, ce qui pouvait leur donner le plus grand éclat. Le nouveau canal, nommé *Linea Pia,* a été construit sur les traces du canal d'Auguste, dont parle Horace, il se trouve donc parallèle à la route antique, rétablie par Pie VI. La voie Appienne a été débarrassée de la vase qui recouvrait ses dalles, réparée en plusieurs endroits et exhaussée de trois pieds.

De nombreux monuments de marbre, érigés sur le bord de la route, sur les ponts, près des maisons nouvellement bâties, célébraient la gloire du pape dans ces deux entreprises: le rétablissement de l'ancienne route romaine et l'assèchement des marais, mais la dernière, en particulier, était encore bien peu avancée à l'époque de mon voyage, après cinq ans de travaux. On n'avait pas lésiné sur le poids du matériau pour dire les mérites de l'homme qui voulait rendre la salubrité à cette contrée: certaines louanges pesaient bien cent livres et portaient son nom jusqu'aux nues! Il mériterait de tels monuments et de plus durables encore dans le coeur de ses sujets et la reconnaissance de la postérité, l'homme qui conçut le grand dessein de réaliser dans ce pays des travaux de bonification si considérables, grâce auxquels l'agriculture pourrait se relever, les revenus de l'Etat s'accroître, la population se développer et le climat lui-même devenir plus sain — si le succès couronnait cette entreprise. Nul n'aurait alors mieux mérité que Pie VI le beau nom de Père de la Patrie dont les Romains honoraient leurs plus grands princes et les meilleurs des citoyens. Mais cet espoir ne paraît pas devoir se réaliser dans un proche avenir, il semble que l'Italie inférieure, ce pays pourtant si favorisé par la nature, ne soit pas destiné à voir réussir ici de grands projets et renaître le royaume de Saturne qui fit jadis sa prospérité. En cinq ans, les travaux dans les marais avaient coûté sept cent mille écus romains. Quinze cents hommes y étaient employés et chacun d'eux recevait vingt-cinq baïoques par jour (environ un demi-florin).

170

D'après ces quelques remarques sur la topographie des marais et le plan d'ensemble actuellement mis en application, il est visible que celui-ci répond assez mal aux impératifs de celle-là. Ou bien une honteuse cupidité entraîne les entrepreneurs à différer les travaux qui seraient les plus utiles et à les faire traîner en longueur pour s'enrichir, ou leur ignorance est totale en ce qui concerne l'architecture hydraulique. Le pape n'a-t-il donc jamais eu l'idée de consulter à ce sujet des ingénieurs hollandais, selon l'exemple que lui avaient donné plusieurs de ses prédécesseurs? Ou, s'il conçut ce sage dessein, les entrepreneurs romains, l'estimant contraire aux buts intéressés qu'ils poursuivaient, surent-ils le faire échouer?

Quoi qu'il en soit, le manque de ressources intérieures telles que l'argent et la population est un très grand obstacle à l'exécution rapide et à la réussite de si longs travaux. Qu'on évoque à cet égard l'étonnant contraste entre l'ancienne et la nouvelle Rome! Jadis, un empire vaste, florissant et peuplé, riche de tout ce qui pouvait produire les plus grandes choses; aujourd'hui le petit Etat pontifical, incapable de mener à bien d'importantes entreprises, avec son gouvernement dépourvu de ressources, son territoire dépeuplé et son peuple qui gémit sous un affreux despotisme! Il ne fallait alors qu'un signe du souverain et l'oeuvre était déjà à demi exécutée; maintenant on s'efforce en vain d'atteindre un but qui — comme dans le supplice de Tantale — semble s'éloigner davantage à mesure qu'on tente de le saisir. Là, c'était un général romain qui, dès que la victoire avait fermé le temple de Janus, pouvait employer à des travaux utiles à l'Etat ses légions victorieuses ou les troupes des ennemis vaincus; ici, un prêtre portant la tiare doit payer des sommes exorbitantes et il se procure à grand-peine des ouvriers que lui fournit difficilement son petit pays dépeuplé ou qu'il doit mendier dans les Etats voisins. Un seul mot de *César*: « Je le veux, je l'ordonne! » était plus efficace et donnait à des milliers de mains une tout autre activité que quand le pape, visitant chaque année les marais, ne réunit qu'une poignée de travailleurs minés par la jaunisse, l'hydropisie et la consomption, et quand il cherche à ranimer leurs forces épuisées par ses mélancoliques exhortations à la prière et ses bénédictions libéralement répandues, afin qu'ils puissent continuer leur pénible tâche! Le triste spectacle qu'offrent ces malheureux est bouleversant! Il serait cruel de condamner des criminels à travailler dans cette contrée pestiférée; et ce sont des hommes libres qui, séduits par l'appât d'un salaire considérable, courent eux-mêmes à leur perte. Le travail continuel dans le marécage infect provoque l'enflure des jambes et l'engorgement du foie. Un petit nombre d'entre eux peuvent résister à ces maux plusieurs années; ils ont au visage la pâleur jaunâtre de la mort et leurs corps épuisés présentent les signes d'une prochaine dissolution. Quel résultat peut-on bien attendre du labeur de ces êtres privés de force et de santé! Que de milliers d'hommes ont déjà péri, victimes de cette entreprise qui ne peut atteindre son but! [9]

Quand je traversai ces marais, on avait terminé la grand-route, qui était excellente, ses ponts, plusieurs maisons bâties sur ses bords pour la commodité des voyageurs et le logement des pêcheurs et des chasseurs. Un grand édifice y était construit depuis peu, on le croyait destiné à l'un des neveux favoris du pape, déjà enrichi de plusieurs duchés; selon des informations plus récentes, ce bâtiment ou un autre fort vaste devrait servir de magasin à blé — pour les futures récoltes, quand le vaste pays pontin aura été asséché. Celui que j'ai vu était assez grand pour contenir toute une récolte de la Campagne de Rome. On avait à peine achevé la moitié du grand canal où l'on voudrait pouvoir attirer, par quelque procédé magique *, toutes les eaux qui croupissent dans tant de lacs et de bas-fonds. On dit qu'il est maintenant terminé et a vingt-deux milles italiens de long. Sa largeur est estimée à soixante palmes environ près de Torre di Tre Ponti, où il commence, et atteint plus du double vers l'endroit où il arrive à la mer. Les promoteurs de l'entreprise affir-

---

* Cette pensée n'est pas neuve, et il ne faudrait pas la croire incongrue à notre époque fertile en miracles. Pline parle déjà (XXVI, 4) d'une telle *méthode magique* pour assécher les Marais Pontins, et il est étrange en effet — tant de choses le sont dans cette entreprise — que pour prévenir les dégâts provoqués dans les nouveaux ouvrages par les fréquentes inondations, ou même pour accélérer les travaux, on ait été à Rome, contrairement à l'ordinaire, si peu prodigue en prières, demandes d'intercessions, sacrifices et processions en l'honneur des saints, particulièrement de ceux qui doivent à Pie VI leur auréole. Un seul miracle bien efficace, semblable par exemple à ceux que saint Benoît Labre répandait alors avec une telle libéralité, aurait pu, en vérité, épargner au Trésor pontifical toujours indigent des sommes considérables; il en aurait bien besoin actuellement, ne serait-ce que pour réparer les dégâts dus aux inondations [10].

maient, dès l'époque de mon voyage, que l'on avait rendu à l'agriculture une étendue considérable de terre, en réalité, celle-ci restait insignifiante. Mais ils avaient eu assez de ruse pour tromper le premier coup d'oeil du pape, celui de tout voyageur traversant la contrée sans procéder à un examen attentif: séduit par les domaines bien cultivés qui bordaient l'excellente route, on était prévenu en faveur de l'ensemble. Tout près de la chaussée, des deux côtés, on voyait les plus belles terres à blé, des épis très hauts. Mais ce n'était guère qu'une illusion de la vue. La bande de terre cultivée n'avait que quelques pas de large et touchait aux roseaux du marécage et, quand j'y eus pénétré, je sentis tout à coup le sol s'enfoncer sous mes pas. — Tout cela n'empêchait pas les flatteurs de louer les travaux, de prétendre qu'ils progressaient rapidement et seraient bientôt achevés avec succès; aujourd'hui ces mêmes panégyristes proclament que l'entreprise est bel et bien terminée: on aurait nettoyé, élargi le lit des rivières naguère peu profondes et trop étroites, construit de robustes digues et facilité l'écoulement des eaux, restauré les plus beaux ouvrages des Anciens, creusé un certain nombre de canaux grands et petits, rendu la salubrité à l'air de cette contrée et, grâce à tous ces travaux, réalisé l'assèchement de la plus grande partie des Marais Pontins!

Le nom de Pie VI appartient déjà à cette constellation dans laquelle brillent aux yeux de la postérité ceux d'Appius, Auguste, Trajan et Théodoric, qui s'employèrent à assécher les marais! Et en vérité le chef de l'Eglise romaine ne pouvait espérer davantage dans ses souhaits les plus ambitieux! — Cela signifie-t-il que cette entreprise colossale soit réellement terminée? Malgré les travaux qui ont été réalisés, le témoignage de quelques étrangers qui vivaient alors à Rome a révélé que voici deux ans, pendant l'hiver, la majeure partie du pays se retrouva sous les eaux après une inondation presque générale; les flots détruisirent plusieurs digues, plusieurs canaux dont la réparation suffit à elle seule à occuper les ouvriers au cours de l'été suivant, et emportèrent dans le marais, outre les ponts, plus d'un monument de marbre célébrant la gloire de celui qui avait rendu la vie à la contrée!

Ces travaux suscitent à Rome un mécontentement général, on n'y compte guère que le successeur de Pie VI les poursuive et entretienne ces coûteux ouvrages; l'opposition qu'ils rencontrent est

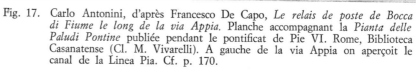

Fig. 17. Carlo Antonini, d'après Francesco De Capo, *Le relais de poste de Bocca di Fiume le long de la via Appia.* Planche accompagnant la *Pianta delle Paludi Pontine* publiée pendant le pontificat de Pie VI. Rome, Biblioteca Casanatense (Cl. M. Vivarelli). A gauche de la via Appia on aperçoit le canal de la Linea Pia. Cf. p. 170.

due également aux vues intéressées de plusieurs familles romaines très puissantes qui, avant cette entreprise, louaient dans les marais des zones réservées à la chasse et à la pêche, et en retiraient des profits considérables. Bien que le pape ait convenu avec ces familles de les dédommager des avantages dont elles se voient maintenant privées, il faut cependant craindre les manoeuvres secrètes par lesquelles elles s'opposent, elles aussi, à la réussite du projet.

J'ai gardé un souvenir inoubliable du contraste qui s'offrit à moi, quand j'eus traversé les Marais Pontins, entre ces paysages et la contrée qui s'étend au nord de Terracine et au sud de cette ville jusqu'aux environs de Fondi. Je venais de voir une extrême pauvreté, et la nature me présentait tout à coup le spectacle de sa plus grande richesse! Après avoir passé toute une journée de mai dans ce pays pontin désert et sinistre, où mes sens, privés de toute joie, étaient tombés dans un état de fatigue et de torpeur, après avoir beaucoup souffert de la chaleur et des insectes, voici qu'à la fraîcheur du soir je me vis entouré de grandes haies fleuries, entre lesquelles le chemin conduisait à Terracine, située à une demi-heure de là. Les plus nobles arbustes, le myrte, le laurier, le romarin confondaient leurs rameaux en fleurs pour former cette allée ombragée qui ne devait rien à l'art du jardinier; aux épais feuillages bordant la route comme de véritables murs, des plantes grimpantes mêlaient les couleurs les plus jolies et les plus variées de leurs fleurs printanières dont certaines m'étaient inconnues; en approchant de la ville, je vis, dans des jardins sans clôture, des orangers en fleurs. L'air était embaumé de tous ces parfums, les rossignols se répondaient d'un buisson à l'autre. Je me sentais rafraîchi, réconforté; c'était une surabondance de délices qui me remplissait de joie, qui effaçait les tristes impressions suscitées par un paysage désolé! Cette contrée si aimable et les sentiments qu'elle faisait naître en moi ne me donnaient cependant qu'un faible avant-goût de ce que j'allais éprouver le matin suivant, quand j'aurais atteint, aux environs de Fondi, la vallée enchanteresse où la nature a prodigué tous ses dons. Lorsque les écrivains de l'antiquité parlent de la Campanie, ils semblent dans leur enthousiasme peindre un pays féerique, qui n'aurait d'existence que dans leur imagination [11]. « C'est là, disent-ils *, la

* Parmi bien d'autres, Pline, L. I, ch. 5 et Florus, L. I, ch. 16.

175

Campanie heureuse et fertile. Là commencent à s'élever les coteaux qui produisent en abondance les vins les plus célèbres! C'est là que Bacchus et Cérès se disputent l'honneur de répandre les plus grands bienfaits! La Campanie est la contrée la plus belle, non seulement de l'Italie, mais de toute la terre. Nulle ne connaît un ciel plus doux — il y fait naître les fleurs deux fois au cours d'une même année; nulle n'offre un sol plus abondant, une mer plus hospitalière! » Aux environs de Fondi, la délicieuse vallée qui touche à la frontière de l'ancienne Campanie montre déjà la vérité du tableau brossé par les auteurs anciens. Elle apparaît comme un vaste amphithéâtre, environné d'une chaîne de collines que couronnent des vignes et des forêts d'oliviers. Tantôt la grand-route traverse des champs de blé, tantôt elle passe sous des orangers, des citronniers, des amandiers et des grenadiers ou dans des bois de figuiers et d'oliviers. La vigne s'enroule aux arbres; ses lourdes grappes brillantes pendent entre les branches et chargent les festons qui courent d'un arbre à l'autre. Les fleurs que nous obtenons à force de soins dans nos jardins, la nature les a semées à profusion dans les prairies de cette vallée; elle y a répandu des arbustes que nous faisons vivre à grand' peine dans nos serres. La rose, le lys, le narcisse, la renoncule et la giroflée se montrent ici dans toute leur beauté; le romarin et le myrte verdissent dans la plaine, au bord des fossés qui longent la route s'élève l'aloès superbe — « Voilà l'heureuse Campanie! » — Une seule chose empêche de jouir pleinement de cette nature délicieuse, c'est de découvrir que cette contrée bénie est habitée par un peuple grossier, dissolu et cupide. L'observateur attentif évoque alors les vils Samnites, qui vivaient autrefois dans les mêmes lieux et se distinguaient par leur perfidie; le portrait qu'en ont tracé les historiens anciens inspire l'horreur et le dégoût *. Les principaux traits de leur caractère semblent s'être maintenus jusqu'à nos jours chez les habitants de cette Arcadie, qui en sont bien peu dignes.

Mola est bâtie sur les ruines de l'antique Formia, dont les poètes anciens ont tant célébré les rivages enchanteurs et l'heureux climat. Aux portes de la ville, on montre dans un bosquet de citronniers les prétendus restes du *Formianum* de Cicéron. Quelle position délicieuse! ces nobles arbres courbent jusqu'au sol, par-dessus

* Florus, *op. cit.*

176

les ruines, leurs branches chargées de fleurs et de fruits dorés; ils défendent l'accès de toutes parts, comme s'ils voulaient préserver ces restes vénérables d'une destruction totale et sauvegarder en eux la trace de ce qui fut le séjour favori de ce grand homme infortuné. Ce fut là que les meurtriers envoyés par l'ingrat Octave rejoignirent Cicéron dans sa fuite. On voit sur l'antique via Appia un monument que l'on croit être le tombeau érigé à Cicéron par ses affranchis reconnaissants, à l'emplacement même où il succomba aux coups de ses assassins.

On jouit à Mola d'une vue magnifique sur le beau golfe qui s'étend de Gaète aux îlots rocheux d'Ischia et de Procida, situés au large. Je traversai ce paisible golfe dans un bateau léger qui me conduisit à Gaète. Ce fut là — et ce spectacle m'émut profondément — que pour la première fois je vis s'élever au-dessus de la mer, à l'horizon, le terrible Vésuve avec son double sommet et sa haute colonne de fumée! [12]

On parcourt une plaine fertile, qui produisait autrefois le célèbre vin de Falerne, et l'on s'approche de Capoue, jadis si riche et si orgueilleuse, rivale de Rome et de Carthage, séjour des voluptés les plus raffinées. L'armée triomphante d'Hannibal succomba aux délices traîtresses de cette contrée *. Lorsque les guerriers que n'avait pu vaincre la puissance de l'ennemi au lac Trasimène et à Cannes et devant qui tremblait déjà Rome humiliée prirent leurs quartiers d'hiver à Capoue, c'en fut fait de cette force et de ce courage qui avaient su résister à toutes les difficultés extérieures. L'excès des voluptés les énerva. L'armée qui sortit de la ville corruptrice ne ressemblait plus à celle qui y avait fait son entrée peu de mois auparavant. Les corps amollis n'étaient plus assez robustes pour les travaux de la guerre; les vainqueurs des Romains s'étaient perdus à Capoue dans les repaires enchanteurs des voluptés; ils ne connaissaient plus l'ancienne discipline — et Rome fut sauvée.

* Tite-Live, L. XXIII, ch. 18.

Chapitre 16

NAPLES[1]

Il est un proverbe napolitain bien rebattu, mais exprimant toutefois une incontestable vérité, selon lequel « cette contrée est un morceau de ciel tombé sur la terre! »[2]

Dans aucune autre région du monde connu, la puissance créatrice de la nature n'a rassemblé avec plus de prodigalité les plus précieux de ses dons pour offrir aux yeux de l'homme une image de la beauté idéale la plus accomplie; le poète doué de l'imagination la plus ardente, à l'heure du plus sublime enthousiasme, ne peut en rien pressentir sa perfection, s'il n'est inspiré par cette réalité même[3].

Dès mon arrivée, par une claire soirée d'été, je me hâtai de me rendre sur la terrasse de la chartreuse San Martino, sur la hauteur qui domine Naples; on y découvre à la fois toutes les richesses de la contrée[4]. Celle-ci apparaît dans tout son ensemble, on a sous les yeux, comme s'il s'agissait d'une carte déployée, les routes conduisant vers les différentes directions. La ville, avec ses faubourgs et les maisons de campagne aux environs, se développe en amphithéâtre autour du beau golfe à demi circulaire, couvert de grands navires et de minuscules embarcations; Naples a ainsi l'un des plus beaux ports de guerre et de commerce. On voit à l'entrée de ce vaste golfe, semblables aux colonnes d'Hercule, les hautes et larges îles rocheuses de Capri, Ischia et Procida; dans leurs intervalles, le regard se promène sur l'immense étendue de la mer. A gauche s'élève le promontoire de Minerve, à droite, celui de Misène. A partir de ces deux caps, la côte s'infléchit vers l'intérieur, là vers les rochers de

Sorrente et Castellammare jusqu'à Portici, ici vers Baia, Pouzzoles et le Pausilippe. Des deux côtes, les faubourgs très étendus et la capitale elle-même ferment ce grand demi-cercle de côte[5]. Au pied de la montagne où s'élève le couvent, la belle et royale cité se déploie comme un vaste plan. Le regard plonge sur les toits en terrasses, dans les rues et sur les places où fourmille la multitude. Le tumulte d'une ville populeuse monte jusqu'à cette demeure où des moines engraissent dans l'oisiveté, leur occupation principale et bien morose étant d'observer le plus insensé de tous les voeux, le voeu de silence. Au loin, le Vésuve s'élève au-dessus de Portici et des villes romaines ensevelies. Colosse ne devant qu'à lui-même sa naissance, séparé des autres montagnes, il dresse sa masse solitaire, orgueilleuse et redoutable! Quand je le vis, il était en repos. Une fumée noire sortait de la bouche avec une lenteur solennelle, montait comme une énorme colonne jusqu'à la région supérieure de l'air où elle se courbait pour planer, rougie par le soleil couchant et semblable à une menaçante nuée d'orage, au-dessus du paisible golfe. La pyramide sombre du volcan a ses pentes sillonnées par de noirs torrents de lave. Une vallée obscure, nommée Atrio del Cavallo, où s'entassent les matières rejetées, sépare le sommet, couvert de cendre noire, de la pointe de la Somma. Cette dernière hauteur, isolée des deux autres, reste désormais en repos quand se produisent les éruptions dévastatrices qui jadis peut-être s'élançaient d'une bouche plus importante constituée par l'Atrio del Cavallo; autour de cette vallée en effet, les deux sommets précédemment nommés et un troisième, l'Ottajano, apparaissent aujourd'hui comme les vestiges d'un immense cratère écroulé[6].

Ce sont là quelques faibles traits du tableau grandiose et magnifique qui s'offre en ces lieux; il faut le voir, car aucune description ne peut en donner l'idée. « Que vous êtes heureux, mon père, dis-je à un chartreux assis auprès de moi et qui, à ma grande satisfaction, avait rigoureusement observé durant une heure entière la règle de silence imposée par son ordre — que vous êtes heureux dans cette demeure qui vous permet de voir la plus belle contrée de la terre! — Oui, répondit avec un haussement d'épaules cet être insensible, c'est ce que disent tous les étrangers qui viennent ici. Pour eux, c'est le paradis terrestre, mais pour nous! (*ma noi altri*

Fig. 18. Francesco Piranesi, d'après Jean-Louis Desprez, *L'éruption du Vésuve en 1779*. Rome, Istituto naz. per la grafica, Gabinetto delle stampe (Cl. du Gabinetto). Cf. p. 189 sq.

non sentiamo niente!) * Entrez donc ici avec moi (ce disant il montrait l'église du couvent), venez voir et admirer les trésors de saint Martin! » Je promis de revenir pour les voir et les admirer. Pardonnons à ces moines d'estimer l'église de leur bienfaiteur saint Martin, surchargée de dorures, de lapis-lazuli et autres variétés précieuses de pierres et de marbres, bien plus que le jardin de leur couvent, si bien situé, et la vue dont il permet de jouir: ils doivent à celle-là leurs richesses et leur vie douillette, ceux-ci ne leur rapportent aucun profit! [7]

La cime fumante du volcan m'avait appelé; je ne pus résister au désir de m'en approcher, malgré la fatigue que je devais au long et pénible voyage depuis Rome. Aussi la nuit suivante fut-elle destinée à ce pèlerinage. Je me mis en route avec mes fidèles compagnons de voyage [8] — quel étonnant contraste! — en sortant du théâtre Saint-Charles, où l'on donnait *Médonte,* l'opéra de Sarti [9]. Ce théâtre royal de Naples est le temple le plus vaste et le plus brillant que les temps modernes aient consacré au culte d'Apollon et des Muses. Il en est de lui comme de la musique napolitaine, que l'on entend ici dans sa perfection: toutes les idées qu'on a pu s'en faire restent bien inférieures à la réalité. La magnificence s'y trouve alliée à la sûreté du goût, la prodigalité dans le luxe à l'unité qui caractérise l'architecture de l'ensemble et à la simplicité des ornements. La salle forme un ovale très étendu, entouré de sept rangs de loges; dans chacune des deux cent dix loges, semblables à de petits salons, douze personnes peuvent prendre place commodément. Des glaces en revêtent presque entièrement l'extérieur et en décorent aussi l'intérieur. Ce soir-là, la salle était doublement illuminée pour célébrer la fête d'un membre de la famille royale. Deux puissantes bougies brûlaient devant chaque loge, une autre était allumée devant chaque glace à l'intérieur des loges. La salle brillait comme au grand soleil, grâce à l'effet de toutes ces bougies tant de fois réfléchies; cependant cette vive lumière faisait tort à l'éclairage de la scène, beaucoup plus faible. La scène a une étendue et une profondeur considérables, les ornements en sont magnifiques et les décors donnent à s'y méprendre l'illusion de la réalité. Si le premier

---

* Il s'agit chez ces moines, semble-t-il, d'une formule toute faite. J'ai entendu plusieurs voyageurs dire qu'ils en avaient reçu la même réponse.

chanteur, Roncaglia, suscitait l'enthousiasme par sa voix mélodieuse et son jeu exquis, sa silhouette de castrat, grêle et efféminée, ne convenait guère au rôle du héros Médon. Le premier ténor était alors Montbelli, un très bon chanteur, et la Balducci la première cantatrice. La voix de cette dernière était remarquable par la richesse de ses nuances et l'étendue de son registre, son jeu révélait un goût très sûr et une grande variété d'expression. Il n'y a rien d'excessif dans les louanges adressées à l'orchestre de Naples, dont l'exécution unit la fougue et la puissance. C'est un fleuve impétueux qui renverse tout ce qu'il rencontre, ce sont les torrents d'une harmonie enchanteresse! Sous les doigts de ces virtuoses, l'*andante* prend insensiblement un rythme plus rapide et se termine en *allegro*. On verra peut-être là un défaut de ce grand orchestre, mais telle est la caractéristique de son exécution! L'accord des voix et de l'accompagnement parvient à une grandiose harmonie qui s'empare insensiblement des auditeurs comme un effet magique. Après un merveilleux air de bravoure chanté par Roncaglia, j'entendis, non pas les applaudissements tumultueux des spectateurs, mais un cri de joie unanime qui jaillit dans toute la salle. En un tel instant, tous les sens se trouvaient ravis comme par un enchantement, la salle semblait être devenue le temple dédié au dieu du Soleil et de la Musique, où l'auditoire, initié à ses mystères, était détaché de la terre par les transports d'un enthousiasme divin [10].

L'opéra fut terminé à minuit. Dès la sortie du spectacle, nous montâmes dans un léger cabriolet attelé de fringants chevaux napolitains. Guidés par un homme à cheval qui portait une torche, nous prîmes une route fort bien pavée, revêtue de grandes et larges pierres, qui nous fit traverser les faubourgs, longer la courbe du golfe et passer par Portici, ville sous laquelle se trouve enseveli Herculanum, pour nous amener au village de Résina, situé au pied du Vésuve. Là, nous laissâmes la voiture pour monter sur des ânes. Plusieurs habitants du village, qui portaient des flambeaux, se joignirent à nous; l'un d'eux, ayant à la main une haute torche de pin flamboyante, prit la tête de la troupe en qualité de conducteur; alors, dans l'obscurité de la nuit interrompue par la lumière des flambeaux, pleins d'impatience et de respect à la pensée de ce que nous allions voir [11], nous traversâmes lentement le village et les vignobles des environs, qui produisent ce vin rouge si réputé nommé *Lacryma-*

Christi. Cette région riante et fertile touche à d'anciennes coulées de lave. Des chemins creux bordés de murs de lave y coupent les vignes, les champs et les vergers. La terre qui s'est accumulée avec le temps sur ces traces d'anciennes éruptions constitue le plus fertile des sols. C'est ainsi que la main bienfaisante de la nature a réparé ici, en redoublant ses dons, les ravages du volcan! [12] Plus loin, le chemin n'est plus qu'un étroit sentier aménagé sur la vaste coulée de lave de 1779. Le jour commençait à poindre quand nous atteignîmes cet ancien fleuve de feu, désormais pétrifié. Nos compagnons éteignirent leurs flambeaux sur l'ordre de leur chef qui conserva seul le sien allumé. Déjà le crépuscule du matin nous permettait de distinguer les objets autour de nous. La lune venait de surgir derrière la noire pyramide de cendres qui termine la montagne et, sous sa lumière affaiblie, la contrée prenait un aspect plus terrible encore. Tout était vide, désert et mort entre ces noirs monceaux de lave. Au loin, la mer demeurait encore dans l'ombre. Bientôt les premiers rayons de l'aurore colorèrent le ciel à l'orient, le paysage qui s'offrait à nos yeux devenait de plus en plus vaste [13]. Sur la pente où la coulée de lave s'est déversée en s'échappant du sommet, on croirait voir aujourd'hui les restes de rochers éboulés; quand elle s'est répandue dans la vallée, sa masse refroidie a l'aspect d'un fleuve impétueux qui aurait été saisi en plein élan par la main du Tout-Puissant, et subitement pétrifié * [14]. Des masses de pierres noires roulées l'une sur l'autre forment tantôt des pyramides aiguës, tantôt des précipices et de profondes crevasses. Les unes dressent au-dessus de la coulée leurs parois escarpées, d'autres sont semées par intervalles sur sa surface raboteuse. Ici elles sont entassées comme les blocs de glace dans nos fleuves et là elles s'abaissent de nouveau à une grande profondeur. Lors des éruptions du Vésuve, le torrent de lave ardente s'écoule par les fentes qui s'ouvrent dans les flancs de la montagne; il se divise en ruisseaux qui empruntent diverses directions et se reforme ensuite. Tantôt ce torrent s'arrête tout à coup et se refroidit, tantôt un nouvel écoulement vient recouvrir le précédent; il entraîne avec lui d'énormes rochers qu'il a dé-

* Cette comparaison s'impose d'elle-même à l'esprit de tout spectateur, c'est pourquoi elle n'est pas neuve; si recherchée qu'elle puisse paraître, elle est aussi la seule qui convienne à ce spectacle terrifiant.

tachés de la montagne. Ainsi se forme cette surface raboteuse qui donne à une coulée de lave refroidie un aspect si étrange.

Ce terrain disparu sous les flots noirs et désormais immobiles était jadis fertile, lui aussi. De riantes perspectives sur un immense vignoble réjouissaient les regards dans ces mêmes lieux où les torrents de feu du Vésuve ont semé des ravages qui nous font frissonner d'horreur.

« Voici le mont Vesbius, hier encore verdoyant et ombragé de pampres: ici un noble cru avait plus d'une fois fait déborder nos cuves de ses flots. Voici ces hauteurs que Bacchus aimait plus que les collines de Nysa; sur cette montagne le choeur des satyres déroulait naguère ses danses. C'était le séjour de Vénus, plus agréable à ses yeux que celui de Lacédémone; ce lieu était fameux par le nom d'Hercule. Tout a sombré dans les flammes: une lugubre cendre couvre le sol, et les dieux eux-mêmes auraient voulu que cela ne leur fût pas permis »*.

Nous gravissions la pente assez douce de la montagne depuis une heure et demie quand notre conducteur, jetant son flambeau contre un bloc de lave, nous ordonna de mettre pied à terre. « Halte! s'écria-t-il, ici commence le Vésuve! » Derrière l'énorme colline de cendres qui se trouvait en face de nous, le soleil, sur le point de se lever, formait une gloire resplendissante. En se découpant sur le ciel vivement éclairé par l'aurore, la silhouette noire de la montagne et le sombre nuage de fumée qui montait du cratère paraissaient plus redoutables encore.

Il nous fallut emprunter une large vallée — l'ancien cratère qui disparaît sous des scories de laves tranchantes et des éboulis de pierres, pour arriver à la colline en forme de cône au sommet de laquelle s'ouvre la bouche du volcan; nous fîmes l'ascension de cette colline avec la plus grande peine. Sa pente escarpée est couverte de tous côtés, sur une épaisseur de deux pieds, de cendres volcaniques au reflet pourpré. A chaque pas, on enfonce jusqu'au-dessus de la cheville dans cette sorte de sable noirâtre; en glissant dans la cendre, on perd souvent la moitié du chemin que l'on avait parcouru, et chaque fois le pied se blesse aux scories tranchantes et aux pierres calcinées mêlées à ce sol mouvant. On croit pouvoir marcher

* Martial, L. IV, *Epigramme* 44 [15].

184

plus facilement sur des pierres plus grosses que le volcan a semées çà et là, mais la rosée de la nuit les a rendues glissantes, elles roulent sous les pas et la chute est inévitable. La respiration se fait difficilement à cause de la pénible montée et surtout des vapeurs sulfureuses qui s'exhalent de la cendre, souvent même elle devient impossible lorsque le vent rabat du sommet les tourbillons de fumée. Nous fûmes souvent obligés de nous détourner en nous couvrant le visage ou encore, allongés dans la cendre, de nous abriter la bouche derrière des blocs de rochers. Après une heure de semblables efforts, nos forces étaient épuisées, nos muscles agités d'un tremblement convulsif. Nous prîmes quelque repos sur un gros quartier de roche que le volcan dans sa fureur avait autrefois lancé jusque-là avec une violence démesurée, et pour nous réconforter nous vidâmes une bouteille de cet excellent vin à la belle couleur rouge que produisent les pentes du Vésuve [16].

« C'est là le pénible effort, la dure épreuve! a) Ne cède pas à l'adversité, mais affronte-la avec plus de confiance que la fortune ne semblera te le permettre. b) C'est le moment, Enée, d'avoir du courage et un coeur ferme. c) » *.

Voilà comment nous crûmes entendre sortir du gouffre une voix semblable à celle de la Sibylle, lorsqu'elle encourageait Enée à s'engager sur le chemin des enfers, et, résolus à parvenir au sommet, nous poursuivîmes notre marche. L'ascension dura une heure et demie, à compter du pied de la colline de cendres. Nous avions atteint sans nous en douter la cime qu'enveloppait un nuage de fumée quand soudain l'effrayant abîme ouvert à nos pieds nous empêcha d'aller plus avant. Frappés d'étonnement à ce spectacle, émus jusqu'au plus profond de notre être, nous demeurions immobiles, nous regardant en silence; — « un frisson glacé parcourut les membres des rudes compagnons » * d).

Le Vésuve se trouvait alors dans un état de tranquillité qui durait depuis quatre ans. L'éruption de 1779, l'une des plus terribles que l'histoire ait connue, semblait l'avoir débarrassé pour de nombreuses années des matières ardentes qu'il couve dans son sein et mûrit pour les rejeter. Il demeurait en un repos lourd de menaces, tel un fléau de Dieu, un tyran dévastateur contemplant la dé-

* *Enéide,* VI, a) v. 129, b) v. 95-96, c) v. 261, d) v. 54.

solation qu'il avait répandue sur le plus beau pays de la terre. Cette longue inactivité du Vésuve faisait trembler les Napolitains; ils craignaient une nouvelle éruption d'autant plus violente et surtout un tremblement de terre provoqué par le feu longtemps emprisonné dans les abîmes souterrains. Le silence du volcan représente pour eux un présage plus redoutable que ne le sont ses grondements: il semble chaque jour les exposer au malheureux sort dont fut victime la Calabre. C'est dans ce repos menaçant que je trouvai le Vésuve; j'avais souhaité voir, pendant mon séjour à Naples, le grandiose et terrible spectacle du volcan vomissant le feu et les laves, mais mon désir ne fut pas exaucé [17].

Il me fut donc possible, sans courir aucun danger, de me tenir à la place où le feu atteint sa plus grande violence au moment des explosions: sur la croûte légère du sommet le plus élevé, celui de la montagne de cendres qui forme une sorte de coupole au-dessus de la redoutable *bocca*. Je pus m'approcher du bord qui, lors de la dernière éruption, devait s'écrouler dans l'abîme incandescent. Chaque fois qu'une éruption se produit, en effet, la bouche change de forme, parfois elle s'élargit, déchirée par la violence du feu qui jaillit en bouillonnant, parfois, des masses de pierre lancées des profondeurs viennent la rétrécir. Elle était alors très étendue, on voyait autour d'elle des rochers plus ou moins grands, aux formes diverses. Une vapeur d'un gris noirâtre s'élevait sans bruit, tantôt en violents tourbillons, comme si elle avait été poussée par des tempêtes souterraines, tantôt verticale, semblable à une énorme colonne, et quelquefois refoulée par l'air extérieur, elle s'arrêtait quelques secondes dans l'abîme, puis surgissait tout à coup avec force. Dispersée par les vents, elle se précipitait du côté de la montagne opposé à celui où je me trouvais. Il ne me fut possible d'observer les parois internes du cratère qu'aux moments assez courts où la fumée cessait de monter. Je me couchais alors le plus près possible du bord et, retenu par mes compagnons, la moitié du corps penchée au-dessus du gouffre, je voyais dans les profondeurs d'énormes rocs entassés les uns sur les autres, couverts d'une croûte de soufre aux couleurs de feu que plusieurs voyageurs, trompés par leur imagination exaltée, ont pris pour des masses embrasées et présentés comme telles dans leurs relations. Mais c'est au plus profond de l'abîme que travaillent de tels feux, la vue peut d'autant moins y parvenir que les parois rocheuses de l'immense gouffre sont inégales; à mesure qu'elles s'enfoncent, elles forment toutes sortes de saillies et de retraits, empêchant le regard d'apercevoir le brasier. Moi aussi, trompé par l'étrange aspect de ces rochers couverts de soufre, j'eus d'abord la même illusion, mais des observations plus précises me convainquirent du contraire. J'entendais dans les profondeurs un bruit sourd, semblable au mugissement lointain d'un grand fleuve, tantôt il s'affaiblissait et parfois il cessait entièrement. Les pierres qu'on y lançait rebondissaient sur le roc d'un ressaut à l'autre, avec un fracas que l'écho multipliait de façon sinistre. La plupart d'entre elles demeuraient dans les fentes et parmi les débris des rochers; à en juger par le choc assourdi qu'on distinguait après quelques secondes, on pouvait croire que quelques-unes seulement parvenaient au fond de l'abîme. Une humide vapeur de soufre imprégna bientôt nos vêtements et ternit tous les objets métalliques que nous portions sur nous.

La noire vallée de lave qu'on nomme *Atrio del Cavallo* sépare le Vésuve des deux autres cimes de la montagne, la Somma et l'Ottaiano. Elle constituait peut-être autrefois — s'il m'est permis de citer une fois de plus cette opinion des naturalistes — l'énorme bouche du volcan, et les trois sommets actuels appartenaient à l'immense cratère [18]. Cette opinion n'est fondée que sur des conjectures non dépourvues de vraisemblance; l'histoire de la montagne et des révolutions qui purent y produire de tels bouleversements se perd dans la nuit des temps les plus reculés, mais les preuves de sa haute antiquité sont profondément enfouies dans le sol des environs. Ce sol, comme l'était déjà celui d'Herculanum et de Pompéi avant de se trouver enseveli, est entièrement formé de matières volcaniques, ses couches alternées de lave et de terre végétale prouvent que la montagne a connu de grandes éruptions, séparées par des intervalles de temps considérables, et que leurs ravages étaient plus importants et moins circonscrits qu'aux époques dont l'histoire a conservé le souvenir. Aujourd'hui, la violence du volcan s'est affaiblie et les pays des environs n'ont plus à le redouter quand ils en sont aussi éloignés que l'étaient les villes romaines détruites au début de notre ère.

Isolé de la chaîne des Apennins qui traverse l'antique Campanie, le Vésuve dresse sa silhouette conique et solitaire. Les lieux où il élève aujourd'hui sa cime menaçante furent-ils jadis de paisibles campagnes, ou bien la mer y avait-elle établi son empire? La puissance du feu le fit-elle surgir du fond des eaux, comme sa forme et les éléments qui le composent semblent le prouver — ce fut le cas de plusieurs îles de l'archipel, de Stromboli, Ischia et Procida — ou du sein brûlant de la terre, comme le Monte Nuovo près de Baia? Qui peut trancher toutes ces questions?

Le point le plus élevé pour jouir de la vue grandiose qu'offrent les environs de Naples est le sommet du Vésuve. Sur la colline du château Saint-Elme, on se trouve beaucoup plus bas et en quelque sorte derrière cette grande scène. Le Vésuve, lui, se dresse devant l'arène de ce vaste amphithéâtre. C'est un moment très émouvant que celui où, après avoir examiné l'antique gouffre dans une tension de tout son être, on se retourne enfin pour contempler ce spectacle. Là, c'était un abîme effrayant, capable de vomir des torrents de feu dévastateurs, et voici le pays le plus riant, le plus enchanteur du monde; on voyait un terrain calciné, couvert d'une cendre noire, et l'on a sous les yeux une heureuse campagne à la fertilité prodigieuse [19]. Le soleil se levait de l'autre côté de la montagne, il apparaissait à travers la fumée comme un globe flamboyant. Au loin, sur les eaux calmes de la mer, il projetait l'ombre immense de la montagne à la forme pyramidale — spectacle grandiose et saisissant! Ses premiers rayons baignaient toute la contrée d'une merveilleuse lumière [20]. Les brouillards de la nuit s'étaient dissipés. Une belle plaine fertile, où se trouvent Nola et Capoue et que borde la chaîne des Apennins aux formes variées; la ville royale de Naples avec ses palais superbes, ses faubourgs, les collines couvertes de pins et de cyprès qui l'entourent à l'arrière-plan; les délicieux rivages de Baia, Pouzzoles et Pausilippe avec leurs promontoires; Portici, les bourgs et les villages disséminés dans les plaines; les rochers du cap Minerva et les rives élevées de Sorrente; le magnifique golfe de Naples et les îles d'Ischia et de Procida, d'origine volcanique, dressant au-dessus des eaux leurs masses rocheuses, celle de Capri, plus proche, entourée d'écueils abrupts et pittoresques: telles sont les merveilles de cette contrée, que l'on peut voir réunies en un même tableau depuis le sommet du Vésuve. Le voyageur promène ses regards sur ces trésors de la nature sans se lasser de les admirer, il s'efforce de graver dans son esprit cet ensemble enchanteur en traits ineffaçables, afin de pouvoir par la suite en retrouver le souvenir.

Lorsque, quelques heures durant, nous eûmes pleinement joui de cette scène sublime, nous prîmes le chemin du retour. L'ascension de la colline de cendres avait été longue et pénible, la descente en fut facile et rapide pour la même raison. A l'aide d'un fort bâton, on fait de grands sauts sur cette pente escarpée, sans aucun danger, grâce à son épaisse couche de cendre. A chaque pas, le pied glisse en avant de quelques aunes sur la cendre qui s'éboule sous lui. On est entraîné sans pouvoir se retenir et l'on parcourt ainsi en un quart d'heure le chemin qui avait exigé deux heures à la montée. Selon la coutume des pèlerins du Vésuve, nous allâmes nous aussi saluer l'ermite de la montagne, qui, au milieu du pays le plus fertile, habite à mi-côte sur une colline assez élevée et couverte de vigne, tranquille et à l'abri du danger. Devant la porte de l'ermitage, à l'ombre de grands arbres, on jouit d'une vue magnifique sur Naples et sur la mer. L'ermite était un Gascon affable et loquace, mais moins intéressant que je ne l'aurais souhaité. Pendant que nous faisions un déjeuner à l'italienne, composé comme à l'habitude de figues fraîches, de jambon cru, de pain et de vin, il nous contait diverses anecdotes sur les dangereux caprices de son voisin, dont souvent déjà il avait été le témoin sans en redouter pour autant les éruptions [21]. Celle de 1779, si fameuse pour sa terrible beauté, nul ne l'avait observée de plus près que lui. Tous les phénomènes terrifiants que puisse présenter la nature s'étaient alors trouvés réunis au Vésuve. Le soir du huit août, à neuf heures, on vit en particulier une gerbe de feu s'élever du cratère dans une direction légèrement oblique, elle garda pendant trois quarts d'heure la même forme et la même position, comme si elle menaçait toute la contrée d'une destruction imminente. On en évalua la hauteur à dix mille pieds. La bouche du volcan lançait une multitude de grosses roches incandescentes, avec un horrible bruit de tonnerre et d'explosion; — des globes de feu jaillissaient de la colonne flamboyante; des éclairs sillonnaient la fumée qui s'élevait pour se répandre au loin dans l'atmosphère. La gerbe de feu donnait aux nuées d'orage un éclat éblouissant. La montagne et tout le pays des environs paraissaient embrasés; la surface de la mer, telle un immense miroir, réfléchissait cette lumière d'incendie; dans les rues de Naples, on voyait aussi clair qu'à midi.

Une grêle de cendres et de pierres brûlantes tombait sur la ville. En cette heure à jamais mémorable, la sublime description inspirée au poète par l'Etna en feu offrait une image fidèle du Vésuve.

« Tout près, l'Etna, dans le tonnerre d'épouvantables écroulements, tantôt lance vers le ciel un sombre nuage où tournoient des fumées de bitume et des cendres blanches, et ses tourbillons de flammes vont lécher les astres; tantôt il rejette et vomit des rocs et les entrailles arrachées de la montagne; il amoncelle dans les airs des laves mugissantes et bouillonne jusqu'au fond de son gouffre »* [22].

Le chevalier Hamilton, cet observateur hardi des phénomènes que présente le Vésuve, donna dans cette circonstance des preuves particulièrement frappantes de l'intrépidité et de la persévérance qui le caractérisent quand il s'agit d'étudier la nature de cette montagne [23]. Accompagné de M. Woutky [24], excellent paysagiste autrichien, et du guide le plus téméraire de Résina, il se risqua pendant les explosions les plus violentes jusqu'à la colline de cendres, et ce fut là qu'il nota ses observations sur la terrible scène qu'il avait devant les yeux. A ses côtés, l'artiste esquissait un dessin de l'éruption, à partir duquel il a exécuté par la suite un grand tableau pour la reine de Naples. Cette oeuvre est du plus grand effet, la description ne saurait en donner une idée, et ceux qui furent témoins de cette éruption assurent qu'on ne saurait aller plus loin dans la vérité. Pour faire pendant à cette peinture du Vésuve en feu dans la nuit du 8 août 1779, l'artiste a choisi le Vésuve en période d'inactivité, avec le beau golfe de Naples vu de la hauteur située derrière la chartreuse et le château Saint-Elme **. La situation des observateurs près du cratère embrasé était si dangereuse que le guide de Résina, habitué pourtant à braver tous les périls, voulut s'enfuir, après avoir imploré en vain l'autorisation de s'en aller; le chevalier Hamilton dut le contraindre à rester auprès de lui. « D'énormes pierres brûlantes lancées hors du cratère, m'a dit Woutky lui-même, venaient tomber auprès de nous et souvent, lorsque le vent poussait de notre

---

* *Enéide*, L. III, v. 571, *op. cit.*
** Je possède l'esquisse de ce tableau, que je tiens de cet excellent artiste lui-même. J'ai communiqué ce dessin à mon ami le docteur Bartels, qui l'a utilisé pour le frontispice de ses *Lettres sur la Sicile*, IIIème partie. Malheureusement, la gravure est loin d'égaler la beauté du dessin original [25].

côté la pluie de pierres et de cendres, nous étions obligés d'aller nous abriter dans une crevasse voisine ».

Ce fut en plein midi que nous quittâmes l'ermite du Vésuve, aussi hospitaliter que bavard; nous reprîmes notre voiture à Résina et nous arrivâmes bientôt à Naples, tout noircis par les fumées sulfureuses du volcan.

Chapitre 17

N A P L E S[1]

Ce ne sont pas de grands exploits qui rendirent célèbres dans l'histoire les anciens habitants de Naples. Dans les annales de l'Italie, leur nom est éclipsé par celui des Romains, leurs fiers et belliqueux voisins. Ils furent un peuple paisible, obscur, mais d'autant plus heureux. Les anciens Napolitains furent, à l'origine, des colons venus de Grèce et installés sur cette côte, où ils avaient apporté de leur patrie leurs moeurs et les arts que favorise la paix. Ils conservèrent jusque sous la domination romaine leur tranquillité, leur liberté et leurs propres lois, jamais ils ne prirent part aux brillantes entreprises de leurs voisins assoiffés de conquêtes, et ces conditions semblent avoir engendré chez eux des habitudes de paresse, tandis que la nature exceptionnellement riche de leur pays leur inspirait un goût passionné pour les plaisirs les plus divers. Ils préféraient les spectacles et la musique aux exercices guerriers, le bonheur de savourer les joies éphémères de la vie à l'ambition des conquérants. Ces tendances de leur caractère se trouvèrent favorisées par la douceur du climat et la nature de leur sol qui, sans exiger d'eux aucun effort, leur fournissait de quoi satisfaire tous les besoins facilement et de la manière la plus agréable[2]; elles s'affirmèrent de façon décisive quand ils fréquentèrent les Romains dépravés qui firent de ces contrées bénies leur séjour de prédilection pour s'y livrer à la mollesse et aux voluptés. L'histoire nous a conservé un petit nombre de traits présentant les habitants de Naples comme un peuple aimable, gai et crédule.

Ces caractéristiques de leurs lointains ancêtres se retrouvent en partie chez les Napolitains d'aujourd'hui; pendant des siècles, le gouvernement espagnol n'a considéré Naples que comme une province éloignée qu'il dépouillait de ses richesses, il estimait favorable à sa politique aussi bien de laisser incultes les dispositions naturelles des habitants, ces êtres si pleins de vivacité, si capables d'acquérir un degré de culture assez élevé, que de négliger la position avantageuse qui pourrait permettre à ce pays de devenir l'un des Etats les plus florissants de l'Europe. Dans les derniers temps, la présence du souverain a donné au système politique une direction quelque peu différente [3]. On a du moins pris des mesures dans l'intérêt du pays, mais les progrès qui auraient dû en résulter pour l'ensemble du royaume sont restés peu sensibles, les ministres faisant trop souvent prévaloir leur esprit de parti ou leur égoïsme [4]. Naples demeure toujours le siège de l'oisiveté et, malgré une certaine résistance apparente à la tyrannie sacerdotale, la ville où se manifeste la superstition populaire la plus scandaleuse: c'est ce que prouvent les jongleries bien connues auxquelles donne encore lieu chaque année en public le sang de saint Janvier, patron de la ville [5]. Une grande partie de la population, les *Lazzaroni* — on évalue leur nombre à quarante mille — vit toute l'année sans abri, dans la plus grande misère et dans une inactivité remarquable même au sein de cette ville oisive; malgré la pression de la misère et l'incurie du gouvernement, qu'ont suffisamment averti cependant maintes redoutables insurrections nées dans cette foule désoeuvrée, ils ne mettent pas en danger la sécurité publique. Ce trait, dont on ne saurait méconnaître la signification, prouve que le peuple de Naples est naturellement bon; beaucoup d'autres exemples semblables n'échappent pas à l'attention de l'observateur impartial et contredisent les affirmations de ces juges des nations peu clairvoyants qui accusent les Napolitains d'être tous irrémédiablement corrompus [6]. La police n'a aucune efficacité pour maintenir le calme et la sécurité publique, et pourtant cette dernière n'est troublée que très rarement. Les passions de la populace ne connaissent pas de frein, mais elles font ici beaucoup moins de victimes qu'à Rome; on pourrait cependant croire leurs manifestations aussi dangereuses ici pour la sécurité de tous et de chacun, puisqu'elles sont favorisées par le tempérament de feu des Napolitains et la plupart des causes réunies à Rome, qui se retrouvent à Naples. Ces faits ne font-ils pas hon-

193

neur au caractère du peuple dans un pays où l'on ne cherche pas à le rendre meilleur, ni par une sage législation ou une religion éclairée, ni par une bonne éducation? Le gouvernement s'endort dans une impardonnable négligence, lui seul mérite les reproches de fainéantise, de sensualité excessive et de superstition qui sont adressés à ce peuple à juste titre: dans l'ensemble, le caractère des Napolitains est naturellement bon, pour y développer les plus grandes qualités, il suffirait d'éveiller en eux, grâce à une sage formation, la conscience de leurs facultés et de créer des établissements publics permettant d'employer une énergie demeurée intacte dans le pays comme chez les individus.

Exception faite pour certaines professions, tout vit à Naples dans le désoeuvrement le plus complet du monde et dans une incessante recherche des plaisirs. « Du pain et des jeux! » *: la devise antique reste toujours valable ici. Pour la classe moyenne du peuple, la musique et la danse sont un besoin journalier. On savoure les joies de la gourmandise, qui ne coûtent presque rien et s'offrent en abondance. Les glaces surtout sont une friandise dont les Napolitains ne peuvent se passer. Elles ne représentent pas un luxe, comme c'est le cas chez nous, mais font partie des aliments quotidiens, sans lesquels ils s'imaginent qu'ils ne pourraient vivre, et cela malgré cette profusion de fruits délicieux et rafraîchissants que la nature a prodigués aux pays chauds en général et à Naples en particulier. Grâce à la grande quantité de neige fournie par les montagnes du continent et des îles, la préparation de ces sorbets nécessaires à la vie de chaque jour est fort peu coûteuse [7]. Dans toutes les rues principales, il existe des établissements où l'on en vend une grande variété. L'homme du peuple va boire de l'eau à la glace aux tables dressées dans les petites rues; pour une faible dépense supplémentaire, il peut y faire ajouter du jus de framboise, de fraise ou de melon, ou bien il mange, devant les boutiques où l'on en fait le commerce, des sorbets aux fruits préparés de diverses manières [8]. A toute heure du jour, l'affluence est considérable devant les glacières les plus renommées [9], situées sur la grand-place et au voisinage du palais royal; les serveurs ne cessent d'aller et venir pour satisfaire les demandes des arrivants. Des rangées de chaises sont disposées à

* *Panem et circenses!*

194

Fig. 19. Raffaello Morghen, d'après Angelica Kauffmann et Gian Battista Dell'Era, *La famille du roi Ferdinand IV*. Rome, Istituto naz. per la grafica, Gabinetto delle stampe (Cl. du Gabinetto). Sur la famille royale de Naples. Cf. p. 197-198.

l'extérieur à l'intention des piétons. Les personnes de condition, les dames surtout, font arrêter leurs voitures devant ces maisons, avant d'aller à l'opéra ou aux conversations, pour prendre des rafraîchissements qu'on leur présente sur de jolies petites assiettes d'argent décorées de feuilles de vigne. C'est là que se trouve le centre de l'activité publique à Naples [10].

La malpropreté la plus répugnante se retrouve ici plus ou moins dans toutes les classes. Elle règne partout: dans les rues et les maisons, mais plus encore sur les personnes [11]. La chaleur du climat contribue encore à l'augmenter, et le Napolitain, qui supporte cette incommodité nationale avec une incroyable indifférence, ne la considère même pas comme un vice ou un danger pour sa santé. Avec le plus grand naturel — à peu près comme on ôterait chez nous un fil de la manche de quelqu'un — chacun ramasse sur le front ou le linge de son voisin, dont il attend le même service, un insecte qui, par son seul aspect, susciterait en nous le plus vif dégoût. « *Le pulci maledette, ah! quanto mi tormentono!* », soupirait une dame tout en faisant la chasse à l'un de ces démons qui la tourmentaient, au cours d'une conversation et devant plusieurs personnes de sa connaissance [12].

Les Napolitains se plaignent tout haut de leur gouvernement, ils blâment sa mollesse, son incurie, les abus de l'administration, et ces plaintes sont aussi générales que justifiées. Ils sentent à quel point leur pays est resté au-dessous du rang que lui destinait la nature en lui donnant une telle position et une si grande fertilité, rang qu'il n'a jamais pu atteindre jusqu'à nos jours. Abandonné au despotisme des vice-rois, le pays a langui depuis les trois derniers siècles sous l'oppression la plus terrible, celle qu'exerçaient ces représentants des monarques éloignés, celle de la noblesse et du clergé napolitains. Ce despotisme se fait moins sentir depuis que les rois résident à Naples, mais bien des abus de l'ancienne administration n'ont pas encore été réformés. « Ce n'est jamais que pour un temps, me disait un Napolitain à l'esprit pénétrant et éclairé [13], que notre ministère se réveille de son insouciance et de son inertie; ces défauts semblent profondément enracinés dans notre caractère national. Les décisions prises pendant une période si courte nous font espérer des jours heureux — mais elles ne sont qu'à moitié exécutées, et pendant longtemps on n'entreprend plus rien ... Quelques-uns des hommes les plus intelligents qui tiennent le gouvernail de l'Etat sont souvent aussi les plus faibles — simples courtisans qui se laissent emporter par le courant; d'autres observent avec douleur les maux invétérés de l'Etat, mais ne peuvent agir qu'avec lenteur dans un tel chaos ... Notre souverain est dans son particulier un homme noble, aimable. Il a le caractère le plus heureux. D'une humeur toujours sereine et joyeuse, il sait jouir de la vie, ne s'inquiète pas de l'heure qui vient, remplit le moment présent de tous les plaisirs qui peuvent y trouver place. Il préfère aux plaisirs de la table les amusements qui fortifient le corps et délivrent l'âme de tout souci. Il s'adonne avec passion au jeu de paume, à la chasse et à la pêche et il y fait preuve d'une grande habileté. Il aime la musique et il est musicien. Ainsi, vous le voyez, nous n'avons à craindre de lui aucun mal. C'est un noble époux, un tendre père! Tel est notre prince! Comment ne l'aimerions-nous pas? » La chasse * et la pêche sont les divertissements favoris de Ferdinand IV. Il a en quelque sorte hérité cette passion du défunt roi son père; tous deux rivalisaient d'adresse dans l'art princier de la chasse. Chaque année, dit-on, les deux royaux chasseurs s'envoyaient, parmi les dépouilles qu'ils avaient conquises de leurs propres mains, les plus beaux bois de cerfs, les plus lourdes défenses de sangliers, et se payaient les sommes qu'ils avaient pariées au sujet de leur nombre et de leur grandeur. Le roi joue de la lyre, il a eu pour maître un de mes amis allemands séjournant à Naples qui a beaucoup perfectionné cet instrument et se trouvait satisfait des progrès accomplis par son royal élève. Il chante aussi et, véritable protecteur des arts, il récompense ce talent même à l'étranger **. A l'époque de mon voyage, c'était

* L'Allemagne connaît et apprécie tout particulièrement ce talent du roi depuis la visite à Vienne de Ferdinand IV. On n'a pas manqué d'apprendre au public quel grand exploit il y avait accompli pendant ses heures de loisir en semant la déroute parmi des milliers de bêtes sauvages qui dévastaient les champs.

** On sait par les gazettes que pendant son séjour à Vienne le roi de Naples, au cours d'un repas, chanta un duo avec une chanteuse de l'opéra; il offrit ensuite à l'artiste, en souvenir de ce bonheur si rare — elle ne le trouvait d'ordinaire qu'avec des rois de théâtre — un anneau de prix qu'il portait au doigt.

pourtant la pêche qu'il préférait à tous les autres divertissements. De toutes les hauteurs de Naples et des environs, on pouvait voir voguer sur le golfe la petite barque portant le pavillon royal; le roi s'y trouvait en compagnie d'un seul rameur, entouré de tout un matériel de pêche, et il s'amusait à prendre du poisson [14]. « *Ecco*, s'écriaient alors les Napolitains désoeuvrés, heureux de voir le souverain sacrifier lui aussi à leur déesse *farniente — ecco il Ré in mare!* » (Voyez donc, le roi est encore en mer!) [15] Ces occupations favorites ne l'empêchent pas d'adresser au ciel ses voeux les plus ardents pour le bonheur de son royaume et de ses sujets; il aime ceux-ci comme un père et il sait le leur prouver à chaque fois que s'impose une intervention urgente: cette année-là, ce fut le cas pour les infortunés Calabrais. Certes, les bénédictions célestes afflueraient sur les royaumes des Deux-Siciles s'il plaisait à la Providence d'exaucer sur le champ les voeux si bien intentionnés que lui adresse leur souverain [16].

Aussi bien à la cour de Naples que chez la noblesse de la capitale, une pompe tout orientale règne à l'occasion des fêtes et des cérémonies publiques [17], mais la famille royale vivait dans son particulier avec une économie bourgeoise. Le roi lui-même s'était délivré pour tout ce qui concernait sa personne du faste et de l'étiquette autrefois en usage, il apparaissait en public très simplement vêtu et accompagné d'une suite peu nombreuse. Même à l'heure des promenades élégantes sur la *Chiaia* (le Quai de Naples) qui donnent lieu à une si grande affluence, je l'ai vu, entre les files des magnifiques voitures attelées de quatre chevaux où paradaient les nobles, passer dans un léger phaéton qu'il menait lui-même, accompagné d'un officier et d'un domestique; il donnait ainsi aux grands l'exemple, resté jusque-là peu efficace, de renoncer à un faste bien ridicule de nos jours quand il atteint ce degré. Le roi n'avait pas réussi davantage, semblait-il, à combattre la rigoureuse étiquette observée chaque fois qu'une personne de la famille royale se montrait en public. Aujourd'hui, dit-on, la pompe orientale qui était de règle en cette circonstance a été supprimée. Je vis un jour deux des petites princesses passer dans les rues avec leurs gouvernantes dans une voiture menée par six chevaux; elles avaient pour escorte un détachement de cavalerie et plusieurs voitures attelées de quatre chevaux. « *Ecco le figliole del Re!* » (voilà les princesses!) criait le peuple qui les accueillait avec des *viva!* et des applaudissements. La noblesse napolitaine entretient un très grand nombre d'équipages et de chevaux, de domestiques, d'estafiers, de mores, d'heiduques, de coureurs et autres gens de livrée. Quand on se rendait le soir aux réceptions données par la noblesse, il fallait, pour éviter d'être étouffé dans les entrées et les antichambres par la cohue des serviteurs, ou bien revêtir la tenue clinquante qui est de rigueur dans la haute société de Naples: elle permettait d'attirer l'attention et de se frayer un passage, ou bien se faire précéder d'un domestique qui ouvrait la voie jusqu'aux salles de réception en criant selon la coutume: « *Cavalieri forestieri! coll' licenza Signori, fate luogho!* » (Place aux étrangers, Messieurs, avec votre permission!)

Ces soirées, nommées *Conversazioni*, constituent presque toute la vie de société digne de ce nom dans les classes élevées de Rome et de Naples; il y règne la plupart du temps une contrainte et un ennui dont le poids est plus ou moins grand selon le rang plus ou moins haut des familles [18]. On se plaint du *sirocco,* on s'informe de la santé des uns et des autres quand souffle ce vent du sud-est bien connu en Italie, humide, chaud et débilitant, on y relate en outre les plus banales nouvelles du jour: voilà de quoi se composent ici les entretiens, toujours fades et languissants. Il serait vain de chercher des causeries instructives et pleines d'esprit, portant sur des questions scientifiques ou sur les intérêts du pays. A Rome comme à Naples, les grands sont pour la plupart trop peu instruits pour pouvoir s'engager dans des entretiens de ce genre ou pour les soutenir longtemps [19]. On a donc recours au jeu de cartes — si funeste à toute conversation véritable, mal aussi nécessaire ici que dans les réunions d'Allemagne! — faute de savoir mieux occuper son esprit et pour écarter le fléau de l'ennui [20]. Cette prétendue vie de société que l'on trouve dans toute l'Italie donne peu de satisfactions au voyageur, surtout à Rome et à Naples, quand il connaît les vrais plaisirs de la bonne compagnie en Suisse, en France et en Allemagne. Il s'en dédommage par le commerce de quelques hommes d'esprit, qui accueillent les étrangers avec beaucoup d'obligeance. Je me suis dérobé avec plaisir à ces assemblées aussi insipides que pompeuses, pour rencontrer, dans ces deux villes, quelques hommes dont j'ai gardé un souvenir inoubliable; dans cette dernière, en particulier, j'ai pu nouer des liens assez étroits et amicaux avec un Filangieri [21] et un Füger * [22]. Les Napolitains éclairés du second et du troisième ordre et les étrangers qui sont en relation avec eux évitent, autant qu'ils peuvent le faire sans choquer la bienséance, ces réunions où règnent l'ennui et les distractions néfastes, pour s'assembler en cercles plus restreints. Celui que formaient alors le chevalier don Gaetano Filangieri et ses amis groupait ainsi des esprits lucides; la conversation y portait sur des questions scientifiques et devait à la raillerie socratique son caractère piquant.

* Actuellement directeur de l'Académie des Beaux-Arts de Vienne. Cet ami qui m'est cher vivait alors en Italie, depuis de nombreuses années déjà, avec une bourse du gouvernement autrichien. Quand je l'ai rencontré à Naples, la position dont il jouissait lui valait autant d'honneurs que d'agréments: la famille royale l'appréciait, l'élite de la capitale lui accordait son estime et son amitié. Son nom honore l'art allemand de notre siècle qui — si les princes allemands se donnaient la peine de le vouloir — pourrait se signaler de nos jours par sa perfection: que l'on pense au nombre relativement important d'artistes remarquables dont les uns vivent en Allemagne et les autres séjournent encore en Italie! J'aurais pu retracer ici les grands traits de sa vie d'artiste, montrer comment se sont développés ses dons exceptionnels — l'histoire de ce développement, à bien des égards, est aussi étonnante que riche d'enseignement — et rappeler quels progrès il a su accomplir dans sa noble recherche de la perfection, s'il avait plu à mon ami de me communiquer des renseignements plus récents que ma mémoire ne peut m'en fournir. Puisque ces données me font défaut, je ne parlerais donc pas des mérites de l'artiste, de la perfection à laquelle il est parvenu dans le dessin, la miniature et la peinture d'histoire; ils n'ont pas besoin de mes louanges ni du témoignage public de ma grande admiration! Je me contenterais d'évoquer l'homme lui-même, certains de ses chefs-d'oeuvre que j'ai vus à Caserte, à Naples et à Rome, quelques très bons tableaux que je tiens de sa propre main, ces heures passées en sa compagnie et qu'il savait rendre si gaies et si instructives, je laisserais parler mon coeur, si je ne voulais respecter la noble modestie de mon ami: sur ce point également, elle m'impose le silence. Dans le premier numéro du *Neues Deutsches Museum* de 1791, j'ai eu l'occasion de signaler un important dessin de M. Füger, inspiré par l'histoire, qui appartient à la collection de mon frère, M. Johann Valentin Meyer: il s'agit du Brutus condamnant à mort ses fils.

Chapitre 18

N A P L E S[1]

Filangieri! Je ne prononce ce nom qu'avec le plus grand respect et un sentiment de profonde émotion, car c'est celui d'un homme noble et bon, trop tôt disparu! Sa mémoire est sacrée pour ses amis, qui tous l'aimaient avec une sorte d'enthousiasme; elle est digne de vénération dans sa patrie dont il faisait l'orgueil; elle est chère aussi aux étrangers qui savent apprécier le mérite dans les autres nations que la leur, car ils voient en lui l'un de nos contemporains les plus éclairés dans le domaine de l'économie politique.

J'ai vu cet homme exceptionnel dans les situations les plus diverses de sa vie[2], j'ai pu connaître et admirer son caractère si noble, si digne d'être aimé: je l'ai vu au chevet de sa sœur mourante, à laquelle il prodigua pendant des jours ses soins les plus attentifs; je l'ai vu, amant passionné et tendre ami, auprès de sa fiancée devenue ensuite son épouse[3]; dans la société plus ou moins nombreuse de ses amis, où il se montrait toujours gai et spirituel tout en prenant le plus vif intérêt à leurs affaires; je l'ai vu dans son cabinet où de nombreuses tâches l'attendaient et où il travaillait à son célèbre ouvrage, la *Science de la Législation,* cherchant ainsi à poser les fondements du bonheur futur de sa patrie; je l'ai connu quand il était le compagnon de l'héritier d'un trône, l'ami d'un roi. Malgré ses relations étroites avec la cour, le tumulte étourdissant du grand monde qui l'y entourait, les marques d'amitié insignes qu'il recevait du roi, avec lequel il avait été élevé — tous ces écueils redoutables pour le cœur et le caractère d'un homme jeune dont les talents, la naissance et les avantages extérieurs justifiaient les plus hautes prétentions — et malgré toutes les intrigues que l'envie et la basse jalousie trament sans cesse dans les cours, Filangieri sut rester toujours lui-même, toujours également noble, grand et digne d'être aimé. L'éclat des dignités dont il était revêtu et les espérances plus brillantes encore qui s'annonçaient à lui ne l'aveuglaient pas: il préférait goûter aux champs le repos du philosophe, travailler sans trêve au bonheur de ses concitoyens et se livrer à la douce félicité de la vie familiale ou aux joies de l'amitié[4]. Peu de temps après que j'eus pris congé de lui à mon départ de Naples, malgré les prières de son royal ami, il quitta la cour de son plein gré pour jouir entièrement de ce bonheur. Dans la solitude de sa maison de campagne, à la Cava, il poursuivit la rédaction du grand ouvrage qui doit immortaliser son nom; il vécut ainsi quatre ans, puis il revint dans la capitale à l'appel du roi, pour participer à l'administration en qualité d'assesseur au conseil royal des finances. A peine avait-il fait ses premiers pas dans cette carrière, si intéressante pour un homme comme lui, qu'une terrible maladie, provoquée par des études où il ne s'accordait nul répit, vint l'enlever tandis qu'il déployait les plus grands efforts pour rétablir les finances du royaume en encourageant l'agriculture, les manufactures et le commerce, ces inépuisables sources de richesse pour un Etat[5]; c'est ainsi qu'il descendit au tombeau dans sa trente-sixième année. Sa mort fut considérée comme une calamité pour le pays, une perte irréparable pour l'Etat. Peu d'hommes ont été pleurés comme lui: on regrettait à la fois un citoyen dont l'activité était inlassable, un bienfaiteur de la patrie, on perdait l'homme le plus noble, le plus digne d'être aimé. Nul ne poursuivit les efforts qu'il avait déployés avec tant d'efficacité pour la prospérité de son pays, où se fait si gravement sentir la rareté d'hommes semblables à Filangieri; son oeuvre, qui eût été si importante pour l'humanité, demeura inachevée *.

* Cette oeuvre, unique en son genre et universellement estimée à l'étranger, la *Science de la Législation* du chevalier Filangieri, a trouvé en Allemagne au cours de ces deux dernières années d'acerbes censeurs qui, par des jugements catégoriques et des arrêts sommaires, ont prétendu la déprécier. Beaucoup de bons esprits ont cette faiblesse de vouloir contester ce que l'opinion publique s'accorde à louer, pour la simple raison qu'il s'agit de l'avis général. Comme tous les grands hommes qui l'avaient précédé, un Filangieri ne pouvait échapper à cette manie des gens de plume. Il est facile d'attaquer quelqu'un

GAETANO FILANGIERI

De' Principi di Arianello, nato il 18. Agosto l'anno 1752, morì il 20. Luglio dell'anno 1788.

Fig. 20. Raffaello Morghen, *Gaetano Filangieri*. Rome, Istituto naz. per la grafica, Gabinetto delle stampe (Cl. du Gabinetto). Cf. p. 201 sq.

Une fermeté inébranlable, une probité à toute épreuve formaient le fond du caractère de Filangieri en tant qu'homme d'Etat. Il avait une connaissance exacte de toutes les branches de l'administration; il embrassait d'un coup d'oeil aigu et pénétrant toutes les améliorations dont elle était susceptible; il avait conçu avec l'intrépidité d'un honnête homme et d'un philanthrope éclairé le plan d'une réforme générale de la législation, et l'exécution de ce vaste plan répondait à l'espérance qu'avaient pu faire naître la sagacité, les connaissances et le caractère d'un Filangieri. Avec quelle profondeur il avait pénétré dans le détail des différentes théories! avec quelle clarté il savait démêler, sans que rien lui échappât, les problèmes les plus délicats, les plus confus posés par ces théories, et leur trouver des solutions! avec quelle hardiesse, particulièrement admirable dans sa situation personnelle, dénonça-t-il les vices les plus secrets de l'administration en général et ceux du gouvernement de Naples en particulier! Inaccessible aux attaques de l'envie, il s'employa courageusement à propager les lumières philosophiques et politiques, sans jamais reculer devant les difficultés qu'il rencontrait sur sa route. La haine de l'arrogante noblesse napolitaine, dont il attaquait l'oppression qu'elle exerçait sur le peuple et les abus des justices seigneuriales, quand il s'en prenait à tout un système féodal corrompu [8] — les persécutions du clergé romain, mortel ennemi de

au moyen de sentences générales, mais rien ne lui fait moins de tort. C'est ce que prouve l'oeuvre célèbre dirigée contre Filangieri. Le défaut que l'on pourrait peut-être imputer à ce grand homme, son attachement à quelques maximes favorites et la partialité qui semble en résulter quand il étudie certaines matières, est celui que l'on reproche généralement à tous les bons esprits [6]. Comparé en toute impartialité à ses éminents mérites, ce défaut de Filangieri ne peut obscurcir sa gloire. Tous les juges équitables verront en lui l'égal des plus grands penseurs politiques qui aient jamais existé et lui rendront justice: personne avant lui, ils en conviendront, n'avait conçu le plan d'un système de législation aussi vaste que celui dont sa mort prématurée interrompit en partie le magistral développement. Un de ses amis, M. Donato Tomasi, dans son *Elogio historico del Cavaliere Gaetano Filangieri*, fait un remarquable portrait de l'homme et de l'écrivain, il y joint un jugement succinct sur les oeuvres publiées ou demeurées inédites. Cet ouvrage au style imagé, écrit avec chaleur et un grand respect de la vérité, a été traduit en allemand par M. le Professeur Münter [7] de Copenhague; dans sa très belle préface, le traducteur a peint de la manière la plus exacte et la plus touchante le caractère du disparu tel qu'il apparaissait en son particulier.

toutes les Lumières (à la tête duquel se trouvait le confesseur de la reine, le père Gürtler, aujourd'hui défunt), persécutions qu'il avait suscitées en ébranlant dans leurs fondements séculaires la superstition et la puissance ecclésiastique [9]: tels sont les obstacles que dut surmonter Filangieri pour progresser vers le noble but qu'il s'était fixé, la réforme de l'Etat. Le roi, son ami, le protégea contre les effets des cabales secrètes et contre les attaques ouvertes de ses ennemis; et s'il s'oublia un jour jusqu'à préférer un nouveau venu au noble ami de sa jeunesse, fournissant par là le premier des motifs qui amenèrent Filangieri à s'éloigner de la cour, le chagrin que lui inspira cet éloignement, les nombreux efforts grâce auxquels il put enfin confier de nouveau à son ami les affaires les plus importantes de l'administration, les larmes qu'il répandit à la mort de celui-ci rachetèrent ces instants de faiblesse au cours desquels il arrive aux princes de se laisser si facilement surprendre par les complots perfides de la cabale. Le roi et la reine prouvèrent qu'ils sentaient toute l'étendue de cette perte en célébrant la chère et impérissable mémoire de Filangieri. Le souverain veilla sur la veuve et les orphelins avec une sollicitude toute paternelle et confirma publiquement les sentiments de profond respect qu'il vouait à la mémoire du disparu [10].

Aux grandes qualités que la nature avait réunies en cet homme exceptionnel, elle avait ajouté les dons extérieurs: une silhouette élégante et noble, un grand front ouvert où se reflétait son esprit pénétrant, des yeux qui exprimaient la sérénité de son âme et sa profonde bienveillance. Dès le premier abord, on était séduit par les manières franches et viriles de Filangieri, par la cordialité de ses propos, par sa voix bien timbrée et le charme entraînant de son éloquence. Et quand on était amené à le fréquenter davantage, quand on devenait son ami ... hélas! que vous êtes loin de moi, heures bienheureuses où de telles joies m'ont été données! C'est loin de son tombeau qu'il m'a fallu pleurer la mort de cet homme inoubliable et désormais la tristesse vient assombrir des souvenirs qui me sont si chers.

Chapitre 19

NAPLES - PORTICI - HERCULANUM - POMPÉI [1]

Depuis l'autel des dieux et les instruments des sacrifices jusqu'aux plus humbles ustensiles domestiques, le Musée de Portici
conserve les vestiges qui témoignent de la haute et vénérable antiquité de ce pays et prennent par là-même un caractère sacré. Cette
fameuse collection d'antiques provient d'Herculanum et de Pompéi,
les villes anciennes dévastées par le Vésuve; leur découverte fut
l'une des plus précieuses de notre siècle et contribua plus que toute
autre à enrichir la science de l'antiquité [2]. C'est grâce à elle que
nous avons progressé sur la voie de la connaissance la plus vivante
et la plus complète en ce qui concerne les institutions religieuses et
civiles des Anciens, l'organisation de leur vie domestique, leurs usages et leurs moeurs, leur vie publique et privée. En découvrant les
productions de leur industrie, on fut amené à rechercher le degré
auquel ils l'avaient portée et dont on avait douté jusque-là [3]. Ces
richesses restèrent cachées durant dix-sept cents ans dans le sein
de la terre, protégées des ravages du temps et de la rage dévastatrice
des Barbares — leur découverte était réservée à un siècle capable
d'exploiter ces importantes trouvailles qu'auraient dédaignées les
siècles d'ignorance. Ainsi le monde a-t-il été dédommagé avec usure
des ravages provoqués dans un petit canton de terre par les fleuves
de feu descendus du Vésuve [4]. Ce que l'on a retiré jusqu'ici des décombres de ces deux villes romaines, qui semblent de nos jours re-
surgir de leur tombeau, est déjà d'une grande importance; mais il
s'en faut bien qu'on ait fait tout ce que l'on pourrait faire. La majeure partie d'Herculanum est encore emprisonnée sous sa carapace de
lave; il en est de même pour Pompéi ensevelie sous une couche de

Fig. 21. Jacob Philipp Hackert, *Vietri et le golfe de Salerne vus de la route de Naples*. Rome, Accademia naz. dei Lincei, Gabinetto delle stampe (Cl. du Gabinetto). Meyer n'alla pas jusqu'à Vietri, situé sur la route entre Naples et Paestum, mais il rencontra à Rome Reifenstein, dédicataire de la gravure et *cicerone* des étrangers de marque. Cf. p. 89 et 124.

cendres durcie; selon toute vraisemblance, les deux villes n'ont pas encore livré leurs trésors les plus précieux [5]. Les difficultés dues aux conditions locales et plus encore la manière absurde dont les fouilles sont conduites, l'indolence du gouvernement, la négligence et la cupidité des employés subalternes ont jusqu'à présent retardé le déblaiement total; ce sera donc, pour le plus grand bénéfice des sciences, le partage des générations futures et des temps plus heureux, plus éclairés, qui doivent peut-être améliorer, sous d'autres rapports également, le sort de ce pays et le rendre bien différent de ce qu'il est aujourd'hui [6].

Le destin emprunta des voies diverses pour frapper les deux malheureuses villes romaines d'Herculanum et de Pompéi, que ravagea le Vésuve au début de notre ère. Un torrent de lave déferla sur la première, qui fut recouverte en outre de pierres et de cendres vomies par le volcan; une pluie de feu s'abattit sur la seconde et l'ensevelit sous les cendres et les pierres brûlantes. Les habitants d'Herculanum purent encore échapper au trépas qui les menaçait; ceux de Pompéi, surpris par la ruine subite et totale de leur ville, furent ensevelis vivants; la garde même ne parvint pas à éviter cette horrible mort. Tous furent précipités dans un même tombeau. Voilà pourquoi les difficultés de la fouille sont bien plus grandes à Herculanum qu'à Pompéi. Là, il est extrêmement difficile de mettre en pièces les blocs de lave solidifiée où la ville est emprisonnée, il faut les faire sauter, tandis que la pelle et la pioche suffisent pour déblayer Pompéi. De plus, Portici est bâti précisément au-dessus du profond tombeau d'Herculanum [7]. Voilà les obstacles bien réels que rencontre la continuation des fouilles à Herculanum, mais ces obstacles n'existent pas à Pompéi. Cette ville se trouve sous une faible épaisseur de terre plantée de vignes. Les ceps ont pris racine dans la mince couche de terre couvrant les toits des maisons. Cependant, malgré la facilité des travaux et la modicité des frais qui seraient nécessaires pour déblayer la ville, rien ou presque n'a été fait, comme dans le cas d'Herculanum. Tel le riche avare rêvant des richesses enfermées dans son coffre, la cour de Naples rêve des trésors de l'antiquité cachés dans le sol. Que nul ne s'avise de regarder avec envie ou curiosité la cassette bien fermée et bien gardée de l'avare Euclio *, sinon il fulmine et jette à la porte de

* On sait que, dans son *Avare,* Molière a emprunté à Plaute ce person-

sa maison celui en qui il voit un dangereux personnage venu pour épier son or! Plusieurs fois déjà, de riches étrangers ont proposé à la cour de Naples de poursuivre les fouilles à leurs frais, en particulier à Pompéi, de lui laisser l'avantage des découvertes et de se contenter d'un faible profit. On a repoussé ces offres avec le plus grand mépris [9] ! Comme à l'entrée des mines de Sicile qui restent inexploitées *, des gardes défendent l'accès de Pompéi, pour protéger le trésor qui s'y trouve enseveli. Ce musée est surveillé comme si le cabinet des antiques de Portici conservait la boîte magique de Pandore, capable de provoquer tant de maux. Les étrangers ne sont admis à le visiter qu'avec une permission expresse du roi, il leur est rigoureusement interdit d'inscrire la moindre note sur ce qu'ils voient dans les salles et surtout — ô sacrilège audace! — de dessiner un objet ou d'en prendre les mesures. Quand je demandai un peu étourdiment au gardien du musée le motif d'une interdiction aussi sévère, il ne me répondit que par cette formule dictatoriale: « *Vuole il Rè* »! (Le roi le veut ainsi!)

C'est par la trappe d'une maison de Portici que l'on descend, éclairé par un guide, un escalier étroit et glissant pour atteindre, à une grande profondeur, l'ancienne ville romaine d'Herculanum. On arrive ainsi à des couloirs resserrés, bas et malpropres, absolument semblables aux galeries de mines du Harz. Le guide remit une chandelle à chacun de nous et nous parcourûmes en courbant le dos ces couloirs où l'imagination la plus exaltée s'efforcerait en vain de se figurer une ville romaine avec ses monuments [10]. En revanche, on est frappé d'étonnement en voyant comment les fouilles de cette ville antique ont été conduites, à des époques plus ou moins récentes; la façon dont ces travaux ont été entrepris et continués ne pouvait en vérité que faire manquer le but poursuivi. On a erré au hasard, sans plan, avec une incompétence dépassant les limites de la saine raison, sans adopter une direction précise; quand on dégageait des couloirs souterrains, on jetait les déblais dans ceux qui avaient été précédemment creusés et qui se trouvaient de nouveau comblés, pour épargner les frais de

nage et lui a donné des traits plus modernes en peignant son Harpagon. *Exi, inquam, age exeundum hercle tibi hinc est foras. Circumspectatrix cum oculis emissitiis.* (*Aulularia,* Acte I, scène 1). (« Sors, te dis-je, allons sors! Il faudra bien, morbleu, que tu sortes d'ici, espionne, avec tes yeux qui furettent partout ». Plaute. *Comédies,* tome I, p. 152) [8].

* Dr Bartels, *Lettres sur la Calabre et la Sicile,* tome II, p. 23.

transport, mais par la suite on creusait de nouveaux ceux-ci et l'on encombrait ceux-là, et plus d'une fois les travaux de toute une année restèrent ainsi sans résultat. Pour donner sans doute aux antiquaires des problèmes plus difficiles à résoudre, on arrachait des anciens édifices les inscriptions, lettre par lettre, sans oublier un seul point, pour les envoyer à Naples dans des corbeilles [11]. Si l'on excepte certaines additions arbitraires dont les antiquaires sont coutumiers, on doit reconnaître que les savants ont restitué avec beaucoup de sagacité la forme extérieure et la distribution intérieure des monuments antiques dont on a jusqu'ici découvert quelques parties; c'est le cas, en particulier, du grand théâtre d'Herculanum, bien qu'on n'en puisse voir encore que quelques fragments importants de murs, de portes, de colonnes et de gradins. Lorsque je regarde les dessins magnifiques que nous ont donnés les artistes, plans, coupes, façades de ces édifices d'Herculanum et de tant d'autres ruines méconnaissables de palais, de bains, de théâtres et de temples [12], je ne puis cependant m'empêcher d'évoquer les exclamations de mon guide dans les sombres couloirs d'Herculanum; souvent il s'arrêtait et, levant sa lanterne, il s'écriait dans son incompréhensible dialecte napolitain: *ecco il superbo Teátro d'Ercolano! ecco la facciata del Tempio!* etc. (Voilà le superbe théâtre d'Herculanum! la façade du temple!) Et quand je m'approchais le plus possible des parois humides pour voir ces merveilles, je ne trouvais qu'un pan de mur surgissant de la lave, le montant d'une porte ou une colonne encore plus qu'à demi cachée dans les matières volcaniques pétrifiées.

La route qui mène d'Herculanum à Pompéi offre les points de vue les plus enchanteurs, à gauche sur la noire pyramide du Vésuve, avec laquelle les vignes couvrant la pente de la montagne forment un contraste saisissant, et, le long de cette route, sur des domaines fertiles, des villages bien bâtis et de superbes maisons de campagne; à droite sur la mer, le golfe dont la côte s'incurve pour former un demi-cercle, les îles. Ce chemin est coupé, entre les bourgs de Torre de l'Annunziata et Torre del Greco, par la terrible coulée de lave de 1779. Large de plusieurs centaines de pas, elle s'échappa du flanc de la montagne, roula sur la pente en recouvrant les champs et le chemin, et poursuivit sa direction vers la mer. Tout à coup, le fleuve de feu s'arrêta sur le rivage, au moment de se mêler à cet élément ennemi qui, à son approche, semblait se soulever et reculer en bouillonnant.

Des palais d'été bâtis sur le bord du chemin s'écroulèrent ainsi que de simples cabanes de bois, avant même d'être atteints par le torrent dévastateur, comme si la terrible chaleur qu'il dégageait eût amolli les rocs de leurs fondements. Çà et là, on voit encore des fragments de marbre blanc sortir de la noire couche de lave qui les a engloutis.

Plusieurs voyageurs ont déjà remarqué que Pompéi, à demi dégagé et rendu à la lumière, ressemble au premier coup d'oeil à une ville abandonnée par l'ennemi après le pillage et la destruction; cette comparaison si juste me vint également à l'esprit. Un silence de mort semblait avoir succédé au bruit des armes, l'abandon le plus absolu au tumulte de la prise d'assaut. Cette ville, oubliée dans son tombeau pendant dix-sept siècles, se trouve située dans une plaine solitaire, entre des coteaux plantés de vignes, et comme plongée dans un large fossé de sable. Des vignobles en couvrent encore la plus grande partie. L'architecture de la ville n'a pas recherché la magnificence, elle se caractérise par sa simplicité, par sa noblesse aussi malgré les défauts de proportions, sensibles en particulier dans les colonnades. Pompéi ne tenait pas un rang considérable parmi les villes de Campanie, son nom est peu connu dans l'histoire et peut-être les habitants étaient-ils aisés plutôt que riches. La distribution intérieure des maisons ne révèle pas un souci de luxe, mais le désir de satisfaire les besoins de la vie quotidienne. L'ensemble a quelque chose de grand et de solennel. A l'aspect de cette ville antique qui a surgi de sa tombe, les images des siècles passés se présentent en foule à l'imagination et font un moment illusion; le sort de ses malheureux habitants inspire à l'âme une méditation profonde et mélancolique. Je vis un monceau d'ossements entassés dans l'angle d'un édifice, mais je n'osai en ramasser la moindre partie: j'aurais craint de profaner ces tombeaux qui me paraissaient sacrés [13]. L'impression que produit l'aspect de cette ville serait incomparablement plus forte et plus solennelle s'il avait été possible d'y laisser tous les objets à l'emplacement où ils se trouvaient au moment de la découverte: dans le temple d'Isis, la statue de la déesse, les instruments des sacrifices, les trésors et les tableaux sacrés; les statues et les décorations au théâtre; dans les maisons, les meubles et les ustensiles domestiques, les aliments — les squelettes des habitants auraient gardé les attitudes dans lesquelles la mort les avait surpris et ce qui subsiste des vêtements et des bijoux dont ils s'étaient parés ce jour-là; les urnes funéraires et les vases sacrés seraient restés dans les tombeaux, les armes dans les casernes. Le voyageur verrait apparaître ici le Romain tel qu'il fut dans toutes les circonstances de sa vie et ses diverses activités; on pourrait l'accompagner à l'autel de ses dieux et à ses plaisirs, dans les affaires de sa vie quotidienne et aux tombeaux de ses défunts: les scènes d'un passé si éloigné se présenteraient ainsi au visiteur d'une manière plus vive encore. Peut-être la réalisation de cette idée aurait-elle rencontré un grand nombre de difficultés, mais un esprit actif et entreprenant aurait su en triompher; tel n'est pas celui qui anime les responsables de ces importantes découvertes [14].

Les catacombes, ces demeures ténébreuses de la mort et de la décomposition, sont le plus remarquable ouvrage de l'antiquité qu'il soit possible de voir à Naples même. Leur prodigieuse étendue et leur disposition contredisent l'affirmation naïve de la piété populaire selon laquelle les premiers chrétiens auraient aménagé ces voûtes souterraines pendant les persécutions des empereurs romains, afin d'y trouver un refuge. Selon toute vraisemblance, il y avait là à l'origine des carrières de pierre et de sable où l'on se procurait les matériaux nécessaires aux constructions de la ville. Peu à peu, elles furent destinées aux sépultures, comme le prouvent certaines trouvailles, ossements et inscriptions, et même la disposition intérieure de l'ensemble et des diverses parties[15].

L'entrée des catacombes, située près de l'église Saint-Janvier, se présente comme une haute et large voûte, extrêmement imposante. Le visiteur est saisi d'horreur quand il plonge le regard dans la profonde obscurité qui y règne, où perce faiblement la lueur des flambeaux qui le précèdent. Les voûtes ne renvoient qu'un écho assourdi. On lui a remis une torche qui lui permet à peine de distinguer les sombres parois les plus proches et fait paraître plus ténébreuses encore les profondes galeries et les énormes voûtes. Pour qu'il soit possible de retrouver la sortie de ce sombre labyrinthe, le guide recommande souvent de ne pas laisser éteindre les flambeaux; un tel avis augmente encore l'effroi qu'inspirent ces catacombes plongées dans la nuit. C'est un immense dédale de galeries souterraines dont on n'a pas encore compté le nombre ni mesuré la longueur. Quelques-unes conduisent à des chambres funéraires divisées en plusieurs étages, d'autres à des salles voûtées en forme de coupoles. On voit autour de soi, creusées dans les parois et disposées les unes au-dessus des autres, des niches où sont étendus des cadavres; quelques-unes de ces niches sont murées, d'autres ouvertes, remplies d'ossements et de pourriture. Tantôt on aperçoit plusieurs galeries qui partent dans diverses directions, tantôt une haute voûte. Ici un escalier à demi rompu conduit à d'autres tombeaux plus élevés; là on est arrêté par les décombres d'une arcade qui s'est écroulée lors d'un tremblement de terre ou sous le poids du terrain qui la surmontait, ou bien c'est un monceau d'ossements à demi décomposés qui empêche de pénétrer plus avant dans les galeries plus ou moins grandes qui s'étendent et se croisent en tous sens. Une odeur de putréfaction infecte l'air emprisonné dans ces souterrains; des exhalaisons méphitiques et la fumée des flambeaux rendent plus difficile encore la respiration. On éprouve le plus grand désir de revoir la lumière du soleil, de retrouver des hommes car, rendus livides par la lueur des flambeaux, ils n'apparaissent dans ces tombeaux que comme des ombres errantes. Jamais l'air pur n'a paru plus réconfortant à ma poitrine oppressée, jamais la radieuse lumière du jour et le retour parmi les vivants ne m'ont donné une si grande joie qu'à la sortie de ces sombres voûtes souterraines consacrées à la mort [16].

Quand j'arrivai à Naples, peu de semaines après l'effroyable catastrophe qui avait dévasté la Calabre, les cris de douleur de ses malheureux habitants se faisaient encore entendre et emplissaient la ville d'épouvante. Le tremblement de terre de 1783 leur avait arraché leurs parents, leurs amis les plus chers, leurs biens et leurs demeures. Les récits de cette indicible misère, les informations reçues de Calabre, qui chaque jour répandaient de nouvelles terreurs, suscitaient dans la capitale un deuil universel; on déployait la plus grande activité pour soulager la détresse de ces infortunés et calmer leurs plaintes déchirantes. Le souverain lui-même, avec une générosité royale et une sensibilité toute paternelle, conçut un plan susceptible de secourir ses malheureux sujets de la façon la plus efficace; il voulait se hâter de l'exécuter en personne, mais on l'empêcha de réaliser ce généreux projet. En cette période d'épreuves, le roi serait apparu aux malheureux comme l'ange tutélaire de la patrie, sa main bienfaisante aurait guéri leurs profondes blessures! Hélas, pourquoi l'en a-t-on détourné? Mais ainsi le veut le despotisme des ministres: il n'est pas permis aux rois de voir de leurs yeux la misère de leurs sujets, il ne leur est pas permis de les aider personellement, lors même que seraient nécessaires les secours les plus prompts et les plus efficaces et que la présence du souverain permettrait seule de les mettre en oeuvre. En cette circonstance, les Calabrais n'éprouvèrent qu'en partie l'extrême sollicitude du roi. Les dispositions les plus sages, exécutées avec trop de lenteur, ne purent avoir que de faibles effets, les fraudes suspendirent certaines d'entre elles et firent échouer les autres [17].

Ce n'est pas à titre de témoin que je rapporterai ici les terribles scènes auxquelles donnèrent lieu les ravages de la Calabre. Un voyage dans ce pays encore ébranlé par de violents tremblements de terre présentait alors trop de dangers. Ses habitants, abattus par l'impitoyable rigueur de leur sort, dépouillés de tout ce qui aurait pu subvenir à leurs besoins les plus impérieux, se voyaient forcés de recourir à des moyens désespérés pour échapper à la famine qui les menaçait, eux, leurs femmes et leurs enfants — lorsque ceux-ci avaient été épargnés par la ruine générale. Et quand bien même ce désespoir n'eût pas été dangereux pour les voyageurs étrangers, il fallait redouter les hordes de brigands qui parcouraient la contrée et profitaient de la confusion totale pour se livrer au pillage. Je ne pouvais rien faire pour soulager la misère de toute une province; ma curiosité cessa quand je vis qu'il m'aurait fallu rester un observateur impuissant [18].

Des relations véridiques et complètes * [19], dues à ceux qui en furent les témoins, ont peint les désastres provoqués en Calabre par le tremblement de terre de 1783; je me contenterai de les reprendre. Cependant, pour avoir pris part indirectement au deuil général que connut Naples dès les premiers jours de la catastrophe frappant ses plus proches voisins, qu'il me soit permis d'esquisser en quelques grands traits, une fois de plus, l'histoire des souffrances sans nom que dut subir la Calabre.

Ce fut le 5 février que la désolation se répandit sur le pays.

* On sait que les relations de Dolomieu, Hamilton et Vivenzio sont les meilleures que nous possédions sur le tremblement de terre survenu en Calabre en 1783.

A l'improviste, sans que l'on eût remarqué les signes caractéristiques qui annoncent d'ordinaire un tremblement de terre et par lesquels la nature elle-même semble vouloir avertir les habitants d'une région menacée d'une destruction prochaine, la ruine s'abattit sur la contrée à l'heure de midi. Les premières secousses ne durèrent que deux minutes et provoquèrent les ravages les plus affreux dans toute la plaine accidentée de la Calabre ultérieure. Les oscillations du sol furent aussi violentes que diverses. Partout où elles se firent sentir, rien ne put résister, ni les ouvrages dus à la main des hommes, ni ce que la nature semblait avoir formé pour durer aussi longtemps que le globe. Tout fut confondu en une même ruine. Tantôt c'était une suite rapide de secousses, un frisson à la surface de la terre, tantôt un lent mouvement d'ondulation semblable aux vagues de la mer; parfois, des coups violents venus d'une grande profondeur soulevaient tout à coup le sol verticalement, puis le laissaient retomber complètement ou en partie; parfois le sol semblait être bercé à droite et à gauche; parfois la terre, après s'être reposée quelques instants, s'élevait brusquement et tourbillonnait à une allure vertigineuse. Ces divers mouvements de la terre, qui se succédaient à de courts intervalles ou bien unissaient leurs forces et agissaient en même temps, ont été prouvés par les phénomènes les plus terribles et les plus singuliers, que l'on pouvait voir dans ce pays ravagé. Dans les villes et les villages, les bâtiments qui avaient été ébranlés avec tant de violence, non seulement s'écroulèrent, mais leurs ruines furent dispersées de toutes parts; des murailles penchèrent de tous côtés et demeurèrent ainsi un certain temps jusqu'à ce qu'une nouvelle secousse vînt les renverser; les fondements des édifices les plus solides furent arrachés des profondeurs de la terre et les masses de pierre les plus imposantes, lancées les unes contre les autres, se trouvèrent réduites en poussière; on vit des colonnes composées de plusieurs tambours se retourner sur leurs bases ébranlées et s'y tenir debout dans une direction opposée à la première. Des collines surgirent du sein de la terre, puis s'affaissèrent totalement ou en partie; des montagnes se fendirent, s'écroulèrent, comblant des vallées de leurs décombres; des champs situés sur la pente des collines glissèrent vers la plaine avec leurs arbres, leurs broussailles, les maisons qui y étaient bâties. L'habitant de la montagne vit son champ et sa maison descendus de plusieurs centaines de pas, et dans quelques cas il fut même entraîné avec sa demeure sans subir de très grands dommages. Les ruines de bourgs importants roulèrent sur le flanc des montagnes et c'est à peine si l'on découvrit encore la trace de leur ancien emplacement; d'autres furent entièrement rasés ou ensevelis sous les débris de rocs fracassés. Ici la terre se déchira; là, des fleuves dont les lits s'élevèrent ou se comblèrent durent changer leur cours; ailleurs, des lacs et des marécages se formèrent dans la plaine jusque-là fertile. Sans avoir le temps de fuir, des milliers de personnes * furent ensevelies sous les débris de leurs maisons et dans le sol [20].

La nuit suivante et pendant plusieurs mois, les violentes secousses continuèrent; si leurs effets furent moins terribles que dans le cas des premières, elles désolèrent cependant d'autres parties de la Calabre et la Sicile. Plus de quarante mille personnes perdirent la vie dans tous ces tremblements de terre qui se suivirent à des intervalles plus ou moins rapprochés; vingt mille autres, pense-t-on, auraient succombé lors des épidémies qui en résultèrent. Outre les habitants de l'intérieur, ceux des côtes eurent tout particulièrement à souffrir. Ici, la mer en furie inonda le pays et engloutit les malheureux qui, fuyant les périls de la terre, cherchaient leur salut sur la côte ou sur les flots eux-mêmes. Au milieu de cette destruction générale, des flammes s'échappèrent des maisons en ruines; l'incendie fit rage pendant plusieurs jours, réduisant en cendres les pauvres restes que le tremblement de terre avait épargnés parmi les biens de ces infortunés; il pénétra jusque dans le tombeau où les vivants avaient été précipités avec les morts et les dévora en même temps que les ruines de leurs maisons, sous lesquelles ils étaient ensevelis. Ce qui avait échappé au tremblement de terre et aux flammes devint la proie des brigands qui parcouraient le pays et fondaient à l'improviste sur les malheureux; malgré les menaces que faisait peser la nature, indifférents au risque qu'ils couraient eux-mêmes d'être écrasés dans la ruine générale, ils se livraient au pillage sans épargner les biens et la vie même de leurs parents et de leurs amis. A la honte de l'humanité, l'histoire du terrible tremblement de terre en Calabre, comme ce fut le cas pour la catastrophe de Lisbonne, compte un grand nombre de ces traits abominables. Elle garde ce-

---

* On a évalué à vingt mille le nombre des personnes qui trouvèrent la mort dans le premier tremblement de terre du 5 février.

pendant aussi le souvenir d'exemples réconfortants: beaucoup d'êtres se montrèrent supérieurs à leur horrible destinée, ils manifestèrent une force de caractère et une constance exceptionnelles, une tranquillité inébranlable et la plus douce résignation. J'emprunterai aux annales de cette année à jamais mémorable un unique exemple, mais il est à mon avis le plus significatif. Une femme jeune et belle d'Oppido, localité qui fut le point central des secousses les plus terribles, se trouva ensevelie vivante sous les ruines de sa maison, alors qu'elle était au neuvième mois de sa grossesse. Elle demeura ainsi sous les décombres pendant trente heures. Elle en fut retirée par son mari, qui, la croyant morte, cherchait le cadavre de son épouse et eut la surprise de la trouver en vie! — et quelques heures après sa libération, elle mit son enfant au monde sans difficultés. « A quoi pensais-tu », lui demanda un voyageur * qui vint un an plus tard dans la maison du couple, « à quoi pensais-tu dans ta tombe pendant ces heures terribles? — J'attendais! » répondit-elle. Cette réponse, qui fait le plus bel éloge de son sexe, a-t-elle besoin d'un commentaire? [21]

* Le chevalier Dolomieu. Voir ses *Mémoires sur les tremblements de terre de la Calabre,* Rome, 1784.

Chapitre 20

PAUSILIPPE - POUZZOLES - BAIA [1]

« Quelles sont les cendres qu'enferme ce monument? Celles du poète qui chanta les prairies, les champs, les héros * ».

Une ruine s'élève sur la hauteur qui domine la Grotte de Pausilippe creusée dans le roc [2]: s'agit-il du tombeau de Virgile, où les cendres du poète reposaient jadis sur des colonnes de marbre? Les antiquaires l'affirment sans preuve. Cependant, on aime à se laisser abuser ici par l'ancienne tradition: la situation de ce tombeau est si belle! Du haut de sa voûte, on embrasse presque le même paysage que depuis la chartreuse située derrière Naples, un peu moins vaste cependant. Des pampres et des lauriers entourent ce tombeau paisible et solitaire. C'est bien ainsi que l'on imagine la tombe de Virgile et cette position paraît être celle qui convient le mieux au chantre immortel de cette contrée. Son tombeau n'est plus ombragé par le laurier qui avait autrefois pris racine sur la plate-forme supérieure de la petite voûte et semblait né de ses cendres. A force d'y toucher, de le dépouiller de ses rameaux et de ses feuilles, d'y graver des noms sans gloire, les voyageurs l'ont fait mourir. Hélas, mânes courroucés! vous n'avez que trop longtemps vengé sur beaucoup de nos poètes le pillage dont fut l'objet votre tombe sacrée, les outrages subis par vos lauriers! Le génie du bon goût intercède en notre faveur: soyez enfin apaisés [3]!

* *Quae cineris tumulo haec vestigia? Conditur olim Ille hic qui cecinit pascua, rura, duces.*
Inscription moderne qui se trouve auprès du prétendu tombeau de Virgile.

218

Raf. Morghen fece
1. Grotta del Cane
2. Lago dagnano
3. Camaldoli

Fig. 22. Raffaello Morghen, *Le lac d'Agnano et la « Grotte du chien »*. Rome, Istituto naz. per la grafica, Gabinetto delle stampe (Cl. du Gabinetto). Sur la partie droite de la gravure on aperçoit des étrangers qui assitent à la cruelle comédie décrite par Meyer (cf. p. 221-222). Le lac a été asséché en 1870.

Quand j'eus bien cherché, je découvris le reste d'un tronc desséché qui s'élevait quelque peu au-dessus de la couche de terre couvrant la partie supérieure du tombeau; c'était là, peut-être, le dernier vestige de ce laurier qui finit par mourir sous les mains sacrilèges des poètes et d'autres voyageurs. Toutefois, un taillis de lauriers couronne encore la tombe et forme une sorte de tonnelle au feuillage toujours vert *. Le tour seul est couvert de ces nobles arbustes dont les branches pendent de la façon la plus pittoresque au-dessus de la plate-forme centrale, dépourvue de végétation. Toute la colline qui porte le tombeau est ainsi revêtue de buissons de lauriers, ils se sont répandus partout, sauf au sommet de la voûte, et pour rendre ce bel ensemble plus pittoresque encore, les vieux murs du monument sont entièrement tapissés de lierre et de vigne sauvage.

Après avoir emprunté le célèbre passage creusé dans le roc, la Grotte de Pausilippe, cet ouvrage stupéfiant dû aux Romains et dont on ignore la date, le chemin conduit selon différentes directions au lac d'Agnano et aux Champs de Feu situés aux alentours (Campi Phlegraei), à Pouzzoles (l'antique Puteoli), au golfe de Baia — c'était pour les Romains un lieu de délices — et à ces contrées où l'imagination des poètes antiques avait situé le passage qu'empruntaient

---

* Sans aller jusqu'à déraciner un pied de laurier, je pus couper quelques rameaux dans le taillis qui foisonne autour du tombeau, pour garder un souvenir plus vivace de cette inoubliable journée vécue dans un paradis terrestre. Une controverse ridicule suscitée par les journalistes parisiens — existe-t-il ou non un laurier sur le tombeau de Virgile? — me donna l'occasion, il y a quelques années, de publier un petit article dans la *Berlinische Monatschrift* (juin 1789, p. 581) pour trancher, en qualité de témoin oculaire, cette querelle qui occupait, comme eût pu le faire un sujet important, les oisifs de Paris; selon toute vraisemblance ces *ci-devant* disputeurs de vétilles, maintenant qu'ils s'occupent de leurs propres lauriers, doivent s'intéresser bien moins à ceux des héros et des poètes antiques! Les *ciceroni* rusés de Naples ont soin, dit-on, pour satisfaire la curiosité de voyageurs crédules, de casser quelques branches de laurier aux alentours: ils les mettent en terre sur le tombeau et prétendent ensuite qu'il s'agit bien là de l'arbuste qui s'est élevé sur la dépouille du poète. Ces *ciceroni* ne m'ont pas abusé, car je me suis rendu en ces lieux sans guide, avec mon compagnon de voyage, et j'y ai trouvé sur le tombeau de Virgile ce taillis de lauriers que je ne m'attendais pas à y voir; il correspondait pourtant à l'image que s'en faisait mon imagination: selon elle, en effet, les cendres de l'immortel poète ne pouvaient reposer qu'à l'ombre des lauriers, en pleine nature.

les disparus pour se rendre aux campagnes paisibles de l'Elysée et dans le sombre royaume de l'au-delà. Creusé dans le roc qu'il a fallu faire éclater, ce chemin ténébreux menant à tant de lieux magnifiques et enchanteurs ne le leur cède en rien par son caractère grandiose et prodigieux [4]. Il exalte l'imagination et, grâce à son aspect imposant, prépare le voyageur aux scènes qui l'attendent plus loin. Dans cette grotte au sol bien nivelé, longue d'environ mille pas, sous la vaste et sombre voûte où ne pénètre pas la lumière du soleil, règnent une vie et un mouvement continuels, comme sur la grand-route la plus fréquentée [5]. L'écho qui retentit sous cette voûte rocheuse redouble le tumulte étourdissant du passage. A la sortie de la grotte, on voit s'ouvrir une campagne délicieuse, un véritable jardin où la vigne se marie aux arbres fruitiers. C'est à l'abri de leurs ombrages que l'on se rend au lac d'Agnano. Ce lac volcanique présente les traces les plus visibles de son ancienne formation. Une série de collines constituées de matières éruptives l'entourent comme une sorte de cratère; une vapeur sulfureuse et bleuâtre plane au-dessus de sa surface et l'air qui s'échappe de profonds conduits souterrains donne souvent à ses eaux une agitation telle qu'on les croirait bouillonnantes. Partout sur les étroits rivages du lac, on peut voir les effets du feu qui couve dans les profondeurs de la terre. C'est là que se trouvent les étuves de San Germano, bains de vapeur très chaude, et la Grotte du Chien aux exhalaisons méphitiques. Cette dernière doit son nom aux cruelles expériences, mille fois renouvelées, où l'on fait périr un chien par le seul effet de ces émanations, et généralement dans le seul but de satisfaire la curiosité des voyageurs. Le gardien de la grotte y trouve son profit, aussi a-t-il soin d'entretenir un grand nombre de ces animaux recueillis dans la contrée et de se faire payer pour ses expériences meurtrières. Sans tenir compte de mon refus, cet homme, dès la sortie de la Grotte de Pausilippe, attacha au cabriolet l'un de ses martyrs. L'animal semblait pressentir les tourments qui l'attendaient; il gémit, il hurla tout le long de la route jusqu'à notre arrivée à la grotte où il devait être sacrifié à la cupidité de son maître. Chemin faisant, celui-ci marchandait la vie et la mort de la bête et demandait: « *Altezze!* voulez-vous le voir mourir? dans ce cas il faut me payer le chien ». J'ignore si ce titre correspondait à une formule de politesse servile, particulière aux Napolitains de basse condition quand ils s'adressent aux étrangers, ou si dans l'esprit de l'homme nous étions vraiment des fils de princes qu'aurait divertis un tel spectacle; mais nous fîmes grâce à l'animal qui, les pattes liées, était maintenant allongé dans la grotte, sur le sol au-dessus duquel stagnent des vapeurs empoisonnées; il y avait aussitôt perdu l'usage de la voix. Après quelques efforts pour respirer, il suffoqua et entra dans les convulsions de l'agonie. Alors son maître le délia et le jeta dans le lac où il revint bientôt à la vie. Sans prendre garde aux aliments qu'on lui présentait, il se mit à courir à vive allure vers la maison[6].

Des feux souterrains couvent dans toute cette contrée. Dans le cratère éboulé d'un ancien volcan, formant aujourd'hui une riante vallée aux ombrages épais, nommée Astruni, comme sur les flancs des collines environnantes, se trouvent un bois de chênes et de châtaigniers qui appartient au roi et sert à ses plaisirs, et un parc réservé aux chasses de parade[7].

Non loin de là s'ouvre la *Solfatara*, vallée de feu, autre cratère écroulé d'un ancien volcan qui vomissait du feu, nommé Forum de Vulcain *. Il est encore brûlant dans ses profondeurs et n'a au-dessus de lui qu'une couche fort mince: elle céderait à la moindre éruption et ouvrirait de nouveau l'abîme. Entourée de hauteurs aux formes aiguës dont les pentes fertiles forment un contraste surprenant avec son aridité, cette vallée porte quelques courtes broussailles à demi desséchées, mais la plus grande partie est couverte d'un sable couleur de cendre. Quand on marche sur la voûte creuse surmontant le gouffre de feu, chaque pas résonne d'une façon effrayante; les pierres que l'on fait rouler à sa surface produisent un bruit semblable au grondement lointain du tonnerre, et une pierre lancée avec force dans un creux provoqua un léger ébranlement, puis un horrible fracas qui retentit dans les profondeurs. Le terrain est chaud et même brûlant à certains endroits. Ici s'élèvent de légères vapeurs sulfureuses qui planent à la surface du sol; ailleurs une épaisse fumée s'échappe de la terre entr'ouverte et laisse en dépôt des particules de soufre, d'alun et de sel ammoniaque. Près de là, un grand bruit se fait entendre, pareil au mugissement d'un fleuve qui se précipiterait dans l'abîme. L'aspect de cette vallée aux entrailles de feu agit plus puissamment encore sur l'imagination surexcitée que celui-

* *Forum Vulcani.*

même du Vésuve tel qu'il m'était apparu, avec son cratère béant mais inactif. Les phénomènes que l'on y observe et dont les causes demeurent inconnues font naître les images terrifiantes d'un danger imminent et mystérieux, prêt à surprendre à tout instant le voyageur quand il se hasarde sur la légère croûte couvrant ce gouffre de feu. On n'a pas cette crainte en s'approchant du cratère du Vésuve, car on sait qu'une éruption est précédée de signes avant-coureurs; on s'y croit en sécurité et on s'y accoutume à l'aspect de la bouche fumante; ici, on pressent un danger, toujours plus redoutable à mesure que l'on s'attarde. Chaque pas cause de nouvelles terreurs; le visiteur inexpérimenté n'ose pas marcher tout près de ses compagnons, dans sa crainte d'augmenter un fardeau que cette écorce légère semble pouvoir à peine supporter; il entend avec frayeur les violents grondements souterrains qui paraissent annoncer un prochain tremblement de terre; la chaleur du sol lui brûle la plante des pieds; les vapeurs sulfureuses qui s'en exhalent rendent la respiration difficile. C'est en vain que l'esprit plus rassis cherche à combattre le fantôme effrayant qu'enfante ici l'imagination alarmée par tous ces phénomènes. On se hâte de fuir cette vallée sinistre et l'on se réjouit de retrouver un terrain solide; ainsi le matelot, arrivant au port après la tempête, est heureux d'avoir échappé à la mort qui le menaçait [8].

« Baïes, plage divine de la bienheureuse Vénus, Baïes, présent enchanteur de la nature qui en est fière! A supposer, Flaccus, que je consacre mille vers aux louanges de Baïes, jamais pourtant mes louanges ne seront assez dignes de Baïes! » *

Que tu mérites bien cet hymne à ta gloire, rivage paisible et enchanteur! Il évoque cette Baia jadis tant admirée, merveille de la nature aussi bien que de l'art! C'est entre les vestiges grandioses et pittoresques de temples, de tombeaux, d'amphithéâtres, entre les ruines de plusieurs villes antiques, que l'on s'approche de Pouzzoles, une misérable bourgade — l'orgueilleuse *Puteoli* de l'antiquité — où se dessine cette baie magnifique dont les bords offraient jadis aux Romains les sources d'inépuisables délices. Nous traversâmes

* Martial, *Epigrammes,* L. XI, 80.

223

dans une barque légère le golfe, aux eaux paisibles. Quel merveilleux spectacle! Ce golfe n'a pas la grandeur sublime qui caractérise celui de Naples, mais il constitue une partie de ce tableau grandiose dont on s'approche davantage pour trouver plus d'attraits à ses diverses beautés et mieux en jouir. La baie a la forme d'un demi-cercle. Le bateau passe devant l'ancien port romain de Puteoli, qui élève au-dessus des eaux les restes de ses fortifications, puis on découvre à gauche l'étendue sans limite de la mer; de son sein s'élèvent les côteaux de l'île de Nisida et, en face d'elle, les rocs altiers de deux autres îles, Ischia et Procida. Solitaire et tranquille, le promontoire de Misène se dresse au loin sur la côte; une ville, un port de guerre fondé par Auguste pour la flotte romaine de la Méditerranée le rendirent autrefois célèbre, et plus encore la sépulture qu'Enée y avait donnée à Misène, son compagnon d'armes.

« ... le pieux Enée élève à son compagnon un énorme tombeau, où l'on pose ses armes, sa rame et sa trompette, au pied d'un mont aérien qui porte encore en son honneur le nom de Misène et qui le gardera éternellement » *.

A droite se trouve le rivage de Baia — ce pays dont la splendeur était jadis sans égale! On voit aujourd'hui sur la hauteur un château-fort et beaucoup plus bas, une longue suite de ruines, vestiges de palais de marbre, de bains et de temples; les collines des environs sont plantées de vignes verdoyantes et dans le fond du golfe se dresse le cône du *Monte Nuovo*, que la violence des feux souterrains, il y a quelques siècles, fit surgir du sein de la terre. Nous fîmes lever les rames pour jouir longtemps de ce spectacle admirable, unique au monde. Le bateau vogua lentement jusqu'à la rive opposée et nous abordâmes près de Bauli, lieu où débarqua Hercule pour décharger les taureaux dérobés à Géryon. Un chemin qui descend entre de charmants coteaux couverts de vignes conduit aux citernes dont les immenses voûtes s'appuient sur des colonnades; elles furent jadis bâties pour l'approvisionnement des flottes romaines de Misène, ou peut-être pour l'usage des riches qui vivaient sur ces bords autrefois si fameux. Les voûtes de la citerne nommée *Piscina Mirabile*, édifice semblable à une catacombe, ont conservé de nos jours toute leur grandeur et leur solidité.

* *Enéide,* VI, v. 232 sq. (*op. cit.*).

Tout le pays est couvert de ruines dispersées sur une étendue considérable. Les Romains les plus distingués mettaient leur ambition à posséder un coin de terre sur ces rives ou dans la contrée environnante et rivalisaient entre eux par le luxe et l'élégance des villas qu'ils construisaient. La plupart d'entre elles ne sont plus aujourd'hui que de tristes décombres où l'on ne trouve plus la moindre trace de leur ancienne splendeur [9].

Depuis une hauteur, on voit les ruines de la cité grecque de Cumes dont les habitants bâtirent et peuplèrent Naples, — et plus bas les campagnes paisibles de l'Elysée et la Mer Morte. Déjà l'imagination des plus anciens poètes grecs avait associé aux noms mystiques attribués à cette région des fables qui correspondaient aux conceptions limitées de leur temps. Aux époques suivantes, la superstition populaire, le culte des symboles auxquels avaient recouru les anciens mythes et les mystères, et même l'aspect merveilleux que présente la nature dans cette contrée, favorisèrent l'autorité des antiques fables; elles gardèrent longtemps chez le peuple le crédit que les poètes avaient su leur donner. C'était là que l'on plaçait le séjour des Bienheureux, c'était près du lac Averne que se trouvait l'accès aux enfers. Le rivage de la Mer Morte est semé de nombreuses ruines de tombeaux plus ou moins importants. Selon les Anciens — et cette pieuse croyance, sanctifiée par le respect dont elle témoignait envers les défunts, mérite notre estime — c'était pour apaiser les mânes de ceux, qui, disparus en mer, n'avaient pu recevoir de sépulture, qu'on élevait de tels monuments, on engageait ainsi les dieux infernaux à recevoir enfin dans l'empire des morts les âmes jusque-là contraintes à errer sur les bords de l'Achéron sans pouvoir le traverser. Ainsi que l'attestent les ruines, on offrit souvent à ceux que la mer avait engloutis de tels sacrifices expiatoires, en leur édifiant des tombeaux sur cette côte dont la religion de la plus haute antiquité avait fait un lieu sacré.

En revenant vers Baia, on trouve sur son chemin les restes d'un édifice nommé le tombeau d'Agrippine; la malheureuse y aurait reçu la sépulture après avoir été assassinée dans sa villa située sur les bords du lac Lucrin — légende contredite par Tacite *. Les cendres de la mère infortunée de l'infâme Néron furent déposées secrète-

* Dans les *Annales,* L. XIV, ch. 9.

ment dans un modeste tombeau près de la route de Misène par les gens de sa maison, tant ils redoutaient la rude main de l'homme impitoyable qui avait fait assassiner son frère et sa mère; or les ruines de cet édifice que l'on n'a pas identifié portent encore des traces de sa grandeur, de sa richesse et de sa beauté.

Nous reprîmes une barque sur ce rivage et nous passâmes devant la colline de Baia, que couvrent les ruines de marbre de ses anciens palais. De grands noms illustrèrent cette colline, ces rives envahies désormais par la mer. Sur la hauteur et aux environs s'élevaient de nombreuses villas: outre celles des Césars du premier siècle, celles de Romains célèbres, le Grand Pompée, Caius Marius, Scipion l'Africain, Pison, Cicéron, Hortensius, Lucullus, celles de plusieurs généraux et hommes d'état. On avait bâti sur le rivage des temples à Vénus, Diane et Mercure. Que tout cela est changé de nos jours! Quelle émotion profonde on éprouve à la vue de ce qui *est,* quand on évoque ce qui *fut* [10]!

« Toi, tout près du tombeau, tu fais tailler des marbres à l'entreprise et, sans songer à ton sépulcre, tu bâtis des maisons, tu t'acharnes à reculer les bords de la mer qui gronde devant Baies, t'estimant trop peu riche de n'avoir que la terre ferme du rivage » *. Elle a reconquis son ancien domaine, cette mer que jadis dans leur orgueil des hommes contraignirent à céder à leurs entreprises les plus hardies lorsque, voulant gagner de nouvelles terres pour y construire leurs palais de marbre, ils firent reculer ses rives en édifiant des digues et méritèrent par là ce reproche du noble poète. Elle a même gagné plus qu'elle n'avait perdu!

On aperçoit sous les eaux des routes et des édifices.

« Les poissons sentent les plaines liquides se rétrécir sous les blocs jetés dans la haute mer » **.

Les vagues viennent se briser contre les murs des palais romains à demi effondrés, dont les appartements étaient décorés des plus riches peintures. De semblables vestiges couvrent les collines de Baia. Les temples des dieux, célèbres par leur magnificence, ne sont plus que ruines, ils gisent au bord du rivage sous une eau croupissante et il faut s'enfoncer dans un marais infect pour péné-

* Horace. *Ode* 18, L. II [11].
** *Id., Ode* 1, L. III.

trer dans le sanctuaire de la déesse de l'amour, jadis paré de tous les charmes des décorations les plus voluptueuses [12]. Une misérable population de pêcheurs habite de petites cabanes de bois sur les lieux mêmes où s'élevait cette Baia splendide, avec la longue suite de ses palais qui lui donnait l'aspect d'une ville de marbre. Sur ces côtes où les Romains s'enivraient de toutes les voluptés, les habitants gagnent à peine leur subsistance par la pêche ou la vente de petits objets antiques, pierres, monnaies, lampes, idoles et autres choses semblables qu'ils trouvent en mer ou quand ils bêchent leurs vignes. L'air même de Baia, dont on vantait jadis la salubrité, n'est plus ce qu'il était. Les eaux stagnantes des nombreux marécages répandent des vapeurs malsaines, le lin mis à rouir dans les lacs, pendant l'été, dégage une odeur insupportable. L'homme qui jouit de la santé fuit cette contrée au dangereux climat — on n'y traîne que les malades incurables des hôpitaux napolitains pour tenter de prolonger leur vie grâce aux bains de vapeur de Baia; encore doivent-ils habiter à Pouzzoles, car cette rive inhospitalière — la rive de l'antique Baia! — ne peut leur offrir un abri [13].

Le lac Lucrin n'est plus qu'un marais encombré de roseaux. La chair exquise de ses poissons faisait jadis sa renommée. Au temps où la grandeur de Rome avait atteint son apogée, on y donnait de brillantes joutes nautiques et des fêtes qui devaient leur éclat à la musique et à une grande magnificence. La volupté y faisait régner ses charmes. Des roses paraient les barques, dont les occupants se jetaient des roses, et souvent, le lendemain, on voyait encore la surface des eaux couverte de pétales. Ce lac est maintenant le domaine des grenouilles et des crapauds [14], un marécage infect et qui fut comblé en partie lorsque, près de là, le *Monte Nuovo* surgit du sein de la terre. Cette montagne de cendres engendrée par les feux souterrains, qui a plus de mille pieds de haut et quatre milles italiens de circonférence, s'éleva tout à coup dans la nuit du 19 septembre 1538 avec un fracas de tonnerre [15]. Elle porte aujourd'hui sur ses flancs des arbres fruitiers et des vignes jadis situés dans la plaine. Le sommet présente une cavité circulaire en forme de cratère et l'on trouve dans le sol une grande quantité de matières volcaniques. De ce sommet, le point le plus élevé de l'intérieur du golfe, on domine la vue magnifique que présentent les rives et la mer. Le temps a détruit en ces lieux tout ce qui était soumis à sa redoutable puissance; il a renversé les fiers ouvrages élevés par les hommes, il a même exercé son influence dévastatrice sur l'oeuvre de la nature, sur les sites de ces rivages, l'air jadis si bienfaisant de cette contrée aujourd'hui déserte. Seul le contour gracieux de l'ensemble n'a pas changé, il offre encore de nos jours le spectacle le plus enchanteur qui soit en Italie. La nature donne encore à l'homme la possibilité de mettre en valeur cette contrée et de lui rendre toute son ancienne splendeur. Peut-être les siècles futurs sauront-ils apprécier ce présent — alors tu renaîtras de tes ruines et de tes marais,

« Baies, plage divine de la bienheureuse Vénus! Baies, présent enchanteur de la nature qui en est fière! »

De l'autre côte de cette montagne de cendres s'étend le lac romantique qu'est l'Averne. Les caractéristiques de ce lac mentionnées par les anciens géographes n'existent plus de nos jours, elles expliquent les fables dont son histoire s'enveloppe aux époques les plus reculées. C'est ici que se trouvait l'accès aux enfers. Comme plusieurs lacs et vallons des Champs Phlégréens, aux environs de Naples, l'Averne occupait le cratère d'un volcan éteint; ses eaux chargées de matières volcaniques et dont il était impossible d'évaluer la profondeur avaient une couleur sombre. Une vapeur bleuâtre flottait à sa surface qui, agitée par l'action du feu souterrain, semblait bouillonner. Quand ils survolaient ses eaux d'où émanaient des miasmes empoisonnés [16], les oiseaux tombaient morts *; les poissons ne pouvaient y vivre. D'épaisses frondaisons, impénétrables à la lumière, couvraient le cercle des collines entourant ce lac et le rendaient plus sombre encore. Des cavernes obscures s'ouvraient sur ses bords. Ainsi, l'Averne apparaissait comme un objet d'horreur pour la nature elle-même; les habitants des alentours, terrifiés, évitaient ses ténébreux rivages propices à la célébration des mystères infernaux. Selon les récits des Anciens, un groupe de Cimmériens venus du Bosphore, à qui étaient familières les illusions de la nécromancie, choisit les cavernes de ses rives pour s'y installer, selon l'usage de ce peuple troglodyte. Ils consacrèrent aux mânes et aux dieux in-

---

* C'est la raison pour laquelle les Grecs l'appelaient ἄορνος (qui n'a pas d'oiseau). Voir *Enéide,* VI, v. 242. De là son nom: *Averne.*

fernaux ces cavernes, le lac lui-même, les temples qu'ils avaient élevés en ces lieux et, dans l'obscurité de leur sanctuaire intérieur, se livrèrent à de terribles orgies pour célébrer l'au-delà. L'Averne apparaissait comme la porte permettant de passer de notre monde à celui des enfers, c'est par là qu'Homère et Virgile font descendre dans le séjour des morts leurs héros, Ulysse et Enée. On ignore quelle fut l'influence de cette croyance populaire et combien de temps elle s'est maintenue; la nature même du lac Averne a pu l'entretenir longtemps. Les dernières traces de ces conceptions religieuses, dont l'origine se perd dans la plus haute antiquité, subsistaient encore au début de notre ère: c'est alors que le consul Marcus Agrippa leur porta enfin le dernier coup lorsque, à l'instigation de son beau-père Auguste, il établit sur le lac Lucrin le *portus Iulius*, fit abattre les forêts impénétrables qui couvraient les rives et permit au sombre Averne de recevoir les rayons du soleil. La lumière, la liberté et la fécondité règnent ensemble en ces lieux où les ténèbres effrayantes enveloppaient jadis le lac et ses mystères; les eaux obscures qui exhalaient une vapeur mortelle sont désormais limpides comme le cristal et fort poissonneuses. Le spectacle est à la fois riant et romantique! Quand on fait le tour du lac, on voit sur ses rives des ruines dont le nom et la destination n'ont pu être précisés. Ce sont peut-être les vestiges d'un temple d'Apollon [17], où Hannibal vint de Capoue pour sacrifier au dieu, ou les ruines d'un sanctuaire beaucoup plus ancien dédié aux Mânes. On ignore également quelle put être à l'origine la destination d'une cavité creusée dans une colline au bord du lac. On veut y voir l'antre et les galeries souterraines de la Sibylle de Cumes, Deiphobe, l'une des prêtresses d'Apollon. L'aménagement de l'intérieur prouve que cette grotte abrita des bains, du moins à une époque assez tardive de l'histoire de Rome.

Dans l'antiquité, les poètes de l'Italie semblent rivaliser entre eux quand ils peignent toutes ces contrées situées aux environs de Naples, rendues à jamais mémorables par leurs beautés naturelles et par les mythes qu'elles ont suscités. Aucun d'eux cependant ne sut les décrire de façon plus juste et plus complète que Silius Italicus *, consul et poète, dans le tableau suivant:

* Dans la septième lettre du livre III, Pline consacre une fort belle

« L'Averne que voici, célèbre aujourd'hui parmi tant de lacs aux ondes salubres, a changé de nom, et s'appelait autrefois le Styx. Couvert d'un bois dont l'ombre noire inspirait de l'horreur, même aux oiseaux, il répandait dans l'air une exhalaison mortelle. Il était consacré par le culte des divinités infernales, et les villes d'alentour venaient les y révérer en tremblant.

Ce marais voisin * conduit, dit-on, sur les rives de l'Achéron par des gouffres profonds qui s'ouvrent dans ses ondes stagnantes. C'est par ces fentes horribles que la terre, se déchirant quelquefois, laisse arriver jusqu'aux mânes une lumière qui les épouvante. On rapporte que près de là s'étendaient, au milieu d'une affreuse obscurité, les demeures des Cimmériens qui restèrent, durant des siècles, sous l'ombre pâle du Tartare, plongés dans la nuit ténébreuse. Voici ces plaines haletantes ** du sourd travail du feu et du soufre dont l'ébullition produit le bitume. La terre soupire, étouffée par les noires vapeurs: ses entrailles, brûlées par l'excès de chaleur, bouillonnent en exhalant dans l'air un souffle empesté. Vulcain pousse d'horribles sifflements du fond de ses antres ébranlés. Parfois il s'efforce de briser ses demeures caverneuses; il veut s'élancer du sein des mers, il fait entendre des bruits étranges et d'horribles mugissements. Le sein de la terre est dévoré, et les montagnes s'affaissent avec fracas sur leurs ruines. Ce sont, dit-on, les géants qui, renversés par le bras d'Hercule, ébranlent les masses sous lesquelles il les a ensevelis. C'est leur haleine formidable qui brûle au loin les campagnes, et le ciel pâlit toutes les fois qu'ils menacent de séparer ces monts qui les pressent. Ici on voit Prochyté *** sous laquelle gît le furieux Mimas, plus loin Inarimé **** qui presse Japet, dont la rage s'exhale

relation à la vie de ce poète, qui vécut au premier siècle de notre ère. Très estimé à Rome, il fut nommé consul et c'est sous son consulat que mourut Néron. Sa villa de Campanie était son séjour de prédilection, ce fut là qu'il mit fin à ses jours; il s'y trouvait près des grands modèles qui lui inspirèrent la belle description citée ici. Voir L. XII, v. 21 sq. de ses *Guerres puniques* [18].

   * Ce tableau et le précédent concernent tous deux le lac Averne.

   ** La vallée de feu, *Forum Vulcani*, aujourd'hui la Solfatare.

   *** L'île rocheuse de Procida.

   **** L'actuelle Ischia, jadis nommée aussi Pithecusa. Elle apparaît en mer comme une masse rocheuse élevée, ronde et noire; les éléments qui la constituent et sa forme semblent appuyer l'opinion des Anciens selon laquelle cette île aurait été soulevée du sein de la mer par la violence du feu souterrain.

en noirs tourbillons. Toujours rebelle, il vomit à chaque instant des flammes: s'il parvenait à s'échapper, il attaquerait encore Jupiter et les dieux.

On peut voir les cimes du Vésuve. Au sommet sont des roches dévorées par les flammes: le contour de la montagne est jonché de ruines et de débris, qui attestent les mêmes révolutions que l'Etna. Misène apparaît aussi avec le tombeau du Troyen qui lui donna son nom, ainsi que Bauli, bâtie par Hercule sur le rivage même ».

Par un sentier escarpé, on gravit les collines qui dominent la rive opposée de l'Averne et, parvenu ainsi à une vaste région, l'on y erre parmi les ruines de cités et de villas, de monuments et de tombeaux antiques, qui doivent aux traditions des noms souvent fort arbitraires.

Dans de nombreux cas, le temps a répandu sur ces vestiges de l'antiquité, ici aussi bien qu'à Rome et dans ses environs, une obscurité impénétrable et l'incertitude absolue où nous nous trouvons au sujet de leur ancienne destination nous empêche très souvent de leur accorder plus d'attention; cependant, malgré soi, on a plaisir à se laisser entraîner par les antiquaires et par les géographes des temps modernes dans les dédales de traditions séduisantes: ne découvre-t-on pas, là aussi, de nombreux indices de la vérité, qui concordent avec l'histoire de ces terres classiques? Ce sont ces vestiges apparents de la haute antiquité qui entraînent le spectateur dans une illusion féconde, où les scènes du passé prestigieux revivent devant lui. Ce sont eux qui, après tant de siècles évanouis, retracent de façon suggestive la grandeur inégalable de ce peuple. Alors, saisi d'étonnement et de respect, on voit l'ombre sublime de Rome surgir de son tombeau [19].

Dès l'époque la plus reculée, celle des Chalcidiens, dont la colonie fut la première à s'établir à Ischia, et encore par la suite, elle fut souvent en proie aux tremblements de terre et aux éruptions volcaniques. C'est là qu'il faut voir l'origine de la fable: les géants vaincus, précipités du haut du ciel, seraient ensevelis vivants sous les îles rocheuses d'Ischia et Procida, ainsi que sous les Champs Phlégréens et sous le Vésuve; ce sont leurs convulsions qui provoqueraient les secousses sismiques, leur souffle, les explosions de feu. En 1301 encore, une épouvantable bouche s'ouvrit à Ischia, elle vomit des flammes, des cendres et des laves. Certaines parties de l'île sont très fertiles et très peuplées.

NOTES ET COMMENTAIRE

VÉRONE - VICENCE - PADOUE

¹ Dès le premier chapitre, nous voyons se confirmer les intentions exprimées dans la préface: l'auteur choisit certains tableaux, certaines impressions; il ne cherche pas, comme tant d'autres voyageurs, à tout dire et à rivaliser avec les guides de voyage, mais à évoquer ses souvenir les plus précieux.

Nous trouvons donc dans son livre trois éléments divers, dont l'importance respective varie selon les chapitres: des descriptions — villes et paysages — ou plutôt, comme il l'a dit lui-même, quelques esquisses; des tableaux de moeurs où peut intervenir la satire; des impressions personnelles, parfois décisives: ici, par exemple, à propos de Sainte-Justine de Padoue, nous voyons s'esquisser une certaine conception de l'art: la part de l'autobiographie, encore réduite dans ce premier chapitre, n'en est pas absente cependant.

² A la différence d'autres relations, celle de Meyer se consacre exclusivement à l'Italie. Elle ne nous apprend rien sur le long voyage accompli depuis Hambourg d'où, selon toute vraisemblance, notre auteur est parti, jusqu'au Brenner qui pouvait donner lieu à divers développements: difficultés de l'ascension: «...pendant sept heures entières, nous n'avons fait que monter, écrivait Misson: c'est la plus raboteuse journée que nous ayons faite encore», (*Op. cit.*, T. I, p. 141), remarques sur la population (Misson, Goethe, *Voyage d'Italie,* pp. 45 et 47), observations sur les particularités géologiques ou les effets de l'altitude sur les plantes (Goethe, *ibid.,* p. 44) ...Certains voyageurs notent avec curiosité qu'à une certaine époque de l'année la nature réunit en montagne «toutes les saisons dans le même instant, tous les climats dans le même lieu», selon l'expression de Rousseau dans une lettre célèbre de la *Nouvelle Héloïse* (1ère partie, l. 23).

Rien de tout cela ici. Nous aurons souvent à nous interroger sur la portée que peut avoir dans la relation de Meyer l'absence de certains motifs quasi traditionnels. Celle que nous signalons ici nous paraît correspondre à la recherche d'un effet esthétique: il s'agit de suggérer que tout ce qui se trouve au nord des Alpes ne compte guère pour le jeune voyageur, absorbé par un seul désir: voir le pays dont il a tant rêvé. Et soudain voici l'émerveillement de la découverte. Aussi le contraste entre le nord et le sud est-il, à dessein, fortement tranché: c'est l'opposition entre l'hiver et le printemps, dû à la saison sans doute, mais aussi à la vision éblouie d'un être qui s'avance vers une vie nouvelle, qui voit « la vie l'emporter sur la mort ».

Le lyrisme de Meyer a pu étonner les contemporains, il ne nous surprend plus, près de deux siècles plus tard, quand nous connaissons les impressions de tant d'autres pèlerins enthousiastes. Evoquant son voyage de 1786, Goethe y verra une seconde naissance; et comment ne pas rappeler cette étape décisive que représente pour Henri Brulard le passage du Saint-Bernard? L'exaltation éprouvée après la traversée des Alpes deviendra par la suite un motif presque inévitable dans les relations de voyage, elle nous apparaît ici dans toute sa fraîcheur. D'autres auront pour l'exprimer les ressources d'un style plus prestigieux, cependant le petit tableau sur lequel s'ouvre la relation de Meyer ne manque pas de grâce, avec cette évocation de la verdure nouvelle et l'arrière-plan de montagnes enneigées. Sans doute pouvons-nous être surpris de ne trouver aucune allusion à la lumière si caractéristique de l'Italie du nord en ce début de printemps — omission fréquente chez les voyageurs du XVIIIe siècle, sensibles seulement à l'éblouissante lumière de Naples.

Le tableau rapidement esquissé ici et l'impression ressentie sont étroitement liés, le mouvement du style traduit l'enthousiasme du jeune étranger. Il y aura, certes, des arrivées en Italie plus lyriques et plus belles: ainsi celle d'Henri Brulard, où un mouvement d'*allegro vivace* anime les phrases évoquant la découverte de l'Italie. Cependant, lorsque les deux voyageurs veulent transcrire ce moment privilégié, ils se heurtent à la même difficulté: comment rendre les sentiments d'autrefois dans toute leur intensité? et, selon l'expression stendhalienne, « comment peindre le bonheur fou »? (*Vie de Henri Brulard, op. cit.,* p. 394).

³ Meyer emprunte l'itinéraire traditionnel des voyageurs venus par le Brenner — ce fut celui de Montaigne — mais, à la différence de Goethe, par exemple, il ne dit rien de deux villes relativement importantes, Bolzano et Trente. Estime-t-il, comme tant d'autres, que les caractères germaniques y dominent encore? (c'est à Roveredo — *sic* — seulement que le langage est italien, note Goethe, *op. cit.,* p. 61). Il semble n'avoir d'yeux que pour la nature — et nous rencontrons ici pour la première fois les termes *pittoresque* et *romantique*, si fréquents chez lui, cf. en particulier le chapitre 4 —, se hâter vers des paysages plus typiquement italiens et consacrés par les souvenirs de l'antiquité.

Notons qu'en 1729, à une époque où les paysages de montagne paraissaient dénués d'attraits, Montesquieu avait écrit de cette même route: « ... Je partis de Vérone pour aller à Trente. Le pays est plein de pierres et de rochers » (*Voyages de Montesquieu,* T. II, p. 129).

⁴ Traduction due à H. Goelzer (Virgile, *Géorgiques,* Paris, Belles-Lettres, 1947). La citation se retrouve chez la plupart des voyageurs; elle figure dans le guide de Volkmann, comme le rappelle Goethe en disant sa joie: « le premier vers latin dont le contenu soit vivant devant moi » (*op. cit.,* T. I, p. 63).

Comme Meyer l'exprime ici, l'Italie, pour les voyageurs de cette époque, est en particulier le pays où fleurit l'oranger, celui où les textes classiques cessent enfin d'être sentis comme lettre morte.

[5] Affirmation fréquente chez les contemporains: peu de voyageurs se hasardent encore en Grèce; quant à l'Angleterre, certains esprits ont beau lui donner la préférence — voir la *Correspondance littéraire,* Ière partie, IV, pp. 165-67 etc., ou l'ouvrage d'Archenholz, *England und Italien* — elle n'a pas les mêmes séductions pour la plupart des étrangers; le voyage d'Italie reste en général l'expérience privilégiée dont le souvenir éclaire toute une vie.

[6] Comme précédemment dans le cas des auteurs anciens, la connaissance directe l'emporte enfin sur les notions livresques. Le beau est l'objet d'une révélation — et là encore l'Italie, « patrie des arts » comme on disait alors, représente un champ d'expérience privilégié.

[7] Palladio: 1508-1580, Sanmicheli: 1484-1559. Le premier est considéré à cette époque comme l'architecte par excellence. Cf. *infra,* note 12.

[8] Cf. Misson: « La ceinture en est toute désolée, mais on a eu soin de réparer les bancs à mesure que le temps a voulu les détruire » (*Op. cit.,* T. I, p. 155). Et, comme la plupart des voyageurs le feront par la suite, il donne les dimensions du colossal monument. Meyer se contente d'une notation unique, mais suggestive: le nombre de spectateurs que peut contenir l'amphithéâtre.

C'est le premier monument antique qui s'offre au voyageur venu par le Brenner, et de quelle importance! A Vérone, le secrétaire de Montaigne avait noté dans le *Journal de voyage*: « Ce que nous y vîmes de plus beau et qu'il (Montaigne) disait être le plus beau bâtiment qu'il eût vu en sa vie, ce fut un lieu qu'ils appellent l'Arena » (Montaigne, *Journal de voyage en Italie,* p. 86). Chez Meyer cependant, la déception se mêle à l'admiration: pour la première fois apparaît ici un thème fréquent à cette époque dans les relations de voyage: la décadence de l'Italie. Notre auteur pourra se divertir à Venise en observant les conteurs populaires, les *lazzi* de Polichinelle lui semblent insupportables dans un monument qui témoigne de la grandeur romaine.

[9] Lalande avait fait allusion au passage de Joseph II à Vérone: « En 1769, on y donna pour l'empereur un combat de taureaux et tout l'amphithéâtre était rempli » (*Voyage en Italie,* 2e éd., T. IX, p. 118). Le passage de Pie VI se situe en 1782. Giannangelo Braschi (1717-1799), devenu pape en 1775 sous le nom de Pie VI, inquiet de la politique religieuse adoptée par Joseph II, s'était alors rendu à Vienne, mais son voyage fut un échec. Meyer critique presque toujours ce pape lorsqu'il a l'occasion de le nommer, et souligne la décadence de la papauté, puissance longtemps redoutable.

[10] Scipion Maffei, antiquaire et écrivain italien (1675-1755), auteur, en particulier, d'un ouvrage sur Vérone: *Verona illustrata,* mentionné par Goethe (*Op. cit.,* T. I, p. 87).

[11] De Vérone, première ville importante qu'il ait visitée, Meyer ne retient que deux particularités: l'amphithéâtre, vestige de la grandeur romaine, et l'inscription commémorant au musée le passage de Pie VI: toutes deux

lui prouvent la décadence de l'Italie contemporaine. Il n'est question ni de la belle position de la ville sur l'Adige, ni des nombreuses églises et de leurs trésors (Saint-Zénon, qui sera tant admiré plus tard, est souvent ignoré à cette époque, ou n'inspire que des remarques méprisantes. Cf. déjà Misson: « Il faut avoüer que les sculpteurs de ce temps-là estoient de pauvres ouvriers. Jamais il ne s'est rien vû de si pitoyable au monde, que les figures qui sont à la façade de cette Eglise », *Op. cit.*, T. I, p. 154).

Pour chaque ville mentionnée, Meyer opère ainsi un choix parmi ses souvenirs et propose au lecteur, avec les tableaux qu'il lui présente, une conclusion plus ou moins explicite.

[12] A toutes les époques, le spectacle de la vigne mariée aux arbres est un enchantement pour les étrangers et la citation empruntée à Virgile reparaît au XVIIIe siècle dans la plupart des relations. Cette plaine un peu monotone peut-être, mais extrêmement soignée, semblable à un immense jardin, a la préférence des voyageurs sur beaucoup d'autres paysages. Le goût pour la verdure et la fraîcheur, les souvenirs des idylles antiques, les considérations économiques que l'on oublie rarement tout à fait en présence de la nature expliquent cette prédilection. Les régions austères et dénudées suscitent une sorte de malaise; avant que Chateaubriand ne soit venu en révéler la beauté, la Campagne romaine n'inspire que des diatribes contre le gouvernement pontifical.

[13] En réalité, c'est à Padoue qu'est né Andrea di Pietro, auquel l'humaniste Trissino devait donner le nom de Palladio. On lui doit les villas de Terre-Ferme de l'aristocratie vénitienne, où le portique est systématiquement adopté. A Vicence, il restaura la basilique et l'enveloppa d'un portique où domine le motif d'arcade, éleva plusieurs palais et commença le Théâtre Olympique (1580). A Venise, il édifia les églises Saint-Georges-le-Majeur et du Rédempteur (V. A. Chastel, *L'Art italien*). Il est l'auteur d'un traité, *Les quatre livres d'architecture* (Venise, 1570), que Goethe réussira enfin à acheter à Padoue, et dont il dira qu'il lui a « ouvert le chemin de tout art et de toute vie ». Les voyageurs s'accordent à louer en lui l'architecte qui a restauré le goût des Anciens, triomphé de la barbarie gothique: voir R. Michéa, *Le voyage en Italie de Goethe*, IIIe partie, chap. 2, et en particulier « Le palladianisme, phénomène européen ».

Il est évident pour les hommes du XVIIIe siècle qu'un séjour en Italie joue un rôle irremplaçable dans la formation des artistes: ils y étudieront tout particulièrement, les architectes, Palladio (Lalande: « Les jeunes architectes devroient séjourner dans cette ville pour y étudier la pureté du style et la justesse des proportions ». *Op. cit.,* T. IX, p. 68); les peintres, Raphaël; les sculpteurs, les plus célèbres antiques, et avant tout ceux du Vatican. Quant aux objets d'usage domestique découverts à Herculanum et à Pompéi, on sait quelle influence ils auront à la fin du siècle sur les arts décoratifs.

[14] La remarque se retrouve chez plusieurs voyageurs, à cette époque où l'on est plus sensible à la commodité des appartements qu'à leur majesté.

[15] Lalande, toujours soucieux de précision, décrit ainsi le célèbre Théâtre

Olympique, où Palladio avait voulu rivaliser avec l'architecture des Anciens: « Le Proscenium ou l'avant-scène a 78 pieds et demi de largeur, et 21 de profondeur, il représente l'entrée d'une ville. On voit un arc de triomphe en l'honneur d'Hercule; les statues et les bas-reliefs sont relatifs à ce héros. Il y a sept espèces de rues qui partent du fond du théâtre, et aboutissent dans l'avant-scène; l'ouverture principale a treize pieds sept pouces; on aperçoit dans ces différentes avenues, des maisons, des temples, des forêts en relief, ou en perspective; et tout est distribué d'une manière très propre aux tragédies. Les décorations sont de *Scamozzi* . . . » (*Op. cit.*, T. IX, p. 69). Il invite son lecteur à consulter divers ouvrages et des plans de l'édifice.

Le Théâtre français (nommé par la suite Odéon) avait été construit de 1779 à 1782 par Marie-Joseph Peyre et Charles de Wailly, dans le goût qui portait vers l'antique. Par la suite, les comédiens français s'installèrent au nouveau Théâtre français dont il est question ici, conçu par l'architecte Louis et construit de 1786 à 1790. L'expression que lui applique Meyer, « die artige Spielerei », est particulièrement méprisante. Comme toutes les critiques adressées aux Français, l'allusion disparaît dans la traduction de Vanderbourg: souci d'opportunisme sans doute, mais nous croyons discerner aussi divers indices semblant prouver que Meyer, d'abord hostile aux Français comme de nombreux compatriotes de Winckelmann, aurait évolué au cours des dix années écoulées entre l'édition de son *Voyage* et la traduction française (1792-1802). On peut lire également dans cette optique ses *Fragments sur Paris,* traduits par le général Dumouriez (Hambourg, 1798).

[16] Première apparition du petit peuple, considéré ici de façon tout extérieure et méprisante, comme chez tant d'autres voyageurs. Dans les villes où Meyer séjournera plus longuement — Rome, Naples — il nuancera ses observations et s'efforcera de découvrir les vrais responsables de ces défauts, oisiveté et violence, si souvent reprochés aux Italiens. L'exemple de la manufacture de soie, cité ici sans commentaire, semble déjà prouver qu'il ne faudrait pas considérer ces défauts comme une inéluctable fatalité, due à la race ou au climat.

[17] Padoue. Comme dans le cas de Vérone, la relation de Meyer ne retient ici que peu de souvenirs; Padoue n'est pas encore à cette époque la ville où l'on va voir les fresques de Giotto à la chapelle des Scrovegni: c'est celle où le voyageur rencontre pour la première fois l'architecture religieuse qui a sa préférence: un vaste espace lumineux, richement orné, mais où la décoration reste subordonnée à l'ensemble, un édifice qui ne laisse pas oublier sa fonction de sanctuaire — caractères que Meyer retrouvera à Rome à Sainte-Marie-des-Anges. La ferveur religieuse et l'émotion esthétique se confondent ici et aboutissent à une impression d'apaisement. Plus que l'exaltation chère aux Romantiques, cette paix de l'âme paraît représenter pour le voyageur un état privilégié, il la trouve aussi grâce à certains paysages: cf. chap. 14 la contemplation du lac d'Albano.

Puis viennent des notations qui relèvent de l'observation des moeurs: la satire des moines ignorants, amateurs de vin et de bonne chère, est fréquente à cette époque chez les voyageurs, qu'ils soient ou non des protestants. Par contraste, Meyer évoque l'entreprise philanthropique de quelques particuliers, soucieux du bien-être de leurs compatriotes ainsi que de leur instruction (le désir de rappeler aux passants la mémoire des hommes illustres explique la présence des nombreux bustes qui borderont plus tard les allées des deux célèbres promenades romaines, le Janicule et le Pincio). Parmi ces particuliers se distingue un homme qui incarne une certaine forme de sagesse, même s'il n'est pas exempt de quelque petite vanité: sans mépriser l'élégance, il a compris que la commodité devait l'emporter sur la magnificence; en outre cet homme éclairé, qui peut légitimement jouir de ses richesses, ne néglige pas pour autant de cultiver son jardin, ou plutôt de développer les ressources de sa ville, travaillant ainsi au bonheur de ses concitoyens. Le patriotisme local, qui apparaît si souvent aux voyageurs comme un stérile esprit de clocher, prend donc ici un aspect positif; la manufacture de Vicence, l'entreprise de Padoue prouvent que tout n'est pas perdu pour l'Italie.

Frédéric II représente ici le monarque éclairé, mais l'allusion reste brève et permet seulement de compléter le portrait du chevalier Guadagni. Deux autres souverains amis des Lumières apparaîtront davantage dans la relation de Meyer: le grand-duc de Toscane, Léopold, et Joseph II, l'empereur d'Autriche.

Chapitre 2

V E N I S E

¹ Au XVIIIᵉ siècle, Venise, susceptible de satisfaire les curiosités les plus diverses, est avec Rome et Naples la ville qui attire le plus les étrangers: « Venise, que nous regardons comme la troisième ville d'Italie, est la plus remarquable de toutes par sa situation et son gouvernement », déclare Lalande (*Op. cit.,* T. VIII, p. 296). Parmi les voyageurs, ceux qui s'intéressent aux problèmes politiques, frappés par sa position singulière, rappellent les grands traits de son histoire et les caractères de son gouvernement; aucun ne néglige de voir ses monuments et ses oeuvres d'art dont tant d'ouvrages — descriptions rédigées par des Italiens, guides et relations de voyage — ont dressé le catalogue; beaucoup d'étrangers enfin évoquent ses plaisirs si divers et les fêtes magnifiques de la Sérénissime: ils organisent souvent leur voyage pour se trouver à Venise pendant le carnaval ou le jour de l'Ascension, afin d'assister à la cérémonie des épousailles de la mer. Le gouvernement, la description de la ville et de ses trésors artistiques, les divertissements: c'est dans cet ordre même que les guides ou les relations qui prétendent ne rien omettre présentent les particularités de Venise; il s'y ajoute des observations sur les moeurs et les coutumes: de tout temps, les voyageurs ont regardé avec curiosité quelques usages typiquement vénitiens, et cet intérêt va croissant au XVIIIᵉ siècle: l'ouvrage de Meyer nous en donne une preuve.

Quand on lit pour la première fois ce chapitre 2, on est frappé par son ordonnance assez capricieuse et par la place peu importante accordée aux notations concernant la ville elle-même et ses trésors artistiques: quelques lignes ou de très courts paragraphes évoquent la beauté du spectacle offert par l'arrivée, la position de Venise, les palais magnifiques du grand canal (p. 26), le charme de la place Saint-Marc (p. 26), les églises et palais inachevés, les grands peintres de l'école vénitienne (p. 29), l'église Saint-Marc et les célèbres chevaux antiques (p. 30), l'église Saint-Georges, les peintures du palais ducal (pp. 30-31): groupées, ces diverses notations occuperaient à peine deux pages.

La préface indique la raison pour laquelle Meyer consacre si peu de lignes aux oeuvres d'art: rédigeant sa relation neuf ans après son voyage, il

241

juge qu'il possédait alors trop peu de connaissances et d'expérience, et renonce à utiliser certains passages de son journal. En revanche, le spectacle que lui offrent les êtres donne lieu à des tableaux animés et vivants: tourbillon de la place Saint-Marc, filous circulant dans la foule, acteurs populaires, jeunes chanteuses des conservatoires, flâneurs, nobles et avocats, font revivre pour notre joie certains aspects de la Venise du XVIIIe siècle.

Ce chapitre nous charme aussi par son allure capricieuse — n'en soyons pas dupes cependant: certains effets de contraste ne sauraient être dus au hasard, mais rien ne sent l'artifice — Meyer, tout en opérant un choix parmi les notes rassemblées au cours de son voyage, semble calquer l'ordonnance de ses observations sur celle de sa découverte, telle que son journal pouvait la relater, et c'est bien ainsi qu'il avait procédé pour évoquer son arrivée en Italie. Le chapitre 3, consacré à Venise lui aussi, correspond à un deuxième temps: aux joies de la découverte succède la réflexion: l'allusion aux origines de Venise, qui apparaît ici page 24, sera donc reprise et développée; les inconvénients du séjour à Venise deviendront de plus en plus sensibles et le lecteur, aspirant à voir d'autres paysages, d'autres villes, comme le voyageur lui-même, passera sans regret au chapitre 4.

² A cette époque, l'usage est de se rendre à Venise par voie d'eau; c'est donc sous son aspect le plus saisissant que les voyageurs découvrent la ville lorsqu'ils arrivent dans les lagunes. On prend le coche, remorqué par des chevaux (cf. la description qu'en donne De Brosses, *op. cit.*, p. 79), et l'on descend la Brenta « qui est une rivière dont on a fait un canal par le moyen de quatre écluses, de façon qu'un seul cheval traîne une très grande barque ... » (*Voyages de Montesquieu,* T. I, p. 78) — Nous adoptons ici le féminin, *la* Brenta, traditionnel chez les étrangers: les Italiens disent *il* Brenta, mais comment se résoudre à rendre boiteux le vers du charmant poème de Musset! Tous les voyageurs, même les moins enclins au lyrisme, ont célébré à l'envi l'agrément de ce parcours, le charme des rives, la beauté des villas (De Brosses: « Nous voulions d'abord descendre pour voir ces maisons, le nombre nous en rebuta: ç'aurait été l'affaire de quelques années », *ibid.*), la richesse des jardins: Vanderbourg ne traduit pas le terme *Pflanzungen* dans l'expression *Orangenbaumpflanzungen,* il est essentiel cependant: un homme du nord n'a vu ces arbustes précieux, orgueil des grands seigneurs, que cultivés en caisses et abrités dans des serres, sauf à la belle saison où ils peuvent orner les jardins; et voici enfin le pays béni où les orangers poussent en pleine terre!

Puis on débouche dans les lagunes. Ici encore nous sommes surpris de trouver dans les relations de voyage si peu d'allusion à l'exceptionnelle lumière de Venise, qui devait par la suite séduire tant de peintres et tant d'étrangers. L'une de ces rares notations apparaît chez l'astronome Lalande, réputé cependant pour sa sécheresse et dont les jugements sur les oeuvres d'art, quand ils ne sont pas empruntés à Cochin ou à Gougenot, semblent exprimer un goût assez étroit: or elle est pleine de délicatesse et révèle une sensibilité dont le célèbre *Voyage en Italie* nous donne très peu d'autres preuves (ce que nous ne saurions d'ailleurs reprocher à Lalande sans injustice, puisque telle n'est pas son intention): « Le ciel de ce pays est le plus beau du monde, d'un bleu tendre avec des nuages d'un gris léger, vaporeux et argentin qui se marie admirablement avec le vert un peu céladon des eaux de la mer » (*Op. cit.*, T. VIII, p. 294).

³ Commines, qui avait vu Venise en 1495, considérait le grand canal comme « la plus belle rue qui soit au monde et la mieux maisonnée » (cité par A. Chastel, *op, cit.*, T. II, p. 142).

⁴ Beaucoup de voyageurs avaient décrit la place Saint-Marc, ses palais et ses églises. Meyer se contente de nommer quelques monuments célèbres, qu'il suppose connus de ses lecteurs, ne fût-ce que grâce à d'autres livres de voyage, tandis que De Brosses évoquait pour ses amis le paysage urbain et quelques usages: la place Saint-Marc, écrivait-il, « est régulière, carrée, longue, terminée des deux bouts par les églises de Saint-Marc et de San Gemi- niano, et des côtés par les Procuraties Vieilles et Neuves. Ces dernières font un magnifique bâtiment, tout d'un corps de logis d'une très grande longueur, orné d'architecture, et le comble couvert de statues. Tant les Neuves que les Vieilles sont bâties sur des arcades, sous lesquelles on se promène à couvert, et chaque arcade sert d'entrée à un café qui ne désemplit point » (*Op. cit.*, pp. 81-2).

Citons aussi un passage où Lalande précise, mieux que ne le fait Meyer, la situation de la *Piazzetta* par rapport à la place Saint-Marc proprement dite: la grand-place « est environnée de portiques; elle retourne à angles droits du côté de la mer, elle forme comme deux places différentes qui se joignent (. . .); la plus petite s'appelle la Piazzetta » (*Op. cit.*, Tome VIII, p. 355).

« Le *Broglio* est la partie de cette petite place où les nobles se rassemblent tous les matins pour parler de leurs affaires » (Lalande, *ibid.*, p. 356). Et De Brosses: « C'est là qu'ils trament toutes leurs intrigues, d'où est venu le nom de *Broglio* » (*Op. cit.*, p. 82) — Les Vieilles Procuraties, commencées par U. Scamozzi, furent terminées en 1640 par B. Longhena. La charmante pers- pective à laquelle fait allusion Meyer est celle qu'offre la Piazzetta sur la mer, l'île Saint-Georges, et l'église de Palladio.

Quant à ce tourbillon qui mêle les gens les plus divers, il a toujours surpris les voyageurs: Venise est depuis des siècles la porte de l'Orient. « La presse des peuples étrangers » est l'une des choses qui y parurent les plus remarquables à Montaigne, selon son secrétaire (*Op. cit.*, p. 91). Meyer ne s'attarde pas à cette particularité bien connue, il ne cède pas, comme De Brosses, à la tentation de décrire les costumes si divers des Orientaux, des Vénitiens et des Vénitiennes (*Op. cit.*, pp. 82 et 88): ce qui compte surtout, c'est l'impression de tournoiement et de diversité, les taches noires des voiles portés par les femmes, le chatoiement des légers manteaux blancs, tout ce mouvement, tous ces reflets que nous retrouvons dans certains tableaux de Guardi.

⁵ Si Meyer ne nous dit rien des Orientaux, le petit peuple de Venise lui inspire un de ses premiers tableaux de moeurs, un des plus réussis. Celui

qu'il avait consacré au chapitre 1 à la populace de Vicence, resté fort bref, n'était inspiré par aucune sympathie; ici, au contraire, malgré l'allusion aux filous habiles à exploiter les moments d'inattention, nous voyons le voyageur se mêler aux badauds et s'abandonner aux charmes de la flânerie. Rien sans doute ne nous semble plus banal au XXe siècle, mais n'oublions pas qu'en 1783 le temps n'était pas éloigné où la plupart des étrangers n'auraient pas imaginé de se mêler au petit peuple. A la fin du siècle, au contraire, on aime à l'observer, on s'intéresse à lui, à sa vie et à ses divertissements. C'est ainsi, par exemple, qu'à Rome où il fait un assez long séjour, K. Ph. Moritz écoute les chants populaires et les compare à ceux des Allemands (*Reisen eines Deutschen in Italien in den Jahren 1786 bis 1788*, T. III, pp. 165-6). Meyer, souvent maladroit dans ses descriptions de paysages, trouve ici sa meilleure veine. Nul autre à Venise n'a donné un tableau si vivant des acteurs populaires; il nous invite à sourire de leur gesticulation, de leur verve, du traitement cavalier qu'ils font subir à l'histoire. Addison, au début du siècle, ne pouvait cacher sa réprobation devant de telles libertés quand un livret d'opéra faisait de César et de Scipion deux rivaux épris de la fille de Caton, et que Caton se tuait en voyant sa fille donner la préférence à César — il s'agissait, il est vrai, d'un livret « pitoyable » pour un opéra dont la musique était fort bonne (*Remarques sur divers endroits d'Italie,* p. 64); le voyageur anglais n'allait pas se mêler sur le port à la foule des badauds —. Une question se pose à ce propos: Meyer semble avoir de l'italien une assez bonne connaissance, mais son séjour à Venise, assez court, n'a pu lui permettre de se familiariser avec le dialecte de cette ville: quand il se plaisait à observer le petit peuple, était-il accompagné de ces amis vénitiens auxquels il fait allusion quelquefois? Goethe, qui se divertit à entendre les orateurs publics — conteurs populaires, avocats, prédicateurs (*Op. cit.*, T. I, p. 159) — confesse qu'il lui arrive de ne rien comprendre (*ibid.,* p. 151).

Meyer ne nous parle ici ni de l'opéra, ni des théâtres nombreux à Venise, qui attirent tant de voyageurs. Beaucoup de contemporains ont eu l'occasion de voir des pièces de Gozzi ou de Goldoni — tel Goethe, qui a pu assister, en particulier, à une représentation des *Baruffe chiozzotte,* le 10 octobre 1786 (*Op. cit.*, T. I, p. 191). Les théâtres étaient-ils fermés lors de son séjour?

[6] En 1802, Vanderbourg traduit par *portefeuille* l'allemand *Taschenbuch*. Ayant eu l'occasion de voir un *Taschenbuch* viennois de 1806, livret portatif réunissant les caractéristiques d'un almanach et celles d'un agenda, nous avons opté pour le terme *agenda*, attesté à cette époque.

[7] Ce n'est pas à Milan ou à Rome, mais à Venise et à Naples que l'on entend alors la meilleure musique. La plupart des voyageurs ont vanté les célèbres conservatoires vénitiens, la Pietà, l'Ospedaletto, les Mendicanti et les Incurables. De Brosses apporte quelques précisions absentes chez Meyer: « La musique transcendante est ici celle des hôpitaux. Il y en a quatre, tous composés de filles bâtardes ou orphelines, et de celles que leurs parents ne sont pas en état d'élever. Elles sont élevées aux dépens de l'Etat, et on les

exerce uniquement à exceller dans la musique. Aussi chantent-elles comme des anges, et jouent du violon, de la flûte, de l'orgue, du hautbois, du violoncelle, du basson; bref, il n'y a si gros instrument qui puisse leur faire peur. Elles sont cloîtrées en façon de religieuses. Ce sont elles seules qui exécutent, et chaque concert est composé d'une quarantaine de filles » (*Op. cit.*, p. 97). D'autres précisions chez Rousseau: « Tous les dimanches à l'Eglise de chacune de ces quatre *Scuole* on a durant les Vêpres des mottets à grand Choeur et en grand Orchestre, composés et dirigés par les plus grands maîtres de l'Italie, exécutés, dans des tribunes grillées, uniquement par des filles dont la plus vieille n'a pas vingt ans » (*Confessions, op. cit.,* L. VII, pp. 314-15).

Entendant aux *Mendicanti* un contralto dans le rôle du roi Saül, Goethe avoue: « Je n'avais aucune idée d'une telle voix » (*Op. cit.,* T. I, p. 151). De tous les étrangers, c'est peut-être Meyer qui exprime avec le plus de lyrisme la joie que lui ont donnée ces concerts (W. Heinse parle avec admiration, lui aussi, de deux chanteuses nommées ici: la Cassini, — une lettre du 26 janvier 1781 — et Johanna Pavan — journal du 3 août 1783 — *Heinses Werke,* T. VII, p. 198 et T. X, p. 99); il se montre cependant trop discret au gré du lecteur, habitué à trouver aux siècles suivants des confidences plus personnelles dans les relations de voyage: qui est ce *on* auquel le voyageur doit une telle surprise? Du moins avons-nous la preuve que Meyer a eu la chance de visiter Venise avec un guide — ou des guides — sûr et délicat, bon connaisseur de la ville et soucieux de faire goûter ses joies dans toute leur plénitude.

Meyer exprime sans doute son ravissement de façon assez rhétorique en affirmant que les êtres les plus insensibles seraient eux-mêmes touchés par ces admirables voix, mais il montre qu'il a vécu l'une de ces expériences privilégiées qui rendent inoubliable le voyage en Italie. L'allusion à la discipline relâchée des conservatoires compte moins que les louanges adressées aux musiciennes: plutôt que d'insister sur le trait de moeurs, le voyageur s'abandonne à son admiration. Beaucoup d'autres en Italie se sont plu à exercer leur esprit satirique — cet esprit qui, parmi tant d'autres qualités, nous séduit chez un De Brosses — cette veine inspire à Meyer lui-même quelques pages fort réussies, cependant les plus grandes joies sont dues pour lui à l'enthousiasme et il sait les évoquer sans tomber dans la mièvrerie qui caractérise souvent la relation de Dupaty.

[8] Pasquale Anfossi (1727-1797) composa un certain nombre d'opéras et d'opéras-comiques qui connurent en général le succès, mais parurent très vite vieillis. L'oratorio *Betulia liberata* est considéré comme son chef-d'oeuvre.

[9] Sansovino (1486-1570). A Venise, on lui doit en particulier le palais Corner, la loggia du campanile; il commença la Libreria Vecchia, qui fut achevée par Scamozzi. La souveraineté qu'il exerça pendant quarante ans à Venise est comparable à celle de Titien en peinture.

Palladio et Sanmicheli: voir le chapitre 1.

Beaucoup de voyageurs ont regretté de voir inachevés tant d'édifices italiens: l'exemple le plus célèbre à cette époque est celui du dôme de Milan. Pour Venise, cf. par exemple Goethe (*Op. cit.,* pp. 147-49).

[10] Dans la seconde moitié du siècle, la distinction entre *amateurs* et *connaisseurs* se retrouve fréquemment chez les voyageurs. L'*Encyclopédie* en donne les définitions suivantes: « *Amateur*: c'est un terme consacré aux *Beaux-Arts*, mais particulièrement à la *Peinture*. Il se dit de tous ceux qui aiment cet art, qui ont un goût décidé pour les tableaux ». « *Connoisseur* (*Littér. Peint. Musiq.* etc.): n'est pas la même chose qu'*amateur.* Exemple: *Connoisseur,* en fait d'ouvrages de peinture ou autres qui ont le dessein pour base, renferme moins l'idée d'un goût décidé pour cet art qu'un discernement certain pour en juger. L'on n'est jamais parfait *connoisseur* en Peinture, sans être peintre; il s'en faut même beaucoup que tous les Peintres soient bons connoisseurs (...).

Il n'y a point d'art qu'on ne puisse substituer dans cet article à la peinture, que nous avons prise pour exemple (...) ».

Les amateurs, ces gens de goût capables de sentir la beauté des oeuvres d'art, s'efforcent d'enrichir leur savoir par la lecture ou la fréquentation des connaisseurs. Beaucoup de voyageurs se considèrent comme des amateurs: c'est le cas de Meyer; il possède déjà une certaine formation lorsqu'il entreprend de visiter l'Italie — voir son allusion aux cours d'esthétique donnés dans les universités allemandes (p. 16), mais dans la préface écrite en 1792, il estimera cette formation insuffisante, dépourvue en particulier de notions pratiques sur « les diverses parties de l'art » (p. 12).

Les guides de l'époque s'efforcent d'enrichir les connaissances des amateurs qui voyagent en Italie: Lalande, on le sait, utilise à cet effet les travaux d'éminents connaisseurs, ceux qu'on n'appelle pas encore les critiques d'art, Cochin et l'abbé Gougenot en particulier; l'abbé Richard consacre à l'art italien une partie de sa préface, il y souligne « l'utilité et l'agrément de la peinture mise devant les yeux d'un voyageur qui profite de toutes les occasions de s'instruire » (*Description historique et critique de l'Italie,* p. LXXV), et précise en quoi consiste la « Manière de connoître et d'étudier les tableaux (*Ibid,* pp. LXXV à LXXX); en 1778 paraît l'ouvrage, au demeurant médiocre, de J. D. Cassini, intitulé *Manuel de l'étranger qui voyage en Italie,* qui veut apprendre au voyageur à regarder et à juger une oeuvre d'art, en particulier un tableau. Les Allemands trouvent dans le guide de Volkmann, outre certaines observations empruntées à Lalande et à Richard, d'importantes citations extraites du célèbre ouvrage de Winckelmann, dont la traduction française, *Histoire de l'art dans l'antiquité,* fournit un certain nombre de passages à la seconde édition du guide de Lalande.

Les connaisseurs ne sont pas seulement des artistes (Cochin, Mengs), mais aussi des érudits — ceux qu'on appelle des antiquaires lorsqu'il s'agit de l'antiquité: ainsi le comte de Caylus ou l'abbé Barthélemy, Winckelmann. Certains voyageurs ont la chance de visiter les oeuvres d'art en compagnie de célèbres artistes: nous le verrons dans le cas de Rome; nous trouvons aussi cette idée que le jugement des spécialistes, des hommes de métier, peut avoir son prix: à propos des célèbres chevaux antiques de Venise, Goethe note: « Un magnifique attelage! Je voudrais en entendre parler par un vrai connaisseur en chevaux! » (*Op. cit.,* T. I, p. 181), réflexion qui apparaît également dans le roman de Heinse, *Ardinghello et les îles bienheureuses* (p. 33).

¹¹ La rapide énumération des peintres vénitiens se borne donc à citer les grands artistes du *Cinquecento*: Titien (cᵃ1490-1576), Véronèse (1528-1588), Tintoret (1518-1594), Palma le Vieux (1480-1528), Palma le Jeune (1544-1628), Jacopo da Ponte, dit Bassano, le plus célèbre des Bassans (1510 ou 1518-1592). D'autres voyageurs mentionnent les noms de peintres plus anciens (les Bellini, Giorgione) ou parfois ceux de contemporains: il est question chez Lalande, qui se réfère à Cochin, de Tiepolo, Piazzetta, la Rosalba (Carriera) (*Op. cit.,* T. VIII, 565). Malgré le succès dont jouit Canaletto auprès des étrangers, cet artiste est rarement nommé, sans doute en vertu de la hiérarchie établie à cette époque: tableaux d'histoire et portraits représentent les genres supérieurs, tandis que les *vedute,* tableaux de paysages, n'appartiennent pas à la grande peinture. Les peintres contemporains dont Meyer parlera à Rome se consacrent aux tableaux d'histoire et aux portraits.

La galerie de Dresde jouissait dès cette époque d'une grande renommée. Stolberg estime même qu'elle l'emporte par la variété et la richesse sur les galeries de peinture les plus prestigieuses qu'il a pu voir en Italie (*Reise in Deutschland, der Schweiz, Italien und Sicilien,* T. IV, p. 393).

¹² Ces chevaux antiques, attribués à Lysippe, suscitent de nombreuses louanges; les voyageurs rappellent comment ils furent transportés à Venise après la prise de Constantinople en 1204 et voient en eux l'une des plus belles oeuvres léguées par l'antiquité grecque (il s'agit en réalité d'une oeuvre romaine, datant du IIIᵉ ou du IVᵉ siècle). Voir par exemple Goethe ou Heinse (*Ardinghello*). Cependant Lalande, tout en évoquant l'admiration que leur vouait Pétrarque, ne peut cacher sa déception et nous fait entendre une note discordante dans ce concert de louanges: « Pétrarque les a célébrés dans une de ses lettres (...) comme un des plus précieux restes d'antiquité qu'il y ait en Italie; cependant ils ne sont pas extrêmement beaux; ils n'ont pas l'expression et la vie qu'on s'attendrait à y trouver d'après leur réputation » (*Op. cit.,* T. VIII, p. 323-24) — La désillusion s'exprimait de façon plus nette encore, mais non sans maladresse, dans la première édition parue en 1769: « ...ils ne sont pas extrêmement beaux; ils ressemblent à des chevaux de bois » (T. VIII, p. 24).

¹³ L'épithète *gothique* est presque inévitable chez les contemporains quand il s'agit de l'église Saint-Marc. Cf. Lalande: « Celle de Saint-Marc n'est pas la plus grande et la plus belle de Venise, elle est d'un mauvais gothique, et elle a presque l'air d'un fourneau; mais c'est la plus ornée, la plus riche, la plus célèbre de Venise » (*Op. cit.,* T. VIII, p. 313). Basilique fondée en 829, refaite en 1063, elle fut consacrée en 1419; sa façade fut partiellement refaite en 1419. L'épithète, qui n'implique d'ailleurs pour nous aucun jugement de valeur, ne lui convient donc plus selon les critères qui

nous permettent de définir l'art gothique: critère temporel: cet art se situe à une certaine époque, critères stylistiques: il présente des caractères bien définis. Pour nous, le palais ducal est gothique, mais non l'église Saint-Marc.

La notion de *gothique,* au XVIIIe siècle, est à la fois plus vaste, plus vague et plus fluctuante: elle désigne les oeuvres d'art appartenant à une période fort longue et présentant des caractères différents et même opposés, mais qui sont en général peu estimés au siècle des Lumières. Les articles *Gothique* et *Architecture* de *l'Encyclopédie,* dont voici quelques extraits, expriment l'opinion communément répandue alors:

« *Gothique*: qui appartient aux Goths.

Architecture *gothique* est celle qui s'éloigne des proportions et du caractère de l'antique (. . .).

L'architecture *gothique* est souvent très-solide, très-pesante et très-massive; et quelquefois au contraire extrêmement déliée, délicate et riche. Son principal caractère est d'être chargée d'ornements qui n'ont ni goût ni justesse.

On distingue deux sortes d'Architecture *gothique,* l'ancienne et l'autre moderne. L'ancienne est celle que les Goths ont apportée du Nord dans le Ve siècle. Les édifices construits suivant cette manière, sont massifs, pesans et grossiers; ceux de la *gothique* moderne sont plus délicats, plus déliés et plus légers, surchargés d'ornements inutiles (. . .) ».

Le rédacteur n'apprécie aucunement l'art de ces deux périodes. Ses préférences vont à l'architecture grecque, qui doit sa beauté à ses proportions parfaites: « Tout est simple, tout est mesuré, tout est borné à l'usage. On n'y voit ni caprice ni hardiesse qui impose aux yeux ».

Les caractères de l'art gothique au cours des deux périodes sont donc totalement opposés: pesanteur, légèreté; formes massives, délicatesse . . . Nous voyons comment Meyer peut appliquer la même épithète à l'église Saint-Marc et au palais ducal, édifice où Montesquieu, soucieux d'une plus grande précision, voit un exemple de « gothique léger ». La période gothique s'étend de la chute de l'empire d'Occident, lorsque les Wisigoths détruisirent les plus beaux monuments de l'antiquité, au début de la Renaissance, « temps à jamais mémorable où on commença à rechercher le beau dans la nature et dans les ouvrages des anciens ». C'est au XIIIe siècle qu'apparaît le « gothique léger ».

L'art médiéval dans son ensemble est méprisé: on considère qu'il correspond à une époque de ténèbres, où régnait le mauvais goût des barbares, des Goths. L'exemple de Goethe est bien connu: au temps de son voyage en Italie, il renie l'admiration que lui avait inspirée la cathédrale de Strasbourg; il n'a d'yeux, à Assise, que pour la façade de Santa-Maria della Minerva, vestige d'un temple bâti à l'époque d'Auguste, et passe sans s'arrêter devant « la pitoyable église de Saint-François » (*Op. cit.,* T. I, pp. 233 et 237).

Cependant quelques monuments médiévaux, authentiquement gothiques selon nos critères (et appartenant à ce qu'on appelle alors « gothique léger ») commencent à être appréciés par certains voyageurs: ce sont les cathédrales de Milan et de Sienne, parfois aussi celle d'Orvieto; on y admire l'architecture élancée et la beauté des proportions.

Dans son essai intitulé *De la manière gothique,* Montesquieu prend position contre l'opinion la plus répandue, celle qu'exprime l'*Encyclopédie*. La manière gothique n'a rien à voir avec les Goths, « elle n'est la manière d'aucun peuple particulier », mais correspond à une double étape de l'évolution de l'art: « c'est la manière de la naissance ou de la fin de l'art ». L'exemple des Egyptiens illustre le premier cas: ils en restèrent toujours à la manière gothique, car ils ne surent jamais atteindre cette perfection et cette grâce où parvinrent les Grecs; quant à la manière gothique des périodes de décadence, elle est représentée par les Romains à partir de Didius Julius: « il ne faut pas accuser de ce changement les inondations des Barbares, ni mettre le goût gothique sur le compte des Goths. Ces peuples ne menèrent point d'ouvriers avec eux. Ils n'en avoient pas même chez eux » (*Op. cit.,* T. II, p. 365 et 372).

Ces diverses positions ne sont pas sans nous rappeler celles qui furent adoptées quand on voulut plus tard définir le terme baroque (Voir V. Tapié, *Baroque et classicisme*). De quelque façon qu'on la définisse cependant, l'oeuvre gothique est celle qui n'a pas atteint la perfection. Cf. De Brosses: « Qui dit gothique dit presque infailliblement un mauvais ouvrage » (*Op cit.,* p. 50). Ainsi, il est facile de comprendre comment le terme *gothique* a pu prendre dans certains cas une valeur essentiellement péjorative, pour qualifier un objet qui semble barbare, déplaisant, de mauvais goût, sans qu'on se réfère à aucun critère temporel. Le *Voyage pittoresque* de l'abbé de Saint-Non n'apprécie guère le palais royal de Naples, construit par D. Fontana en 1602, avec sa superposition de pilastres doriques, ioniques et corinthiens, « le tout couronné d'une corniche garnie alternativement de pyramides et de vases, ornement d'un goût assez gothique » (Tome I, p. 78).

[14] Même quand les voyageurs se dispensent de citer les principales peintures du palais ducal, ils mentionnent souvent l'oeuvre de Zuccari, qui rappelle une étape décisive de l'histoire de Venise: le triomphe du pape sur l'empereur en 1177. La contemplation des oeuvres d'art inspire surtout, ici, une méditation mélancolique sur la décadence de l'Italie: Goethe évoque, lui aussi, « le chevalier Emo, qui fait la guerre aux Algériens » (*Op. cit.,* T. I, pp. 143-145).

Angelo Emo (1731-1792), amiral vénitien, se signala par ses exploits dans la lutte contre les barbaresques. Chef d'une expédition entreprise contre les Tunisiens en 1784, il bombarda Sousse, Sfax et détruisit presque entièrement la Goulette. Mais ces démonstrations n'eurent pas le succès que l'on en espérait, il fallut se résoudre à négocier. Tommaso Condulmer, qui avait remplacé Angelo Emo, signa en mai 1786 avec le bey de Tunis un traité de paix qui devait se révéler peu efficace. Jusqu'à la fin de la République, les navires de commerce vénitiens furent en butte aux attaques des barbaresques.

[15] La plupart des voyageurs s'intéressent aux plaidoiries des avocats vénitiens: elles sont bien, comme le dit Meyer, une des principales curiosités. Le petit tableau qu'il brosse ici l'emporte sur ceux que nous devons à ses contemporains par ce don de vie, cet art de la caricature légère où s'exprime

une ironie dénuée de férocité — caractéristiques qui apparaissaient déjà dans son évocation des conteurs populaires. Aussi bien Lalande, évoquant les avocats de Venise, croit-il voir en eux « quelque chose de la chaleur et de l'enthousiasme des improvisateurs », mais le passage qu'il leur consacre se termine sur le mot *ridicule,* et les perruques des magistrats lui apparaissent « précisément comme celles que nos comédiens portent quand ils font des charges » (*Op. cit.,* T. VIII, pp. 469 et 496). Meyer a une attitude moins sévère et plus nuancée et s'abandonne à son plaisir.

Ainsi ce premier chapitre consacré à Venise nous a surtout présenté, avec bonheur, des scènes de la vie vénitienne: les manoeuvres des douaniers; le tourbillon de la place Saint-Marc, étourdissant et coloré, aussi insaisissable que l'écume pour l'arrivant; puis les déclamations des conteurs populaires, les concerts exécutés dans les conservatoires et enfin les plaidoiries des avocats. Les oeuvres d'art, les monuments, l'architecture des places ne donnent lieu à aucune description: tout a été dit sans doute par d'autres voyageurs, et Meyer est de ceux qui, de plus en plus nombreux à son époque, regardent avec curiosité les êtres, la vie quotidienne d'une ville.

Chapitre 3

V E N I S E

[1] Soucieux de fournir des renseignements complets, les guides de voyage, nous l'avons vu, ne manquent jamais d'évoquer l'histoire des grandes villes italiennes, ce que Meyer néglige généralement, sauf dans les chapitres consacrés à Rome et à Naples, où il introduit quelques brèves allusions, et dans ce chapitre 3, où il rappelle les grands traits de l'histoire de Venise.

Venise avait été une étape privilégiée du Grand Tour, non seulement grâce à sa situation particulière et à la richesse de ses oeuvres d'art, mais aussi à cause de son gouvernement: le jeune noble y trouvait ample matière à réflexion et pouvait ainsi compléter sa formation politique. Tel n'est pas le souci de Meyer; cependant, comme la position exceptionnelle de la ville ne s'explique que par un ensemble de conditions historiques, le voyageur juge nécessaire de les rappeler (cf. Goethe, qui ajoute même cette intéressante observation: « Il fallut que le Vénitien devienne une nouvelle espèce de créature » (*Op. cit.,* T. I, p. 139).

Après un premier chapitre concernant les scènes de la vie familière, qui frappent d'emblée le voyageur, voici donc des remarques plus graves, suscitées par une volonté de lucidité: Meyer cherche à savoir ce qui est vrai du tableau politique si sombre présenté par tant de relations de voyage; il a donc recours à l'histoire comme à l'observation directe: trois exemples empruntés à l'actualité viennent confirmer le pouvoir de cette institution redoutable, l'Inquisition d'Etat, et le prestige dont elle jouit. De même, page 37, Meyer examine une autre question, sans cesse débattue au XVIIIe siècle: est-il exact que les étrangers ne peuvent avoir de relations avec les Vénitiens? que chacun, entouré d'espions, doit surveiller ses moindres paroles? Quelques petits faits prouvent la sécurité, la liberté d'expression dont on jouit à Venise; le Môle de Pellestrina montre que la Sérénissime République, quoique déchue, peut encore dans certains cas se mesurer à l'ancienne Rome. Et quand nous revenons aux tableaux de la vie quotidienne et aux usages, qui représentaient la plus grande partie du chapitre précédent, la politique n'est cependant pas oubliée, puisque nous apprenons que la police s'est assuré des espions parmi les gondoliers, et peut-être aussi chez les mendiants. Si ce chapitre, comme le précédent, semble à la première lecture suivre les caprices du hasard et de la fantaisie, son ordonnance est plus rigoureuse qu'il n'y paraît d'abord.

[2] Meyer retrace ici les principaux traits de l'histoire de Venise, sur lesquels nous n'avons pas à revenir. Nous rappellerons seulement les dates les plus mémorables, mentionnées par Lalande (*Op. cit.,* T. VIII, p. 300):

— 1927: « établissement de l'aristocratie vénitienne dans l'état où elle subsiste actuellement: du moins l'autorité du doge commença à diminuer ».

— « en 1310 on créa le conseil des dix ».

— « vers 1320, il devint perpétuel ».

De Brosses avait pu, par faveur, assister à une séance du Grand Conseil pour voir l'élection du général des galères (*Op. cit.,* p. 91).

Paolo Renier (novembre 1710 - février 1789): avant-dernier doge de Venise. Elu en 1779, il se trouva opposé à un courant réformiste, ayant pour chefs Giorgio Pisani et Carlo Contarini.

Marco Foscarini (1695-1763): doge en 1762.

[3] Cette salle de réunion située place Saint-Marc rappelle un usage de la société vénitienne mentionné par Lalande: « Les *casins* sont de petits appartements autour de la place Saint-Marc, dans le dessus des cafés et dans les procuraties, composés de deux ou trois pièces; le maître du casin y va souper tous les soirs avec la dame qu'il sert; il y reçoit ses complaisans, ou ses amis particuliers, et l'on y passe souvent une grande partie de la nuit; on y joue et l'on y rit beaucoup; les étrangers n'y sont guère introduits, cependant cela n'est pas sans exception » (*Op. cit.,* T. VIII, pp. 91-2).

[4] De Brosses — comme bien d'autres voyageurs — est surpris de « voir cette ville ouverte de tous côtés, sans porte, sans fortifications et sans un seul soldat de garnison »; comme Meyer, il souligne « la liberté qui y règne et la tranquillité qu'on y goûte » (*Op. cit.,* p. 80).

[5] Bartels et Meyer écrivent *Palestrina,* Goethe *Pelestrina* (*Op. cit.,* T. I, p. 183) au lieu de *Pellestrina*. Bartels, né un an après Meyer (1761), également à Hambourg, a fréquenté comme lui l'université de Goettingen; après avoir visité la Sicile et la Calabre en 1786, il a publié en 1791 ses *Briefe über Kalabrien und Sizilien,* dont il n'existe pas de traduction française. Meyer y fait de nouveau allusion dans une note du chapitre 19. Dans cet ouvrage, le seul texte qui ne concerne pas l'Italie du Sud est consacré au Môle de Pellestrina (pp. 218-223): Bartels, comme Goethe, a pris une barque pour aller le visiter et a été frappé par la hardiesse de l'entreprise. Stolberg, lui aussi, estime que cette oeuvre ne le cède en rien à celles des Romains.

[6] Comme on pouvait s'y attendre, la gondole a suscité l'étonnement de tous les voyageurs; les uns sont charmés: « Il n'y a pas dans le monde de voiture comparable aux gondoles pour la commodité et l'agrément » (De Brosses, *op. cit.,* p. 80); d'autres éprouvent une impression de tristesse devant ces barques noires, dépourvues d'ornements, et comparent leurs petites chambres à des cercueils — on sait que cette comparaison sera une sorte de lieu commun à l'époque romantique — tel Stolberg: « Der bedeckte Kasten, in

welchem man sitzt, sieht einem Sarge ähnlich » (*Reise in Deutschland, der Schweiz, Italien und Sicilien*, T. IV, p. 374).

Lalande les décrit ainsi: « Ce sont de petits bateaux longs et fort agiles, conduits ordinairement par deux gondoliers ou barcaroles qui rament l'un sur le devant et l'autre sur le derrière, chacun avec une seule rame. Il y a au milieu de la gondole une petite chambre où peuvent tenir quatre personnes à l'aise et six dans le besoin (...); cette chambre est fermée par des glaces, mobiles dans des coulisses, qu'on ouvre et qu'on ferme à volonté » (*Op. cit.,* T. VIII, p. 479). C'est en nous référant à ce texte que nous avons traduit par *chambre* le terme *Schiffverdeck*. A propos des ouvertures de cette chambre, de ses rideaux noirs, voir De Brosses: La gondole « est un bâtiment long et étroit comme un poisson, à peu près comme un requin; au milieu est posée une espèce de caisse de carrosse, basse, faite en berlingot (...); il n'y a qu'une seule portière au-devant, par où l'on entre (...). Tout cela est ouvert de trois côtés, comme nos carrosses, et se ferme quand on veut, soit par des glaces, soit par des panneaux de bois recouverts de drap noir, qu'on fait glisser sur des coulisses, ou rentrer par le côté dans le corps de la gondole » (*Op. cit.,* p. 80).

La plupart des voyageurs s'intéressent aux chants des gondoliers. Rousseau, le premier, suggère R. Michéa, aurait découvert que les paroles en sont des vers du Tasse (*Op. cit.,* p. 65); voir l'article *Barcarolles* du *Dictionnaire de Musique.* En réalité, la remarque avait déjà été faite au début du siècle par Addison (jusqu'à présent, nous ne l'avons jamais rencontrée plus tôt): « Je ne puis m'empêcher de rapporter une coûtume de Venise, et qu'on m'a dit être particulière à la populace de ce païs-là, qui est de chanter des Stances du Tasse sur un ton joli et grave; et quand quelqu'un commence un endroit de ce Poëte, c'est une merveille si un autre ne lui répond pas; de sorte que quelquefois dans un même voisinage, vous entendez dix ou douze personnes se répondre, en prenant verset après verset du poëme, et allant aussi loin que la mémoire les mène » (*Remarques sur divers endroits de l'Italie, par M. Addison,* p. 71). Cette observation ne figure pas chez Misson. Au cours du XVIIIᵉ siècle, elle devient un lieu commun presque inévitable, mais en 1786, Goethe est persuadé qu'elle ne correspond plus à la réalité: « Le 6 octobre. Pour ce soir, je m'étais commandé le fameux Chant des Mariniers qui chantent le Tasse et l'Arioste sur leurs propres mélodies. Ces chants, il faut vraiment les commander, on ne les entend pas habituellement, ils font partie des légendes des temps anciens à demi évanouies. Au clair de lune, je montai dans une gondole, un chanteur à l'avant, un autre à l'arrière; ils entonnèrent leurs chants, alternant à chaque vers » (*Op. cit.,* p. 171). Tout est donc concerté ici, cette audition sur commande fait déjà penser au folklore pour touristes qu'exploiteront les agences de voyages au XXᵉ siècle. L'épisode conté par Meyer, au contraire, n'est pas dépourvu de romanesque: comme dans le cas du concert spirituel aux *Mendicanti,* le voyageur n'était pas préparé à entendre le célèbre chant des gondoliers; en outre, cet épisode a pour cadre grandiose la mer déchaînée, et il permet à l'auteur de brosser un portrait des gondoliers. Ce qui était un lieu commun chez beaucoup d'étrangers prend donc ici une vie nouvelle.

Après cette expérience vécue, la relation exploite des informations que le voyageur a pu trouver ici ou là, dans ses lectures ou grâce à des entretiens avec quelques habitants de Venise. La police a-t-elle ou non des espions parmi ceux que Chateaubriand, dans ses *Mémoires d'Outre-Tombe,* nommera poétiquement les « fils de Nérée »? Il est difficile aux étrangers de le savoir, mais depuis longtemps les gondoliers leur apparaissent comme les figures les plus curieuses peut-être du peuple italien; Misson en faisait déjà des personnages romanesques: « Un gondolier est un homme à tout faire (...). Ils sçavent les tours et les détours; ils se vantent de connaître les heures propres, et les escaliers dérobez, et d'estre d'intelligence avec les soubrettes; ils fournissent les échelles de corde, quand on en a besoin; ils promettent à l'oreille, d'introduire dans des lieux qui passent ailleurs pour impénétrables; ils servent en toutes sortes de choses, et ils feroient le mestier de Braves, s'il estoit nécessaire » (*Op. cit.,* T. I, p. 247).

[7] Voici maintenant quelques usages de la société vénitienne, qui n'apparaissait au premier chapitre que comme une foule tourbillonnant sur la place Saint-Marc; nous apprenons quels sont les lieux de rencontre et de réunion: boutiques de commerçants, *casins* (voir la note 3 de ce chapitre), *botteghe* (selon l'usage italien d'alors, H. Beyle, dans son *Journal* de 1811, parlera encore des « boutiques de glaces et de café », éd. de la Pléiade, p. 1159). — Tout ce bruit, ce mouvement, cette vive lumière de la Venise nocturne, viennent confirmer l'impression reçue à l'arrivée: celle d'une société qui court sans cesse à la recherche des plaisirs.

[8] « L'usage des sigisbées » (nous avons préféré traduire par cette périphrase le terme *cicisbeat* employé par Meyer, plutôt que par *sigisbeat* ou *sigisbéisme,* assez rares chez les Français à cette époque) est sans contredit celui qui a suscité le plus de commentaires au cours du siècle (en 1729, Montesquieu notait: « Augmentation de la liberté des femmes depuis quinze à vingt ans » (*Op. cit.,* p. 54). Certains étrangers le condamnent violemment comme une preuve de corruption; d'autres essaient de prouver que le sigisbée n'est pas un amant, mais une sorte de chaperon, soucieux de divertir sa dame (C. J. Jagemann défend cet usage dans la deuxième lettre de son livre, *Briefe über Italien,* qu'il intitule: *Ueber die Cicisbeatura der Italiäner*; il y trouve un certain nombre d'avantages: ainsi un mari, passant toute la journée avec une dame dont il est le sigisbée, voit beaucoup mieux les défauts de celle-ci que les défauts de sa femme! (pp. 18 à 37). D'autres encore, parmi lesquels Meyer, sans nier les inconvénients de cet usage, sont plus nuancés et reconnaissent qu'il existe aussi dans d'autres pays, malgré les apparences. Ainsi, ni l'Italie, ni Venise n'ont le monopole de la corruption comme certains le prétendent — notons ici que Meyer n'aborde pas le thème des courtisanes vénitiennes, déja fort rebattu à cette époque.

Les plus vives critiques contre les sigisbées sont dues à l'anglais Sharp (*Letters from Italy,* 1767), auquel Lalande répond dans la seconde édition de son *Voyage*: « Toutes ces déclamations ou plutôt ces invectives ne sont que de la bile noire d'un homme malade, et qui ne voit rien de bien quand il n'est pas en Angleterre: le cicisbée n'est jamais un amant que la jeune mariée se soit destiné d'avance: c'est très souvent un homme pour qui elle a peu de goût et qui l'accompagne par décence; il voit sa Dame beaucoup plus au spectacle et en compagnie qu'en tête à tête » (*Op. cit.,* T. VIII, p. 490). Meyer note les désastreuses conséquences financières de cet usage, ce qui échappait à beaucoup d'étrangers et en particulier à Jagemann.

⁹ Le chapitre précédent avait insisté surtout sur les plaisirs de Venise; le seul désagrément, vite oublié, était dû, à l'arrivée, aux exigences des douaniers. Puis, à mesure que le séjour se prolonge (nous n'en connaissons pas la durée, sans doute s'agit-il de quelques semaines tout au plus), les inconvénients deviennent prépondérants et l'impression de malaise — malaise aussi bien physique que moral — finit par dominer. Le voyageur se sent comme prisonnier dans cette foule agitée, toujours présente, toujours bruyante, dont à l'arrivée il notait la bigarrure avec curiosité; il est privé de verdure, de vastes espaces libres (cf. De Brosses: « Le 1ᵉʳ septembre, nous partîmes en poste — de Padoue — fort satisfaits de revoir des arbres et des champs, dont la vue est, au vrai, fort préférable à l'éternelle uniformité de la mer » *Op. cit.,* p. 103); il étouffe dans la gondole même et le dernier tableau consacré à Venise, cette ville aux canaux empuantis, est un tableau d'horreur où le trait se fait incisif comme celui d'un Callot. A propos des mendiants apparaît la seule critique adressée par Meyer à l'Inquisition d'Etat, dont ce chapitre a d'abord souligné le rôle bénéfique dans une République comme celle de Venise.

L'expression *mit schwarzem Boi verdeckt* (texte allemand, p. 56) nous a d'abord semblé difficile à traduire. Le terme *Boi* ne figure pas dans la plupart des dictionnaires bilingues. Kluge (*Etymologisches Wörterbuch*) le définit ainsi: « Ein Wollgewebe, feiner als Fries und gröber als Flanell, heisst afrz *baie,* wohl nach lat. *badius* 'kastanienbraun' ... ». Nous référant aux « panneaux recouverts de drap noir » dont parlait De Brosses (cf. note 6), nous avions d'abord traduit: « aux rideaux de drap noirs »; puis après avoir vu le texte de Misson et la gravure qui l'accompagne, nous avons préféré: « couverte de serge noire ». La gondole représentée par cette gravure n'est pas celle que nous connaissons actuellement ou que nous pouvons voir dans les tableaux de Canaletto et de Guardi.

CHAPITRE 4

FERRARE - RAVENNE - ANCÔNE - LORETTE - TERNI - NARNI

[1] Un seul chapitre, assez long il est vrai, correspond à l'itinéraire qu'emprunte Meyer pour se rendre de Venise à Rome. C'est que les étapes y sont fort courtes pour la plupart des voyageurs, et leur désir, après le séjour à Venise, n'est-il pas de voir la cité glorieuse entre toutes? Dès son arrivée à Vérone, K. Ph. Moritz avoue à son correspondant qu'il ne voyage pas, mais se hâte vers la Ville Eternelle (*Reisen eines Deutschen in Italien,* T. I, p. 2, lettre du 2 octobre 1786). Même impatience chez Goethe, qui a emprunté un autre itinéraire: « J'ai franchi au vol, pour ainsi dire, les montagnes tyroliennes. J'ai bien vu Vérone, Vicence, Padoue et Venise, j'ai eu une vue fugitive de Ferrare, Cento, Bologne, j'ai à peine vu Florence. Le désir d'arriver à Rome était si grand, il croissait tellement à chaque instant, qu'il n'était de repos nulle part et que je ne restai que trois heures à Florence » (*Op. cit.,* T. I, p. 253).

Dans son étude consacrée au *Voyage en Italie* de Goethe, R. Michéa a montré que le voyageur est à chaque instant guetté par le lieu commun, et le motif de l'arrivée à Rome lui en fournit un exemple: si dans la première moitié du siècle, dit-il, on aborde la ville éternelle en voyageur peu pressé, il n'en est plus de même après Winckelmann (*Op. cit.,* p. 151); il y là, pense le critique, quelque affectation. Désormais le plus grand désir des étrangers semble être d'apercevoir enfin le dôme de Saint-Pierre. Lieu commun imposé par une mode littéraire, sans doute, mais correspondant à la sensibilité de l'époque, à une certaine conception du voyage: il ne s'agit plus uniquement de décrire diverses curiosités, on veut aussi exprimer ses impressions, ses sentiments, or quelle ville d'Italie, sinon Rome, plus encore que Venise ou Naples, a suscité les désirs, a donné l'essor aux rêves depuis les années d'études?

Ce chapitre se borne donc à présenter rapidement quelques villes, avec leurs caractéristiques propres: Ferrare, la cité déchue, Ancône, port en pleine activité et Lorette, le célèbre centre de pèlerinage. Ce qui domine, ce sont les tableaux inspirés par les paysages, aussi le terme *pittoresque* apparaît-il plusieurs fois — paysages riants comme ceux de la terre ferme ou les bords du Clitumne, grandioses quand il s'agit des vastes perspectives sur l'Adriatique et des montagnes offrant des points de vue très divers, curiosité naturelle comme la cascade de Terni. Quant à la campagne romaine, elle n'est pas décrite, quelques noms prestigieux suffisent à évoquer l'approche de cette Rome tant désirée: le Tibre, les coteaux du pays sabin, le Soracte, la voie flaminienne. C'est comme si le regard s'y attardait peu, trop occupé à chercher au loin la silhouette de Saint-Pierre qui apparaît enfin.

Les tableaux de moeurs sont beaucoup plus rares que dans les chapitres inspirés par Venise, ils se réduisent parfois à une simple esquisse. De même en ce qui concerne l'évocation des usages: peut-être certains lecteurs ont-ils regretté de ne pas trouver davantage de précisions pour la cérémonie de conversion à laquelle assista Meyer à Ancône, mais l'auteur dit lui-même qu'il s'est éclipsé dès qu'il l'a pu, et sans doute préfère-t-il réserver aux chapitres consacrés à Rome l'évocation des brillantes solennités religieuses. Ce qui domine dans les tableaux de moeurs que nous avons ici, c'est l'aspect satirique: le voyageur souligne le manque de foi chez les moines, la morgue du cardinal-gouverneur de Lorette à l'égard de Joseph II voyageant *incognito* et, chez les pèlerins, la victoire de la superstition sur la saine raison; le ton passe bientôt de l'ironie à l'indignation.

Outre les paysages et les tableaux de moeurs, ce chapitre présente un parallèle entre le passé et le présent, sur lequel Meyer s'attarde davantage qu'il ne l'avait fait précédemment. Ici encore la satire intervient, satire visant presque toujours le gouvernement pontifical. Les souvenirs d'un passé brillant soulignent la décadence actuelle: ceux des poètes, Dante, l'Arioste, le Tasse; ceux des bâtisseurs auxquels on doit le tombeau de Théodoric; ceux des Romains victorieux sur les bords du Métaure. La ville d'Ancône, si active, si différente de Ferrare, est l'exception qui confirme la règle; elle prouve la prospérité que pourraient connaître ces Etats s'ils étaient gouvernés selon l'esprit des Lumières — cependant, ici encore, lorsqu'ils veulent perpétuer leur propre mémoire, les papes s'inspirent de l'exemple de Trajan...

La traversée des Apennins, le contact avec la nature font oublier les mesquineries de la vie contemporaine: le voyageur découvre enfin des paysages demeurés tels que les voyaient les Anciens, dont la présence semble se maintenir en ces lieux grâce aux vestiges de leurs grandioses constructions; ce sont les bords du Clitumne, la cascade du Velino, qu'ils ont aménagée — et ici Meyer est amené à critiquer l'interprétation d'un texte antique, qu'il juge erronée. Puis on approche de Rome: un seul monument, *le ponte felice,* prouve qu'un pape sut jadis s'égaler aux Romains, à la différence du pontife actuel, soucieux avant tout de vaine renommée. Et brusquement le rythme de la phrase s'accélère, le cri du postillon vient interrompre la rêverie: le chapitre se termine quand le dôme de Saint-Pierre apparaît à l'horizon.

    ² Venise par une paisible nuit de lune: ce motif, qui sera presque inévitable chez les Romantiques, inspire à Meyer un joli tableau; nous

257

oublions ainsi la vision d'horreur sur laquelle se terminait le chapitre précédent. Le calme et la majesté de la nuit contrastent avec l'extrême animation qui avait frappé le voyageur à son arrivée dans les lagunes, les deux tableaux se font pendant, selon un procédé cher aux peintres de cette époque (cf. les deux peintures de Woutky représentant le Vésuve, au chapitre 16).

[3] Voici donc de nouveau les belles rives de la Brenta, les villas des nobles vénitiens et le parfum des arbres en fleurs, plus grisant que jamais après la puanteur des canaux. L'exaltation du voyageur, qui avait fini par se sentir emprisonné à Venise, se traduit par cette marche matinale, cette reprise de contact avec la nature. Ce n'est plus le temps où la plupart des voyageurs restaient enfermés dans leur voiture et se bornaient à noter les remarques que leur inspiraient les principales villes italiennes. Aucune observation sur le paysage italien, mais de sèches indications de distances, dans le *Diarium italicum de Bernard de Montfaucon* (1702) — A la différence d'autres étrangers, Meyer ne semble cependant pas avoir été tenté par les voyages à pied. Rousseau ne put, on le sait, parcourir ainsi l'Italie comme il l'avait rêvé, moins heureux que quelques jeunes Allemands épris de « wandern » et amoureux de l'Italie; après 1780, on les voit visiter certaines régions de façon à ne pas perdre le contact avec la nature, qui leur semble au moins aussi important pour connaître le pays que l'observation des êtres: trois artistes dont K. Ph. Moritz a fait la connaissance à Rome décident d'aller à pied de Rome à Naples (*Op. cit.*, T. II, p. 1) et dans une lettre datée de Rome le 7 juin 1783, Heinse annonce son projet de voyage à Florence par Terni (« Noch bin ich hier! werde aber gleich nach den Feyertagen zu Fuss über Terni nach Florenz spazieren ... » *Briefe, der Gesamtausgabe zehnter Band,* p. 231).

[4] Tous les voyageurs ont été frappés à Ferrare par l'aspect désert de cette ville déchue. Certains vont jusqu'à prétendre qu'elle compte plus de palais que d'habitants! De Brosses en donne une de ces rapides esquisses dont il a le secret: « La ville de Ferrare est vaste et spacieuse. Je crois que ce sont les épithètes qui lui conviennent; vaste, car elle est grande et déserte; spacieuse, car on peut se promener fort à son aise dans de magnifiques rues tirées au cordeau, d'une longueur étonnante, où il croît le plus joli foin qu'on puisse voir. C'est dommage que cette ville soit déserte; elle ne laisse pas que d'être belle, non par ses maisons magnifiques, mais parce qu'il n'y en a point de laides. En général, elles sont toutes bâties de briques et habitées par des chats bleus, du moins ne vîmes-nous autre chose aux fenêtres » (*Op. cit.,* p. 105).

Meyer ne fait allusion ni à la beauté de l'urbanisme, ni à quelques édifices remarquables, ni aux trésors d'art. Son propos est ici de montrer l'influence néfaste du gouvernement pontifical, plus redoutable encore pour ses propres territoires que pour les pays frappés d'excommunication. La satire s'exprime par une sorte de « pointe »: l'auteur pense sans doute à des pages comme celle-ci quand il affirme dans sa préface que son livre n'est pas dénué d'esprit.

[5] Lalande mentionne le passage de la *Jérusalem délivrée* glorifiant le duc

de Ferrare: « Tu magnanimo Alfonso, il qual ritogli ... ». (Ch. I, st. IV, v. 25 sq..), et rappelle la date de la mort du Tasse (1595) — L'usage de couronner les poètes sur le Capitole inspirera à Madame de Staël un célèbre passage de *Corinne.*

[6] Rien d'étonnant si le terme *pittoresque* (au sens propre: ce qui est digne d'être peint) soit souvent employé par Meyer pour caractériser des motifs tels que les aiment les peintres et les dessinateurs contemporains. Le tombeau de Théodoric nous en fournit un exemple: des ruines envahies par une végétation sauvage, qui plaisent au regard et invitent à méditer sur le passé, la supériorité des Anciens, la fragilité des choses humaines ...

[7] Au XVIIIe siècle, Dante ne jouit pas encore de l'admiration que lui voueront les Romantiques, mais son nom apparaît plus souvent que par le passé dans les relations de voyage.

[8] Très peu de voyageurs omettent de rappeler cette victoire et de souligner son importance décisive pour la grandeur de Rome. Chez Meyer, la satire domine dans tout ce chapitre quand il s'agit de l'époque présente, mais ce paragraphe évoquant un fait glorieux prend un accent d'épopée, grâce, en particulier, aux paroles du général romain.

[9] Ancône fournit l'exemple significatif d'une ville qui doit sa prospérité au commerce et à la liberté, à la tolérance et aux Lumières. C'est un cas unique dans les Etats du pape: nous verrons comment les campagnes sont dépeuplées, par suite d'une politique mal comprise qui écrase les paysans sous de lourdes taxes.

En ce qui concerne la tolérance religieuse en Italie, seule la ville de Livourne assure alors une plus grande liberté aux juifs.

[10] Meyer est protestant, comme beaucoup de voyageurs allemands et anglais. A l'époque de l'*Encyclopédie,* les critiques contre le gouvernement pontifical, les moines, les superstitions, se retrouvent d'ailleurs avec la même virulence chez la plupart des étrangers, protestants ou non.

[11] Il est exact — et Rome en fournit de nombreux exemples — que les papes voulurent apparaître comme les successeurs des empereurs romains.

Clément XII, pape de 1730 à 1740.

Luigi Vanvitelli (1700-1773), architecte napolitain. Actif à Ancône, Rome, Naples, il avait été appelé à Naples par Charles III pour y bâtir la résidence royale de Caserte.

Pie VI: encore un trait de satire soulignant que ce pape s'intéresse avant tout à sa gloire. Nous retrouverons la même ironie à propos des Marais Pontins. Dans une lettre datée du 27 octobre 1781, Heinse affirme également que la passion de Pie VI est d'être grand (*Lettres, op. cit.,* p. 147).

[12] Troisième « marine » de ce chapitre, après le tableau de Venise au clair de lune et celui de l'Adriatique couverte de navires. Si Meyer n'a pas encore parlé de la lumière italienne, c'est peut-être en partie parce qu'il est pénétré de l'idée, exprimée ici, que ni le peintre ni l'écrivain ne sauraient rivaliser avec la nature — et nous sommes en effet à une époque où l'art de la description n'est pas en possession de toutes ses ressources — mais il ré-

vèle parfois l'acuité de son observation par une notation bien choisie, ainsi ce premier rayon de soleil d'abord semblable à un point incandescent. C'est en unissant de telles qualités d'observation aux prestiges du style que de grands écrivains prétendront rivaliser avec la nature. On ne saurait sans injustice comparer ce petit tableau à d'autres levers de soleil fameux, l'essentiel est le souvenir qui subsiste chez le voyageur: Meyer a vécu ici l'un de ces instants privilégiés que lui réservait son voyage d'Italie, grâce à la beauté du spectacle et à la profondeur de l'émotion, suggérée de façon discrète: cette discrétion nous touche davantage que les débordements d'enthousiasme d'un Dupaty.

[13] Le *Journal de Voyage* de Montaigne rappelle, sans commentaire, « le miracle du transport de cette maisonnette (la *Sacra Casa*) qu'ils tiennent être celle-là propre où en Nazareth naquit Jésus-Christ et son remuement, premièrement en Esclavonie, et depuis, près d'ici, et enfin ici... » (p. 176). Cette maison transportée par les anges de Nazareth à Lorette inspire aux voyageurs du XVIIIᵉ siècle bien des développements ironiques, et si Montaigne avait laissé « cinquante bons écus » aux « marchands de patenôtres », le protestant Misson raillait déjà toutes leurs bagatelles: « Le principal négoce de cette petite ville consiste en Médailles saintes, en rosaires, en Grains bénits, en Images, en Agnus Dei, en mesures de la hauteur de la Nostre-Dame, et en autres semblables marchandises. Nous avons vû des Chapellets dont les grains sont comme des oeufs d'oye; c'est pour les grosses dévotions » (*Op. cit.,* T. I, p. 324). Citons encore du même auteur cette note marginale de la page 308: « On vend à Lorette une carte géographique où l'on a marqué tout le voyage de la *Santa Casa* ».

L'ironie est moins sensible chez Meyer et finalement c'est l'indignation qui dominera quand il nous présentera l'attitude des pèlerins dans le sanctuaire.

[14] Petite scène vivante où Meyer exerce avec bonheur une ironie légère envers l'aubergiste, puis souligne d'un trait plus accusé la morgue du gouverneur. Les anecdotes sont rares dans sa relation de voyage, et un exemple comme celui-ci nous le fait regretter.

[15] L'expression: *trésors ensevelis,* pour désigner les richesses de Lorette ou d'un couvent, se retrouve fréquemment chez les contemporains. On s'indigne de voir accumuler toutes ces richesses destinées à demeurer infructueuses, dans un pays qui aurait tant besoin d'être mis en valeur.

[16] D'autres voyageurs s'étaient attardés à énumérer une partie de ces trésors: dans la première moitié du siècle, par exemple, un Keyssler n'était jamais las de noter avec une admiration naïve les diverses variétés de pierres précieuses, la richesse des marbres, le poids des objets d'or ou d'argent... Meyer fait peu de cas de tout cela. Nous sommes avertis déjà de l'intérêt que présente pour lui l'observation des êtres: c'est en philosophe, en homme des Lumières qu'il va parler maintenant. Nous ne trouvons donc ni le désir de composer un tableau pittoresque, ni cette ironie facile qui domine chez tant de voyageurs quand il s'agit de souligner la superstition des Italiens, soit à Lorette, soit à Naples avec le miracle de saint Janvier; quand Meyer évo-

que la tyrannie exercée par les prêtres sur le « peuple imbécile », le ton est bien celui d'un contemporain de Voltaire. Stupéfait, indigné, le philosophe ne retrouve la sérénité que grâce à un beau paysage où, loin des petitesses humaines, il promène pour la dernière fois son regard sur l'étendue illimitée de l'Adriatique.

[17] La citation empruntée aux *Géorgiques* se retrouve presque inévitablement dans les relations de voyage; de même, les étrangers admirent les boeufs blancs aux belles cornes recourbées en forme de lyre.

[18] Au XVIIIᵉ siècle, la plupart des voyageurs vont voir la cascade de Terni, considérée comme l'une des principales curiosités naturelles de l'Italie; parfois, on la compare aux chutes du Rhin, on évoque le Niagara: « Je crois, dit Lalande, qu'à l'exception du saut du Niagara, dans l'Amérique, il n'existe pas une aussi belle chute d'eau » (*Op. cit.,* T. VIII, p. 47).

Le terme *pittoresque*, si fréquent chez Meyer, apparaît pour la seconde fois dans ce chapitre, et ce nouvel exemple permet d'en préciser la signification: le pittoresque, pour le jeune voyageur comme pour la plupart de ses contemporains, suppose presque toujours l'alliance de la nature et de l'homme; tantôt la végétation, avec une exubérante fantaisie, vient se mêler aux ruines — ainsi au tombeau de Théodoric — tantôt c'est l'homme qui intervient pour rendre la nature plus belle encore; cette intervention humaine, si heureuse dans certains cas, ne doit cependant pas aboutir à l'artifice, sinon la nature ne permet plus la rêverie: à cette époque, on ne trouve plus aucun charme aux jardins à la française.

Vers 1780, l'attitude des voyageurs devant la cascade de Terni n'est plus celle de la génération précédente. La prudence s'impose, certes, à qui veut caractériser l'évolution de la sensibilité depuis la première moitié du siècle, et dans certains cas il peut être abusif de comparer des réactions aussi différentes que celle du jeune Allemand enthousiaste et celle d'un esprit sceptique, caustique comme De Brosses — cependant, écrirait-on encore de la cascade de Terni: « Je ne conseillerai pas aux voyageurs qui seront pressés de se détourner de leur route pour la voir, surtout s'il est tard et que le temps soit sombre. En revanche, s'il fait un beau soleil, c'est *une vraie partie de plaisir* (c'est nous qui soulignons) à faire dans la belle saison que de porter un bon dîner champêtre au fond du vallon, d'y descendre soi-même à pied pour se camper entre la montagne et l'arc de la chute d'eau, et de passer quelques heures là-bas à *s'amuser,* tant des divers effets de ce torrent que de ceux de la réfraction des rayons du soleil »? (De Brosses, *op. cit.,* pp. 294-5). Devant cette grandeur, cette force invincible de la nature, que l'homme ne saurait reproduire ni exprimer, Meyer éprouve un sentiment d'admiration qui est déjà romantique. Après l'aimable paysage du Clitumne, c'est donc un tableau grandiose qui nous est présenté ici, ou plutôt une *scène,* selon l'expression de l'auteur — ce terme est courant à cette époque en France chez les écrivains « paysagistes ». Comment la tentative des peintres n'aboutirait-elle pas à l'échec, à Terni aussi bien qu'à Tivoli! Cette conviction se retrouve chez W. Heinse qui fait dire à Ardinghello: « C'est une témérité excessive de la part d'un artiste que de prétendre représenter ce qui, dans son essence même, est mouvement. Titien, avec un sens avisé, ne nous montre jamais de cascades que dans un lointain où le mouvement se perd et paraît immobile » (*Op. cit.,* p. 384). Heinse avait d'ailleurs exprimé cette idée dans son *Journal,* à la date du 10 juillet 1782, en se référant à Poussin et non à Titien. La cascade de Terni inspire à W. Heinse un enthousiasme tel qu'il y voit un chef-d'oeuvre de la nature, aussi parfait en son genre que ceux d'Homère, de Pindare, de Sophocle, de Praxitèle et d'Appelle. Il ne s'agit donc plus d'organiser ici une partie de plaisir: comme l'écrit Heinse, on y peut admirer « la Nature Mère (qui) a fourni la matière et la main qui exécute » (*Ardinghello, ibid.*). La célèbre cascade permet ainsi de confronter deux attitudes devant la nature, deux conceptions du voyage.

[19] Traduction due à A. Bellessort (Virgile, *Enéide,* Paris, Belles-Lettres, 1957).

[20] Tout ce passage et la note de la page 55 caractérisent bien la méthode adoptée par la plupart des contemporains. Il est certain que de nombreux paysages italiens semblent appeler telle ou telle citation empruntée à l'antiquité, mais à cette époque beaucoup d'étrangers se réfèrent systématiquement aux auteurs latins, l'exemple le plus typique étant celui d'Addison qui, au début du siècle, visitait l'Italie « les poètes anciens à la main ».

En outre, avant son départ, le voyageur a consulté un certain nombre d'ouvrages sur l'Italie, en particulier des guides et des relations de voyage; il fait de même, plusieurs années plus tard, lorsqu'il rédige sa relation. De là ce dialogue qui s'établit entre les auteurs de livres de voyage où abondent les précisions, les confirmations et les démentis... Meyer refuse ici d'interpréter le texte de Virgile comme l'avaient souvent fait ses prédécesseurs, en particulier Addison et Lalande.

Ainsi la connaissance de l'Italie et celle des textes anciens s'enrichissent mutuellement; les nombreuses citations n'apparaissent pas comme une marque de pédantisme, on ne craint pas qu'elles alourdissent le texte, on estime nécessaire d'en donner une traduction et parfois d'y ajouter des annotations, comme c'est le cas aux chapitres 15 et 20 pour les textes empruntés à Horace et Silius Italicus. Le voyageur y trouve une joie que seule l'Italie peut lui donner à ce degré, et chacun pourrait écrire comme Lalande: « Le souvenir de la grandeur des Romains, lié avec la vue des lieux qu'ils habitaient autrefois, a fait pour moi une partie des plaisirs de l'Italie » (*Op. cit.* T. III, p. 364).

[21] Meyer apprécie dans un paysage l'alliance de la nature et de l'art, à condition que ce dernier reste discret (cf. note 18); l'exemple fourni par la vallée de la Nera confirme cette prédilection, malgré les apparences: l'homme n'y intervient guère, sinon avec ces vignes mariées aux grands arbres, mais la nature est elle-même une artiste, capable de créer ces formes harmonieuses, allées couvertes, groupements d'arbres, haies touffues, que l'on aime à voir dans les beaux jardins, ceux, dira plus loin Meyer, où le jardinier ne cherche pas à rivaliser avec le sculpteur et l'architecte.

²² Le pont d'Auguste, près de Narni, apparaissait à Addison comme « la ruine la plus magnifique qu'il y ait en Italie » (*Op. cit.,* p. 113).

²³ Sixte Quint, 1520-1590, pape en 1585. La phrase, à double tranchant, loue l'homme exceptionnel et attaque le régime pontifical.

²⁴ Arrivés à ce point de leur relation, beaucoup de voyageurs évoquent la désolation de la Campagne romaine: De Brosses se veut ironique: « Savez-vous ce que c'est que cette Campagne fameuse? C'est une quantité prodigieuse et continue de petites collines stériles, incultes, absolument désertes, tristes et horribles au dernier point » (*Op. cit.,* p. 134). Certains s'abandonnent à la mélancolie. Meyer, comme tant d'autres, n'a pu que constater la pauvreté d'une terre jadis renommée pour sa fertilité, mais il n'en dit rien encore; la seule allusion à son état d'abandon concerne le pavé — sans que nous trouvions ces lamentations auxquelles s'attardait l'abbé Richard à chaque cahot de la route, sans qu'intervienne une nouvelle attaque contre le régime pontifical, auquel une dernière flèche a été décochée à propos de Sixte Quint. A la fin de ce chapitre qui a fait tant de place à la satire, le propos de l'écrivain n'est plus de railler: il s'agit maintenant de suggérer l'état d'âme du voyageur que sa voiture emporte au galop vers la ville tant désirée. L'esprit critique fait place à la rêverie, qui prend son essor quand apparaissent ces monts, ces coteaux, ce fleuve aux noms fameux. Tout à coup, le dôme de Saint-Pierre découpe sa silhouette à l'horizon; cet instant est évoqué par Madame de Staël presque dans les mêmes termes: « En approchant de Rome, les postillons s'écrièrent avec transport: Voyez, voyez, c'est la coupole de Saint-Pierre! » (p. 19), puis l'auteur de *Corinne* continue son chapitre. Meyer, lui, s'interrompt sur cette sorte de coup de théâtre, comme pour suggérer que l'émotion ressentie en un tel moment est inexprimable, il se contente de noter le trouble physique qui le saisit. Le procédé peut sembler facile — bien des romans, depuis le XIXᵉ siècle, ont recherché des effets semblables pour piquer l'intérêt du lecteur; Sterne l'avait d'ailleurs employé systématiquement et non sans malice dans son *Voyage sentimental,* publié en 1768 — il doit cependant être souligné chez Meyer qui ne soigne pas toujours ses fins de chapitres, et dans ce cas Vanderbourg, les jugeant trop abruptes, introduit dans sa traduction française quelques lignes servant de transition avec le chapitre suivant.

CHAPITRE 5

ROME

¹ L'exaltation du voyageur n'a fait que croître à mesure qu'il s'approchait de Rome; elle connaît une chute brutale lorsque se révèle le contraste entre le passé et le présent, le rêve et la réalité. L'opposition entre la Rome antique et la Rome moderne est alors symbolisée par deux figures allégoriques, correspondant à deux formes de mentalité: l'une, la fierté d'un peuple puissant, conscient de sa grandeur — c'est la *Dea Roma* portant la lance et le bouclier, l'autre, l'effroi des hommes hantés par l'au-delà et l'idée de péché, qui n'espèrent obtenir leur salut que par l'intervention du saint capable d'ouvrir les portes du paradis.

Meyer n'insiste pas sur les aspects les plus décevants de la ville moderne — bien des voyageurs s'y étaient attardés — il consacre ce chapitre à quatre édifices religieux, Saint-Pierre, Sainte-Marie-des-Anges, Saint-Paul-hors-les-Murs et le Panthéon, devenu l'église Sainte-Marie-des-Martyrs. Le voyageur a beau rappeler, dans la note de la page 63 sa volonté de transcrire uniquement ses impressions et ses sentiments personnels, il doit reconnaître que ses réactions sont parfois celles des autres visiteurs étrangers: c'est le cas, en particulier, de Sainte-Marie-des-Anges: nous y retrouvons la prédilection en matière d'architecture religieuse et la profonde émotion que Meyer avait déjà exprimées à propos de Sainte-Justine de Padoue; son goût correspond ici à celui de ses contemporains.

² Bien des voyageurs ont exprimé leur déception à l'aspect de la Rome moderne où les monuments grandioses voisinent avec les maisons misérables. Ce sentiment apparaissait déjà chez J. J. Bouchard, arrivé à Rome en février 1631 (il se présente à nous sous le nom d'Orestes): « Orestes, étant entré par cette porte di *Cavalli leggieri,* conceut une plus grande idée qu'il n'avoit encore fait (quoy qu'elle fut grandissime) de Rome, lorsqu'il vit le derrière de Saint-Pierre et la *sua cupola,* qui est à n'en point mentir la plus belle et la plus magnifique qui soit aujourd'hui en Europe; puis, voyant de loin, en passant, la façade de l'église et du palais du Pape, et de là passant par devant l'hospital de San Spirito, où cette grande rue de la Longare d'un

costé, et de l'autre la façade de l'église, et ce long portique qui orne le flanc de l'hospital jusques à l'eau, donnèrent extrèmement dans la vue d'Orestes ». Même admiration en découvrant le château Saint-Ange, si bien qu'il « s'imaginoit voir une ville enchantée. Mais ayant passé le pont et entrant dans ces rues estroites et tortueuses et qui sont bordées de maison inégales (...) il rabattit beaucoup de cette première bonne opinion, estant véritablement le plus vilain et sale quartier de Rome » (*Les Confessions de J.J. Bouchard, suivies de son voyage de Paris à Rome en 1630*, p. 247).

Quand Taine y viendra en 1864, Rome aura encore « l'aspect d'une ville de province, mal tenue, mal rangée, baroque et sale » (*Voyage d'Italie*, T. I, p. 24).

[3] Meyer se dispense de décrire ces aspects si différents de ce qu'il attendait: si la Rome moderne est bien déchue de sa grandeur passée, ne doit-elle pas son attrait à la beauté de ses monuments? Les relations destinées à servir de guides aux voyageurs dressent la nomenclature des principales églises; Meyer n'en retient que quatre, Saint-Pierre d'abord, la première qui lui soit apparue sur le chemin de l'arrivée. Ses prédécesseurs, parmi lesquels Richard et Lalande, suivis par Volkmann, commençaient par préciser la situation de cette basilique et résumer son histoire, puis ils analysaient ses diverses parties selon une méthode toute cartésienne. Ici, l'accent est mis en premier lieu sur l'émotion du voyageur: de plus en plus, et l'exemple le plus significatif est celui de Heinse, la découverte de l'oeuvre d'art exceptionnelle a lieu dans une atmosphère de ferveur, parfois même de passion, dont on trouve bien peu de traces avant 1780. Evoquant son arrivée à Rome, le président De Brosses écrivait: « Nous courûmes à Saint-Pierre comme au feu » (*Op. cit.*, p. 134), mais terminait sa phrase par une plaisanterie. Pourtant, ce que beaucoup de lecteurs demandent alors à la littérature de voyage, ce sont des renseignements, des anecdotes et des traits d'esprit, non des épanchements: Meyer se verra reprocher par quelques critiques un excès d'enthousiasme et un manque d'objectivité. Les anecdotes sont rares chez lui: ainsi, il ne précise pas où se trouve l'auberge où l'a conduit son postillon (la plupart des étrangers s'installent sur la place d'Espagne ou dans les rues voisines, comme aux siècles précédents).

[4] Meyer revient à Saint-Pierre par le pont Saint-Ange: Rome a peu changé depuis que De Brosses l'avait vue en 1739: « On ne le passe guère (le Tibre) que sur le pont Saint-Ange ou sur le pont Sixte; les autres ponts sont ruinés ou peu fréquentés », écrivait-il (*op. cit.*, p. 175). Il traverse le Borgo, ce quartier populaire aux rues étroites que devait transformer au début du XXe siècle le percement de la *via della Conciliazione*: Meyer est le premier voyageur chez qui soit exprimé le désir d'une telle réalisation.

Tous les étrangers admirent la beauté et la hardiesse de la coupole. Rien ne surprend davantage l'arrivant, surtout quand il n'a pas vu Florence et la célèbre coupole de Brunelleschi; cette architecture paraît tenir du prodige: pour exprimer cette impression, Meyer, qui relate d'ordinaire peu d'anecdotes, surtout quand elles risquent d'être par trop connues, cite les paroles de Bramante, telles qu'on les retrouve dans d'autres livres de voyage (Dupaty les attribue à Michel-Ange, *op. cit.,* p. 160). Autre anecdote: les recommandations que Michel-Ange aurait faites à son dernier souffle — on la retrouve chez Heinse, elle figure dans les *Voyages de Montesquieu,* presque sous la même forme, comme la responsabilité attribuée au Bernin (*op. cit.,* T. I, p. 234) ... Dans certains cas, les voyageurs se contentent de transcrire les indications fournies par un *cicerone* ou un guide: de là tant de redites d'une relation à l'autre.

Liens de fer: renseignement pris auprès d'un architecte, la traduction littérale convient ici. Lalande employait l'expression *cercles de fer*: « ... des architectes et des mathématiciens (...) convinrent qu'il falloit fortifier le tambour et la coupole par des cercles de fer, et l'on en plaça cinq en 1743 et 1744 » (*op. cit.,* T. III, p. 504). Et ailleurs: « L'on y employa encore beaucoup de fer pour *lier* les deux voûtes » (*ibid.,* p. 503).

Bramante (1444-1514) actif d'abord en Lombardie. A Rome à partir de 1500. On lui doit en particulier le cloître de Santa Maria della Pace, le Tempietto de San Pietro in Montorio, les premiers travaux du nouveau Saint-Pierre, dont il conçut le plan central, et la cour du Belvédère.

Michel-Ange (1475-1564): c'est sous Paul III, en 1546, à soixante-dix ans, que Michel-Ange devint architecte; à Saint-Pierre, il se consacra surtout à la coupole.

Le Bernin (1598-1680), architecte, sculpteur et peintre. A Saint-Pierre, on lui doit le baldaquin, le portique, les tombeaux d'Urbain VIII et Alexandre VII, et la célèbre colonnade.

[5] La place Saint-Pierre est l'une des principales curiosités de Rome; on s'accorde à trouver sa conception aussi grandiose que celle de la basilique elle-même, à laquelle on adresse les plus vives louanges: pour Lalande, c'est « la plus grande et la plus belle église qu'il y ait au monde », le « chef-d'oeuvre de l'Italie », « on pourroit même l'appeler la merveille de l'univers. Elle seule mériteroit un voyage à Rome » (*op. cit.,* T. III, p. 385). Cet ensemble a inspiré de nombreuses gravures: admirables, comme celle de Piranèse, plus souvent médiocres; la plupart des voyageurs ne quittaient pas Rome sans en acquérir quelques-unes.

Il est bien difficile d'être original quand on parle d'un ensemble si renommé. Lalande et les voyageurs qui rédigent un guide de voyage insistent sur les précisions numériques: largeur des portiques, nombre des colonnes et des statues ... d'autres s'abandonnent au lyrisme. Meyer recherche ici un compromis entre les deux attitudes; nous avons donc quelques données descriptives, assez gauches et parfois maladroites (le terme *colonnade* désigne tantôt, selon l'usage, tout l'ensemble, tantôt l'un des deux bras); des effets plus recherchés: le souci de ne pas présenter la place sous un angle immuable, mais de nous faire participer aux découvertes du promeneur qui l'observe de divers endroits; enfin, elle apparaît sous un éclairage privilégié: Meyer, comme beaucoup de ses contemporains, a une prédilection pour les clairs de lune — on sait que la poésie de la nuit finira plus tard par dégénérer en poncif — qui semble correspondre chez lui à une certaine forme de sensibilité artistique: goût pour les grandes masses d'ombre et de lumière, pour l'éclat des eaux jaillissantes... Il ne parlera plus des fontaines de Rome — elles ont ici une valeur esthétique et symbolique, encore que la citation convienne assez mal à ce paysage urbain; lui qui aime tant les eaux — lacs ou cascades — paraît les avoir particulièrement appréciées au sein de la nature, alors que les fontaines seront un des grands charmes de Rome pour des générations d'artistes et de voyageurs. C'est déjà le cas du président De Brosses: celles de Saint-Pierre sont pour lui « deux feux d'artifice d'eau » et, comme il n'y a chez lui nulle trace de ce qui sera la mélancolie romantique, c'est le jour qu'il vient « leur faire une visite d'amitié, surtout quand le soleil donne dessus » (*op. cit.,* p. 167).

6 A l'arrivée, tous les étrangers sont décontenancés, incapables d'évaluer les dimensions de la place et de l'église. Le lieu commun, dû à l'expérience de chacun, s'exprime de façon banale, à quelques exceptions près, ainsi chez De Brosses, qui sait donner un tour personnel aux remarques les plus dépourvues d'originalité: « Rien ne m'a tant surpris à la vue de la plus belle chose qu'il y ait dans l'univers que de n'avoir aucune surprise; on entre dans le bâtiment dont on s'est fait une si vaste idée, cela est tout simple. Il ne paraît ni grand ni petit, ni haut ni bas, ni large ni étroit. On ne s'aperçoit de son énorme étendue que par relation, lorsqu'en considérant une chapelle, on la trouve grande comme une cathédrale; lorsqu'en mesurant un marmouset qui est là, au pied d'une colonne, on lui trouve le pouce gros comme le poignet » (*op. cit.,* p. 166). Si Meyer est un écrivain moins adroit, il a le mérite de passer rapidement sur ces considérations banales.

7 La déception se mêle à l'admiration, Meyer réaffirme sa préférence pour des édifices à l'architecture plus dépouillée, sans se demander si cette décoration qu'il juge trop importante ne contribue pas à produire un certain effet. Cette tentative d'explication n'apparaîtra d'ailleurs qu'au XIX\ siècle, ainsi chez Taine: « Il n'y a ici qu'une salle de spectacle, la plus vaste, la plus magnifique du monde, par laquelle une grande institution étale aux yeux sa puissance. Ce n'est pas l'église d'une religion, c'est l'église d'un culte » (*op. cit.,* T. I, p. 33). Quant au célèbre baldaquin, Meyer ne peut l'apprécier lorsqu'il pense au sacrilège commis au Panthéon.

8 La montée à la coupole: après le moment où Meyer conte son arrivée à Rome et la découverte de Saint-Pierre, sa relation cesse de s'ordonner selon la chronologie du voyage, comme c'était le cas aux chapitres 1 et 4: dès ce chapitre 5, l'heure des adieux à la ville éternelle est évoquée. R. Michéa montre qu'à cette époque le départ de Rome prend une allure théâtrale: le voyageur, dit-il, se trouve dans un décor grandiose, « baigné de la clarté lunaire ou de la gloire mélancolique du soleil couchant » (*op. cit.,* p. 54); ainsi chez K. Ph. Moritz ou Goethe, avant que Madame de Staël n'exploite de tels effets dans son roman. Notre texte procède d'un semblable désir de donner aux derniers instants un caractère exceptionnel, mais il évite les éléments qui deviendront bientôt des poncifs. Monté jusqu'au globe de la coupole, le plus

haut possible, Meyer veut parcourir une dernière fois du regard cette ville, cette contrée tant aimées, goûter les charmes de la mélancolie. Le voyageur sensible a succédé à l'homme du monde spirituel — L'attitude et les sentiments s'opposent à la précipitation de l'arrivée, à l'émotion soudaine et violente due à la découverte de Saint-Pierre; si certaines descriptions ne sont pas dépourvues de maladresse, la relation de Meyer révèle certaines recherches de composition, le goût de certains effets de contraste.

[9] Après l'évocation des derniers instants à Rome et son lyrisme discret, voici, sans transition, une notice fort sèche, telle qu'elle pourrait figurer dans un guide, concernant la nouvelle sacristie.

Carlo Marchioni (1702-1786), architecte romain, auquel on doit la villa Albani. Il construisit la sacristie de 1776 à 1784.

Borromini (1599-1667) est jugé actuellement « l'un des maîtres les plus originaux du baroque » (A. Chastel, *op. cit.,* T. II, p. 294); mais pour les voyageurs de la fin du XVIIIe siècle, admirateurs de Palladio et de Michel-Ange, c'est Borromini qui a entraîné la décadence de l'architecture: telle est l'opinion de Winckelmann, reprise dans le guide de Volkmann utilisé par les Allemands (*op. cit.,* T. I, p. 60). Selon Goethe, « il accumule les ornements et tombe dans le gothique ».

Meyer, Goethe admirent dans un édifice la simplicité et la noblesse, l'harmonie des proportions, une décoration subordonnée à l'ensemble. Le terme *Südelei* appliqué ici à l'oeuvre de Marchioni est particulièrement péjoratif.

[10] Caractère grandiose, unité, majestueuse simplicité (ce dernier terme est employé plusieurs fois), noblesse de la décoration: Sainte-Marie-des-Anges s'oppose en tous points à la Sacristie de Marchioni. La préférence de Meyer pour ce type d'architecture est à cette époque celle de nombreux voyageurs. Ce qui est plus original ici, c'est la ferveur qu'éprouve le visiteur dans cette église, comme à Sainte-Justine de Padoue, et le souci, fréquent chez lui, de rechercher l'éclairage qui convient le mieux à un monument (cf. *infra,* le Panthéon): plaisir esthétique, émotion teintée de religiosité sont indissociables. La qualité de cette émotion distingue Meyer de certains voyageurs contemporains, un *Stürmer* comme Heinse, un Dupaty, tous ceux qui, devant la nature ou l'oeuvre d'art, s'abandonnent à l'exaltation: pour lui, nous le verrons, c'est dans une impression d'apaisement qu'il croit trouver le meilleur de lui-même.

Salvator Rosa (1615-1673), peintre napolitain, dont les voyageurs du XVIIIe siècle apprécient particulièrement les paysages. Il est célèbre également pour ses tableaux de batailles.

Carlo Maratta (1625-1713), peintre bolonais, auquel on doit de nombreux tableaux d'autel (notons que l'orthographe des noms propres est souvent fautive chez Meyer).

[11] Saint-Paul-hors-les-Murs, la plus vaste église de Rome après Saint-Pierre, est aussi considérée à cette époque comme la plus belle après la célèbre basilique vaticane (Voir H. Lynch Piozzi, *Observations and Reflections* . . . , T. II, p. 107. Cette église sera presque entièrement détruite en 1823 par un incendie). Pour Meyer, cet édifice, comme Saint-Pierre, est à la fois admi-

rable et décevant. Nous retrouvons à propos de son « plafond plat », caractéristique de certaines grandes basiliques romaines, le terme *gothique*, péjoratif et étranger à toute considération de chronologie. A la différence des romantiques, Meyer et ses contemporains n'apprécient pas l'obscurité qui règne dans certains édifices religieux.

[12] Moins enthousiaste que la plupart des voyageurs lorsqu'il s'agit de Saint-Pierre, Meyer éprouve pour le Panthéon, souvent appelé aussi la Rotonde, une admiration que nul ne songerait à discuter. La plupart des remarques qui apparaissent ici se retrouvent partout, presque dans les mêmes termes — on se contente de puiser aux mêmes sources —: le monument dépouillé, mais toujours sublime, les barbares eux-mêmes touchés par sa grandeur, la médiocrité des quelques bustes... Le seul trait personnel est la recherche d'un certain éclairage. De nouveau, la *simplicité* caractérise l'architecture la plus noble aux yeux de Meyer.

Parmi les adjonctions modernes dues aux architectes, il faut compter les deux clochers dont on avait surchargé le Panthéon; on sait d'autre part que le temple antique fut consacré au culte chrétien en 609.

Raphaël (1483-1520) est le peintre par excellence pour les voyageurs de cette époque; les louanges sont à peu près unanimes.

Annibal Carrache (1560-1609): avec Raphaël et Corrège, les Bolonais sont les peintres les plus estimés au XVIIIᵉ siècle.

Mengs (1728-1779), peintre bavarois, ami de Winckelmann. Converti au catholicisme, il s'était fixé à Rome et avait pris la tête du mouvement néoclassique. Il fut considéré comme l'un des plus grands peintres de son époque. On lui doit des écrits théoriques, parmi lesquels les *Gedanken über die Schönheit* (1762).

Winckelmann (né à Stendal en 1717, mort assassiné à Trieste, en 1768). Après des débuts difficiles, il put s'adonner à l'histoire de l'art. Il abjura le protestantisme et partit pour Rome. Il devint en 1758 bibliothécaire du cardinal Alessandro Albani, puis préfet des Antiquités Romaines et bibliothécaire du Vatican. Dès 1755, il avait publié ses *Réflexions sur l'imitation des ouvrages grecs dans la peinture et la sculpture,* puis en 1764, son *Histoire de l'art dans l'antiquité,* où il affirmait la suprématie des artistes grecs. Ses écrits exercèrent une grande influence à la fin du XVIIIᵉ siècle et au début du XIXᵉ, ils furent très tôt traduits en français. Les voyageurs qui visitent alors l'Italie ne peuvent pas ignorer ses idées, puisque Volkmann introduit dans son guide de longues citations, de même Lalande dans la seconde édition de son *Voyage*.

La traduction de Vanderbourg, destinée au public français, ajoute qu'un monument a été élevé au Panthéon à la mémoire de Poussin.

CHAPITRE 6

R O M E

¹ Au XVIIIᵉ siècle, Rome est considérée par la plupart des voyageurs comme la capitale des arts plastiques, à laquelle aucune autre ville d'Europe ne peut être comparée (cf. Heinse, *op. cit.,* lettre du 29 juin 1782: « Für die bildenden Künste bleibt es ohnedem die Hauptstadt der Welt, mit welcher keine andre kann verglichen werden »). La relation de Meyer, après avoir présenté au chapitre 5 quatre des principales églises romaines, évoque ici les oeuvres les plus fameuses du Vatican: le choix de ces oeuvres, les jugements qu'elles lui inspirent, sont bien caractéristiques de l'époque.

Un seul peintre est nommé, Raphaël — les fresques de la chapelle Sixtine, à quelques rares exceptions près, comme celle de K. Ph. Moritz, restent peu appréciées, Michel-Ange est surtout estimé comme architecte — Meyer ne donne aucune description, aucune observation personnelle; de même, au chapitre 2, il s'est borné à citer les noms des grands peintres vénitiens, persuadé qu'un amateur ne saurait prononcer un jugement juste et compétent.

A propos des célèbres antiques conservés au musée Pio Clementino, il s'abandonne à son admiration; l'aspect de confidence personnelle domine dans toute la fin du chapitre, avec l'évocation de cette inoubliable soirée, cette fête d'adieu dans les salles du Vatican, et peut-être encore, bien que de façon plus voilée, quand l'auteur évoque la vie des jeunes artistes étrangers à Rome: ne serait-ce pas celle qu'il aurait souhaité vivre lui-même?

² Le terme *idole* appliqué à Raphaël, l'utilisation d'une graphie particulière (les majuscules inusitées) comme s'il s'agissait d'un être divin, ne doivent pas nous étonner: l'admiration que cet artiste inspire aux voyageurs du XVIIIᵉ siècle tient de la vénération. Toute gloire pâlit auprès de la sienne; il est le Peintre par excellence, comme Homère était le Poète (cf. Stolberg: « Ihn könnte man den Mahler nennen, wie die Griechen oft Homer den Dichter nannten » (*op. cit.,* T. IV, p. 234). Lalande l'appelle le « Dieu de la peinture » (*op. cit.,* T. III, p. 569) et Montesquieu écrivait déjà: « Il semble que Dieu se sert de la main de Raphaël pour créer ».

Lorsque les théoriciens expliquent ce qu'il faut entendre par « beau

270

idéal », ils se réfèrent toujours, pour la sculpture, aux oeuvres considérées alors comme les plus belles que la Grèce ait léguées à la postérité et, pour la peinture, à Raphaël. De même, les vulgarisateurs: dans l'article de l'*Encyclopédie, Nature belle, la (Beaux-Arts)*; le chevalier de Jaucourt cite trois statues, la Vénus de Médicis, l'Antinoüs et l'Apollon du Vatican, et d'autre part la Galathée de Raphaël.

[3] Friedrich Wilhelm Basilius von Ramdohr (Cᵃ 1757-1822) fit ses études de droit à Göttingen, quelques années avant Meyer. Il devait passer six mois à Rome en 1784 et y fut souvent guidé par le conseiller Reifenstein, dont Meyer parle à diverses reprises. Ce séjour lui permit de composer l'ouvrage dont il est question ici, *Ueber Mahlerei und Bildhauerarbeit in Rom für Liebhaber des Schönen in der Kunst*, 3 Theile, 1787, destiné essentiellement, comme l'indique le titre, aux amateurs.

Selon Meyer, cet auteur réunit toutes les conditions nécessaires à qui prétend porter un jugement sur les oeuvres d'art; mais aux louanges de notre voyageur s'oppose la condamnation de Goethe, qui lit cet ouvrage pendant son séjour à Rome et voit en lui « un monstrueux hybride de compilation et de pensées originales »: « Il nous est aussi arrivé un livre sur la peinture et la sculpture à Rome. C'est une oeuvre allemande, et ce qui est pire, le produit d'un cavalier allemand (...). Il a su donner à son ouvrage une apparence de totalité, il contient beaucoup de vrai et de bon, et, tout à côté, des choses fausses et absurdes, des fables et des ragots, des longueurs et des échappatoires » (*op. cit.,* T. II, pp. 735-7, 27 octobre 1787).

[4] Une constatation mélancolique s'impose en présence des chefs-d'oeuvre: ils sont éphémères, comme toutes les choses de ce monde. La coupole de Saint-Pierre présente des fissures, les fresques de Raphaël, des marques de dégradation. D'autres voyageurs ont déjà insisté sur leur mauvais état de conservation, qui inspire à Meyer une violente diatribe contre les Français, et en particulier les pensionnaires de l'Académie de France. Le guide de Lalande donnait une autre explication, reprise par Volkmann: « Ce sont ces peintures si vantées (il s'agit des *Stanze*) et qui seroient en effet les plus belles de l'univers, si le peu de soin, l'humidité du lieu et quelques accidens, ne les avoient fort endommagées; mais rien ne leur a fait plus de tort que la barbarie des soldats allemands de l'armée du connétable de Bourbon. Lorsqu'ils eurent pris Rome d'assaut, en 1528, on établit un corps de garde dans cet appartement où, faute de cheminée, les soldats faisoient du feu au milieu des salles; la fumée, et l'humidité des murs pompée par le feu, gâtèrent tout-à-fait ces fresques incomparables; la pièce où est l'école d'Athènes, est celle qui a le plus souffert » (*op. cit.,* T. III, pp. 567-8).

C'est encore chez Lalande que nous trouvons des précisions concernant les copies faites d'après ces fresques. « Les pensionnaires du roi à l'Académie de France, étoient occupés en 1740 à calquer à voile, ces belles peintures du Vatican, et à les peindre ensuite, pour servir à faire des tapisseries aux Gobelins (...). Pour lever exactement ces peintures au voile, on étend sur l'original une gaze claire où l'on trace le contour des figures, et on le rapporte ensuite sur la toile imprimée. Le pape ne permet que fort rarement de copier ainsi ces peintures; et si ce n'eût été pour le roi, on ne l'aurait pas souffert, parce qu'il y a toujours quelque danger d'altération pour les originaux » (*op. cit.*, T. III, pp. 594-5).

On sait que diverses influences, en particulier celle de Winckelmann, ont contribué au XVIIIe siècle à répandre chez les Allemands un grand mépris à l'égard des artistes français, du goût français. Meyer reprend une accusation déjà ancienne en ce qui concerne les fresques de Raphaël, mais, quand il fait allusions aux jeunes pensionnaires du roi occupés à copier les statues du pont Saint-Ange, il se réfère sans doute à ses souvenirs personnels. Jadis coupables de sacrilège envers le divin Raphaël, les Français étaient donc encore, en 1783, des originaux — le terme est péjoratif — et des ignorants, qui préféraient de telles sculptures aux chefs-d'oeuvre antiques du Vatican, sur lesquels Mengs et Winckelmann avaient cependant attiré l'attention (Vanderbourg, toujours soucieux de souligner le rôle joué par la France dans l'histoire de l'art et des idées, cite également dans sa traduction le nom de Caylus avant ceux des deux théoriciens allemands). Hors de l'Antique, point de salut pour la sculpture: à la règle qui aurait pu être formulée à cette époque, peu de voyageurs admettent des exceptions. La statuaire baroque soulève une réprobation presque unanime; on voit avec quel dédain Meyer juge les statues du pont Saint-Ange. Le président De Brosses avait critiqué moins ces statues elles-mêmes que leur emplacement: « Les anges et les saints se trouvent si bien dans les églises! pourquoi ne pas les y laisser? Ils n'ont pas l'air de se plaire ici, du moins y font-ils une figure assez déplacée » (*Op. cit.*, p. 175). A l'exception des « originaux » raillés par Meyer, les étrangers n'apprécient pas ces figures, le gracieux mouvement de danse que certaines semblent esquisser, leur silhouette qui se détache sur le ciel de Rome.

[5] Frédéric II a pu nourrir une grande prédilection pour l'art français du XVIIIe siècle, Watteau et son école surtout, dont témoigne son importante collection: il s'agit là d'un goût princier, qui ne correspond pas à celui de nombreux Allemands. Les contemporains de Winckelmann — ô Joseph Vernet, Fragonard, Chardin! — estiment que l'art français du XVIIIe siècle est en pleine décadence, tandis qu'ils portent aux nues Mengs, Tischbein, Ph. Hackert. Selon eux — Meyer, on le voit, exprime ici les idées qui ont cours chez ses compatriotes — cet art ne retrouve son prestige qu'avec David (1748-1825), le peintre qui revient au grand, au sévère, à l'antique, conscient qu'il doit étudier les chefs-d'oeuvre des Anciens conservés à Rome. Lorsque paraît la relation de Meyer, en 1792, David jouit d'une renommée européenne; on sait quels torrents d'enthousiasme a déchaînés, à Rome en particulier, sa célèbre toile, le *Serment des Horaces,* que toute la ville, tous les étrangers de passage sont venus en 1785 admirer dans son atelier.

Jean-Baptiste Pierre (1714-1789), élève de Natoire et de Troy, professeur en 1748, protégé par M.me de Pompadour, fut premier peintre du roi en 1770. Il est intéressant de comparer le jugement laudatif de Meyer à ceux que Diderot formule dans ses *Salons* (1761, T. I, p. 113; 1763, T. I, pp.

207-9), par exemple, dans ce dernier: « Depuis une douzaine d'années, il a toujours été dégénérant ». Et plus loin: « Il ne faut plus compter Pierre parmi nos bons artistes ».

Jean Germain Drouais (1763-1788), un des élèves préférés de David. Son *Marius à Minturnes* connut un grand succès. Sa mort prématurée fut ressentie comme une grande perte pour l'art français (cf. Goethe, *op. cit.*, T. II, p. 765).

Dix ans plus tard, l'édition française du *Voyage* de Meyer remplace cette énumération par ce qui suit: « Vien, le Nestor des peintres, David et quelques-uns de leurs rivaux ». Joseph Marie Vien (1716-1809) dont le rôle n'est pas négligeable dans le mouvement néo-classique, apparaît alors comme un artiste plus prestigieux que Pierre et Drouais, morts depuis plus de dix ans.

Les sentiments de Meyer à l'égard de la France connaissent avec les années une évolution dont il est possible de marquer différents jalons. En 1783, lorsqu'il visite l'Italie, la France et l'art français lui inspirent, sans doute, comme à tant de ses compatriotes, de nombreuses critiques; le voyage qu'il entreprend ensuite en France ne semble pas les avoir modifiées, à en juger d'après les attaques qui apparaissent dans ses *Darstellungen aus Italien* parues en 1792: dans cet ouvrage, cependant, il loue le pays qui est devenu la terre de la liberté, où l'art va pouvoir connaître le même essor qu'aux plus brillantes époques du passé. Bientôt, il revient en France avec un ami, Sieveking, envoyé auprès du Directoire, et ce séjour lui permet d'écrire sa seconde relation de voyage, bientôt traduite par le général Dumouriez sous le titre: *Fragments sur Paris* (1798): l'auteur y observe avec curiosité et sympathie le pays de la Révolution. En 1802 paraît son *Voyage d'Italie* dans la traduction de Vanderbourg; on lit dans la préface une phrase surprenante: pour se justifier d'avoir omis dans son livre les observations qu'avaient pu lui inspirer en 1783 les oeuvres d'art, Meyer ajoute alors un nouvel argument: « Une autre raison a contribué à me faire user de cette sage retenue: ce n'est plus à Rome, mais à Paris que l'on admire aujourd'hui les chefs-d'oeuvre de l'art antique et moderne »: ainsi Paris a détrôné Rome grâce à l'afflux de tous ces trésors arrachés aux églises et aux collections de l'Italie. Sincérité ou flagornerie, rien ne permet de préciser quelle est alors l'attitude de Meyer. A la même époque, d'autres voyageurs étrangers, visitant la péninsule, comparent la jeune armée révolutionnaire aux hordes d'Attila, dévastant tout sur leur passage . . .

⁶ Les louanges que les voyageurs adressent si souvent au musée Pio Clementino se mêlent ici aux critiques: nous ne voyons guère Meyer se départir de sa sévérité à l'égard de Pie VI. Le nombre des statues achetées par ce pape finira par se monter à deux mille, selon Valéry (*Voyages en Italie,* T. IV, p. 38). La procédure réservant au pontife le droit de premier acheteur apparaît comme une nécessité, si l'on se réfère aux relations de voyage affirmant que la nouvelle Rome vend pièce à pièce l'ancienne. Le terme *antiquaire* a évidemment ici le sens du XVIIIᵉ siècle, le seul que connaisse encore Littré, « celui qui s'applique à l'étude de l'antiquité »; or cette étude peut devenir

une passion et entraîner certains antiquaires à se faire collectionneurs. La *Correspondance* de Caylus prouve l'intérêt que ces hommes portent au commerce des oeuvres d'art: nous voyons avec quelle insistance le comte demande à ses correspondants de le renseigner, de lui envoyer la moindre « guenille » — c'est-à-dire l'objet le plus insignifiant en apparence — et comment il les charge d'acheter telle ou telle pièce qu'il convoite.

[7] Avec les *Stanze* de Raphaël, les salles où sont exposés les célèbres antiques sont les plus visitées du Vatican. On peut alors prendre des abonnements pour voir certaines statues, et c'est ainsi que, pendant son séjour à Rome, Winckelmann se rendait chaque jour au Vatican pour y admirer l'*Apollon* et le *Laocoon*.

La cour du Belvédère est un haut lieu de l'art plastique. Lalande évoque avec respect cette « ancienne et fameuse cour des statues du Belvédère, le lieu le plus remarquable pour les arts qu'il y ait dans toute l'Italie, ou plutôt dans l'univers entier, puisque c'est là que l'on conserve les statues grecques les plus parfaites qui nous soient restées, Laocoon, Apollon, Antinoüs et le Torse » (*op. cit.*, T. IV, p. 6). La phrase est reprise par Volkmann. Ce jugement est en effet celui de tous les critiques, de tous les voyageurs à une époque où l'on ne connaît pas encore les chefs-d'oeuvre de l'art grec — les statues du Parthénon ne seront découvertes qu'au début du siècle suivant; R. Michéa rappelle que, même après l'acquisition des marbres d'Elgin par le Parlement britannique en 1816, certains critiques les jugeront inférieurs au *Laocoon* —. Aussi les planches de l'*Encyclopédie* consacrées à quelques études des proportions les plus remarquables ne manquent-elles pas de donner celles de l'*Apollon* et du *Laocoon* (voir l'article *Dessein,* planches XXXIV et XXXVI). Montaigne les avait déjà citées parmi les statues qui lui avaient le plus « agréé » à Rome (*op. cit.*, p. 160).

On considère généralement aujourd'hui que le Laocoon, oeuvre hellénistique due à trois sculpteurs rhodiens, daterait du IIe siècle avant J.-C.; l'Apollon serait la copie d'une oeuvre (peut-être en bronze) datant du IVe siècle avant J.-C.

Ce qui fait l'intérêt des pages consacrées par Meyer aux célèbres antiques, c'est l'atmosphère dans laquelle s'accomplit la visite: à cette époque, on se rend au Vatican la nuit, pour voir les statues à la lumière des flambeaux — cf. à cet égard les notes de l'éditeur in *Goethes Werke, Hamburger Ausgabe,* Bd 11 (*Italienische Reise, Korrespondanz*), Christian Wegner Verlag, Hamburg, 2e éd., 1954, p. 439 sq. — Le spectacle y gagne en solennité et favorise la naissance de l'émotion. Cet usage paraît encore assez nouveau en 1783, il va bientôt devenir une mode (cf. les *Observations and reflections* de Mme Piozzi, qui voyage en Italie dans les années 1785 et 1786: « It is the fashion for every body to go see Apollo by torch light », T. I, p. 249). Certes, des visiteurs ont dû auparavant se rendre la nuit dans les musées; au XIXe siècle encore, un dessin au lavis de Granet, conservé au Cabinet des Dessins du Louvre, montre quelques personnages dans une galerie du Louvre éclairée par des torches; mais c'est vers 1780 et pour une dizaine d'années environ que les relations de voyage mentionnent de telles visites au Vatican; les voyageurs croient voir s'animer les statues grâce à un tel éclairage. Nous n'avons rien trouvé à cet égard à l'époque antérieure: ni chez Lalande — dans la première édition ou dans celle de 1786 —, ni chez Volkmann, venu à Rome en 1758, ni chez Bernoulli: d'ailleurs, en 1775, quand ce dernier visite le Vatican, des travaux ont lieu dans la cour du Belvédère; le *Laocoon*, l'*Apollon*, l'*Antinoüs* et le *Torse* ne sont pas visibles. A l'époque du voyage de Volkmann, les effets de lumière auxquels se complaît Meyer n'auraient pas été possibles: « Der Hof ist mit acht Nischen umgeben, worin so viel Statuen stehen, viere davon sind offen, die vier vornehmsten aber verschlossen, nämlich der Laocoon, Apollo, Antinoüs und der Torso » (*Op. cit.*, T. II, p. 239).

Il semble — sans que nous puissions jusqu'à présent le démontrer — que cet usage se soit répandu en premier lieu chez les jeunes artistes allemands qui séjournent à Rome; en tout cas, c'est parmi leurs compatriotes voyageant en Italie qu'il suscite d'abord le plus d'enthousiasme, un enthousiasme venu de Winckelmann, directement, par l'*Histoire de l'art dans l'antiquité* — Lalande insiste sur le caractère lyrique de certains passages: sa description du Laocoon est « un hymne », dit-il (*Op. cit.*, T. IV, p. 13) — et plus souvent peut-être par l'intermédiaire des citations introduites dans le guide de Volkmann. Quant à l'illusion, sincère sans doute chez quelques-uns, mais vite conventionnelle, de voir planer l'*Apollon* dans les airs, se gonfler les muscles du *Laocoon* et s'ouvrir sa bouche prête à faire entendre un cri de douleur, n'aurait-elle pas été suscitée, elle aussi, par quelques lignes du célèbre critique, citées par Volkmann, puis par Lalande dans son édition de 1786? Reportons-nous à la traduction relativement fidèle utilisée par ce dernier: Winckelmann contemple l'Apollon, sans qu'intervienne aucun effet de lumière particulier: « . . . De l'admiration je passe à l'extase. Saisi de respect, je sens ma poitrine qui se dilate et s'élève, sentiment qu'éprouvent ceux qui sont remplis de l'esprit de prophétie. Je suis transporté à Délos, et dans les bois sacrés de la Lycie, lieux qu'Apollon honoroit de sa présence; car la beauté que j'ai devant les yeux paroît *recevoir le mouvement* comme le reçut jadis la beauté qu'enfanta le ciseau de Pygmalion (c'est nous qui soulignons). Comment pouvoir te décrire, ô inimitable chef-d'oeuvre (. . .). Les traits que je viens de crayonner, je les dépose à tes pieds; ainsi, ceux qui ne peuvent atteindre jusqu'à la tête de la divinité qu'ils révèrent, mettent à ses pieds les guirlandes dont ils auroient voulu la couronner » (*Op. cit.*, T. IV, pp. 15-16). Si l'émotion semble sincère chez un Meyer et un K. Ph. Moritz, et l'illusion vraisemblable — elle est en elle-même banale: quel amateur n'a cru un jour voir s'animer une oeuvre, statue ou tableau, passionnément admirée et longtemps regardée — les visites nocturnes à la cour du Belvédère finissent bientôt par donner naissance à d'insupportables poncifs: il est de bon ton d'être ému et chacun prétend voir l'Apollon descendre de son socle, entendre crier le *Laocoon*. Dans les nombreuses pages consacrées par Dupaty à ces deux oeuvres apparaît ainsi une attitude purement conventionnelle, de même dans un petit ouvrage anonyme, capable de tenir dans la poche d'un visiteur, le *Manuel du Voyageur en Italie*, Paris, 1785, 2 vol. in-24: ce livre, dédié à Madame de *** par M. le Chevalier de *** (selon Barbier, l'auteur serait Kalichoff, gentilhomme russe) n'a d'autre intérêt que celui de collectionner les principaux lieux communs concernant l'Italie: on y voit, à propos de l'*Apollon,* l'auteur prendre à son compte, presque textuellement, les phrases enthousiastes de Winckelmann: même extase qui se traduit par la dilatation de la poitrine, même illusion d'être transporté à Délos et en Lycie, même référence à Pygmalion, et pour finir même hommage de l'esquisse tracée par le visiteur, déposée aux pieds du dieu. Toute émotion personnelle a disparu, on se contente d'exploiter certains effets.

De tels excès expliquent en partie pourquoi il n'est bientôt plus question des visites nocturnes au Vatican dans la littérature de voyage. Est-ce pour cette raison que Goethe, dans son *Voyage d'Italie* — dont la rédaction, on le sait, est tardive — ne consacre à l'Apollon que de rapides notations? « L'Apollon m'a transporté hors de la réalité . . . » peut-on lire à la date du 9 novembre 1786. « Ici l'original de marbre est tout autre chose à côté des plâtres, dont cependant jadis j'ai connu de très beaux exemplaires » (Voir aussi le 25 décembre 1786). (On sait que les moulages des plus célèbres antiques avaient été répandus en Europe dès la Renaissance et que Winckelmann lui-même, quand il rédigeait ses *Réflexions sur l'imitation des oeuvres grecques,* n'avait pas encore vu les originaux). L'Apollon, le Laocoon restent cependant très admirés. Pour les diverses études qu'inspira ce dernier, nous renvoyons à l'ouvrage de Justi, *Winckelmann und seine Zeitgenossen,* Leipzig, 1798 (T. I, chap. V: *die Gruppe des Laocoons,* p. 404 sq), nous bornant à mentionner le texte de Lessing, *Laocoon oder über die Grenzen der Malerei und der Poesie* (1766) et celui de Goethe, *Ueber Laokoon* (paru pour la première fois en 1798).

D'autres causes interviennent pour expliquer la disparition de ce motif dans la littérature de voyage. Des copies remplacent les célèbres antiques quand ceux-ci, comme tant d'autres oeuvres d'art, sont transportés à Paris, riche butin destiné à assurer le rayonnement de la nouvelle capitale des arts après les victoires des armées françaises en Europe. Madame de Staël, lors de sa visite au Belvédère par une nuit de 1805, ne peut voir les originaux. « Musée vu aux flambeaux. Tristesse des copies », note-t-elle dans ses carnets (Simone Balayé, *Les carnets de voyage de Mme de Staël. Contribution à la genèse de ses oeuvres,* Genève, Droz, 1971, p. 248). Aussi, dans *Corinne* (1807), conduit-elle les deux héros de son roman à la cour du Belvédère pendant le jour, elle relate assez rapidement leur visite, qu'elle situe en 1795, alors que les statues s'y trouvaient encore, et c'est dans l'atelier du sculpteur Canova qu'Oswald et Corinne admirent une nuit les marbres à la lumière des flambeaux. Une vingtaine d'années après son voyage à Rome, Meyer, très ému, revoit les antiques au Louvre, mais il estime qu'il leur manque l'essentiel: le cadre même de Rome, la nature, l'antiquité, le ciel pur et le soleil éclatant, la terre classique (*Briefe aus der Hauptstadt und dem Innern Frankreichs*, Tübingen, 1803, T. II, p. 133 sq).

En outre, l'influence de Winckelmann décline peu à peu. En 1788, Karl Philipp Moritz ose déjà affirmer qu'on aurait tort de relire la célèbre description de l'historien quand on se trouve devant l'Apollon: on risquerait ainsi de se laisser détourner de l'essentiel au profit de l'accessoire, d'admirer, plus que la statue elle-même, le texte — où Moritz trouve d'ailleurs trop d'artifice et d'affectation (*Reisen eines Deutschen in Italien in den Jahren 1786 bis 1788*, Berlin, 1792, T. III, p. 156 sq). Quelques années plus tard, Stolberg met en doute les affirmations de Winckelmann concernant le *Torse* et l'*Apollon*: il admire encore ce dernier, mais se refuse à voir en lui un original grec, puisque le marbre viendrait de Carrare et non de Paros (*Reise in Deutschland, der Schweiz, Italien und Sicilien*, Königsberg und Leipzig, 1794, T. III, p. 246). Valéry, qui voyage en Italie en 1826, 1827 et 1828, juge « emphatique » la description de l'*Apollon* par Winckelmann, « exagérés » les développements du peintre Mengs (celui-ci avait prôné, comme Winckelmann, le retour à l'antique, et ne voyait la perfection que chez les artistes grecs et chez Raphaël). Ce voyageur n'omet pas de rappeler que l'*Apollon* a cessé d'être considéré comme la plus belle des oeuvres grecques — c'est ainsi que « M. de Chateau-briand le trouve trop vanté »; une telle réaction lui semble la conséquence inévitable de « tout cet enthousiasme à froid » (Antoine Claude Pasquin, dit Valéry, *Voyages historiques et littéraires en Italie*, Paris, 1831-1833, T. IV, p. 41). Le temps n'est plus où Mme de Staël, dans *De l'Allemagne* (1813), louait chez Winckelmann l'admiration si pleine de vie où elle voyait le seul moyen de comprendre les beaux-arts.

Enfin et surtout, les découvertes archéologiques faites en Grèce attirent l'attention du public sur d'autres oeuvres de la statuaire, éclipsant peu à peu la renommée dont avaient joui si longtemps l'*Apollon*, le *Laocoon* et les an-tiques conservés en Italie. Ce n'est plus à Rome que l'on va révérer la beauté grecque, mais à Londres, où ont été transportées les sculptures du Parthénon (Devant ces chefs-d'oeuvre, Canova, déjà vieux, eut la certitude de s'être trompé toute sa vie; et cette erreur remontait à Winckelmann, note Lionello Venturi dans son *Histoire de la critique d'art*, Paris, Flammarion, 1969, p. 159). Des moulages les font connaître sur le continent et Stendhal peut écrire, relatant une visite à l'*Apollon du Belvédère* revenu au Vatican après la chute de Napoléon: « La vue des marbres d'Elgin, dont les plâtres existent à vingt pas d'ici, nuira beaucoup ce me semble au rang qu'occupait cette statue. La majesté du dieu sembla un peu théâtrale à nos compagnes de voyage. Nous avons lu la description de Winckelmann; c'est du Phébus allemand, le plus plat de tous » (*Promenades dans Rome*, Florence, Parenti, Collection le Divan, 1958, T. I, p. 219; 1ère Edition en 1829).

· Désormais, l'*Apollon* et le *Laocoon* ont bien perdu leur place au sommet de la hiérarchie; ils suscitent même, au XIXe siècle, les réflexions ironiques de certains voyageurs tandis qu'au XXe quelques critiques jugent avec sévérité ces oeuvres où, après Winckelmann, de nombreux voyageurs du XVIIIe siècle crurent voir les plus belles créations de l'art grec (voir note article *L'oeuvre d'art dans le temps*, in *Aiôn, le temps chez les Romains, Caesarodunum X bis*, Paris, Picard, 1976).

[8] Tous les termes employés ici par Meyer seraient à commenter, tant ils permettent de caractériser le jeune voyageur et son époque. L'oeuvre d'art n'est plus considérée comme une simple curiosité qu'il faut citer parmi bien d'autres dans sa relation de voyage, mais comme un objet de contemplation qui élève l'âme — Winckelmann l'avait affirmé à propos de l'*Apollon* — et qui apporte la paix: c'est toujours ce sentiment qu'inspirent à Meyer les oeuvres qui le touchent le plus, comme nous l'avons vu pour Sainte-Justine de Padoue et Sainte-Marie-des-Anges. La grandeur des sculpteurs anciens tient à leur esprit génial et à l'habileté de leur main: ils ont su concevoir des perfections idéales qui ne se trouvent pas dans la réalité. L'auteur exprime ici une idée très répandue à son époque, elle apparaît même dans quelques guides de voyage — celui de Richard ou de Volkmann — alors que certains théoriciens, dont Winckelmann, considèrent la beauté idéale comme un assemblage de beautés individuelles.

Tandis que la procession des visiteurs recueillis s'avance lentement, à la lumière des flambeaux — l'admiration de la beauté prend parfois déjà à cette époque un caractère sacré — le miracle s'accomplit: le dieu semble se mouvoir, s'avancer vers ses fidèles. L'évocation de Meyer est à notre avis la plus réussie de toutes celles qui se trouvent alors dans la littérature de voyage. Il n'est pas possible de préciser quand cet effet apparaît pour la première fois — ne serait-ce qu'en raison du délai relativement long qui s'écoule souvent entre le séjour à Rome et la rédaction de la relation — il faut le rattacher à toutes ces émotions, mi-esthétiques, mi-sentimentales, que recherchent alors en Italie tant de voyageurs et de jeunes artistes étrangers.

Le nom de Winckelmann n'est pas cité à propos de cette visite à la cour du Belvédère, mais son souvenir est présent dans tout le passage: l'allusion aux grands historiens de l'art, dans la note de la page 72, suffirait à le prouver. Nous avons vu Meyer s'opposer à sa conception de la beauté idéale, et voici qu'il conteste l'interprétation donnée par le célèbre critique à l'attitude de l'*Apollon*. Selon Winckelmann en effet, le dieu vient de porter le coup mortel au serpent Python, mais chez cet être d'essence divine, la colère, le mépris ne se manifestent pas comme chez l'humanité ordinaire. On sait qu'au XVIIIe siècle les artistes disposaient de répertoires où étaient figurées les expressions des diverses passions; pour ce qui concerne la colère, on peut voir, par exemple, la figure et son explication données par l'*Encyclopédie* d'après Lebrun, à l'article *Dessein*, planche XXVI: cette passion déforme les traits, enlaidit le visage. Rien de tel chez l'Apollon, qui garde toute sa noblesse: « Son auguste regard pénétrant dans l'infini, s'étend bien au delà de sa victoire. Le dédain siège sur ses lèvres, l'indignation qu'il respire gonfle ses narines, et monte jusqu'à ses sourcils. Mais une paix inaltérable est empreinte sur son front, et son oeil est plein de douceur... » (Winckelmann, cité par Lalande, *op. cit.*, T. IV, p. 13). Or Meyer refuse cette interprétation;

il ne voit aucune trace de courroux sur le visage du dieu, selon lui, Apollon ne vient pas de donner la mort, fût-ce à un monstre: il apporte la vie et la fécondité. La phrase où est évoquée la course rapide du dieu au premier matin de la création nous paraît l'une des plus belles de ce *Voyage*. Dans la note, Meyer insiste sur l'originalité de son interprétation, confirmée cependant par deux oeuvres qui font autorité, celle de von Ramdohr (noter que celui-ci prétend également voir l'*Apollon* s'avancer vers lui: « So wie ich zum ersten Mahl in meinem Leben aus Genuas Küsten die Sonne sich aus dem Meer heben sah, so schwebte mir im Belvedere die Statue des Apollo entgegen » (*Op. cit.*, T. I, p. 50), déjà mentionnée au début de ce chapitre, et la *Théorie* de Sulzer (Hans Georg Sulzer, 1720-1779, né à Winterthür, reçu à l'Académie des Sciences de Berlin en 1750. Son ouvrage le plus important est la *Théorie universelle des Beaux-Arts*, 1772).

[9] Devant les deux oeuvres fameuses, l'*Apollon* et le *Laocoon,* qui représentent alors la beauté grecque par excellence, Meyer accorde sa préférence à la première: il est frappant de constater que les critères justifiant cette préférence ne sont pas d'ordre esthétique, mais appartiennent au domaine du sentiment. Sans doute la lumière des flambeaux contribue-t-elle à rendre terrifiant le célèbre groupe: elle paraît produire un effet presque hallucinant. Meyer est-il sincère, ou veut-il seulement souligner, par un artifice d'écrivain, le contraste avec la beauté rayonnante de l'*Apollon?* Ce passage semble révéler en lui une grande émotivité, qui expliquerait sa prédilection pour les oeuvres d'art et les paysages lui donnant une impression d'apaisement. Le *Laocoon,* à propos duquel Madame Piozzi évoque Shakespeare (*Op. cit.,* T. I, p. 427), est à son gré trop pathétique, trop tourmenté. Ici encore, l'auteur se contente de quelques notations personnelles, sans faire allusion, ni au texte de Virgile, ni aux oeuvres de Winckelmann et Lessing.

[10] Les autres statues mentionnées par Meyer jouissent chez ses contemporains d'une admiration incontestée. Les interprétations qu'il donne ici sont alors traditionnelles; ainsi, pour le *Torse,* dont on rappelle souvent que Michel-Ange le considérait comme le plus grand chef-d'oeuvre de l'antiquité, Lalande écrit, citant Winckelmann: « Hercule paroît ici au moment qu'il s'est purifié par le feu des passions grossières de l'humanité, à l'instant qu'il a obtenu l'immortalité et pris sa place parmi les dieux. » (*Op. cit.,* T. IV, p. 28). Quant à la *Vénus de Médicis,* conservée à Florence dans la galerie du grand-duc, elle est placée au même rang que les plus célèbres statues du Belvédère. Le dernier adieu à l'*Apollon* se fait dans une atmosphère recueillie: de cette admiration, de ce silence que respectent les visiteurs, même les plus loquaces, nous avons un autre témoignage dans la relation de K. Ph. Moritz.

[11] Ce qui donne son originalité à cette page, c'est que cette visite nocturne au Vatican apparaît comme une fête, au cours de laquelle on vient célébrer le culte de la beauté.

Meyer semble avoir accordé une importance toute particulière aux fêtes: fête d'adieu, fête commémorative relatée au chapitre 8 . . ., ce qui n'a rien de surprenant à une époque où triomphe la sensibilité. Le terme apparaît aussi chez K. Ph. Moritz à propos de ces mêmes visites (quand il se rend au Belvédère de 1786 à 1788, il a sans doute parmi ses compagnons des artistes qui ont connu Meyer): « Es ist hier allezeit *eine Fest* für uns, wenn eine Gesellschaft sich vereinigt, um die Statuen in Belvedere des Abends bei Fackelschein zu betrachten ... » (*Op. cit.,* T. III, p. 155). La différence est que, chez Meyer, cette fête prend un caractère particulièrement solennel puisqu'il s'agit d'un adieu à Rome, aux amis qui y séjournent: le thème de l'amitié est aussi l'un de ceux qui se retrouvent à diverses reprises dans ce *Voyage*. A l'exaltation de l'arrivée s'oppose le recueillement dans lequel sont vécues les dernières heures. Le « jamais plus » introduit sa note mélancolique à la fin de ce passage, lorsque la compagnie se sépare aux pieds de l'Apollon; il reparaît dans les dernières lignes quand l'auteur évoque la vie des artistes séjournant à Rome, ces moments de bonheur, cette jeunesse, cette insouciance qui ne reviendront plus.

Chapitre 7

ROME

¹ De prime abord, ce chapitre semble ne présenter qu'un intérêt mineur. La composition en est assez lâche: l'auteur évoque successivement les principaux artistes qu'il a pu rencontrer pendant son séjour à Rome, et certaines de leurs oeuvres — tous ces artistes sont d'origine germanique, à l'exception de Battoni, et quelques-uns d'entre eux apparaissent alors comme les plus grands maîtres de leur temps. Les jugements esthétiques formulés ici ont cessé d'avoir cours, la hiérarchie des valeurs admise par Meyer et ses contemporains — ses compatriotes surtout — n'est plus la nôtre; quand nous pensons aux plus grands peintres du XVIII⁰ siècle, ce ne sont pas les noms de Battoni, Mengs, Angelica Kauffmann, Tischbein et Ph. Hackert qui nous viennent à l'esprit.

Il n'est cependant pas sans intérêt de comparer ce chapitre au précédent. L'attitude du voyageur est bien différente dans les deux cas. Au chapitre 6, Meyer juge inutile de décrire des oeuvres d'art célèbres entre toutes, consacrées par une admiration unanime et plusieurs fois séculaire, connues de tous les voyageurs, et même, par l'intermédiaire de la gravure, d'un public plus vaste — sans parler des copies de Raphaël et des moulages d'après l'antique commandés par des souverains et des grands seigneurs. Il ne se hasarde pas davantage à prononcer un jugement: comment parler, après tant d'autres, des peintures de Raphaël, tenter de rivaliser avec les pages consacrées par les plus célèbres connaisseurs aux statues du Belvédère? Le simple amateur ne peut qu'exprimer ses impressions, ses sentiments personnels: si Meyer préfère l'*Apollon* au groupe du *Laocoon,* cette préférence, nous l'avons vu, n'est pas fondée selon des critères esthétiques, mais reste purement subjective; le sentiment intervient seul.

Au contraire, les artistes mentionnés au chapitre 7 sont tous des contemporains, le voyageur a fréquenté l'atelier de la plupart d'entre eux. Beaucoup de lecteurs ne connaissent pas, ne peuvent connaître leurs oeuvres, aussi voudrait-il voir diffuser par la gravure le *Conradin* de Tischbein. Presque tout ce qu'il rapporte ici pourrait s'intituler: « Choses vues »; c'est bien en témoin, et non en qualité de connaisseur, qu'il peut intervenir pour défendre certains artistes contre des critiques injustifiées: familier de Tischbein pendant son séjour à Rome, il affirme que dans un tableau célèbre le peintre n'a pas copié des statues antiques, comme on l'en accuse, mais a travaillé d'après nature. L'essentiel n'est pas là cependant. La grande nouveauté de ce chapitre est la place accordée à la critique d'art: selon la préface, celle-ci paraissait interdite au simple amateur, or Meyer ne donne plus seulement ses impressions personnelles, il prononce des jugements qui se veulent définitifs. Comment justifier ce changement d'attitude?

La distinction entre l'amateur et le connaisseur s'impose quand il s'agit de juger les oeuvres d'art. On sait quelle place elle tient dans la réflexion de Diderot à l'époque où il rédige pour la *Correspondance littéraire* ses célèbres *Salons.* Cela ne signifie pas que l'amateur n'ait aucune compétence: l'oeuvre d'art peut être appréciée selon différents points de vue, qui rendent l'intervention de l'homme cultivé plus ou moins légitime. Si, comme le pense Diderot, la peinture « est l'art d'aller à l'âme par l'entremise des yeux », elle peut émouvoir, comme le fait aussi un poème. Meyer l'éprouve devant les tableaux où Angelica Kauffmann a exprimé sa sensibilité délicate, en particulier lorsqu'elle a demandé son inspiration à Klopstock; de telles oeuvres permettent de mieux comprendre cette femme attachante.

Sans doute l'amateur ne peut-il se permettre certains jugements. Diderot soulignait, dans la *Correspondance littéraire,* la différence entre l'oeuvre d'un connaisseur, le *Voyage d'Italie* de Cochin, et ce que peuvent écrire les « simples littérateurs »; il invitait ces derniers à être circonspects en parlant de peinture: « Ils ne s'entendent, écrivait-il, ni au dessin, ni aux lumières, ni au coloris, ni à l'harmonie du tout, ni à la touche, etc. A tout moment ils sont exposés à élever aux nues une production médiocre, et à passer dédaigneusement devant un chef-d'oeuvre de l'art, à s'attacher dans un tableau, bon ou mauvais, à un endroit commun, et à n'y pas voir une qualité surprenante, en sorte que leurs critiques et leurs éloges feraient rire celui qui broie les couleurs dans l'atelier ».

Cela ne signifie nullement que l'amateur doive s'abstenir de tout jugement. On sait qu'à cette époque la plupart des critiques adoptent pour juger les oeuvres d'art une méthode analytique; elle est reprise par certains livres de voyage qui engagent les amateurs à considérer successivement divers aspects dans un tableau: ainsi, le guide de Richard, puis celui de Volkmann, l'ouvrage de Cassini ... Ce dernier, dans son *Manuel pour l'étranger qui voyage en Italie,* distingue la composition (c'est-à-dire non seulement ce que nous entendons par ce terme, mais aussi l'invention, le « costume » ...), l'expression, le dessin et le coloris. Dans les deux premiers cas, tout homme cultivé est capable de se prononcer; il n'en est pas de même dans les deux autres: c'est en somme la distinction que Diderot établissait entre ce qu'il appelait « le technique » et « l'idéal », soit « le sujet, les passions, les caractères ... ». L'intervention de Meyer est donc parfaitement justifiée quand il exprime son avis en ce qui concerne la composition d'un tableau, quand il estime l'invention de Maron plus heureuse que celle de Battoni dans leurs portraits de la grande-duchesse; il peut louer l'expression des personnages dans l'oeuvre d'A. Kauffmann inspirée par le *Messie* de Klopstock, ou dans le *Conradin* de Tischbein. Il en est de même pour la sculpture: le voyageur applique les mêmes critères pour juger le monument à Joseph II ou l'*Apollon* de Tischbein. Nous voyons en outre Meyer prendre position dans des controverses opposant certains de ses contemporains: contre les partisans obstinés des Anciens il affirme que les artistes peuvent emprunter leurs sujets à l'histoire de l'Allemagne, capable de leur fournir une riche matière, que rien ne les oblige à s'en tenir au « costume » antique — c'est l'époque où les Allemands soulignent l'intérêt de leur histoire et de leurs traditions nationales. Il estime par exemple que le sculpteur Trippel s'est montré heureusement inspiré en évitant de donner à son Joseph II le vêtement romain conventionnel ou l'habit moderne à la mode allemande, si dépourvu d'élégance.

Ce chapitre nous offre quelques ébauches de descriptions, inspirées par le *Samma près du tombeau de Benoni,* d'A. Kauffmann, le portrait de deux amis dans les jardins de la villa Médicis, et surtout le célèbre *Conradin* de Tischbein; Meyer précise quelle est la position respective des personnages et leur attitude, leur expression, la valeur symbolique d'une statue brisée... Il va cependant plus loin et aborde la critique d'art proprement dite quand il caractérise le dessin et le coloris; nous le voyons d'abord étonné par la hardiesse de Tischbein qui place au premier plan un homme vêtu d'un manteau blanc, puis admirant la beauté du drapé et le bonheur de l'exécution. Il s'efforce même de définir la qualité de la touche propre à cet artiste.

L'amateur, quand il porte de tels jugements, tend donc à rivaliser avec le connaisseur. C'est aussi le seul chapitre où apparaissent des termes techniques propres à la langue des arts. Cette hardiesse s'explique par les rencontres que Meyer a faites en Italie. Comme tant de ses compatriotes, il s'est lié avec des artistes séjournant à Rome, il a beaucoup fréquenté les ateliers; les jugements énoncés ici sont certainement l'écho de conversations, expriment le point de vue des connaisseurs. Il semble bien que les heures passées dans ce milieu romain comptent parmi les plus belles qu'ait vécues le voyageur; évoquer ces oeuvres, rapporter ces jugements, ne serait-ce pas tenter, non de rivaliser avec les critiques d'art, mais de revivre des moments heureux?

La confidence personnelle n'est pas absente de ce chapitre, en effet, même si elle intervient de façon fort discrète, comme c'est souvent le cas chez Meyer. Nous y voyons l'amateur désireux de réunir quelques oeuvres d'art — elles enrichiront sa collection et seront des souvenirs de son voyage; certes, Meyer est loin d'acquérir en Italie un aussi riche butin que Goethe, mais nous sentons quel prix il attache aux dessins d'Angelica Kauffmann et de Battoni, aux copies offertes par Tischbein et Trippel. Ses goûts en matière d'art sont ceux de son époque, et tout particulièrement ceux de ses compatriotes: à cet égard, le chapitre 7 constitue un document dont l'intérêt n'est pas négligeable. Il a en outre le mérite de révéler la sensibilité de l'auteur. L'évocation des artistes qui vivaient à Rome en 1783 n'est pas dépourvue de mélancolie:

plusieurs d'entre eux ont disparu quand le voyageur rédige sa relation, lui-même a dû rentrer en Allemagne, où les princes ne font rien pour favoriser les arts — l'accusation revient à diverses reprises. Meyer a beau affirmer au début du chapitre que l'Italie a perdu la suprématie qui fit longtemps sa gloire, comment ne pas regretter Rome, cette ville unique où peintres et sculpteurs trouvent les conditions les plus favorables à l'épanouissement de leur génie, où l'amateur ne cesse de s'enrichir à leur contact? En outre, chez l'homme sensible, l'admiration pour les oeuvres s'unit étroitement à celle que lui inspirent les qualités humaines, de là ces portraits où il loue les mé-rites de l'artiste aussi bien que son caractère. C'est le cas pour Battoni et Angelica Kauffmann. Meyer ne se hasarde pas à esquisser un portrait physi-que: il n'oublie pas que la plume ne saurait rivaliser avec le pinceau; du visage d'Angelica, marqué par le temps et les chagrins, nous saurons seulement qu'il reflète sa « belle âme », comme le font aussi ses tableaux, mais la femme sensible nous apparaît ici, mieux encore que dans la relation de Goethe, avec sa douceur et sa mélancolie, son admiration pour Klopstock qui prouve la qualité de son coeur. Quant à Battoni, il suffit, pour permettre aux lecteurs allemands d'imaginer ses traits et sa silhouette, de noter sa ressemblance avec Haller. Meyer est plus précis sur d'autres points: un petit croquis présente la vie familière et patriarcale de Battoni se rendant au marché avec un servi-teur; nous voyons aussi le peintre dans son atelier, nous savons quels sont ses qualités et ses défauts — considérés avec sympathie — nous entendons ses réparties, bien révélatrices de son caractère, qui nous font connaître jusqu'à ses expressions coutumières et presque son intonation.

Dans la plupart des cas, l'accent est mis sur les qualités humaines de ces artistes. Battoni, toujours égal à lui-même, se montre généreux envers ses rivaux, compréhensif à l'égard des débutants. Angelica se rend chaque jour à son atelier, quelle que puisse être sa fatigue, donnant ainsi une preuve de son courage et de sa ténacité; loin de se retrancher du monde dans l'égoïsme de la création, elle témoigne à ses amis une grande délicatesse. Ce n'est donc pas une certaine bohème, la liberté des moeurs, le rejet des conventions, que Meyer apprécie dans ce milieu d'artistes: il évoque des vies exemplaires, bien représentatives d'un certain idéal, et même des morts héroïques. Le ton s'élève encore, en effet, à la fin du chapitre, quand l'auteur souligne la force d'âme révélée dans son agonie par un homme jeune, le peintre Jean-Sébastien Bach, quand il rapporte la phrase laconique où Schwendimann exprime, en un véritable cri du coeur, sa conception de la vie vouée tout entière à l'art: cette phrase n'est-elle pas digne de celles qui paraissent admirables chez les héros de la Rome antique?

² Battoni ou Batoni, Pompeo Girolamo (Lucques, 1708 - Rome, 1787), venu à Rome en 1727, fut considéré comme l'un des plus grands peintres de son temps, et même parfois comme le plus grand. On lui doit des tableaux religieux, mythologiques, allégoriques et de nombreux portraits (Joseph II, le grand-duc et la grande-duchesse de Russie, des gentilshommes anglais faisant leur Grand Tour...). A cette époque, princes et grands seigneurs estiment

nécessaire de poser, pendant leur séjour à Rome, dans l'atelier des peintres et des sculpteurs les plus renommés. Voir le catalogue de l'exposition organisée à Lucques en 1967, *Pompeo Batoni.*

L'expression: « le Nestor des peintres » est employée dans la traduction de Vanderbourg, au chapitre 6, à propos du peintre Vien.

La plupart des voyageurs, à cette époque, déplorent le déclin des arts en Italie. On sait que certains d'entre eux, au siècle suivant (Stendhal, Taine), en verront les causes dans un mauvais gouvernement, et dans la disparition des passions fortes chez les individus.

[3] La traduction littérale ne nous ayant pas semblé possible pour « die *mechanische Ausführung* seiner Gemälde », nous avons adopté, après avoir consulté les dictionnaires de l'époque et les *Salons* de Diderot, l'expression « la partie technique » qui figure dans ce dernier ouvrage. Par la suite, lisant les *Réflexions critiques sur la Poésie et sur la Peinture de l'abbé Dubos,* nous avons trouvé un terme plus proche du texte allemand dans la phrase suivante: « Il s'en faut beaucoup que le commun des hommes ait autant de connaissance de la mécanique de la Peinture que de la mécanique de la Poésie ... » (T. II, p. 401). On trouve chez Goethe l'expression: « ihre mechanische Kunstkenntnis » (*op. cit.,* T. III, p. 680).

[4] Maron (1733-1808), élève de l'Académie de Vienne, élève et beau-frère de Mengs. Goethe le rencontre parmi les familiers d'A. Kauffmann.

Haller (1708-1777), physiologiste et écrivain suisse d'expression allemande. L'une de ses oeuvres, les *Alpes,* exemple de poésie descriptive, jouit à cette époque d'une renommée européenne.

[5] Angelica Kauffmann, peintre suisse (Coire, 1741 - Rome, 1807). Elle séjourna à Londres de 1765 à 1781, puis se fixa à Rome. Elle peignit surtout des tableaux d'histoire et des portraits (Winckelman, Goethe ...); ces derniers restent les meilleurs de son oeuvre. (Voir le catalogue de l'exposition organisée à Bregenz, puis à Vienne, en 1968). Son nom est souvent cité par les voyageurs: comme Meyer, ils vantent sa douceur, ses qualités de coeur, et aussi son esprit et sa culture. Madame Vigée-Lebrun regrette seulement qu'elle manque d'enthousiasme (*Souvenirs,* T. I, p. 165). Goethe est un familier de sa maison pendant son deuxième séjour à Rome (juin 1787 - avril 1788), il visite avec elle musées et galeries; elle entreprend son portrait, mais le poète n'y trouve pas de ressemblance.

[6] Klopstock, poète allemand (1724 - Hambourg, 1803). Son oeuvre principale, le *Messie,* fut très admirée au XVIIIe siècle. Dès son séjour à l'Université d'Iéna, il avait conçu le projet d'un vaste poème épique en vingt chants qui, à l'inverse du *Paradis perdu* de Milton, devait montrer la rédemption de l'homme, grâce au sacrifice du Messie. La parution de l'oeuvre fut achevée en 1783.

Il apparaît d'après cette page que Meyer connut personnellement le poète, et put ainsi fournir à Angelica des précisions sur sa vie personnelle. Ce n'est donc pas seulement dans le roman contemporain (cf. *Werther*) qu'une même admiration pour Klopstock unit les âmes sensibles.

285

[7] Meyer utilise ici un vocabulaire appartenant à la critique d'art. Cet emploi du terme *Haltung* pour désigner une qualité d'un tableau n'est pas signalé dans certains dictionnaires, plusieurs universitaires allemands questionnés à ce sujet ont avoué leur embarras. Le dictionnaire bilingue de Schuster indique: « Haltung: litt[re], arts: exécution, tenue (die H. der Lichter und Schatten: la tenue des jours et des ombres, le clair-obscur); Sachs signale aussi ce dernier sens. C'est pourquoi nous avons fini par adopter l'expression « les effets d'ombre et de lumière », tout en regrettant de n'avoir pas vu le tableau. Nous avons traduit ce terme par *exécution* (p. 75) à propos de Battoni, et à la p. 88 il nous a paru possible de le confondre avec *Ausführung*.

Une autre définition de ce terme est donnée par K. Ph. Moritz, dans son livre *Schriften zur Ästhetik und Poetik* (Tübingen, 1962) à l'article intitulé *Über des Herrn Professor Herz Versuch über den Geschmack*: « Das Verhältnissmässige aller Theile zum Ganzen, macht der Verfasser wieder zu einem Hauptbegriffe, und nennt es die *Haltung*. Mannichfaltigkeit, Übereinstimmung und Haltung machen also gleichsam die Bestandtheile der Schönheit aus » (p. 328).

[8] Nous pouvons voir aujourd'hui au château de Capodimonte ce tableau qui présente de façon idyllique le couple royal. Ryland, William Wynne, graveur et dessinateur est né et mort à Londres (1732-1783).

[9] Philipp Hackert (1737-1807), venu en 1768 à Rome, fut très estimé de ses contemporains comme peintre de paysage. Il devint peintre du roi de Naples. Voir *infra*, chap. 14, note 10.

[10] Alexander Trippel (1744-1793), sculpteur suisse, fut à Rome, à partir de 1778, l'un des artistes les plus influents dans le milieu où s'élabora la réaction classique — Le musée de Weimar possède son buste colossal de Goethe. Stolberg, qui lui rend visite en 1792, l'appelle son compatriote et se justifie ainsi: « Ich sage unsern Landmann, denn welcher biedre Deutsche rechnet es nicht zur Ehre, dass die Schweizer Deutsche sind » (*op. cit.*, T. IV, p. 326).

Wilhelm Tischbein (1751-1829) séjourna longtemps en Italie. Il se rendit à Naples, où il devint directeur de l'Académie. On lui doit des tableaux d'histoire, des paysages et des portraits. Il est aussi l'auteur d'un Recueil de gravures d'après des vases antiques (1703-1806). Ses *Mémoires* furent publiés en 1861.

La plus grande louange que l'on puisse adresser à un sculpteur, au siècle de Winckelmann, est de le comparer aux Grecs. Pour les théoriciens, l'étude des Antiques doit jouer un plus grand rôle dans la formation d'un sculpteur que celle de la nature.

Les oeuvres mentionnées par Meyer rappellent que Trippel emprunte ses sujets à l'antiquité ou à l'histoire contemporaine et exécute également des bustes.

[11] La paix de Teschen, signée le 13 mai 1779 entre la Prusse et l'Autriche, mit fin à la guerre de la succession de Bavière.

[12] Joseph II (1741-1790), fils aîné de François Ier et de l'impératrice

Marie-Thérèse (1717-1780), fut l'un des plus illustres représentants du despotisme éclairé; il mit en oeuvre de nombreuses réformes auxquelles Meyer fait allusion ici. L'une des principales fut l'Edit de tolérance, promulgué en 1781, qui mettait fin à la tutelle de la papauté sur l'Eglise autrichienne et à l'exode des protestants et des orthodoxes jusque-là persécutés. Influencé par les philosophes, Joseph II estimait que le clergé devait se rendre utile dans la société: il supprima tous les monastères qui ne se consacraient pas à l'enseignement ou à la charité hospitalière. Ce fut en vain que Pie VI, alarmé, se rendit à Vienne en 1782.

[13] Kaunitz (1711-1794), homme d'état autrichien. Il fut chancelier d'état à partir de 1753 pour une période de quarante ans. Il inspira à Joseph II sa politique religieuse et fit preuve de la plus grande intransigeance quand Pie VI séjourna à Vienne.

Lascy (1725-1801). Ce général se signala d'abord dans diverses campagnes militaires, puis devint ministre après la paix de Teschen: il établit un système de fortifications pour défendre les frontières de la Bohême.

[14] Le costume pittoresque: l'adjectif a un sens plus large qu'à l'ordinaire et désigne tout ce que l'art peut emprunter à la réalité. Le vêtement dace est pittoresque, l'habit allemand moderne ne l'est pas.

[15] Comme chaque fois qu'apparaît dans cette relation le nom de Pie VI, la satire intervient. La réflexion ironique concernant la position instable de la statue sur son demi-globe ne fait-elle pas allusion à la puissance chancelante de la papauté, qui a vu au cours du siècle s'affaiblir son autorité, diminuer ses revenus?

[16] Meyer réagit différemment devant deux oeuvres du même artiste, l'*Apollon* (p. 83) et le buste de D. Schlözer (p. 84). Dans le premier cas, il donne de l'oeuvre une interprétation poétique, à la manière de Winckelmann; dans le second, son attitude est celle d'un critique d'art jugeant les qualités techniques d'une oeuvre — son vocabulaire ne révèle cependant aucun pédantisme.

[17] Avec le monument du comte Tschernitscheff, il ne s'agit plus de « choses vues »; Meyer a quitté Rome depuis plusieurs années, mais il ne pouvait se dispenser d'évoquer le triomphe venu couronner enfin le mérite de l'artiste.

[18] La plus célèbre des toiles illustrant la théorie de Tischbein selon laquelle les artistes peuvent trouver de nombreux sujets dans l'histoire de l'Allemagne est sans nul doute le *Conradin*. Le souvenir du jeune prince est cher à ses compatriotes et particulièrement aux voyageurs d'Italie. Conradin (1252-1268), le dernier des Hohenstaufen, resté maître du duché patrimonial de Souabe, se rendit en Italie à la mort de son frère Manfred et entreprit la reconquête du Sud. Vaincu à Tagliacozzo par Charles d'Anjou (1268), il fut arrêté dans sa fuite, condamné à mort et exécuté.

Meyer donne de cette oeuvre une description relativement longue pour en souligner l'intérêt et les mérites. Il insiste sur la composition (la position des divers personnages) et plus encore sur l'expression. Le sujet, dramatique et pathétique, est de ceux que l'on aime à cette époque (cf. Diderot décrivant les grands tableaux de Greuze). La technique n'est envisagée que très rapidement, à propos de l'homme au manteau blanc.

[19] Le terme *costume* (allemand *kostum*) n'a pas le même sens ici qu'à la p. 84, où il était synonyme de vêtement; il désigne, selon la définition de Littré, « la vérité des coutumes, moeurs, usages, qui est reproduite par les poètes, les écrivains et les artistes ».

[20] Le plus célèbre de ces portraits est celui de Goethe dans la campagne romaine. L'oeuvre décrite dans la note, beaucoup moins connue, relève de la même veine: les deux personnages sont représentés dans un paysage typiquement romain, méditant auprès d'une statue brisée qui symbolise la décadence de Rome. Ce portrait est donc en même temps un tableau d'histoire — genre noble par excellence à cette époque.

L'usage de placer les personnages dans un décor italien vient de Battoni, qui, dans plusieurs portraits de gentilshommes anglais, introduit, pour symboliser le Grand Tour, des ruines ou des statues antiques: l'*Ariane abandonnée,* le *Laocoon,* l'*Apollon du Belvédère*... Longtemps, les peintres se plairont à peindre leurs modèles, plus ou moins illustres, dans un paysage emprunté à la ville éternelle — que l'on pense au célèbre *Chateaubriand* de Girodet, à de nombreux tableaux l'Ingres.

Les deux amis intimes voyageant en Italie dont il est question ici ne seraient-ils pas Meyer lui-même et son compagnon?

[21] Une vérification dans l'*Histoire de la Langue Française* de Ferdinand Brunot nous prouve qu'il aurait été possible, pour un texte de cette époque, de traduire presque littéralement: il peint avec un pinceau large et gras.

[22] Tischbein apparaît donc comme le *cicerone* idéal, et c'est bien ainsi que nous le présente Goethe: à la veille d'entreprendre avec lui son voyage à Naples et en Sicile, le poète se réjouit d'avoir pour compagnon un artiste doué d'« un oeil si remarquable pour saisir la nature et l'art » (*Op. cit.,* T. I, p. 351).

[23] Plusieurs artistes appartenant à la famille Pichler sont alors installés à Rome. Le père et l'un des fils se spécialisent dans les camées et les intailles, un autre fils, Alois (1773-1854), est graveur.

[24] Meyer commet ici une erreur: le peintre dont il parle est Johann Samuel Bach, fils de Philipp Emmanuel Bach, né à Berlin en 1749 et mort à Rome le 11 septembre 1778. L'inventaire fait après son décès mentionne 103 dessins: études de nus d'après l'antique, études d'arbres, paysages.

[25] L'exemple de la pyramide de Cestius et de ses environs montre comment les notions de *pittoresque* et de *romantique* tendent à se confondre à cette époque. Les sujets pittoresques par excellence, pour les peintres, sont alors les paysages où apparaissent des ruines envahies par la végétation — ils sont nombreux dans la relation de Meyer — or les ruines sont émouvantes, elles incitent à la mélancolie, elles ont donc un caractère romantique. La pyramide de Cestius et le cimetière des protestants présentent ici les aspects les plus romantiques: ruines et verdure, suggérant la fragilité des choses hu-

maines et la puissance de la nature éternellement jeune, éclat du soleil couchant, qui a lui aussi une valeur symbolique, présence de la mort.

[26] Le conseiller Reifenstein (1719-1793), amateur et dilettante venu à Rome, fut l'ami de Mengs et Winckelmann; il s'intéressa aux antiques, à la peinture, s'initia à la peinture et à la gravure. Il était conseiller aulique de Russie et de Saxe-Gotha. Il se faisait volontiers le *cicerone* des voyageurs de condition. Goethe vante « ses connaissances et son autorité » (*Op. cit.,* I, 273).

[27] Dans une lettre du 24 septembre 1787, K. Ph. Moritz conte l'enterrement d'un jeune peintre allemand, August Kirsch, il évoque le cercle des assistants réunis autour de la tombe à la lueur des flambeaux (*Op. cit.,* T. III).

[28] La véritable orthographe de ce nom est Schwendimann (1721-1786). Ici encore, il ne s'agit pas d'une « chose vue », mais la mort de l'artiste est un de ces faits vrais, révélateurs d'un caractère, qui seront chers à Stendhal, et qui donne à la fin du chapitre un accent d'héroïsme.

Chapitre 8

ROME

[1] Au XVIIIe siècle, aucun voyageur ne peut se dispenser de consacrer un certain nombre de pages aux antiquités, à ces ruines, à ces oeuvres d'art qui prouvent la grandeur et la décadence de Rome. Il est difficile d'éviter les constatations banales qui s'imposent à tous; seules l'habileté de la présentation ou certaines qualités littéraires permettent de fuir la médiocrité à laquelle tant de relations de voyage sont incapables d'échapper.

Meyer a réussi à rendre ce chapitre intéressant et original. Il ne cherche pas à décrire toutes les antiquités romaines, et ne présente que les principales: ensembles du Capitole, du Forum et du Palatin, monuments grandioses et suggestifs: Colisée et colonne Trajane. Le thème de la décadence de Rome revient comme un leit-motiv, thème inévitable sans doute, mais que l'auteur illustre par quelques tableaux saisissants et tracés d'une main ferme; ainsi quand il nous montre ces lieux chargés d'histoire, où le voyageur voudrait se recueillir, envahis désormais par la populace. La méditation est rarement possible, sauf au musée du Capitole, devant ces bustes antiques auxquels Meyer trouve surtout un intérêt psychologique et moral. Les ruines elles-même peuvent être bien décevantes — c'est le cas au Forum — d'autant plus que le voyageur, comme nous l'avons vu à diverses reprises, n'apprécie guère cette continuité qui caractérise l'art italien, particulièrement à Rome, avec cette utilisation constante dans l'architecture religieuse d'éléments antiques, portiques, colonnes ... De tels remplois lui semblent sacrilèges. Parfois, cependant, les vestiges de l'antiquité lui paraissent présentés de la façon la plus heureuse, la plus suggestive: c'est le cas du Capitole, grâce à l'intervention d'un grand artiste, Michel-Ange, et du jardin Farnèse, où la nature et l'homme ont contribué à créer les effets les plus pittoresques.

Il est aussi des heures privilégiées, où la populace agitée et bruyante a disparu, où les jeux de la lumière nocturne viennent rendre plus saisissants les monuments du passé. Nous retrouvons dans ce chapitre ce goût de la fête dont témoignait déjà la visite au Belvédère. Comme au Vatican, les amis sont réunis parmi les vestiges de l'art antique et célèbrent une date importante pour le voyageur, tandis que la lumière des flambeaux donne aux choses plus de grandeur et de majesté — et il ne faut pas oublier la présence lointaine de la musique, que Meyer a tant aimée: toutes les joies que peut lui offrir l'Italie sont donc réunies en cette soirée exceptionnelle. Puis, lorsque les amis se rendent au Colisée, cette lumière prend un pouvoir hallucinant, il semble que se déchaîne on ne sait quel cataclysme. Ce passage est particulièrement intéressant pour caractériser la sensibilité de l'auteur; il n'est pas sans rappeler le goût pour les romans terrifiants qui se manifeste à la fin du siècle; en outre, il a le mérite de présenter de façon originale un motif qui va très vite devenir rebattu, celui du Colisée au clair de lune.

Le lyrisme de Meyer atteint ici son sommet. Le dernier paragraphe se situe sur un autre plan. Le leit-motiv de la décadence romaine reparaît grâce à un symbole, celui des deux statues érigées successivement sur la colonne Trajane: elles représentent deux hommes bien différents, deux civilisations sans commune mesure. Le chapitre se termine ainsi par une nouvelle attaque contre la Rome pontificale.

[2] Comme dans les estampes de l'époque, des scènes de la vie populaire se déroulent auprès des monuments et des ruines antiques, mais ce n'est pas leur pittoresque qui intéresse le voyageur: elles lui permettent de prouver la décadence de la Rome moderne. Les pêcheurs repentants rappellent la superstition des pèlerins observés à Lorette; quant aux mendiants et aux criminels, ils inspireront de sévères critiques dans les chapitres suivants.

[3] Deux grandes figures d'empereurs apparaissent dans ce chapitre, grâce aux monuments qui nous sont conservés: Marc Aurèle et Trajan.

Le Marc Aurèle du Capitole est considéré à cette époque comme la plus belle des statues équestres; cependant, après les découvertes d'Herculanum, quelques voyageurs affirment que celle de Marcus Nonius Balbus lui est encore supérieure. Lalande avait déjà rappelé avec ironie les critiques de Falconet, près de deux cents pages dans le premier volume de ses oeuvres: d'« où il résulte que ce n'est pas un beau cheval » (*Op. cit.*, T. V, p. 191). Meyer en profite pour fustiger, une fois de plus, la suffisance, l'incompétence des Français, — l'expression « diese Herren von der Feder », appliquée aux Encyclopédistes, est particulièrement méprisante — tout en espérant que l'ère nouvelle instaurée par la Révolution les aura rendus plus équitables.

Etienne Falconet (1717-1791), sculpteur français, reçu à l'Académie en 1754. Il fut directeur de sculpture à la Manufacture de Sèvres (1758-1766). Les oeuvres qu'il exposa aux *Salons* jusqu'en 1765 le firent comparer par Diderot à Phidias. Son chef-d'oeuvre est la statue équestre de Pierre-le-Grand que Catherine II lui demanda d'ériger à Saint-Pétersbourg, où il demeura de 1766 à 1779.

L'ouvrage qu'il publia en 1771 à Amsterdam (*Observations sur la statue de Marc Aurèle et sur d'autres objets relatifs aux Beaux-Arts*) suscita toute une polémique dont nous trouvons un écho chez Meyer.

[4] Comme au musée du Vatican, Meyer ne retient qu'un petit nombre d'oeuvres d'art parmi beaucoup d'autres, mais, tandis qu'au Belvédère il expri-

mait l'enthousiasme de l'amateur, il souligne ici l'intérêt historique et humain des bustes représentant philosophes et empereurs.

⁵ Depuis des siècles, les voyageurs notent la déception qu'ils ont éprouvée à la vue du Forum; on pourrait multiplier les exemples, se référer aux estampes de l'époque qui nous présentent ces arcs, ces colonnes à demi ensevelis, ce Forum envahi par la populace et les troupeaux ... Citons seulement ce passage de Dupaty, où les effets de rythme sont moins réussis que chez Meyer: « Quels changements! Dans ces lieux où Cicéron parloit, des troupeaux meuglent. Ce qui s'appelloit dans l'univers le *forum romanum* s'appelle aujourd'hui, dans Rome, le champ des vaches, *campo vaccino* » (*Op. cit.*, T. I, p. 175).

La méditation sur la grandeur de l'Antiquité est l'un des principaux buts que se proposent alors les étrangers voyageant en Italie. Moins heureux qu'en d'autres lieux paisibles, Meyer ne peut y parvenir ici.

⁶ Au XVIᵉ siècle, une grande partie de la colline du Palatin avait été occupée par les *Orti Farnesiani* qui, deux siècles plus tard, passèrent par héritage aux Bourbons de Naples. Des fouilles furent entreprises au début du XVIIIᵉ siècle, mais l'exploration archéologique systématique ne commença qu'après 1860. Pour Meyer, le jardin Farnèse est un lieu privilégié, où la populace n'a pas accès. Lalande ne lui trouvait aucun charme: « Le jardin Farnèse est comme la plupart de ceux d'Italie, sans aucun plan ni disposition générale, le haut est percé de plusieurs allées et planté de bosquets qui sont décorés de fontaines, mais tout cela est négligé et presque abandonné depuis que les biens de la maison Farnèse sont passés au roi de Naples » (*Op. cit.*, T. V, p. 391). C'est justement cette irrégularité et cet abandon qui lui donnent tant d'attraits aux yeux de Meyer. La nature et l'homme ont contribué à y créer les effets qu'il juge les plus pittoresques; il retrouvera à Tivoli, plus suggestifs encore, les formes, les couleurs, le jeu des eaux, les contrastes d'ombre et de lumière dont il s'enchante ici.

⁷ Tout est majestueux sur cette terrasse qui a inspiré à Hubert Robert une de ses plus belles sanguines (Musée de Valence): les grands chênes, les fragments d'architecture délicatement travaillés, la perspective sur le Colisée. L'originalité du passage est due à la place accordée à la confidence personnelle, remarquable dans cette littérature de voyage où les nomenclatures et les sèches descriptions tiennent souvent une si grande place. Un lien indissociable s'établit entre un décor grandiose et une soirée particulièrement émouvante pour le voyageur, ce qui aurait pu être un pique-nique assez banal prend un caractère pittoresque à la lumière des flambeaux, poétique, grâce aux échos assourdis du concert renvoyés par les antiques murailles, sentimental enfin: le moindre geste a la valeur d'un rite, les coupes vidées symbolisent la consécration de l'amitié.

Il y avait là une veine que le roman ne pouvait manquer d'exploiter: les monuments les plus célèbres, les plus grandioses paysages venant rehausser de leur prestige les principaux moments de l'action. Le procédé apparaît, par exemple, dans l'*Ardinghello* de Heinse (1785), il est exploité souvent avec bonheur, par Madame de Staël dans sa *Corinne* (1807). Plus tard encore, il nous vaut — mais sans qu'on puisse parler de procédé — des pages émouvantes dans les *Promenades dans Rome* (1829) où Stendhal introduit des souvenirs mi-vécus, mi-rêvés, et imagine une journée passée dans les plus beaux jardins de Rome, en compagnie de quelques amis et de Méthilde, morte depuis plusieurs années.

S'il nous arrive parfois d'estimer que Meyer fait trop peu de place à la confidence personnelle, le mérite de ce passage est d'éviter ce que de tels effets peuvent avoir de conventionnel — rien de plus démodé que certaines recherches de *Corinne*. Cette fête doit à son atmosphère, aussi bien qu'à la discrétion de l'auteur, on ne sait quel charme un peu désuet. Meyer ne précise même pas le nom de l'être cher dont il célèbre l'anniversaire — l'édition française révèle qu'il s'agit de sa femme — et cette discrétion n'est pas sans avantage du point de vue esthétique, puisqu'elle lui permet d'éviter une note de romanesque un peu facile.

[8] Les remarques terminant le développement consacré au Colisée n'ont rien d'original: depuis plusieurs siècles, les voyageurs rappellent les ravages exercés par les barbares, l'attitude sacrilège des constructeurs romains qui ont utilisé l'édifice comme une carrière, sans pouvoir ébranler sa puissance. On conclut souvent par la louange des Romains, capables de rivaliser avec la puissance de la nature dans cette oeuvre colossale. Le Colisée fournit d'inépuisables sujets d'inspiration aux artistes du XVIIIe siècle.

Un thème nouveau s'introduit à cette époque, celui du clair de lune sur les ruines et les monuments antiques. Le pittoresque inhérent aux ruines est encore accentué par cet éclairage qui crée des contrastes de lumière et d'ombre, favorise le mystère et la mélancolie; rien d'étonnant que le terme *romantique* apparaisse fréquemment dans ce cas. Comme les visites au Belvédère, les promenades nocturnes parmi les vestiges de l'ancienne Rome deviennent vite une mode à laquelle sacrifie Madame de Genlis; venue à Rome quelques années avant Meyer, elle écrira dans ses *Mémoires,* sans le moindre commentaire: « Nous allâmes voir plusieurs ruines au clair de lune, entre autres le Colisée, la plus admirable de toutes » (T. II, p. 43). Ici encore, il serait facile de multiplier les exemples. Nous nous bornerons à citer le cas de Goethe: voulant donner à son départ de Rome une atmosphère particulièrement solennelle, il revient, la dernière nuit, contempler le Forum, et c'est sur le frisson dont est saisi le voyageur à l'aspect du Colisée que se termine le *Voyage d'Italie*. R. Michéa a souligné la beauté de cette page, comparable à un « somptueux finale d'opéra » (*Op. cit.,* p. 56). Quant à Madame de Staël, pour qui « la lune est l'astre des ruines », elle ne pouvait manquer d'exploiter, dans *Corinne,* les effets pathétiques que permettait le thème du Colisée au clair de lune — thème bientôt devenu un poncif.

Ce n'est pas encore le cas lorsque Meyer rédige sa relation de voyage; en outre il a su, ici encore, se montrer original. Il suffit, pour s'en convaincre, de comparer sa promenade au Colisée à celle d'un contemporain, Jakob Georg Christian Adler, qui séjourne à Rome pendant quinze mois en 1781 et 1782. Ce dernier, après avoir noté que la douce lumière de la lune ou celle des flambeaux donne aux ruines un aspect nouveau et plus romantique que ne le fait l'éclat du jour, évoque l'un de ses plus beaux souvenirs romains, une nuit de pleine lune au Colisée. Dans une esquisse où l'émotion est à peu près absente, il souligne les oppositions d'ombre et de lumière, accentue l'obscurité des cavernes qui semblent se creuser dans les parties les plus éclairées — ce sont les anciennes « loges » —; enfin le regard s'arrête sur la petite lampe solitaire de l'ermite installé au Colisée, puis sur les groupes de mendiants endormis dans les galeries; au loin se fait entendre le chant du rossignol (*Reisebemerkungen auf einer Reise nach Rom,* p. 108). Pas d'ermite ni de mendiants chez Meyer; son évocation du Colisée est plus grandiose, plus romantique, au sens que nous donnons à ce terme. Pour montrer les vastes dimensions des corridors, point n'est besoin d'y introduire ces personnages qui peuplent alors de nombreuses estampes: attirant l'attention sur une vie mesquine, ils nuiraient à l'impression d'ensemble. Le rossignol ne fait pas entendre son chant élégiaque, ce qui compte, c'est le sentiment de terreur, les effets hallucinants dont la cause — les flambeaux des visiteurs — est vite oubliée, comme ce sera le cas plus tard dans les meilleurs contes fantastiques. Il n'y a cependant rien de mélodramatique dans ce tableau. Comme au Belvédère, Meyer y révèle une incontestable justesse de goût. On s'étonne en lisant une telle page qu'il ait si mal compris l'oeuvre de Piranèse.

Après les deux réussites que sont la fête au jardin Farnèse et la visite au Colisée, le dernier paragraphe, consacré à la colonne Trajane, apparaît beaucoup moins original — sans doute l'auteur veut-il conclure son chapitre comme il l'a commencé, en insistant sur la décadence de Rome. Ce paragraphe correspond à d'autres virtualités de la littérature de voyage: l'aspect documentaire, moralisateur et satirique; mais comme la précision concernant la hauteur de la colonne semble prosaïque après l'émotion ressentie au Colisée! Comme nous avions oublié les jeux cruels auxquels était destiné l'amphithéâtre lorsque le voyageur, cessant de considérer en artiste le formidable édifice, le juge avec sévérité! Le moraliste peut affirmer la supériorité de la colonne Trajane, pourtant, ici, la transition n'apparaît-elle pas comme un procédé facile, ne détruit-elle pas l'impression que Meyer avait communiquée à son lecteur, grâce à un spectacle fantastique paré de tous les prestiges des ruines et de la nuit?

Chapitre 9

ROME

¹ La critique des moeurs tient une place importante dans la littérature de voyage, particulièrement au cours de la seconde moitié du XVIIIᵉ siècle. Jusque-là, elle se présentait surtout sous forme de remarques épisodiques, désormais, elle inspire de longs développements, des chapitres et même des ouvrages entiers. L'abbé Richard consacre au caractère et aux moeurs des Italiens tout un chapitre de son guide, Jagemann, la sixième lettre de ses *Briefe über Italien;* les titres de certaines relations annoncent que l'observation des moeurs y joue un grand rôle; ce sont par exemple celles-ci, plus ou moins célèbres:

Grosley, *Nouveaux Mémoires ou observations sur l'Italie et les Italiens,* 1764.

Sharp, *Letters from Italy, describing the customs and manners of that country. In the years 1765 and 1766.*

John Moore, *A view of society and manners in Italy,* 1783.

Un ouvrage anonyme, *Bemerkungen über den Character und Sitten der Italiener nebst einer kurzen Beschreibung meiner Reise von Mahon bis Neapel,* 1790.

Ce qui tend à changer aussi à cette époque, c'est l'attitude des voyageurs. Rarement leurs prédécesseurs avaient montré dans leurs relations la curiosité des êtres, la tolérance, le sens de la relativité qui rendent si original le *Journal* de Montaigne. Certains d'entre eux passaient la frontière avec un lot de préjugés que rien ne pouvait entamer: le Français restait pour eux galant et spirituel, l'Espagnol hautain, l'Italien jaloux, vindicatif, sournois... Les cavaliers, les jeunes gens bien nés, n'avaient pendant leur Grand Tour de relations qu'avec la « société », les savants et les collectionneurs, ils ne voyaient le peuple que de loin et souvent sans aménité — ce fut aussi le cas de Charles De Brosses. Leurs contacts avec les classes inférieures ne pouvaient guère leur fournir que des sujets de récrimination et renforcer leur mépris. Que de jugements défavorables aux Italiens en général, dont voituriers, douaniers, aubergistes et valets de place portent la responsabilité! Parfois l'indignation prévaut, ou bien on recherche le trait d'esprit.

D'autres tendances s'accentuent pendant la seconde moitié du siècle. On s'efforce davantage d'oublier les idées reçues, d'observer les moeurs, dans la mesure où le permet la durée du séjour; on tente de comprendre des usages qui avaient été jusque-là condamnés et raillés sans examen: on se demande, par exemple, si la paresse proverbiale des Napolitains, longtemps considérée comme un vice, ne serait pas une preuve de philosophie. Tout un courant de sympathie finit par se faire jour à l'égard des humbles; on se persuade que ces êtres, naguère qualifiés de « sauvages » et de « diables », sont naturelle-ment bons, malgré certaines apparences — l'idéologie de Rousseau n'est pas sans avoir influencé ces opinions, et, dans les relations de voyage, l'homme sensible tend à l'emporter sur l'homme d'esprit. On ne se contente pas d'ob-server des faits, on s'efforce en outre d'en rechercher les causes: les trois facteurs sur lesquels on met l'accent lorsqu'on étudie le caractère des Italiens sont la race, et surtout le climat et le gouvernement.

Les critiques n'ont pas disparu pour autant. Certains voyageurs, particuliè-rement grincheux, se distinguent même par leur esprit de dénigrement. Ce sont surtout, à peu près en même temps, deux Anglais, Smollett et Sharp, dont Sterne a raillé l'hypocondrie dans son *Voyage sentimental,* puis l'Alle-mand Archenholz qui, aveuglé par son admiration pour l'Angleterre, ne trouve guère en Italie que des sujets de mécontentement. Leurs critiques sont à l'origine de polémiques qui prennent vite un grand retentissement. La plus célèbre oppose Sharp à Baretti: aux *Letters from Italy describing the customs and manners of that country,* Baretti, un Italien vivant alors en Angleterre, répond par un livre où il prend la défense de ses compatriotes: *An account of the manners and customs of Italy: with regard to that country* (1768) — L'ouvrage est traduit en français en 1773, en allemand en 1781 — Sharp ne se tient pas pour battu et récidive en 1768; Baretti répond derechef... La querelle passionne l'opinion. Dans le cas d'Archenholz, dont le livre, *England und Italien* (1785), est bientôt traduit en plusieurs langues, c'est Jagemann qui entreprend de répondre dans un périodique (*Deutsches Museum,* mai 1786): ayant vécu plusieurs années en Italie, il s'estime plus capable de porter un jugement qu'un voyageur grincheux, auquel Goethe reprochera de se tromper « aussi bien dans ses louanges que dans ses blâmes » (*Op. cit.,* T. I, p. 291).

[2] C'est aux polémiques dont il a été question dans la note précédente que Meyer fait allusion ici, sans avoir besoin de préciser; comme tant d'au-tres, il souligne combien il est risqué de généraliser à la légère ses observa-tions, ou d'attribuer trop d'importance aux anecdotes: souvent celles-ci, qui répondent au goût d'un certain public, sont en effet rapportées par les voya-geurs sans aucun esprit critique.

[3] Les reproches faits aux Italiens sont nombreux: sensualité, jalousie démesurée et propension à la vengeance, paresse, malpropreté, superstition... on recommande aussi aux étrangers de surveiller leurs poches. La plupart des voyageurs contemporains de Meyer s'efforcent de présenter des jugements plus nuancés.

⁴ Les épigrammes contenues dans les *Lettres du chevalier de * * ** ont sans doute moins de portée que les accusations d'un Sharp ou d'un Archenholz, mais c'est à un certain type de voyageur que Meyer s'en prend ici: le Français léger, mondain, recherchant les traits d'esprit, un type pour lequel l'homme sensible ne peut avoir aucune sympathie et que Winckelmann avait déjà raillé.

Boufflers (1738-1815), auteur de poésies légères, devint membre de l'Académie en 1788. Son oeuvre apparaît comme le modèle de la littérature mondaine dans la seconde moitié du siècle.

⁵ Plus d'un voyageur s'efforce, comme Meyer, d'établir des distinctions entre les différentes classes. Adler, par exemple, estime que le proverbe souvent cité à propos de Naples, « un paradis habité par des diables », ne vaut que pour les classes inférieures; il note même que leurs défauts sont communs à la populace de tous les ports (*Op. cit.,* p. 231).

⁶ Le terme *Polizei* (police) est tantôt pris dans le sens d'« organisation politique », tantôt dans le sens plus fréquent d'« administration veillant à la sécurité publique ».

⁷ Loin d'inspirer des remarques destinées à faire briller l'esprit de l'auteur, mais superficielles, l'observation des moeurs aboutit à la critique du gouvernement, rendu responsable des défauts reprochés à la populace romaine. La violence des termes qui qualifient cette populace (*Rohheit, Wildheit . . .*) stigmatise en réalité certaines faiblesses, certains abus du pouvoir. Une louable tentative de Pie VI a tourné court, mais, si les réformes entreprises dans les Etats de l'Eglise ne peuvent aboutir, ne faut-il pas en accuser le pape aussi bien que son entourage?

⁸ Le droit d'asile apparaît aux voyageurs comme le plus scandaleux des abus, la cause principale des nombreux crimes. Les étrangers s'étonnent de voir le peuple accorder sa pitié au meurtrier. Archenholz, une fois de plus, en profite pour montrer la supériorité de l'Angleterre: « On entend de tout côté cette exclamation: *poveretto!* Ce n'est pas à l'assassiné, c'est à l'assassin qu'elle s'adresse ». En Angleterre, nul n'échapperait à la loi, comme c'est presque toujours le cas à Rome: « L'assassin ne trouve protection ni dans son rang, ni dans ses richesses » (*Tableau de l'Italie,* T. II, p. 146).

⁹ L'intérêt des anecdotes présentées ici, à la différence de tant d'autres qui se retrouvent dans de nombreuses relations et dont on finit par oublier l'origine, est de correspondre à l'expérience personnelle du voyageur. Ces petits tableaux de moeurs prestement esquissés constituent autant de preuves irréfutables, d'autant plus frappantes que l'auteur s'abstient de tout commentaire: voir, par exemple, la visite à l'hôpital de la Consolation.

¹⁰ Plus que les dispositions naturelles ou l'influence du climat, c'est le gouvernement pontifical qui, aux yeux de Meyer, porte la responsabilité de cet état de chose. Ce point de vue se retrouve chez d'autres voyageurs, cf. Archenholz, pour lequel la péninsule offre un champ d'expérience privilégié: « L'Italie est de tous les pays du monde celui qui prouve le plus évidemment combien la forme du gouvernement influe sur le caractère national. Elle n'a

qu'un climat, qu'une religion, qu'une seule et même langue, dans une étendue de pays médiocre à la vérité; mais quelle étonnante différence entre un Vénitien et un Romain, un Génois et un Milanais ... » (*Op. cit.,* T. I, p. 1).

La réflexion de Meyer s'approfondit encore pour tenter de trouver un remède, et ici intervient la comparaison implicite entre le pontife faible, épris surtout de gloire, incapable de persévérance, et le despote éclairé, soucieux de propager les Lumières dans ses Etats (Léopold Ier, 1747-1792, grand-duc de Toscane, s'efforça, en particulier, d'améliorer le sort des paysans et de développer l'économie; il imposa sa domination à l'Eglise toscane). Il faudrait à Rome, non pas une loi, une réforme épisodique et toujours menacée, mais une remise en question de tous les principes gouvernementaux, qui aboutirait, en particulier, à un vaste plan d'éducation: or, Meyer l'affirmera p. 104, le Saint-Siège adopte la solution inverse, il laisse le peuple dans l'ignorance et la barbarie pour pouvoir l'opprimer plus impunément.

[11] Après son bref passage à Vicence, le voyageur ne consacrait à la populace de cette ville que quelques lignes défavorables. Il en va tout autrement à Rome où un plus long séjour lui permet d'adopter l'attitude de « l'observateur philosophe ». Meyer appartient trop à son époque, il est trop optimiste aussi pour s'en tenir à une condamnation sans appel. Des témoignages dignes de foi et son expérience personnelle l'incitent à conclure que tout espoir n'est pas perdu. Cela nous vaut une de ces petites scènes, si rares chez lui — on en trouverait une, beaucoup plus piquante, chez K. Ph. Moritz — qui sont dues aux hasards de la route et introduisent une note légèrement picaresque dans la relation de voyage, avec cette nuance toutefois que Meyer n'a pas affaire à un coquin, mais à un brave homme: le dénouement révèle les qualités profondes cachées sous une apparence rude et taciturne. Cette scène, contée avec habileté, doit son charme à la raillerie légère qui vise le voyageur lui-même et à l'effet de surprise final. La littérature de voyage nous donne d'autres exemples semblables: d'abord, à la même époque, un récit appartenant au journal des dessinateurs envoyés par l'abbé de Saint-Non en Italie du Sud; rédigé par Vivant Denon, il est inséré dans l'ouvrage publié par Saint-Non, le *Voyage pittoresque et description des royaumes de Naples et de Sicile* (1781-1786). L'incident est conté avec la bonne grâce, la malice, la plume alerte qui font le charme de ce journal: les voyageurs, arrivés le soir à une vieille maison isolée sur la pointe d'un rocher et n'y trouvant que des gens ayant fort mauvaise mine, se croient tombés dans un repaire de bandits. Mais on se met bientôt en frais pour les recevoir, ils mangent avec délice un chou cabus, seul comestible qui puisse leur être offert, ils se couchent enfin de fort belle humeur. Le lendemain, ils apprennent que leurs hôtes forment l'équipage d'un petit bateau de pêcheurs échoué sur la côte (T. III, p. 123). Une anecdote semblable est rapportée dans la célèbre lettre de Paul-Louis Courier: « Un jour, je voyageais en Calabre ... » (Lettre du 1er novembre 1807).

[12] L'ironie de Meyer vise également les étrangers qui, pour mettre en valeur leur courage, exagèrent les dangers de la route (cf. aussi Adler, *op.*

cit., p. 43). Il semble qu'à cette époque une certaine sécurité règne dans l'Italie des voyageurs, et que ceux-ci n'aient plus l'occasion de voir le spectacle qui avait tant impressionné l'abbé Coyer dans le nord de la péninsule: plusieurs têtes de brigands, exposées au bord du chemin!

[13] Les histoires de bandits italiens alimentent sans doute de nombreuses conversations; certains guides de l'époque, anglais et allemands, déconseillent au voyageur de partir sans armes et l'on sait que Goethe se munit de pistolets avant de passer les Alpes. Ces histoires ont déjà inspiré quelques anecdotes dans la littérature de voyage, ainsi Guyot de Merville consacre un long développement au comte de Brisavo, devenu chef de brigands (*Voyage historique d'Italie,* T. II, pp. 246-57). Lorsque Meyer voyage en Italie, le bandit est une des figures préférées du *Sturm und Drang,* en attendant de connaître une brillante fortune à l'époque romantique; son succès est exploité par un petit ouvrage anonyme: *Schilderungen der so seltsamen als entsetzlichen Ränke der Banditen in Italien, nach gemachten Erfahrungen der Unternehmungen derselben (...) beschrieben von einem reisenden Deutschen* (1777).

[14] Les caractères soulignés par Meyer se retrouvent dans d'autres relations de voyage, qui accentuent l'un ou l'autre aspect. Pour Archenholz, le peuple romain n'est qu'« un vil troupeau d'esclaves sans ambition et sans courage »; selon Chateaubriand, « on peut découvrir parmi ce peuple, trop sévèrement jugé, un grand sens, un grand courage, de la patience, du génie, des traces profondes de ses anciennes moeurs, et quelques nobles usages qui sentent encore la royauté » (*Op. cit.,* pp. 27-28).

[15] Le voyageur nous est apparu successivement comme un amateur, un homme sensible à la beauté des ruines et du clair de lune, aux charmes de l'amitié, puis comme un observateur philosophe se refusant à prononcer sur un peuple étranger des jugements catégoriques. Ici, il exprime les opinions répandues à son époque en matière d'économie. On prône par-dessus tout le libre-échange, et la plupart des voyageurs critiquent le monopole de l'huile et des grains exercé par le gouvernement pontifical.

[16] Depuis bien longtemps déjà, Pasquin et Marforio retiennent l'intérêt des voyageurs. Misson avait parlé des pasquinades, Lalande donne les précisions suivantes: « *Pasquino,* c'est le nom d'une petite place située à vingt toises seulement à l'orient de la place Navone (...); le nom de Pasquino, qui était celui de quelque famille de Rome, fut donné à un ancien tronc de statue qui se voit au coin de cette place (...). Pasquin a été longtemps le lieu des plaisanteries, des bons mots, des placards et des affiches satyriques du peuple de Rome; *Marforio* (figure placée dans un carrefour du côté du Capitole, et qui est actuellement dans le musée de ce palais) faisoit les demandes et Pasquin les réponses (...). On y fait quelquefois de ces plaisanteries qui sont grossières et obscènes; mais il y en a qui sont fines et délicates. On a fait des recueils de tous les bons mots de Pasquin, qui ont produit en français le nom de Pasquinades » (*Op. cit.,* T. V, pp. 39-40). Volkmann reprend les précisions données par Lalande, il ajoute que le peuple romain pouvait ainsi faire connaître au pape ses sujets de mécontentement,

299

mais que cette mode se perd (*Op. cit.*, T. II, p. 419); d'après le témoignage de Meyer, il semble que le pontificat de Pie VI ait suscité un certain nombre de pasquinades.

Guyot de Merville, dans la première moitié du siècle, avait montré le plus grand intérêt pour cette forme de critique; de nombreuses pages de sa relation lui sont consacrées.

[17] Meyer, soucieux de nuancer ses jugements, ne va cependant pas jusqu'à établir des distinctions entre les habitants des divers quartiers, dont Stendhal affirmera qu'ils présentent les traits de caractère les plus opposés. Son allusion aux Transtévérins nous rappelle qu'à cette époque déjà ces derniers suscitaient une certaine curiosité chez les voyageurs. Cf. Lalande: « Le peuple qui habite au-delà du Tibre a conservé un caractère de rusticité et de rudesse, qui en fait, pour ainsi dire, une nation à part, chez laquelle on retrouve aussi les moeurs romanesques des siècles passés » (*Op. cit.*, T. VI, p. 150).

[18] Différents ouvrages consultés, y compris celui de Barbier, ne nous ont pas permis d'obtenir de renseignements sur cette oeuvre.

[19] La fin du chapitre souligne le contraste entre la décadence profonde du Saint-Siège et les apparences brillantes qui assurent tant de prestige à Pie VI parmi les Romains crédules: une fois de plus, chez Meyer, la satire est à double tranchant.

Chapitre 10

R O M E

¹ Les cérémonies religieuses de Rome attirent depuis longtemps de nombreux voyageurs: des fidèles sans doute, mais aussi des curieux, désireux de voir des spectacles dont la splendeur est sans égale. Pour ces derniers, elles représentent, avec le carnaval de Venise, les principales curiosités de l'Italie. S'ils doivent faire dans la péninsule un séjour de courte durée, les étrangers établissent généralement leur itinéraire pour se trouver à Venise à l'époque du carnaval ou de l'Ascension — jour où ont lieu les épousailles de la mer — et à Rome soit à l'époque de la semaine sainte, soit à la Fête-Dieu, et à la Saint-Pierre.

L'allusion à ces cérémonies religieuses, introduite par Meyer au chapitre précédent, montrait le rôle que leur attribuent des politiciens rusés, soucieux d'éblouir le peuple pour l'empêcher de réfléchir aux abus du système. Ici, ce qui domine d'abord, c'est l'admiration que suscite chez l'amateur et l'homme sensible un spectacle exceptionnel: le « groupe » du saint Père n'est-il pas comparable aux chefs-d'oeuvre de la peinture et de la statuaire, le spectateur prévenu ne se laisse-t-il pas gagner finalement par l'émotion collective? La satire n'est jamais absente cependant, elle finit même par l'emporter et se fait virulente dans les développements inspirés par Benoît-Joseph Labre ou les juifs de Rome.

² L'ironie apparaît sous divers aspects au cours de ce chapitre. Elle est d'abord presque insensible: l'auteur semble mettre l'accent sur certaines qualités de Pie VI, mais ces qualités pourraient appartenir aussi à un habile comédien! — C'est ainsi que Heinse considère le pape comme « ein wackrer Komödiant » (*Lettres, op. cit.*, p. 147). — Le trait sera plus accusé à la page 115 quand nous verrons le pontife accomplir sans sourciller les gestes rituels coutumiers au peuple romain, Ici, la nuance ridicule est due surtout à l'anecdote citée en note.

³ L'ironie se fait plus mordante grâce à un effet de style recherché: l'auteur donne le sens propre à des expressions employées d'ordinaire au sens figuré.

⁴ Le possessif employé par Meyer dans l'expression *ihrer Pius* (que nous traduisons par: *leur pape*), caractérise le sentiment des Romains à l'égard des pontifes, sentiment qui survivra à la disparition du pouvoir temporel.

⁵ D'autres voyageurs — Taine par exemple — souligneront chez les Romains ce trait de caractère auquel Meyer fait allusion ici: leur goût du spectacle, la prépondérance de l'imagination sur la réflexion.

⁶ Les intentions satiriques n'empêchent pas l'observation psychologique de s'exercer, aussi bien sur la foule que sur le spectateur lui-même. Plusieurs compatriotes de Meyer avouent l'émotion inattendue que leur inspirent les cérémonies de la place Saint-Pierre.

⁷ Nous avons préféré l'expression « *sedia gestatoria* » à la traduction littérale. Dupaty parle d'« estrade, portée par une douzaine d'hommes robustes » (*Op. cit.,* p. 342); Lalande, qui n'emploie cette expression que dans des parenthèses, écrit: « espèce de trône », ou encore: « fauteuil élevé, ou chaise à brancards » (*Op. cit.,* T. VI, pp. 60 et 68).

⁸ Cette procession, « un des spectacles les plus magnifiques que l'on puisse voir en Italie » (Lalande, *op. cit.,* T. VI, p. 69), et l'émotion qu'elle inspire au voyageur ne lui font pas oublier son rôle de moraliste: le spectacle, si beau soit-il, n'est pas l'essentiel.

⁹ Le feu d'artifice et surtout l'illumination de la coupole sont des spectacles fort vantés; la plupart des voyageurs apprécient de pouvoir admirer mieux que jamais, en ces soirs de fête, la beauté de l'architecture.

¹⁰ Comme chaque année, le roi de Naples fait remettre au pape par le prince Colonna, son ambassadeur, le tribut de la *Chinea,* ou haquenée blanche, et des 7000 écus d'or: il reconnaît ainsi la suzeraineté du Saint-siège.

Cf. Lalande, « La cérémonie de la *haquenée* (*chinea*) qui se fait la veille de Saint-Pierre, c'est-à-dire le 28 juin, est encore un des plus beaux spectacles de la pompe romaine; c'est l'hommage que le roi de Naples rend chaque année au pape, par son ambassadeur, en lui faisant présenter une mule blanche » (*Op. cit.,* T. VI, p.. 70).

La cour de Naples devait finalement obtenir en 1788 la suppression de ce tribut, qu'elle considérait comme le symbole d'une vassalité humiliante.

¹¹ Dans une lettre datée du 30 juin 1782, Heinse évoque la splendeur d'une telle réception: la fontaine de vin qui jaillit devant le palais Colonna, les salles magnifiques, ornées des plus grands chefs-d'oeuvre de la peinture, ouvertes au public pendant deux jours (*Briefe, op. cit.,* p. 195).

¹² L'admiration qu'inspirent au voyageur les brillantes cérémonies religieuses cède bientôt le pas à la satire. Quand nous pénétrons à l'intérieur de Saint-Pierre, ce n'est pas pour admirer la basilique richement ornée en ces jours de fête, ni pour entendre la musique dont Heinse vante l'exceptionnelle beauté: l'auteur nous présente un exemple de « superstition » typiquement romain, avant de consacrer au mendiant Labre un long développement qui lui permettra de compléter le portrait du peuple ébauché au chapitre précédent.

[13] Le cardinal de Bernis (1715-1794) était ambassadeur de France à Rome depuis 1769.

[14] B. J. Labre (1748-1783), ascète qui fut par la suite canonisé. Sa négligence à l'égard des soins corporels est devenue légendaire. Il inspire à Meyer un tableau d'horreur aussi vigoureux que celui des mendiants vénitiens. Comme la visite à Lorette, cet exemple illustre la victoire de la superstition sur la « saine raison ». Il est d'autant plus probant, selon l'auteur, qu'il est loin d'être isolé.

La citation empruntée à la lettre d'un prélat catholique donne une incontestable garantie d'authenticité à ces critiques d'un protestant. Aux accusations formulées par celui-ci — despotisme, obscurantisme — elle ajoute celle d'immobilisme; on ne peut donc rien imaginer de plus opposé aux Lumières que l'attitude du gouvernement pontifical ... On voit combien Meyer dépasse les railleries adressées au culte des reliques par tant de ses coreligionnaires. Certes, il n'omet pas de mentionner le commerce très particulier auquel donne lieu la vénération inspirée par B. J. Labre, mais il va plus loin et se situe dans cette tradition critique, remontant à la fin du XVIIIe siècle, auquel P. Laubriet a consacré un important article (*Les guides de voyage du début du XVIIIe siècle et la propagande philosophique*, in *Studies on Voltaire and the Eighteenth Century*, Vol. XXXII, Genève, 1965). Il est rare cependant de trouver dans la littérature de voyage des traits aussi incisifs.

[15] Cf. Lalande: « ...on ne peut rien voir de plus misérable et de plus sale que la juiverie ... » (*Op. cit.,* T. v, p. 289).

[16] Ici encore, Lalande apporte quelques précisions: « Le carnaval de Rome se distingue par des courses de chevaux qui se font pendant huit jours dans la rue du Cours, excepté le vendredi (...). Le prix est toujours une pièce d'étoffe fournie par les juifs de Rome » (*Op. cit.,* T. V, pp. 174 à 176).

Le *Journal* de Montaigne signalait, sans commentaire, cet usage que Meyer condamne au nom de la dignité humaine: « Le long du Cours, qui est une longue rue de Rome (...), on fait courir à l'envi, tantôt quatre ou cinq enfants, tantôt des juifs, tantôt des vieillards tout nus, d'un bout de rue à l'autre. Vous n'y avez nul plaisir que de les voir passer devant l'endroit où vous êtes. Autant en font-ils des chevaux ... » (*Op. cit.,* p. 133).

[17] Nouveau tableau typiquement romain: le sermon de conversion. L'ironie de Meyer se fait plus cinglante que jamais. Aucun voyageur n'a exprimé son indignation avec tant de vigueur. Le passage inspiré par le malheureux sort des juifs se termine cependant sur une note de triomphe: les opprimés remportent malgré tout une certaine victoire sur leurs oppresseurs.

CHAPITRE 11

ROME

[1] La satire, si virulente dans le chapitre précédent, prend ici un autre ton: le voyageur s'amuse à esquisser de petits tableaux typiquement romains, où interviennent des personnages ridicules, *ciceroni* pédants, ignorants et gloutons, jeunes voyageurs pour qui « antique » est synonyme de « beau » et qui deviennent facilement les dupes des trafiquants. La veine caricaturale de ces tableautins pris sur le vif est particulièrement savoureuse, on croit voir l'une des séries, si appréciées au XVIIIe siècle, qu'inspire aux dessinateurs et aux peintres la vie familière italienne: le jeune Anglais et le *cicerone,* le *cicerone* et l'empereur, le *cicerone* à table, Andrea N.N., ou comment on devient *cicerone*... Aucun voyageur n'a présenté avec tant de verve ce personnage caractéristique. En contrepartie, justice est rendue aux véritables antiquaires, tels Hirt et Reifenstein.

L'étranger soucieux d'enrichir sa connaissance de l'Antiquité ne néglige pas de visiter les villas des princes romains où sont réunies d'importantes collections. Ces villas lui réservent d'ailleurs d'autres joies, grâce à leurs merveilleux jardins: la nature et l'art contribuent à y créer les effets les plus « pittoresques », les plus « romantiques ». Ces jardins comptent parmi les principales curiosités de Rome et sont mentionnés depuis longtemps par les guides; jusqu'à cette époque cependant, les relations de voyage ne leur consacraient généralement que quelques lignes et s'attardaient à dresser la liste des collections, c'est dans la seconde moitié du siècle qu'ils sont pleinement goûtés. Un Lalande est encore réticent, il n'apprécie ni leur manque de régularité, ni ces arbres à feuilles persistantes qui lui paraissent trop austères, mais déjà ils inspirent des oeuvres pleines de charme à Fragonard, Hubert Robert... Nous retrouvons l'atmosphère caractéristique de l'époque dans le passage que consacre Meyer au petit lac de la villa Borghèse ou dans l'avertissement du gardien. Le ton change à la fin du chapitre: l'histoire de la jeune Cenci, cette héroïne digne de l'Antiquité, semble annoncer Stendhal et les *Chroniques italiennes.*

[2] Les voyageurs les plus exigeants, vite déçus par l'ignorance des *cice-*

roni, ne tardent pas à visiter Rome à leur guise, ainsi déjà Montaigne, dont le secrétaire notait: « Tous ces jours-là, il ne s'amusa qu'à étudier Rome. Au commencement il avait pris un guide français, mais celui-là, par quelque humeur fantasque, s'étant rebuté, il se piqua, par sa propre étude, de venir à bout de cette science, aidé de diverses cartes et livres qu'il se faisait remettre le soir, et le jour allait sur les lieux mettre en pratique son apprentissage; si bien que en peu de jours il eût aisément reguidé son guide » (*Op. cit.*, p. 127). Bergeret de Grancourt fait tapisser sa chambre d'un grand plan de Rome et l'étudie minutieusement; Goethe s'imprègne d'abord de l'atmosphère romaine, puis il partage son temps entre les lectures et les visites de la ville, où il a souvent pour guides ses compatriotes les plus célèbres dans le milieu romain, Tischbein, Angelica Kauffman, Reifenstein ...

³ L'ère de la *Kavalierstour* est bien finie. La plupart des étrangers adoptent désormais un autre art de vivre et de voyager. Meyer ne trouve aucune utilité à ces lettres de recommandation que le jeune cavalier ne manquait pas d'emporter en Italie pour s'y assurer l'appui de personnages influents; à l'en croire, elles offrent même certains inconvénients.

⁴ Ces *ciceroni* ne possèdent donc pas les qualités indispensables au connaisseur et même à l'amateur.

⁵ Ce petit tableau, plein de verve et d'ironie, est particulièrement réussi; il donne une nouvelle preuve du talent avec lequel Meyer peint les tableaux de moeurs.

⁶ Voilà donc la bonne méthode à suivre pour visiter Rome. Elle exige le recours à de véritables antiquaires, plus encore à l'étude — les auteurs anciens doivent avoir une place prépondérante — et à la méditation solitaire en présence des ruines. Hirt (Aloys), archéologue prussien (1759-1836) voyagea longuement en Italie après avoir terminé ses études; il s'y livra à l'examen des plus célèbres monuments d'architecture et fut souvent le *cicerone* bénévole de ses compatriotes. Pour Reifenstein, voir chapitre 7, note 25.

⁷ Le voyageur sensible ne recherche pas des connaissances abstraites, privées de vie, mais une véritable résurrection de l'Antiquité: elle viendra récompenser ses efforts s'il parvient à trouver la solitude parmi les ruines. Ce désir de voir revivre l'ancienne Rome se manifeste à diverses reprises chez Meyer, il n'est pas toujours exaucé. On en trouverait bien d'autres exemples à son époque mais, il faut l'avouer, ces sortes d'hallucination dont se prétendent saisis tant de voyageurs ne semblent pas toujours convaincantes! Ainsi chez Dupaty méditant au Colisée: « Je croyais entendre encore les rugissements des lions, les soupirs des mourants, la voix des bourreaux, et, ce qui épouvantait le plus mon oreille, les applaudissements des Romains » (*Op. cit.*, p. 267). Bien des années plus tard, Heine se moque de cette attitude dans un passage de ses *Reisebilder*, avec cette alliance subtile d'ironie et de poésie qui le rendent inimitable. Il se présente à nous, dans l'amphithéâtre de Vérone, « rétrogradant en esprit dans le passé. Comme tous les édifices révèlent, avec le plus d'évidence, au crépuscule du soir, l'esprit qui les habite, ces murs me dirent aussi dans leurs fragments de style lapidaire les

choses les plus profondes; ils me parlèrent des hommes de Rome antique, et il me sembla que je les voyais eux-mêmes, ombres blanchâtres, au-dessous de moi dans le cirque obscur! » Il engage même un dialogue avec ces ombres: « Je vis aussi César se promenant bras dessus, bras dessous avec Brutus — Vous êtes donc réconciliés, demandai-je ... » Agrippine lui apparaît aussi, « touchante comme une statue antique dans les traits de laquelle la douleur est pétrifiée. — Qui cherches-tu, fille de Germanicus? — Déjà je l'entendais se plaindre ... quand tout d'un coup retentirent le lugubre tintement d'une cloche d'angelus et le stupide roulement de la retraite. Les fières ombres romaines s'évanouirent, et moi je retombai dans le présent catholique, apostolique et autrichien » (pp. 370-71).

[8] A l'époque du *Sturm und Drang,* ni les tragédies, ni les jardins à la française n'apparaissent plus aux Allemands comme des modèles à imiter, mais les villas des princes romains laissent souvent nos compatriotes assez réticents: « Tout cet amas et délabrement de jardins, écrit Bergeret de Grancourt de la villa Pamphili, fait la ressource de tous les dessinateurs et peintres, mais cela ne fait qu'une habitation délabrée et des jardins dans le mauvais goût » (*Voyage d'Italie,* p. 156).

[9] Meyer n'est pas un esthète, mais un homme sensible: les joies de l'amitié rendent plus précieuses encore les émotions dues à la contemplation de la beauté.

[10] Il est particulièrement émouvant, pour les contemporains de Meyer, de retrouver aux temps modernes des survivances de l'ancienne Rome: ici, le mécénat du prince Borghèse, plus loin, l'héroïsme de la jeune Cenci.

[11] Cet asile de verdure et d'eau, que vient embellir encore l'éclat du soleil couchant, représente un type de paysage cher à Rousseau. Dans la relation de Meyer, il est un exemple caractéristique de paysage état d'âme.

[12] A cette époque, l'histoire de la famille Cenci, qui inspirera au siècle suivant des oeuvres célèbres, apparaît déjà à diverses reprises, avec quelques variantes, dans la littérature de voyage; elle est introduite soit après les développements consacrés à la villa Borghèse, soit, comme chez Ramdohr, à propos d'un tableau exposé au palais Colonna: une tradition, d'ailleurs controuvée, en fait le portrait de la jeune Cenci, dû à Guido Reni. Le prénom de l'héroïne n'est jamais indiqué, et les faits varient sensiblement d'une relation à l'autre. La première mention que nous en ayons trouvée jusqu'ici figure dans le *Voyage historique d'Italie,* de Guyot de Merville (1729); nous citerons deux autres versions, données par l'abbé Richard (1766) et Ramdohr (*Ueber Mahlerei und Bildhauerarbeit in Rom für Liebhaber des Schönen in der Kunst,* 1787), qu'il est intéressant de rapprocher du texte de Meyer. De notables différences apparaissent chez les quatre voyageurs en ce qui concerne la faute du père, les circonstances du crime et l'identité des complices, les réactions des accusés devant la torture et le dénouement lui-même.

Chez Guyot de Merville, la faute du père n'a pas le caractère monstrueux que nous retrouvons dans la nouvelle de Stendhal: le vieillard, bizarre et cupide, ne peut se résoudre à marier sa fille à laquelle il devrait donner une dot. La mère n'apparaît pas, mais nous voyons intervenir une nourrice: « Un jour la fille en parlant avec sa nourrice la gagna, et l'engagea à le jeter (son père) par la fenêtre, afin d'ôter de devant ses yeux une personne qui ne faisoit que la chagriner ». Ce dessein est exécuté, avec l'appui des deux frères, et les quatre complices feignent un grand chagrin, comme si le vieillard avait mis fin à ses jours dans un accès de folie. Cependant, le gouvernement de Rome conçoit des soupçons; le corps ayant été examiné et révélant des indices suspects, tous quatre sont arrêtés et soumis à la question. « La fille confessa d'abord, et les autres aïant ensuite avoué le crime, on les condamna à la mort. La fille et son frère aîné eurent la tête tranchée. Le cadet qui, à cause de son âge, fut jugé moins coupable que les autres, assista seulement à l'exécution ». C'est de lui que descend un gentilhomme dont Guyot de Merville fait la connaissance, Tibère Cenci (Lettre du 28 juin 1719, T. II, pp. 74-75). Nous sommes fort loin, on le voit, de la chronique stendhalienne. Les personnages manquent de complexité, aucun, dans ce récit très sec, ne nous inspire de sympathie.

D'autres textes expliquent le crime par l'amour monstrueux du père: toute sa famille se ligue contre lui. L'abbé Richard consacre moins d'une demi-page à son récit où la psychologie des complices n'est pas analysée davantage que chez Guyot de Merville. « Sa femme et sa fille outrées de cette abomination, s'en vengèrent en précipitant cet homme forcené du haut de la maison en bas, il mourut sur le champ (. . .) Le crime de toute la famille devint public; les uns prirent la fuite et furent proscrits, et n'ont pas reparu; ceux qui furent arrêtés périrent dans les supplices, et tous leurs biens furent confisqués au profit de la maison Borghèse » (*Op. cit.*, T. VI, pp. 208-9). La figure de la jeune fille a chez Ramdohr un peu plus de relief. Au palais Colonna, le voyageur médite devant le portrait attribué par la tradition à celle qu'il nomme « die berühmte Cencia » — cette attribution, remarque-t-il, est connue en Allemagne par *Die Physiognomischen Fragmente* de Lavater, mais comment l'accepter devant ce visage si doux, quand on connaît l'exceptionnelle détermination dont fit preuve l'héroïne? Dans la version présentée par Ramdohr, en effet, au moment où les assassins à gage — qui n'apparaissaient pas dans les deux textes précédents — pénètrent dans la chambre, la jeune fille se saisit d'un poignard et frappe elle-même son père endormi. Aucune allusion n'est faite à la torture, qui a chez Meyer une importance capitale. La mère et le frère n'avaient pas ignoré les préparatifs du meurtre: ils sont décapités avec la jeune criminelle, et le cardinal Scipion Borghèse, neveu du pape, entre en possession de leurs biens. Ramdohr cite ses sources, le manuscrit d'une nouvelle italienne conservé au palais Chigi, mais ajoute qu'il s'agit peut-être seulement d'une légende . . . (*Op. cit.*, T. II, p. 63).

Ces trois versions mettent en évidence la supériorité de Meyer. Si ce dernier laisse planer quelque doute en ce qui concerne la culpabilité de l'héroïne, le ton de son récit annonce déjà Stendhal. L'intérêt essentiel de

307

l'anecdote n'est pas en effet d'expliquer la confiscation d'un domaine, mais de mettre l'accent sur un exemple d'énergie exceptionnelle, digne des plus célèbres Romaines. Les caractères ne sont qu'esquissés, mais ne manquent pas de vigueur: la jalousie de la mère rend plus complexes les mobiles du crime; la contagion de l'héroïsme est telle que le brigand, stimulé par le courage d'une toute jeune fille, revient sur sa déposition et résiste aux pires souffrances. Quant aux aveux de l'héroïne, ils prennent une tout autre portée que dans la relation de Guyot de Merville, où ils étaient, banalement, expliqués par les tortures. La jeune Cenci peut montrer une fermeté hors du commun, elle n'est cependant pas une virago: c'est sa sensibilité qui la perd, et entraîne dans la mort sa malheureuse famille. Le récit garde sa sobriété jusqu'au dénouement, même si Meyer suit de très près ses sources — qui ne nous sont pas connues — il a su éviter tout effet de pathétique facile.

L'anecdote se termine par une brève attaque contre le népotisme: ainsi se complète la satire du gouvernement pontifical, qui tenait une place si importante aux chapitres 9 et 10.

CHAPITRE 12

TIVOLI

[1] La traditionnelle excursion à Tivoli permet au voyageur de retrouver certains souvenirs historiques et littéraires; elle lui offre, elle aussi, des spectacles et des paysages qu'il se plaît à évoquer, sans oublier que l'homme est incapable de rendre la nature dans toute sa beauté: cette vérité est illustrée par l'anecdote du paysagiste anglais déchirant son esquisse avant de la précipiter dans le torrent. Grotte de Neptune, villas d'Hadrien et de Mécène, jardins de la villa d'Este et cascade de Tivoli surtout lui fournissent, après les jardins des villas romaines, d'autres exemples de ce « pittoresque » cher à la sensibilité de son époque. On retrouve alors ces paysages dans la plupart des relations de voyage; Meyer se distingue de ses contemporains par l'émotion qu'il éprouve en leur présence, par cette expérience inoubliable, cette révélation d'une beauté longtemps insoupçonnée. L'auteur a beau dissimuler sa confidence sous une formule qui se veut générale: « Le voyageur les découvre avec un enthousiasme jusqu'alors inconnu . . . », nous ne pouvons nous y tromper, ce voyageur, c'est Meyer lui-même.

Ce chapitre ne réussit pas toujours à éviter certains écueils rencontrés par l'écrivain quand il veut présenter les paysages italiens: si la relation met l'accent sur certaines précisions documentaires, elle tend à se rapprocher du guide de voyage, c'est le cas ici pour la villa Hadrienne. L'ensemble du chapitre est cependant fort intéressant: la cascade de Terni nous avait permis d'insister sur l'intérêt exceptionnel qu'offrent à cette époque de telles curiosités naturelles; celle de Tivoli, moins imposante sans doute, ne suscite pas un moindre enthousiasme. Les premiers qui en apprécièrent le charme furent, semble-t-il, les voyageurs anglais, si l'on en juge d'après l'*Elégie* du poète Gray. Dans la seconde moitié du siècle, les étrangers vantent à l'envi son aspect « romantique ». Cf. Mme Piozzi: « I have seen the cascatelle so sweetly elegant, so rural, so romantic » (*Op. cit.,* T. I, p. 325) ou Adler: « Der Wasserfall gibt die romantische Aussicht, die man sich vorstellen kann . . . ». Quant à Wilhelm Heinse, il éprouve une exaltation qui s'exprime dans un véritable hymme d'amour à la nature (Lettre du 26 juin 1782, *op. cit.,* p. 171).

La comparaison entre les deux cascades de Terni et de Tivoli entraîne Meyer à justifier sa préférence pour la seconde: une fois de plus, nous le voyons rechercher dans la contemplation de la beauté un état d'âme paisible, dont l'influence demeure longtemps bienfaisante, non le choc violent d'un éblouissement destiné à rester éphémère — cette préférence est donc due à des causes purement subjectives. En outre, l'auteur est amené à préciser ce qu'il entend par *pittoresque*: ce peut être un paysage de montagnes aux vastes perspectives, mais il y faut aussi la présence des eaux et des ruines, une végétation grandie librement (p. 136). L'exemple de la villa d'Este vient apporter une distinction importante: ces jardins offrent un spectacle pittoresque, grâce aux ruines couvertes de broussailles, mais l'abandon qui y règne les rend bien inférieurs à ceux de la villa Borghèse, où la nature et l'art se sont unis de la façon la plus heureuse. Si la présence de l'homme paraît trop envahissante dans les jardins à la française, où il veut contraindre à ses lois la végétation, la nature abandonnée à elle-même ne peut satisfaire les goûts du voyageur sensible: l'intervention de l'homme doit se faire oublier, mais ne saurait être inexistante — cet idéal, bien caractéristique de l'époque, apparaissait déjà dans l'Elysée de la *Nouvelle Héloïse*.

Pendant des années, la cascade de Tivoli, comme celle de Terni, suscite dans les relations de voyage des pages enthousiastes. Après Fragonard et Hubert Robert, puis Ph. Hackert, elle reste pour les peintres un des motifs les plus étudiés. Au début du siècle suivant, Kotzebue écrira encore: « Il ne se passe pas un jour dans l'année sans qu'il vienne ici des artistes. Tous les peintres de paysage qui voyagent en Italie semblent s'être donné le mot pour dessiner et pour peindre, avant tout, les grandes et les petites cascades de Tivoli » (*Souvenirs d'un voyage en Livonie, à Rome et à Naples*, T. IV, p. 27). Un étranger qui refuse de s'associer à l'admiration presque unanime suscite la réprobation: ainsi, dans sa *Bibliographie. universelle des voyages,* publiée en 1808, Boucher de la Richarderie reproche à Kotzebue de prendre parti contre une certaine conception du pittoresque, celui des montagnes et des cascades, de ne pas consentir à « trouver beau un fleuve qui se précipite tout entier d'une grande hauteur, et avec un fracas horrible, sur des rochers qu'il couvre d'écume »: ce voyageur s'oppose ainsi à ce qu'éprouve « la généralité des hommes sensibles » (T. II, p. 530).

[2] La vallée de l'Anio est « romantique », grâce à son aspect sauvage. Le terme, à cette époque, est fréquemment employé à propos des paysages de montagnes. Cf. au chapitre 1, les « romantiques vallées » des Alpes du Tyrol.

[3] Rivalisant avec les paysagistes, Meyer consacre deux esquisses à la cascade de Tivoli: d'abord un vaste paysage dans un cadre de montagnes, avec des perspectives sur Rome et l'horizon de la mer, puis une vue plus limitée, celle de la cascade, où les détails sont mieux précisés: c'est ainsi que nous pouvons voir les larges feuilles du tussilage. Cette indication prouverait-elle que Meyer s'intéresse à la botanique? Aucun autre exemple ne permet de l'affirmer. Beaucoup de relations de voyage font alors une large place aux

sciences naturelles, particulièrement à la botanique et à la minéralogie: Goethe recueille des échantillons de roches, observe les plantes, échafaude un vaste système.

⁴ La grotte de Neptune offre un autre exemple de pittoresque; comme pour la cascade de Tivoli, Meyer y note un effet de lumière particulièrement intéressant.

⁵ Proche de Tivoli, la villa d'Hadrien est un champ de ruines d'une exceptionnelle étendue, même à cette époque où des secteurs entiers restent à dégager.

Meyer s'attarde aux précisions documentaires et se montre moins original ici que dans ses descriptions du jardin Farnèse ou du Colisée. La remarque la plus intéressante, qui apparaît d'ailleurs chez d'autres voyageurs, concerne la partie de la villa figurant les enfers, avec cette lumière inquiétante qu'elle projette sur le caractère d'Hadrien. Vient ensuite le lieu commun traditionnel sur la grandeur et la décadence des entreprises les plus hardies — son principal mérite est la sobriété de la phrase, qui a su éviter toute grandiloquence.

⁶ Pendant la première moitié du siècle, les voyageurs n'appréciaient guère les arbres typiquement méridionaux, les « tristes oliviers », les cyprès qui leur paraissaient funèbres; désormais, on admire la silhouette architecturale des pins et des cyprès, comme l'avaient fait depuis longtemps les peintres, et les âmes sensibles leur trouvent bien des charmes. Madame Vigée-Lebrun rapporte, non sans fierté, une réflexion inspirée par les cyprès à sa fille âgée de sept ans: « Ces arbres-là invitent au silence » (*Op. cit.,* T. I, p. 146).

⁷ Ces artifices, qui ont fait naguère la joie de certains voyageurs, ne sont plus appréciés de ceux qui cherchent dans les jardins à satisfaire leur goût de la solitude et de la rêverie.

⁸ Piranèse (Giovanni Battista Piranesi, dit par les Français Piranèse, 1720-1778), architecte et graveur. Ses estampes (il s'agit de séries qui furent méthodiquement publiées) sont les plus belles qu'aient jamais inspirées Rome et les monuments antiques d'Italie. Ses *Vues de Rome* (après 1747) comptent 137 feuilles; quant à la série des *Carceri* (Prisons), elle devait donner l'essor à l'imagination romantique (voir Lucius Keller, *Piranèse et les romantiques français,* Paris, 1966). Ses planches d'art décoratif contribuèrent à diffuser en Europe le goût néo-classique.

L'appréciation donnée par Meyer est aussi décevante que le critère sur lequel elle se fonde. Le souci de précision et l'exactitude semblent bien prosaïques quand il s'agit de cette oeuvre géniale. D'autres raisons expliquent sans doute l'incompréhension du voyageur: il nous rappelle constamment ce qu'il demande à la beauté, un aspect calme et serein, capable de lui apporter l'apaisement; comment ne serait-il pas mal à l'aise devant cette Rome de Piranèse, celle d'un visionnaire, dont les monuments semblent bâtis par des titans, devant ces noirs profonds qui suscitent une impression de mystère et d'inquiétude? Goethe, épris de calme, beauté et lumière, n'apprécie pas davantage les célèbres planches (voir Michéa, *op. cit.,* p. 215). Lalande exprime sans doute l'opinion de nombreux étrangers lorsqu'il écrit: « Les Antiquités de Rome avec les figures de ses monuments, données en grand par Piranesi, sont une chose fort agréable pour ceux qui, n'étant pas sur les lieux, veulent en avoir une idée; elles sont moins nécessaires aux voyageurs. On leur reproche d'être rarement conformes aux règles de la perspective » (*Op. cit.*, T. IV, p. 73) (!) Parmi les *vedute* esquissées par Meyer dans sa relation, une seule, au caractère hallucinant, nous fait penser à Piranèse: celle où la lumière des flambeaux projette des ombres fantastiques dans les galeries du Colisée.

Chapitre 13

F R A S C A T I

¹ Les chapitres 13 et 14 restent assez proches du précédent et appellent
peu de commentaires. Ici encore, il s'agit d'excursions classiques dans les
environs de Rome, à l'occasion desquelles apparaissent des thèmes bien connus désormais du lecteur. Nous retrouvons la préférence du voyageur pour
un certain type de paysage verdoyant, aux formes variées et toujours harmonieuses, collines et montagnes, vallées, jardins, points de vue changeants
grâce aux détours du chemin ... Souvent déjà, il a exprimé son goût pour
les vastes perspectives, mais aussi pour ces jardins ombragés, véritables asiles
devenant même ici labyrinthes, où il trouve la paix la plus bienfaisante et
cette mélancolie qui, on le sait à cette époque, n'est pas sans charmes pour
un coeur sensible. Enfin, ces terres si bien cultivées, ces paysages harmonieux
favorables à des émotions si douces, sont aussi des lieux tout imprégnés
d'histoire : le voyageur peut y évoquer le passé et méditer sur l'instabilité
de toute chose.

² Ces considérations sur la Campagne romaine et l'ennui qu'elle inspire,
la brièveté même du passage qui lui est consacré se retrouvent chez tous les
voyageurs avant que Chateaubriand n'ait senti la beauté de ces terres incultes.

³ Meyer est sensible aux nuances des différents verts; de même il avait
noté, après le passage des Alpes, la fraîcheur de la végétation printanière.

⁴ Les marques de décadence sont donc sensibles chez les princes comme
dans le peuple.

⁵ L'usage est très répandu en effet d'aller faire ce que l'on nomme « la
villeggiatura » dans la région des Castelli Romani, le séjour à Rome étant
considéré comme dangereux en été. Cf. J. D. Cassini: « Les grandes chaleurs
commencent à Rome environ vers le temps de la St-Pierre (fin juin) c'est
aussi à-peu-près le commencement de ce qu'on appelle l'intempérie, l'*aria cat-
tiva*, le mauvais air de la campagne de Rome » (*Op. cit.*, p. 115).

⁶ Formes et couleurs, sons et parfums contribuent à faire de ce labyrinthe
un jardin enchanté, où le voyageur, loin de se croire emprisonné, se sent
protégé, apaisé. Cette influence de la nature, capable de modifier insensible-

313

ment les sentiments de l'homme, c'est, à propos d'un paysage italien, celle que Rousseau avait soulignée dans la célèbre lettre sur les montagnes du Valais.

Autant qu'aux hasards de la route, l'alternance, constante chez Meyer, entre les espaces restreints et les vastes perspectives, est due au caractère de sa sensibilité.

[7] Peuple turbulent qui vit dans une véritable Arcadie: le contraste signalé ici se retrouvera à propos des Napolitains.

[8] Cette intolérance manifestée par les Italiens à l'égard des odeurs (tabac, parfums de fleurs ...) surprend les voyageurs, certains veulent n'y voir qu'un caprice chez les dames romaines. Ce détail ne mériterait pas d'être souligné s'il ne permettait à Meyer, une fois de plus, de ne pas condamner une réaction qui peut sembler bizarre à l'étranger, mais de chercher à l'expliquer. Nous avons vu qu'il se refuse à porter sur le caractère des Italiens des jugements catégoriques; ce souci des nuances se retrouve même quand il s'agit du costume et de la beauté féminine: l'impression défavorable qu'il éprouve à Frascati ne se justifierait, suggère-t-il, que par des causes purement subjectives.

[9] « Le lac Regile, actuellement le lac de Sainte-Praxède » (Lalande, *op. cit.,* T. VI, p. 374).

[10] Certains auteurs auraient insisté davantage sur cet effet de soleil couchant qui semble rappeler le sanglant combat d'autrefois. Le lecteur est reconnaissant à Meyer de ne pas avoir exploité ce procédé trop théâtral.

[11] Métastase (né à Rome ou Assise, selon d'autres sources, 1698-1782) célèbre dans toute l'Europe pour ses tragédies musicales, il fut poète officiel de la cour d'Autriche.

Chapitre 14

ALBANO, NEMI

¹ Ce chapitre réunit deux tendances entre lesquelles la relation de voyage s'efforcera de plus en plus de choisir, les précisions documentaires et les confidences personnelles; il surprend ainsi par son caractère hybride: proche d'un guide par la place qu'il accorde à certains renseignements, il est, à d'autres égards, un des plus originaux de l'ouvrage.

Plusieurs fois déjà, Meyer a fait allusion aux stériles recherches des antiquaires: à quoi bon tant de querelles quand il est impossible de prouver l'origine de telle ville, l'identification attribuée à telle ruine? Ces querelles sont aussi vaines que celles des moines, citées au chapitre précédent. L'essentiel est ailleurs, dans la contemplation de la nature, la jouissance de l'heure présente. Cette dernière formule est vague et garde toujours pour le lecteur une certaine résonance épicurienne, mais le chapitre permet de préciser ce que Meyer entend par là. Jouir de l'heure présente, c'est admirer les beaux paysages de l'Italie, la lumière changeante reflétée par les eaux, la nuance impossible à décrire d'une vapeur légère; c'est aussi se laisser envahir par la paix qu'apporte la contemplation d'une certaine beauté (p. 152) ou par la mélancolie (p. 156), s'abandonner à une rêverie inspirée par la grandeur romaine à son apogée. Quelle déception quand cette rêverie est interrompue par un moine, vivante preuve, selon Meyer, de la décadence actuelle; quel retour brutal aux limites de la condition humaine quand, au détour d'une allée, dans un beau jardin, un monument vient rappeler l'inéluctable loi: *memento mori* . . .

² Cf. Goethe: « . . . Je suis allé avec Angelica Kauffmann chez l'Anglais Moore, un paysagiste . . . » (*Op. cit.,* T. II, p. 673).

³ Les mêmes données se trouvent, sous une forme presque analogue, dans le guide de Lalande.

⁴ Cf. Lalande: « . . . dans l'état où il est, ses ruines qui se confondent avec les ronces, sont d'un pittoresque admirable » (*Op. cit.,* T. VI, p. 362).

⁵ « Venuti croit que c'est (le tombeau) du grand Pompée; ce sentiment est bien plus probable » (Lalande, *Op. cit.,* T. VI, p. 360).

[6] Cette notation est intéressante, car elle apporte encore une précision sur ce que représente le pittoresque à cette époque. Il est évident, quand on lit les *Salons* de Diderot, qu'un tableau ne se réduit pas à « une surface plane, couverte de couleurs en un certain ordre assemblées », selon la définition que donnera Maurice Denis un siècle plus tard; l'homme sensible n'y cherche pas un intérêt purement visuel. Nous avons souligné à diverses reprises l'importance des ruines, qui invitent le spectateur à méditer sur la fragilité des choses humaines; de même ici, la présence de l'ermite introduit un élément sentimental dont l'importance ne doit pas être négligée. On sait d'ailleurs qu'à cette époque où la peinture de paysage est encore considérée comme un genre inférieur par rapport aux tableaux d'histoire et aux portraits, la plupart des paysagistes ne manquent pas, pour leur donner plus de dignité, d'introduire dans leurs oeuvres la présence de l'homme par un biais quelconque: scène de genre, scène biblique ou mythologique ...

[7] C'est l'état de grâce par excellence, tel que le conçoit Meyer. Si la traduction de Vanderbourg n'est pas rigoureusement fidèle à la lettre du texte, elle semble exprimer mieux encore les sentiments éprouvés par le voyageur: « Aucune heure de ma vie ne me donna des jouissances plus complètes, ne fut plus entièrement à moi » (pp. 271-72).

La méditation de Meyer devant le lac d'Albano ne ressemble pas aux rêveries de Rousseau à l'île Saint-Pierre; les souvenirs de la Rome antique y ont un rôle prépondérant.

[8] Traduction due à A. M. Guillemin (Pline, *Lettres,* Paris, Belles-Lettres, 1947).

[9] Clément XIV (Ganganelli), pape de 1769 à 1774, abolit l'ordre des Jésuites.

[10] La supériorité des Romains en tant que bâtisseurs, dont il a été question à la page précédente, est illustrée par l'émissaire du lac d'Albano. Il suscite l'admiration des voyageurs: « Cet ouvrage fait bien voir qu'on savait dès lors l'architecture hydraulique et le nivellement » (Lalande, op. cit., T. VI, p. 368). A propos de cet émissaire, Lalande rappelle les observations faites par Piranèse (*Antichità d'Albano e di Castel-Gandolfo ecc.,* Roma, 1762-64); on sait que l'artiste, blessé dans son patriotisme, voulut réagir contre la vogue de l'hellénisme et affirmer l'origine purement italienne des influences subies par les Romains: « Il étoit persuadé que les Romains avoient excellé dans l'architecture, et qu'ils ne l'avoient point reçue des Grecs; mais les Etrusques s'étoient déjà distingués par des constructions qui étoient d'un style noble et d'une belle simplicité, et les Romains ont pu y apprendre l'architecture avant que d'être en relation avec les Grecs » (Lalande, *Ibid,* pp. 368-9).

[11] Philipp Hackert (1737-1807) était considéré par ses compatriotes comme le plus grand peintre de paysage; la postérité n'a pas ratifié ce jugement. Il fut nommé en 1786 peintre officiel du roi de Naples. Goethe, qui le connut personnellement lors de son voyage en Italie, écrivit sa biographie.

[12] Stolberg rend visite au peintre dans sa maison de Naples, en février 1792, et déclare qu'un amateur s'y trouve dans son véritable élément. Comme

Meyer, il admire tout particulièrement un clair de lune sur la mer, placé au-dessus de la porte dans la chambre de Hackert: le pouvoir d'illusion de cette oeuvre lui semble remarquable, surtout lorsque la pièce est plongée dans l'obscurité, l'antichambre seule demeurant éclairée: l'astre paraît alors si clair que les objets situés dans la chambre projettent des ombres, on croit voir, dans le tableau, la mer scintiller sous les rayons de lune! Quelle douceur ce doit être, pense Stolberg, de s'endormir en laissant errer ses regards sur un tel spectacle! (*Op. cit.,* T. II, p. 312).

Il y a déjà une note très romantique dans ce goût des clairs de lune et de la mélancolie inspirée par la nature ou les oeuvres d'art.

[13] Petite scène idyllique dont le voyageur souligne le caractère exceptionnel et qui l'amène à introduire une nouvelle attaque contre le gouvernement pontifical.

[14] « Le beau lac de Nemi qu'aucun souffle ne ride » n'a pas attendu le poète pour symboliser la transparence d'une âme pure ...

[15] Après le passage documentaire consacré au lac de Nemi, l'accent d'autobiographie domine à la fin du chapitre. Les rêveries heureuses, l'invitation à jouir de l'heure présente sont brusquement oubliées et le voyageur doit quitter le beau jardin qui a perdu ses charmes.

Chapitre 15

LES MARAIS PONTINS

[1] De Rome, la plupart des étrangers gagnent Naples, dont les environs suscitent alors une curiosité plus grande que jamais, grâce aux fréquentes éruptions du Vésuve et aux découvertes d'Herculanum et de Pompéi. Trois possibilités s'offrent à eux: voyage par mer, traversée des Marais Pontins puis route de Gaète et Capoue, ou encore route du Mont-Cassin. K. Ph. Moritz aurait souhaité s'embarquer pour longer ces rivages où aborda Enée, où Ulysse séjourna chez la magicienne Circé, mais l'entreprise offre trop de dangers. Trois jeunes artistes qui devaient faire partie de l'expédition décident de gagner Naples à pied, Moritz et son compagnon avec un voiturin, selon l'usage le plus répandu (*Op. cit.,* T. II, p. 1). Souvent, en effet, les voyageurs qui redoutent les inconvénients de la navigation passent par Gaète et Capoue, puis reviennent par le Mont-Cassin, ou inversement. Meyer traverse deux fois les Marais Pontins, désolés et redoutés pour leur insalubrité: à la différence de ses contemporains, il ne cherche pas seulement à y retrouver le souvenir d'Horace, mais il montre un intérêt tout particulier pour les travaux d'assèchement entrepris sous le pontificat de Pie VI.

Ce voyage nous vaut un long chapitre, différent des autres par sa longueur et son caractère. Meyer insiste dans sa préface sur l'aspect subjectif de son livre, où il se contente, dit-il, d'esquisser les tableaux qui l'ont le plus touché et de traduire ses impressions; ici, toutefois, son intention est bien différente: il veut présenter une étude d'ensemble sur une question qui est à l'ordre du jour, informer ses lecteurs sur une entreprise dont la renommée a franchi les frontières. L'actualité de cette étude explique qu'elle ait donné lieu à un article paru, environ trois ans plus tôt, dans une revue allemande.

L'information s'appuie sur diverses données: références à l'histoire, avec cette évocation des travaux entrepris au cours des siècles dans les Marais Pontins; observations personnelles du voyageur qui a traversé deux fois la contrée; témoignage du Romain capable le juger en toute impartialité (p. 159) ou d'étrangers installés à Rome (p. 173). Le ton de ce chapitre se justifie par les intentions de l'auteur: l'observateur soucieux d'objectivité, du moins en

318

apparence, succède au voyageur sensible qui, à Tivoli ou devant le lac d'Albano, s'abandonnait à son admiration. La sensibilité ne se manifeste ici que par le biais de la pitié, quand Meyer évoque les malheureux ouvriers destinés à trouver leur perte dans ces marais insalubres; l'ironie est beaucoup plus fréquente, elle contribue d'ailleurs à rendre suspecte l'objectivité de l'auteur, puisqu'elle représente un des aspects que prend dans ce chapitre la satire de l'entreprise pontificale. Une fois de plus, en effet, le voyageur s'en prend violemment à Pie VI: il lui reproche sa vanité, sa faiblesse, son aveuglement, le manque de méthode avec lequel les travaux sont commencés et poursuivis...

C'est probablement à Meyer que répond Benkowitz, quelques années plus tard, quand il reproche à un voyageur dont il a oublié le nom l'injustice de ses accusations — celles-là mêmes qui sont formulées ici. « In irgend einer Beschreibung von Italien, deren Name mir entfallen ist, wird eine sehr ungünstige Vorstellung von dem Austrocknen dieser Sümpfe erweckt » (*Reise von Glogau nach Sorrent,* T. III, p. 140). Pie VI, un souverain facilement aveuglé, auquel on montre seulement ce qu'il veut voir, grâce à une mince bande de terre cultivée où les épis, grandis au bord de la route, cachent le marécage tout proche? Comment le croire, quand on sait que l'assèchement des Marais Pontins est l'entreprise qui lui tient le plus à coeur, quand on connaît sa lucidité? Benkowitz n'ignore pas que les travaux ne sont pas terminés en 1801, mais beaucoup de progrès ont été accomplis, le marécage a considérablement reculé. Si le voyageur ne peut juger de façon précise, il aperçoit du moins, à une assez grande distance de la route, du bétail occupé à paître.

Quel que soit chez Meyer le souci d'objectivité, il ne réussit pas, semble-t-il, à surmonter son hostilité à l'égard de Pie VI. On pourrait en outre lui reprocher le caractère hâtif de ses investigations: sur les quatre jours que représente l'aller et retour de Rome à Naples, deux sont consacrés à la traversée de la zone marécageuse (voir la note de la p. 163): les possibilités d'observation restent donc très limitées.

Si cette étude consacrée aux Marais Pontins donne à ce chapitre son caractère particulier, des aspects plus traditionnels de la relation de voyage n'en sont toutefois pas absents. La longue citation empruntée à la *Satire V* d'Horace, le commentaire qui l'accompagne, inspiré par la propre expérience de l'auteur, font oublier un instant au lecteur les graves considérations sur les travaux d'assèchement. Ce commentaire correspond à une veine assez rare chez Meyer, mais fréquente chez d'autres étrangers qui, soucieux de leurs aises ou désireux de faire briller leur esprit, présentent de façon plus ou moins indignée, plus ou moins bouffonne, les mille tracas du voyage: incommodités de la route et des auberges, malpropreté, vermine, nourriture exécrable, friponnerie des hôtes... Meyer ne se permet de telles réflexions que dans ce chapitre, et par le biais d'une confrontation avec le texte antique; elles ont d'ailleurs l'intérêt d'illustrer, sur un mode plus léger, l'idée essentielle développée dans toute cette étude: l'insuccès des travaux entrepris dans les Marais Pontins.

Après Terracine, le paysage change, le voyageur ne cherche plus à fournir à son lecteur des renseignements objectifs, il se livre à son ravissement, toujours plus grand à mesure qu'il s'approche de Naples. Le seul sujet de mécontentement est dû aux habitants de Fondi et des environs, dignes descendants des barbares Samnites — Meyer tombe alors dans le travers qu'il critiquait au chapitre 9, en condamnant de façon bien catégorique la population d'une région où il a passé tout au plus quelques heures! — Le contraste est si grand entre la désolation des marécages et cette Campanie heureuse, où les souvenirs du passé se présentent en foule, que le voyageur s'abandonne à ses impressions, se plaît à évoquer, comme tant d'autres, la mémoire de Cicéron ou d'Hannibal, s'émerveille devant cette profusion de dons, telle qu'un homme du Nord ne pouvait pas même l'imaginer: cette végétation exubérante, ces fleurs inconnues, ces jardins sans clôture, ces forêts d'orangers grandis en pleine terre... Tous ses contemporains sont unanimes: il n'est pas en Europe, et peut-être même dans tout l'univers, de contrée où la nature se montre plus généreuse. Enfin, une autre émotion est due à la découverte du Vésuve, dont la silhouette apparaît bientôt à l'horizon: ce n'est pas avec la curiosité du naturaliste que Meyer se prépare à en faire l'ascension, mais avec un enthousiasme qu'éprouvent à cette époque beaucoup de voyageurs.

[2] L'auteur entreprend de démontrer la fausseté d'une opinion généralement répandue en Europe. Habilement, il commence par donner la parole à un personnage-type, le Romain éclairé: le jugement de celui-ci se veut nuancé et ne dénie pas tout mérite au pape, mais insiste finalement sur les graves erreurs de méthode qui condamnent les travaux à l'échec. Les observations de Meyer ne feront que ratifier ce jugement. L'auteur prévient ainsi les reproches qui pourraient lui être adressés: partialité — or il n'est pas seul à montrer les défauts de l'entreprise, manque d'information suffisante — s'il a traversé rapidement les Marais Pontins, ses remarques vérifient les conclusions des témoins compétents.

[3] Traduction due à F. Villeneuve (Horace, *Satires*, Paris, Belles-Lettres, 1951).

[4] L'allusion au voyage d'Horace apparaît dans presque toutes les relations. On se plaît à en retrouver les diverses étapes. Cf. Lalande: « La lecture des auteurs classiques, l'intérêt qu'ils nous font prendre aux lieux que ces gens ont habités, est une des choses qui augmentent le plus la curiosité et le plaisir d'un voyage en Italie. J'avois lu comme tout le monde la cinquième Satyre d'Horace, dans laquelle il décrit son voyage de Rome à Brindes, mais je ne pouvois prendre grand intérêt à cette géographie. C'est en allant de Rome à Naples que j'ai relu avec plaisir le voyage d'Horace... » (*Op. cit.*, T. VI, p. 398).

Pour mieux voir les Marais Pontins, Lalande ne se contente d'ailleurs pas, comme le fait Meyer, de les parcourir avec un voiturin: « Nous prîmes à Terracine, le P. Boscovich et moi, un bateau plat ou *sandalo* » (*Ibid.*, p. 425); il peut ainsi remonter le cours de l'Uffente.

[5] Les auberges deviennent rares au sud de Rome et n'offrent guère aux voyageurs que des sujets de plaintes. Au sud de Naples, elles sont à peu près

inexistantes; les étrangers trouvent asile dans des couvents ou chez des particuliers, quand ils sont assez hardis pour s'aventurer dans ces régions qui ne figurent pas dans la plupart des guides.

⁶ Les voyageurs qui traversent ces contrées malsaines doivent éviter de s'endormir, surtout en plein air: telle est la principale précaution qu'il leur est recommandé d'observer. Certains se montrent sceptiques et pensent que d'autres causes doivent avoir un rôle plus déterminant — en particulier la constitution des individus — Rien n'est plus difficile que de ne pas s'endormir au cours d'un trajet aussi ennuyeux, estime K. Ph. Moritz! Aussi entreprend-il de relire à son compagnon, outre le texte d'Horace, le passage de l'*Odyssée* relatant l'arrivée d'Ulysse chez Circé — puisque le Monte Circeo se profile à l'horizon (*Op. cit.,* T. II, pp. 6-7).

Au cours de cette traversée, on ne s'attarde pas. Stolberg passe dans les Marais Pontins en septembre 1792, sans dommage, grâce, pense-t-il, à ce produit que les Français appellent « vinaigre aux quatre voleurs » et les Italiens « aceto dei sette ladri » — composé en partie de camphre et de vinaigre —. Il ajoute que de toute façon le péril est fort exagéré (*Op. cit.,* T. IV, p. 304).

⁷ Dans les Etats de l'Eglise, les réformes sont appliquées avec trop peu de continuité pour pouvoir être efficaces, estiment la plupart des voyageurs. Ce sont toujours des vieillards qui montent sur le trône, ils règnent parfois bien peu de temps et chacun d'eux pense surtout à rendre sa gloire plus éclatante que celle de ses devanciers.

⁸ Cf. chapitre 7, notes 12 et 13.

⁹ Lalande, qui traverse les Marais Pontins avant le pontificat de Pie VI, est surpris par la mauvaise mine des pêcheurs: « Ils ont le teint verdâtre et les jambes enflées; j'appris qu'ils étoient ordinairement cachectyques, sujets aux obstructions du mésentere et du foie . . . » (*Op. cit.,* T. VI, p. 434).

¹⁰ Si, au début du chapitre, Meyer a consenti à reconnaître quelques mérites à Pie VI, la satire redevient par la suite impitoyable.

¹¹ Plus d'un voyageur pense rêver, quand il arrive dans cette contrée qui lui apparaît comme un vrai paradis. Benkowitz, par une journée de novembre, la plus belle de son voyage, se croit plongé en pleine mythologie, dans le domaine des nymphes, des dryades et des satyres; il se plaît à imaginer qu'il a retrouvé les temps heureux de l'antiquité, lorsque la terre et les hommes étaient encore dans toute leur jeunesse, et que Saturne régnait (*Op. cit.,* T. III, p. 177).

¹² Le Vésuve est l'un des principaux attraits pour les voyageurs qui entreprennent le voyage de Naples: chacun espère bien être témoin d'une éruption!

CHAPITRE 16

N A P L E S

¹ Ce qui caractérise ce chapitre, c'est l'enthousiasme inspiré au voyageur par des spectacles exceptionnels. Naples doit sa renommée à un certain nombre de curiosités; Meyer, particulièrement attiré par trois d'entre elles, leur consacre les premières heures de son séjour: ce sont la vue de la ville et du golfe, telle qu'elle se présente depuis la chartreuse Saint-Martin, l'opéra, et enfin le Vésuve. La plupart des étrangers vantent ces beautés pour lesquelles Naples reste sans rivale dans toute l'Europe; l'originalité de Meyer est cependant manifeste, grâce au lyrisme qui anime ces pages; aucun esprit de dénigrement ne vient troubler les joies du voyageur. La satire ne fait qu'une brève apparition, avec les attaques, traditionnelles à cette époque, dirigées contre le monachisme, et l'accent est mis surtout sur l'indifférence du moine à un spectacle magnifique, pour faire valoir d'autant mieux la profonde émotion qui s'empare de l'homme sensible. Les critiques adressées à l'opéra sont insignifiantes, comparées à celles qui apparaissent dans d'autres relations de voyage. Au Vésuve, Meyer scrute les profondeurs de l'abîme avec une passion fort différente de celle que peuvent éprouver les savants, ou même certains voyageurs, soucieux de déterminer la nature des diverses matières éruptives ou de rappeler les hypothèses concernant la formation du volcan. S'il contemple avec respect les manifestations d'une grande force naturelle, mystérieuse et redoutable, il admire aussi, en artiste, le spectacle unique d'un lever de soleil observé depuis le sommet du cratère: la description qu'il en donne est d'autant plus remarquable que, dans toute sa relation, aucun passage ne montre avec une telle évidence son souci de faire oeuvre d'écrivain.

² Ce proverbe est cité plus fréquemment encore par les voyageurs du XVIIIᵉ siècle que le célèbre « voir Naples et mourir ».

³ Même pendant la première moitié du siècle, où l'intérêt pour le paysage restait un phénomène très rare, on a célébré la beauté exceptionnelle des environs de Naples, semblables à un immense jardin, et du panorama offert par la terrasse des Chartreux, mais l'admiration éprouvée par Meyer est un sentiment tout différent: elle s'accompagne d'émerveillement devant la puis-

sance créatrice de la nature, capable de surpasser l'inspiration poétique elle-même, considérée cependant comme un don divin; elle se mêle à la joie de découvrir l'existence de la « beauté idéale », qui avait pu sembler une abstraction conçue par les théoriciens...

On dit souvent, et à juste titre, que la préférence affirmée par les voyageurs du XVIII° siècle pour les régions verdoyantes, bien cultivées, de l'Italie septentrionale et de la Campanie, s'explique en grande partie par le fait que l'idée de beauté est étroitement liée chez eux à celle de fertilité; ils jugent souvent en économistes — sauf parfois en présence des montagnes qui commencent à acquérir droit de cité en littérature — et personne ne trouve de charme aux territoires désolés que sont alors la Campagne romaine et les Marais Pontins. Il ne faudrait pas oublier toutefois que leur goût pour les paysages romains ou napolitains correspond aussi à une certaine sensibilité artistique: ce sont le plus souvent des paysages très « classiques », où les formes, toujours architecturales — qu'il s'agisse de monuments ou d'arbres méditerranéens — s'ordonnent en une composition équilibrée et selon différents plans harmonieusement répartis; ce goût correspond, en somme, à une certaine tradition picturale héritée de Poussin, parfois aussi, lorsque l'ensemble a un caractère plus « romantique », de Salvator Rosa. N'est-ce pas une grande joie que de retrouver dans la nature ce que l'on croyait imaginé par le génie d'un artiste? Chateaubriand en fera l'expérience quelques années plus tard, de façon plus subtile encore, lorsqu'il découvrira la beauté de la campagne romaine: « Une teinte singulièrement harmonieuse marie la terre, le ciel et les eaux: toutes les surfaces, au moyen d'une gradation insensible de couleurs, s'unissent par leurs extrémités, sans qu'on puisse déterminer le point où une nuance finit et où l'autre commence. Vous avez sans doute admiré dans les paysages de Claude Lorrain cette lumière qui semble idéale et plus belle que nature? eh bien, c'est la lumière de Rome! » (*Lettre à M. de Fontanes,* p. 7).

⁴ La hâte de Meyer dès son arrivée, l'enthousiasme qu'il manifeste l'emportent encore sur ce que nous avions vu à Rome. Il semble n'avoir fait à Naples qu'un séjour de courte durée, une semaine peut-être, comme la plupart de ses contemporains quand ils ont conclu un marché avec un voiturin.

⁵ Tous les voyageurs célèbrent la beauté de ce spectacle; seul, peut-être, Lalande tente d'analyser son plaisir: « Entre l'île de Caprée et chacun de ces deux Caps (Misène et Minerve), on voit l'immensité de la mer comme par une échappée; ce coup d'oeil noble et vaste agrandit l'imagination, sans offrir une vue ennuyeuse, comme les vues qui n'ont absolument que la mer pour borner l'horizon » (*Op. cit.,* T. VI, pp. 536-7).

⁶ Tout est sujet d'étonnement pour l'homme du Nord qui contemple la ville: les toits en terrasses auxquels certains trouvent un caractère oriental (voir K. Ph. Moritz, *op. cit.,* T. II, p. 83), le tumulte des rues populeuses, les habitants dont un grand nombre vivent constamment au dehors. Mais c'est le Vésuve qui retient le regard de Meyer quand il peut découvrir ce paysage si vanté: le volcan semble le but principal de son voyage à Naples, il le voit

enfin, paisible et sinistre à la fois, à l'heure où le soleil couchant fait rougeoyer sa fumée noire. En contre-partie, le chapitre se terminera par une vue du golfe au lever du jour (les éruptions furent nombreuses au cours du siècle et, même pendant les périodes d'inactivité, une colonne de fumée s'échappait du Vésuve).

Cette allusion à un cratère jadis plus vaste, écroulé désormais, ne peut être due à l'observation du voyageur: il se contente, comme tant d'autres, de répéter les conclusions des savants. Placée ici, la remarque a l'intérêt de rendre plus mystérieux encore ce redoutable volcan.

[7] Les attaques adressées aux moines, pp. 179 et 181, se retrouvent alors chez la plupart des voyageurs, protestants ou non (cf. par exemple K. Ph. Moritz, *ibid.,* pp. 82-3); le terme *engraisser* pourrait être relevé dans de nombreuses relations.

Les églises de Naples, surchargées d'ornements et de dorures, avaient été en général très appréciées des étrangers pendant la première moitié du siècle. Les contemporains de Meyer, épris de « noble simplicité », ne s'y attardent plus, si ce n'est, parfois, pour vanter certaines peintures — ainsi, à la chartreuse Saint-Martin, celles de Lanfranc, de l'Espagnolet, Solimène, Luca Giordano. Quant aux nombreux trésors dont elles se font gloire, notre voyageur ne s'y intéresse pas plus qu'aux richesses de Lorette: pour l'homme sensible, le seul spectacle dont l'intérêt demeure inépuisable est celui de la nature. Au contraire Keyssler, venu à Naples un demi-siècle plus tôt, consacrait seulement quelques lignes au paysage, mais énumérait sans se lasser les diverses variétés de pierres et de marbres, dénombrait les bustes d'argent, les reliquaires incrustés de joyaux dont il n'omettait pas de préciser la valeur marchande!

[8] Nous ignorons leur identité; Meyer n'a nommé dans sa préface que son compagnon de voyage en Italie. A cette époque, les voyageurs constituent souvent de petits groupes — selon les nationalités ou les sympathies — pour se rendre de Rome à Naples.

[9] Giuseppe Sarti (Faenza 1729 - Berlin 1802) auteur de quatre-vingts opéras, de nombreuses cantates et oratorios, de compositions religieuses, de symphonies, de sonates. Dès 1748 organiste de la cathédrale de Faenza, puis directeur du théâtre de cette ville, il eut une brillante carrière internationale (au Danemark, en Autriche, en Russie...).

[10] Naples est considérée comme la ville d'Europe où l'on peut entendre la meilleure musique; cf. Björnstaehl: « Was Rom für die Künste ist, das ist Neapel für die Musik » (*Op. cit.,* T. I, p. 361) ou le *Voyage pittoresque* de l'abbé de Saint-Non: « C'est par sa musique que Naples est justement fameuse, c'est de toutes les villes d'Italie celle qui a été la plus féconde en musiciens célèbres, on peut dire qu'elle en a produit à elle seule plus que toute l'Italie ou même que l'Europe entière » (T. I, p. 161). Les voyageurs citent parfois les noms des compositeurs, Leo, Durante, Porpora, Pergolèse, Jomelli..., ou la phrase de Rousseau: « Veux-tu donc savoir si ce feu dévorant (le génie du musicien) t'anime? Cours, vole à Naples... » (*Dictionnaire de Musique,* article *Génie*). Lalande ne se borne pas à constater les faits, il

en recherche l'explication: « La musique est surtout le triomphe des Napolitains, il semble que dans ce pays-là les cordes du tympan soient plus tendues, plus harmoniques, plus sonores que dans le reste de l'Europe; la nation même est toute chantante; le geste, l'inflexion de la voix, la prosodie des syllabes, la conversation même, tout y marque et y respire l'harmonie et la musique, aussi Naples est-elle la source principale de la musique italienne, des grands compositeurs et des excellents opéras » (*Op. cit.*, T. VII, p. 192).

De construction récente, le théâtre Saint-Charles est considéré comme le plus beau de l'Italie (la Scala de Milan, si chère à Stendhal, n'est terminée qu'en 1778). Il doit sa réputation à son architecture et à l'éclat de sa décoration, aux opéras qui y sont donnés, à ses chanteurs aussi: certains castrats acquièrent une immense fortune et jouissent d'une renommée européenne.

Unité de l'ensemble, simplicité des ornements, nous retrouvons ici les qualités que Meyer et de nombreux contemporains apprécient par-dessus tout dans l'architecture. L'abbé Coyer vante aussi la profondeur de la scène: « Point de machine qu'on ne puisse y faire mouvoir sans embarras: le spectacle y est varié par des marches, des batailles, des triomphes, le tout exécuté en grand; on y mêle même la réalité, car dans les batailles et les triomphes, on emploie les chevaux des écuries du Roi » (*Voyages d'Italie et de Hollande*, T. I, p. 242). Les étrangers sont surpris par l'éclat de la salle pendant les soirées de gala, où la lumière des nombreuses bougies se reflète dans les glaces qui décorent les loges, mais leurs critiques sont souvent beaucoup plus sévères que chez Meyer: certains, éblouis par l'éclairage de la salle, se plaignent de voir très mal ce qui se passe sur la scène (au début du siècle suivant, d'après Kotzebue, les glaces ornant les loges auront été supprimées - *Op. cit.,* T. II, p. 235); les décors sont parfois jugés mesquins. En ce qui concerne le spectacle, les voyageurs français critiquent immanquablement les ballets, qu'ils estiment bien inférieurs à ceux de Paris: les danseurs italiens ne rechercheraient que les tours de force. Quant aux castrats, qui suscitent dans la seconde moitié du siècle de nombreuses protestations humanitaires, ils sont généralement bons pour le chant, dit-on, mais nuls pour la déclamation, et la beauté de leur voix ne compense pas leur incapacité à créer l'illusion: César, Alexandre ou Hercule, tous expriment leurs passions sur un ton aigu de soprano, constate Moratin (*Viaje de Italia*); Pilati di Tassulo estime qu'ils privent l'opéra de son intérêt: « Je n'aime pas voir Brutus et Caton défigurés par des castrats: je m'accommode beaucoup mieux de l'opéra comique » (*Voyages en différents pays de l'Europe,* T. I, p. 156). L'acoustique de la salle est jugée insuffisante et les habitudes du public ne permettent pas au spectateur, même s'il est bien placé, d'entendre la totalité de l'oeuvre: l'usage est d'aller voir ses amis d'une loge à l'autre, d'y prendre des rafraîchissements et d'y bavarder comme dans un salon; Pilati di Tassulo, Moratin prétendent même qu'on y joue! La présence du roi ne change rien à ces habitudes. On se tait un instant lorsqu'un chanteur fait entendre un air célèbre, pour reprendre les conversations après le tumulte des applaudissements.

Le ton est bien différent chez Meyer, c'est l'enthousiasme qui domine ici.

Deux critiques seulement sont esquissées, concernant l'éclairage de la scène et la piètre figure faite par un castrat dans le rôle du héros. Le but du voyageur est d'évoquer une émotion d'une qualité toute particulière, et quand il parle de temple consacré au culte d'Apollon et des Muses, où le spectateur, en proie à un véritable enchantement, est initié à un mystère sacré, il ne s'agit nullement de figures de style. Boucher de la Richarderie et Kotzebue reprocheront à Meyer un lyrisme excessif, sans doute en pensant à des pages comme celle-là: c'est que la plupart des relations de voyage représentent une veine toute différente, les auteurs y prennent leurs distances, prononcent des jugements catégoriques, font des critiques qui se veulent souvent spirituelles. Pour apprécier la réussite de Meyer, il suffit de se reporter à l'oeuvre d'un autre « enthousiaste », Dupaty, qui abuse du style entrecoupé, des exclamations, et parvient rarement à nous faire partager son admiration. Le récit de cette soirée à l'opéra se termine en apothéose, avec ce cri de joie traduisant de façon spontanée une émotion collective à laquelle participe le voyageur.

[11] A cette époque où de fréquentes éruptions suscitent une recrudescence de curiosité et où le public cultivé suit avec attention les travaux des savants qui étudient les phénomènes volcaniques, la plupart des étrangers entreprennent l'ascension du Vésuve. Cette ascension ne se fait pas sans peine, Misson le notait déjà en 1688: « Il y a je vous assure beaucoup de travail à monter sur ce prodigieux fourneau » (*Op. cit.*, T. II, p. 54); certains voyageurs ne s'y décident pas de bon gré, mais pourraient-ils avouer qu'ils se sont dispensés de voir une des principales curiosités de l'Italie? Voir Silhouette en 1730: « Je n'y restai pas long-tems, la prudence l'exige: elle exigeroit même que l'on n'y montât point... » (*Voyage de France, d'Espagne, de Portugal et d'Italie*, T. II, p. 9) ou encore Maihows en 1750: « Nous suivîmes notre conducteur, plutôt par honte de le quitter que par aucun désir d'en faire le voyage » (*Voyage en France, en Italie et aux isles de l'archipel*, T. II, p. 207); d'autres y voient seulement l'occasion d'une partie de plaisir, telle Madame du Bocage, et ne montent pas plus haut que la maisonnette de l'ermite: « Les Français surtout qui voyagent, quelques-uns même de ceux qui résident à Naples, y font fréquemment des parties: il est d'usage d'y porter alors toutes les choses nécessaires à la vie » (Roland de la Platière, *Lettres écrites de Suisse, d'Italie, de Sicile et de Malte*, T. II, p. 247). Dans la seconde moitié du siècle cependant, les travaux consacrés au Vésuve — les voyageurs citent souvent ceux du Père della Torre et du chevalier Hamilton —, la passion de la minéralogie inspirent à beaucoup d'étrangers le désir d'observer par eux-mêmes le « prodigieux fourneau »: ils notent scrupuleusement les divers phénomènes, scrutent le fond de l'abîme si la fumée ne les en empêche pas, recueillent divers échantillons de matières volcaniques... Les termes spécifiques, tels que *lave* ou *cratère*, sont désormais bien connus, on n'éprouve plus guère le besoin de les distinguer par une graphie particulière, ou d'en donner la définition, comme le fait encore Hervey en 1761: « Lava is the technical term for the bituminous matter which issues out burning mountains » (*Letters from Portugal, Spain, Italy and Germany*, T. II, p. 496). Ceux qui

le peuvent, Goethe par exemple, font plusieurs ascensions, dans des conditions différentes, et les plus intrépides se hasardent le plus haut possible lorsque le volcan est en activité, malgré les chutes de cendres et de pierres brûlantes, les vapeurs qui les font suffoquer. En période de calme, quelques étrangers particulièrement hardis descendent même à l'intérieur du cratère.

Parallèlement à ce souci d'observation, ou même plus ou moins mêlé à lui, apparaît aux alentours de 1780 tout un courant de sensibilité, que nous avons déjà rencontré dans certaines circonstances privilégiées, devant l'Apollon du Belvédère ou les cascades de Terni et de Tivoli. Le Vésuve exerce une véritable fascination sur l'homme sensible qui en fait l'ascension, non pour examiner minutieusement les roches, mais pour contempler avec un respect mêlé d'horreur un redoutable mystère de la nature. Meyer est l'un des premiers voyageurs chez qui se manifeste ce sentiment. Son récit est incontestablement réussi, et son émotion se communique au lecteur, tandis qu'un Dupaty, quand il prodigue les exclamations, ne parvient pas à convaincre: « J'étais vraiment en extase. Ce désert! cette hauteur! cette nuit! ce mont enflammé, et j'étais là! » (*Op. cit.,* p. 381). D'autres voient dans le Vésuve un être vivant: Heinse l'appelle dans son *Journal* d'août 1782 « der Vater Vesuv », ou encore « ein schrecklicher Sultan »; mais l'image qui domine de plus en plus est celle d'une puissance cruelle, impitoyable, ou encore celle de l'enfer. Rêvant à ce que peut être une éruption, Heinse écrit dans *Ardinghello*: « Ce doit être l'enfer déchaîné. A son pied, les hommes en leur demeure semblent des agneaux innocents, qu'il a traînés là pour lui servir de proie, et c'est en vain que le vieil Océan s'avance avec un bruissement de tendresse pour les sauver comme s'ils étaient ses enfants » (p. 393). Cette vision de l'ardent *Stürmer* est bien littéraire, au sens le moins favorable du terme!

Madame de Staël ne pouvait manquer de donner à l'ascension au Vésuve une importance capitale dans son roman: c'est un moment décisif pour ses héros, et le cadre, l'atmosphère accentuent l'impression de fatalité qui pèse sur leur amour. Oswald et Corinne croient entrer « dans l'empire de la mort », lorsqu'ils ont quitté la zone des cultures; le spectacle qui s'offre à eux les amène à se poser le problème du mal. « Tout ce qui entoure le volcan rappelle l'enfer, et les descriptions des poètes sont sans doute empruntées à ces lieux. C'est là que l'on conçoit comment les hommes ont cru à l'existence d'un génie malfaisant qui contrariait les desseins de la Providence. On a dû se demander, en contemplant un tel séjour, si la bonté seule présidait aux phénomènes de la création, ou bien si quelque principe caché forçait la nature, comme l'homme, à la férocité ». Bientôt, Oswald et Corinne ne peuvent plus supporter ce spectacle: « Ce n'est sûrement pas ici le séjour des bons, allons-nous en » (*Op. cit.,* pp. 280-1). Avec Mme de Staël, avec Chateaubriand dont le plus célèbre héros, René, vient rêver au bord du cratère de l'Etna, les volcans sont entrés dans la littérature romantique.

En ce qui concerne son ascension, comme dans le cas du théâtre Saint-Charles, Meyer fait preuve d'une incontestable originalité. Certes, il n'omet pas de mentionner certains détails qui se retrouvent dans la plupart des relations: la renommée du Lacryma-Christi, le contraste entre les vignes et les laves stériles, les difficultés rencontrées en gravissant la montagne de cendres, opposées à la rapidité de la descente, et même cette curiosité passionnée du visiteur allongé sur le bord du gouffre et scrutant les profondeurs de l'abîme; mais c'est par le ton qu'il se distingue des autres voyageurs. Comme à l'opéra, il éprouve un sentiment semblable à l'émotion du néophyte et, désireux de le faire partager à ses lecteurs, il néglige tous ces détails anecdotiques souvent jugés nécessaires pour dépayser le public. Il entreprend l'ascension de nuit, selon la coutume, accompagné par des guides de Résina, mais ceux-ci ne lui inspirent pas un tableau de moeurs malveillant, tel que nous pouvons en trouver dans d'autres relations. Nul sans doute n'est allé plus loin en ce sens que l'abbé Richard: « En descendant de carrosse à Résina, nous fûmes investis par un tas d'hommes, les plus grossiers et les plus misérables en apparence que l'on puisse imaginer (...). Un des moyens les plus sûrs qu'ils aient de gagner quelque argent est d'attendre les étrangers qui doivent venir voir le Vésuve (...). On peut louer de ces gens tant que l'on veut, car ils viennent s'offrir en foule, et si l'on marque le moindre étonnement de leur nombre, de leurs cris et de leur brutalité, ils rançonnent impitoyablement les étrangers; car ils sont méchans et très intéressés. La manière de traiter avec eux est de ne point les laisser approcher, afin qu'on ne soit pas enlevé et porté de force sur un âne, il ne faut pas craindre de les éloigner à coups de bâton, il n'y a même que cette manière de se faire entendre et obéir quand on en a assuré le nombre dont on croit avoir besoin (...). L'avidité de ces gens, leur brutalité stupide, leur misérable ajustement et leurs cris confus, sont très propres à donner l'idée des sauvages les plus grossiers et les plus barbares de l'Amérique... » (Op. cit., T. IV, pp. 423-5). Keyssler conseillait déjà aux étrangers de se munir d'une arme chargée, afin de pouvoir éventuellement contenir ces paysans, « ein schlimmes und diebisches Volk » (Op. cit., T. II, p. 746)!

Meyer néglige aussi un autre aspect de l'ascension, pittoresque sans doute, mais dépourvu de toute solennité, la façon dont il faut gravir la montagne de cendres pour atteindre le cratère. Presque tous les voyageurs sont plus précis: « Voulez-vous savoir comme on y monte? demande l'abbé Coyer à cette mystérieuse Aspasie qui serait la destinataire de ses lettres. Deux hommes marchaient devant moi, ceints d'une courroie à laquelle je m'attachais des deux mains... » (Op. cit., p. 234); parfois, un troisième guide pousse vigoureusement l'étranger; ce mode d'ascension ne va donc pas sans quelque ridicule. Rien de tel chez Meyer, mais une lente procession solennelle à la lueur des flambeaux, où le voyageur apparaît comme un jeune néophyte devant être initié à un mystère sacré et où les guides de Résina, lui permettant d'accéder au sommet du cratère, jouent le rôle d'intercesseurs. Tout cela est d'ailleurs suggéré plutôt qu'exprimé, ce qui n'est pas l'une des moindres réussites de cette page.

[12] Meyer, qui semble peu intéressé par la minéralogie, commet ici une erreur: il ne s'agit pas de terre accumulée peu à peu sur des laves provenant

d'éruptions anciennes, mais de laves elles-mêmes, devenues fertiles après un certain nombre d'années: à cette époque, les visiteurs de la Sicile ne manquent pas de faire allusion aux travaux que le chanoine Recupero a consacrés à leur lent processus de décomposition sur les pentes de l'Etna.

Ce qui est remarquable ici, c'est l'optimisme manifesté par le jeune voyageur; il n'éprouve pas ce malaise qui saisira les héros tourmentés de Madame de Staël, ni cette croyance en une puissance maléfique qui s'exprime dans le texte d'*Ardinghello* précédemment cité. Cet optimisme peut paraître quelque peu naïf, mais l'évocation d'une nature bienfaisante correspond à la conviction de l'homme sensible, et elle est plus grandiose que les remarques prosaïques de l'abbé Coyer: « Au reste, si le Vésuve a ses dangers, écrivait-il, il a aussi son utilité. Le vin qu'il produit et que les Italiens appellent Lacryma-Christi (...) est un des meilleurs de l'Italie; et Naples se pave très solidement de la lave qu'il rejette. Elle fait aussi des ouvrages d'art de cette matière qui souffre le poli... » (*Op. cit.*, T. I, p. 237).

[13] De nombreux voyageurs notent le contraste entre le caractère désolé du volcan et la beauté du vaste panorama qui s'offre sur la mer et les environs de Naples. L'ascension fournit en effet la double possibilité d'observer une des curiosités naturelles les plus fameuses et de jouir de cette magnifique perspective: rien de plus évident au XXe siècle, mais il n'en a pas toujours été ainsi: le plus souvent, dans la première moitié du siècle, on ne voyait littéralement pas le paysage, on ne s'intéressait qu'aux phénomènes volcaniques. Pöllnitz en fournit un exemple significatif: « Je n'eus garde, pendant mon séjour à Naples, de ne pas aller voir le fameux Mont Vésuve, dont j'avois tant de fois entendu parler. Cependant, lorsque je me trouvai au haut de cette terrible montagne, je fus très fâché d'y être venu. Je m'étois imaginé que je serois dédommagé de la peine que j'avois eu (*sic*) d'y monter, en voyant quelque chose de merveilleux lorsque je serois sur le sommet: point du tout. Je ne vis que de la fumée qui sortait de plusieurs trous assez grands, auprès desquels il n'auroit pas été prudent de s'approcher. Je ne fus pas même tenté de le faire, et je m'en retournai à peu près aussi savant que j'étois venu. Tout ce que je remarquai de singulier, ce fut que, frappant du pied contre terre, j'entendis un bruit assez semblable à celui d'un tonneau vide: voilà tout ce que je puis vous dire du Mont Vésuve » (*Mémoires de Charles-Louis de Pöllnitz*, pp. 171-2). Dans la seconde moitié du siècle, au contraire, l'intérêt pour le paysage italien se manifeste de plus en plus et, à l'époque où Meyer voyage en Italie, on est particulièrement sensible à certains effets de lumière, dont la littérature ne tardera pas à abuser.

[14] Le sommet du Vésuve, sinistre avec sa couleur noire et le chaos des matières volcaniques amoncelées, évoque l'idée d'un immense cataclysme échappant à l'entendement humain. L'image du fleuve pétrifié — dont l'auteur souligne lui-même la banalité — elle se retrouve souvent chez les voyageurs contemporains — traduit l'impression d'effroi éprouvée par le néophyte. En revanche, l'auteur se dispense de citer la célèbre lettre de Pline le Jeune relatant l'éruption de 79 et la mort de son oncle, qui apparaît presque inévi-

tablement chez ses contemporains: elle ne correspond pas à son dessein et disperserait l'attention du lecteur.

[15] Traduction due à H. J. Izaac (Martial, *Epigrammes*, Paris, Belles-Lettres, 1961). Cette citation est fréquente dans la littérature de voyage du XVIIIe siècle.

[16] C'est le seul passage où l'auteur évoque avec un certain réalisme les difficultés de l'ascension, mais sans y insister autant que la plupart des voyageurs. Les citations qui suivent donnent immédiatement une portée différente à ces détails réalistes, en faisant de ces difficultés une épreuve imposée à l'initié. Dans ce contexte, l'hallucination dont l'auteur se prétend saisi est assez bien amenée.

Après le ton de confidence personnelle, caractérisant les pages où l'ascension est présentée comme l'épreuve préliminaire à l'initiation, viennent maintenant quelques paragraphes où prédomine l'intérêt documentaire. Les précisions qui y sont données se retrouvent dans diverses relations de voyage. On affirme que les éruptions du Vésuve permettent à Naples d'éviter des catasthophes beaucoup plus graves: Björnstaehl, par exemple, voit le volcan comme une immense cheminée, toujours fumante, rejetant de temps à autre les matières qui, sans cela, auraient depuis longtemps détruit la ville, comme ce fut le cas à Lisbonne (*Op. cit.*, T. I, p. 303). En ce qui concerne le tremblement de terre dont la Calabre fut victime en 1783, voir le chapitre 19.

[17] Cf. Lalande: « M. d'Arthenay, après M. Serrao, a soutenu que les pointes de la Somma et d'Ottaiano sont les restes d'un volcan plus étendu qui occupoit les trois montagnes, et c'est le sentiment le plus général actuellement » (*Op. cit.*, T. VII, pp. 499-500).

[18] Pour cette opposition entre le spectacle de désolation offert par le volcan lui-même et la contrée la plus favorisée de l'univers, cf. en particulier K. Ph. Moritz (*Op. cit.*, T. II, p. 89), Dupaty (*op. cit.*, p. 360) et surtout Goethe qui en souligne les conséquences psychologiques: « ... Je pus ressentir quelle confusion un monstrueux contraste sème dans l'esprit. Le terrible s'adjoint-il au beau, le beau au terrible, tous les deux s'annulent mutuellement et produisent un sentiment d'indifférence. Certainement le Napolitain serait un autre homme s'il ne se sentait pas pris entre Dieu et le diable » (*Op. cit.*, T. I, p. 431).

[19] Le lever de soleil contemplé depuis le sommet d'un volcan connaît alors une remarquable fortune dans les relations des contemporains, avant de s'introduire dans la littérature proprement dite (voir le *René* de Chateaubriand). Il le doit à la célèbre description donnée par Brydone qui, ayant fait l'ascension de l'Etna en 1770, avait pu observer le début du jour sur la Sicile et sur la mer: ces pages expliquent en grande partie le succès de son *Voyage en Sicile et à Malte,* presque tous les étrangers venus dans l'île s'efforcent de les imiter (voir H. Tuzet, *La Sicile au XVIIIe siècle vue par les voyageurs étrangers*). Pour la première fois, une description analogue est introduite à propos du Vésuve et Meyer tente manifestement de rivaliser avec l'auteur anglais: l'ombre triangulaire que le volcan projette sur le golfe de

Naples, par exemple, ressemble à celle de l'Etna sur la Sicile, que mentionnait Brydone. Celui-ci est sans doute un écrivain plus habile, et par la suite de grands artistes peindront la naissance du jour de façon prestigieuse; cependant la description de Meyer, particulièrement soignée, ne manque pas d'habileté. La progression de la lumière, cet effet de contre-jour qui rend plus redoutables encore le sommet de la montagne et sa colonne de fumée (p. 184), puis l'apparition, à travers cette même fumée, du globe flamboyant (p. 188), l'ombre immense du volcan projetée sur la mer, enfin la lumière se répandant sur le vaste paysage et devenant de plus en plus vive, tout cela est observé avec justesse et rendu sans grandiloquence. Mais sans l'exemple de Brydone, Meyer, persuadé que l'homme ne saurait rendre les spectacles de la nature, aurait-il entrepris de peindre ce lever de soleil?

[20] La descente est présentée de façon plus précise que l'ascension, mais Meyer n'insiste pas sur les détails anecdotiques auxquels s'attardent certains voyageurs: la halte et la collation chez l'ermite, alors traditionnelles, le personnage lui-même parfois haut en couleur (quelques années plus tôt, il s'agissait d'un Picard. Cf. Roland de la Platière, *op. cit.*, T. I, p. 284).

[21] Le récit de l'ermite permet à Meyer d'évoquer dans sa relation la célèbre éruption de 1779, dont il n'a pas été lui-même témoin. Cela nous vaut un tableau du Vésuve en flammes, la nuit, qui fait pendant au premier, celui du Vésuve au repos avec un effet de soleil levant, selon un contraste particulièrement apprécié à cette époque (à la différence de nombreux voyageurs, l'auteur se dispense d'évoquer les principales éruptions survenues depuis la catastrophe de l'an 79, qui provoqua la ruine d'Herculanum et de Pompéi). Roland de la Platière admire particulièrement les spectacles nocturnes et il écrit à sa fiancée: « Je n'ai pu me refuser à l'envie d'avoir ces vues de nuit; et j'ai fait peindre d'après nature, en détrempe, (...) celle d'octobre et celle d'à présent (c'est-à-dire le volcan au repos et en éruption), l'une et l'autre telles que je les ai vues tant de fois; j'ai en même temps fait faire une vue d'égale grandeur, pour la placer entre-deux » (*Op. cit.*, T. IV, p. 40).

Meyer n'est sensible qu'à la beauté du spectacle, telle que le récit de l'ermite lui permet de l'imaginer; il ne mentionne pas les réactions de la population, évoquées par de nombreux voyageurs (sa terreur, ses prières à saint Janvier et sa colère quand celles-ci ne sont pas exaucées) qui en viennent ainsi à formuler un jugement sévère sur le caractère des Napolitains et en particulier leur superstition. Ne pouvant peindre d'éruption puisqu'il n'en a pas vu, ni rivaliser avec le poète antique, il introduit donc finalement une description empruntée à l'*Enéide*, bien qu'il s'agisse de l'Etna.

[22] Le chevalier Hamilton (1730-1803), ambassadeur d'Angleterre à Naples depuis 1764, jouit d'une grande renommée parmi les voyageurs, grâce aux observations qu'il a publiées sur le Vésuve (deux volumes in-folio intitulés *Campi Phlegraei. Observations sur les volcans des Deux-Siciles telles qu'elles ont été communiquées à la société royale de Londres par M. le chevalier Hamilton*, 2 vol. in folio, Naples, 1776), à sa collection de vases « étrus-

ques » et, quelques années plus tard, à la célèbre Miss Harte, devenue bientôt la seconde Lady Hamilton. Plusieurs étrangers sont fiers d'avoir pu faire en sa compagnie l'ascension du volcan.

[23] Wutky, Michael (1739-1823) installé a Rome de 1770 à 1801, avec de longs séjours à Naples. Rival de Ph. Hackert, il recherche surtout certains effets pittoresques: paysages d'Italie, scènes de nuit, éruptions du Vésuve au clair de lune ...

Les voyageurs français apprécient particulièrement les tableaux de leur compatriote Volaire; voir Bergeret de Grancourt relatant son ascension: « J'étois avec un peintre nommé M. Volaire qui réussit supérieurement à rendre l'horreur du Vésuve dont je rapporterai un tableau » (*Op. cit.*, p. 303). Au siècle suivant, l'intérêt pour le volcan suscitera une abondante production de gouaches populaires, représentant une éruption au clair de lune, et souvent aussi l'un de ces navires anglais dont les équipages constituent la principale clientèle des peintres, demeurés anonymes. Le commerce de ces *vedute* disparaîtra avec la photographie et la diffusion des cartes postales (voir le catalogue de l'exposition organisée en 1965 à Paris par la galerie le *Cadran Solaire*: *I paesaggisti « naïfs » e demoniaci del XIX secolo a Napoli*).

[24] Pour Bartels, voir ch. 3, note 5.

CHAPITRE 17

NAPLES

[1] Naples, « un paradis habité par des diables »: pour certains étrangers, ce proverbe si rebattu exprime une vérité incontestable. Ils célèbrent à l'envi la beauté de la ville et de son opéra, s'intéressent aux curiosités naturelles des environs, mais les jugements qu'ils portent sur le gouvernement et la population sont caractérisés par la plus grande sévérité. Une évolution se manifeste cependant lorsque Meyer vient en Italie à la fin du siècle. C'est l'époque où les *Lazzaroni* font l'objet d'une réhabilitation: quelques voyageurs contestent les accusations de paresse et de méchanceté foncière qui leur ont été adressées pendant si longtemps. D'autre part, le royaume de Naples est devenu un état indépendant, libéré de la tutelle espagnole; son premier souverain, un Bourbon, fils de la duchesse de Parme Elisabeth Farnèse, a éveillé de grands espoirs grâce à sa politique de réformes. Bientôt appelé sur le trône d'Espagne où il va régner sous le nom de Charles III, il laisse la succession à son second fils, Ferdinand IV, un enfant encore, mais qui jouit d'une grande popularité. Avec les années cependant, le nouveau roi se révèle incapable de répondre à ce que l'on attendait de lui; son manque d'envergure, son éducation déplorable ne lui permettent pas de s'engager dans la voie du despotisme éclairé qui représente l'idéal des Lumières, aussi voit-on reparaître chez un certain nombre de voyageurs des critiques dirigées contre l'obscurantisme de la politique napolitaine.

Dans ce chapitre, qui présente à la fois une satire des moeurs et une critique du gouvernement, les idées de Meyer sont très nettement influencées par son époque, mais l'auteur se distingue de ses contemporains par sa modération aussi bien que par un certain effort de lucidité. Les *Lazzaroni* ne sont ni idéalisés, ni jugés avec une sévérité excessive. Le roi apparaît comme un brave homme médiocre, auquel le sort a donné des responsabilités trop lourdes. Les hautes classes inspirent quelques critiques traditionnelles, mais fort modérées, si on les compare à celles qu'ont formulées d'autres censeurs, tels Ange Goudar (*Naples, ce qu'il faut faire pour rendre ce royaume florissant*, 1771), Pilati di Tassulo (*Op. cit.*, 1777), Gorani (*Mémoi-*

333

res secrets et critiques, 1793) et Meyer ne dit rien de la dépravation des moeurs qui a pu inspirer ailleurs des tableaux si virulents. Parfois, il peut sembler sacrifier la critique au pittoresque de la vie napolitaine, quand il évoque une scène de rue, l'affluence des personnes de condition auprès des boutiques où se fait le commerce des glaces, aux environs du Palais Royal: mais le trait d'ironie impitoyable qui termine le paragraphe frappe d'autant plus le lecteur (p. 196). Pouvait-il mieux souligner la futilité des hautes classes? C'est par le même procédé qu'il attaque, dans une phrase en apparence anodine, l'incurie du roi: il rappelle d'abord les goûts et les petits talents de Ferdinand IV, qui pourraient être ceux d'un homme appartenant à la classe moyenne, puis montre que le rôle du souverain se borne à formuler des voeux pour le bonheur de ses sujets (p. 198).

La haute société, caractérisée par son faste et sa futilité, n'a donc rien qui puisse satisfaire un homme sensible. Meyer préfère pénétrer dans des cercles plus restreints, moins brillants en apparence, où il fréquente des êtres selon son coeur: un artiste comme Füger, un penseur politique comme Filangieri ... ainsi est amenée la transition avec le chapitre suivant.

[2] La douceur du climat, l'exceptionnelle fertilité du sol sont traditionnellement invoquées pour expliquer la paresse des Napolitains. Voir déjà Addison: « Les habitans de Naples ont été toujours fort connus pour leur vie paresseuse et voluptueuse qui, à mon avis, vient en partie de la grande abondance du pays qui ne leur rend pas le travail si nécessaire, et en partie du climat qui relâche les fibres de leur corps, et dispose le peuple à l'humeur si fainéante et si indolente. De quelque côté que cela vienne, nous trouvons qu'ils étoient aussi fameux autrefois pour cela qu'aujourd'hui » (*Op. cit.,* p. 149). Il y aurait donc là une fatalité, liée aux conditions physiques du pays. A la fin du siècle, certains critiques, tels Pilati di Tassulo ou Gorani, mettent l'accent sur des causes purement humaines: le mauvais gouvernement, le grand nombre des religieux, l'éducation fort négligée.

[3] Le chapitre débute par le rappel de quelques données historiques destinées à expliquer le caractère des Napolitains. A la différence de nombreux voyageurs, en particulier les auteurs de guides, tel Lalande, Meyer ne se soucie pas de présenter un tableau complet de l'histoire de Naples, ni de citer les différents peuples qui s'y sont succédé. Il se contente de brèves allusions à l'installation des colons grecs, à la conquête romaine, puis à la domination espagnole et à l'établissement d'un royaume indépendant. Ces allusions auraient paru insuffisantes à l'abbé Richard: d'après lui, c'est avec raison que l'on a considéré le peuple napolitain « comme l'espèce la plus misérable de l'Europe », il en donne l'explication suivante: « Ce pays a été soumis à tant de révolutions, habité par tant de peuples différens et dont la partie la plus méprisable s'y est fixée, qu'il faut moins s'étonner de tout ce que l'on y voit de vicieux et de révoltant ». L' « intempérance en tout genre » est due aux Grecs et aux Romains, la cruauté aux Vandales; les Sarrasins « ont enté sur des plans favorables la mauvaise foi, la barbarie, l'irreligion et tous les vices de l'Afrique », et ainsi de suite (*Op. cit.,* T. IV, pp.

233-4). Une explication analogue se retrouve chez Ange Goudar (*L'Espion chinois*, T. III, p. 186).

4 Meyer, comme beaucoup de ses contemporains, est persuadé qu'un bon gouvernement peut transformer rapidement le caractère d'un peuple, cf. *supra* l'exemple de Léopold de Toscane. A Naples cependant, la politique de réformes entreprise par Charles III et son ministre Tanucci s'est heurtée à trop d'intérêts et de privilèges pour pouvoir porter ses fruits.

5 Le célèbre miracle de saint Janvier est pour les voyageurs un sujet d'étonnement, sinon de scandale. A l'époque des Lumières, beaucoup d'entre eux expliquent la liquéfaction du sang par un phénomène physique, la chaleur communiquée par les mains du prêtre qui tient l'ampoule contenant la relique. Meyer a le mérite de se contenter d'une allusion: les phases du miracle ont été si souvent décrites, les mêmes anecdotes répétées à satiété que le public n'a plus rien à apprendre à ce sujet. On se demande parfois si le gouvernement napolitain ne verrait pas dans ce miracle un moyen de contenir le peuple (voir Münter, *Nachrichten von Neapel und Sicilien*, p. 8).

6 Si les voyageurs jugent très sévèrement les Italiens en général, surtout pendant la première moitié du siècle, les Napolitains ont une réputation particulièrement défavorable: fainéants, malpropres, malhonnêtes, jaloux, violents, corrompus, de quels défauts sont-ils donc exempts? Nous avons vu l'abbé Richard les égaler aux sauvages de l'Amérique, ce qui est pour lui la pire des condamnations (chapitre 16, note 10).

Il est particulièrement intéressant d'étudier l'attitude des voyageurs à leur égard pendant le cours du siècle. Au début, tous les Napolitains sont confondus dans un même jugement sévère, sans distinction de classes: ainsi, chez Guyot de Merville (1720) ou Silhouette (1729): « Les Napolitains sont vindicatifs à l'excès, défians, jaloux, superstitieux, ils se portent aux crimes avec facilité; ils sont extrêmement fainéans, mols et paresseux, ils n'aiment que le luxe et le plaisir ... » (*Op.* cit., II, pp. 28-9); puis la condamnation porte sur le peuple, et de plus en plus sur les *Lazzaroni*, c'est-à-dire ceux que l'on appelle « la lie » de ce peuple. Lorsque les voyageurs s'efforcent de présenter un tableau complet des moeurs, ils relèvent des défauts différents chez les autres classes, à l'exception de la paresse, estimée commune à tous les Napolitains. Des Italiens tentent de prouver la fausseté des accusations adressées par les étrangers à leurs compatriotes: nous avons déjà mentionné Baretti, qui répond à l'ouvrage de Sharp; dans le cas des Napolitains, c'est Michele Torcia qui publie un éloquent plaidoyer: *Appendice contenente una breva difesa della nostra Nazione contro le incolpe attribuitele da alcuni Scrittori Esteri* (1783).

Le terme de *Lazzaroni*, que l'on trouve dans presque toutes les relations de voyage après Richard et Lalande, n'apparaît donc pas au début du siècle. Montesquieu serait sans doute le premier à l'employer s'il n'était victime d'une confusion; l'intérêt qu'il témoigne au petit peuple est alors tout à fait exceptionnel à son époque: « Il y a 50 ou 60.000 hommes appelés *Lazzi*, qui n'ont rien dans le monde: ni terre ni industrie; qui ne vivent que d'herbes, ne sont point vêtus, n'ayant qu'une culotte. Ces gens sont très aisés à mettre en mouvement ». Ces diverses caractéristiques seront très souvent notées par la suite, mais le philosophe ne borne pas là ses observations: « Ces *Lazzi*, les plus misérables hommes de la terre, sont ceux qui craignent plus (*sic*) les malheurs dont les menace la non-liquéfaction. Ainsi, à cause de ces *Lazzi*, on peut bien dire que le peuple de Naples est bien plus peuple qu'un autre » (*Op. cit.*, T. II, pp. 20-21).

A l'époque où ce terme est encore nouveau pour le public, les voyageurs estiment nécessaire d'en donner une définition. « Il y a dans Naples environ 40.000 *Lazzaroni*, c'est-à-dire gens pauvres dont un grand nombre n'a point d'état, et n'en veut point avoir; il ne leur faut que quelques aunes de toile pour s'habiller, deux sous par jour pour se nourrir, plusieurs couchent sur des bancs quand ils n'ont point de lit, on les appelle même pour cela *Banchieri* » (Lalande, *op. cit.*, T. VII, p. 78). La définition repose donc sur un critère social, que l'on retrouve dans de nombreuses relations: « les Lazzarons ou la canaille » (John Moore, *op. cit.*, T. I, p. 132), « the lowest rang among the people » (Lady Miller, *Letters from Italy*, T. II, p. 152) ... Quand on essaie, fort rarement, de préciser l'étymologie de ce terme, on le rattache au nom de Lazare, le pauvre de la Bible, couvert de quelques misérables haillons, comme les Napolitains du dernier rang. L'orthographe varie selon les relations: *Lazzaroni* (*s*), ou *Lazaroni* (*s*), *Lazzarons*, *Lazarielli* même chez De Brosses. Pour l'origine du terme, voir l'étude de Benedetto Croce, *I « Lazzari »*, in *Aneddoti e profili settecenteschi*, Napoli, 1942, T. II, pp. 428-439.

Les défauts caractéristiques de cette classe populaire entraînent parfois certains voyageurs à utiliser un critère moral, et non plus un critère social, pour définir les *Lazzaroni*; le glissement de l'un à l'autre se produit insensiblement. Selon Roland de la Platière, ce sont de « malheureux pillards » (IV, 93) selon Dupaty, « tout simplement des fainéans (...). La plus grande partie du peuple ne travaille tout juste qu'autant qu'il faut pour ne pas mourir de faim. On appelle ces gens-là, *Lazaroni* ». A la limite, cette dernière définition fait disparaître la notion de classe: « Les *Lazaroni* ne font pas une classe à part, il y en a dans tous les « états » (*Op. cit.*, p. 391). Archenholz ne va pas jusque-là, il se contente de souligner ce que le fait a d'exceptionnel: ces hommes si pauvres, ayant si peu de besoins, n'existent qu'à Naples, ils « peuvent être envisagés comme un vrai phénomène moral » (*Op. cit.*, T. II, p. 143).

Au cours du siècle, les sentiments inspirés aux étrangers par les *Lazzaroni* connaissent une évolution intéressante. Les cavaliers et les auteurs des guides qui leur sont destinés semblent ne pas avoir d'yeux pour le petit peuple. Les voyageurs appartenant à la bourgeoisie, de plus en plus nombreux vers 1730, lui consacrent bien quelques observations, mais pour le juger avec une grande sévérité. Nul n'a exprimé son mépris avec plus de violence que De Brosses: « C'est la plus abominable canaille, la plus dégoûtante vermine qui ait jamais rampé à la surface de la terre (...). Tous les matins, ils couvrent les escaliers et la place entière de Mont-Oliveto, à n'y pouvoir passer: c'est un spectacle hideux à faire vomir » (*Op. cit.*, p. 151). Ce mépris se retrouve pendant tout le siècle, chez l'Anglais Sharp (Lettre IX, décembre 1765), chez l'abbé Richard, chez Mme de Genlis, qui se contente d'ailleurs de cette brève notation: « Tout leur corps, ainsi que leur visage, est d'un rouge foncé; ils ressemblent à d'effrayans sauvages » (*Mémoires*, T. III, p. 59). Moratin, venu à Naples en 1793-94, éprouve le plus grand dégoût en constatant leur laideur, leur saleté, leur puanteur.

Jusqu'en 1770 environ, ils inspirent à tous les voyageurs un jugement défavorable. Il existe un véritable poncif du *Lazzarone* laid, fainéant, malhonnête et corrompu. C'est à peine si quelques étrangers observent en lui certaines qualités physiques; ainsi Grosley, l'un des premiers: « Cette race d'hommes se fait gloire de descendre des Grecs, et de leur ressembler. Ils ont la poitrine large et avancée, les épaules bien effacées et rabattues sur l'emmanchement, le col court et très gros, de l'embonpoint, un fond de belle carnation, l'oeil beau et extrêmement vif » (*Op. cit.,* T. III, p. 43). L'abbé Richard lui-même, malgré son mépris pour cette « vile espèce », doit reconnaître qu'elle est « assez belle ». « Les hommes y sont d'ordinaire robustes, grands et bien faits, quand ils ne sont pas rongés par les maladies honteuses qui sont le fruit de leurs débauches » (*Op. cit.,* T. IV, p. 227).

Avec Lady Miller, qui consacre aux *Lazzaroni* un long développement, il n'est pas question de ces « effrayans sauvages » qui inspirent une telle horreur à Mme de Genlis. La voyageuse et ses compagnons conversent volontiers avec eux, pénètrent même dans les abris qui leur servent de logements, et les *Letters from Italy* confirment la remarque de Grosley: ces gens prétendent descendre des Grecs et avoir une plus noble origine que les grands seigneurs napolitains. Quoi qu'il en soit, Lady Miller croit voir en eux une ressemblance avec les oeuvres des artistes grecs: « ... they are the only Neapolitans whose features resemble the bustos and statues found at Herculanum and Pompeia » (T. II, p. 154). Pilati di Tassulo enfin, dont l'ouvrage joue un rôle primordial en ce qui concerne la réhabilitation des *Lazzaroni*, vante la force de ces « beaux hommes couleur de bronze » (*Op. cit.,* T. II, p. 175).

Aux yeux des voyageurs, cette population si particulière, cette belle race vigoureuse devient ainsi, de plus en plus, un élément du pittoresque napolitain; on décrit leur costume et celui de leurs femmes, parfois même leurs logements rudimentaires (Lady Miller), on observe la bizarrerie de leur parure: Mme Piozzi voit dans leurs tatouages une coutume analogue à celle des Indiens (*Observations and Reflections,* T. II, p. 15).

Beaucoup de remarques semblables correspondent, sans doute, à un désir d'observation personnelle, mais dans certains cas, il n'y a bientôt plus qu'un nouveau poncif, opposé au précédent, et dépourvu de tout lien avec la réalité. Dans le *Manuel du voyageur en Italie,* cet ouvrage anonyme où sont réunis les principaux lieux communs de l'époque, la populace napolitaine est devenue une sorte de choeur d'opéra: « La majeure partie des nuits d'hiver sont si tempérées que les *Lazaroni* les passent mollement sur les quais, à la belle étoile, afin de saluer la matinale Aurore en chorus » (T. II, p. 209).

On ne se contente pas de noter la beauté et l'aspect pittoresque des *Lazzaroni*: point par point, leur procès est révisé à la fin du siècle. Longtemps accusés d'être fainéants, violents et dangereux, foncièrement corrompus, ils paraissent désormais doux et inoffensifs, et naturellement bons. Leur légendaire paresse est elle-même remise en question. Les guides de Lalande et de Volkmann, de nombreux voyageurs ont déjà souligné la responsabilité du gouvernement à cet égard; cette remarque devient maintenant une sorte de leit-motiv. Cf. Pilati di Tassulo: « Il est évident que ces gens qui forcent les passans à cacher leurs montres et à porter leurs poches en dedans de leurs habits aimeroient mieux travailler dans des ateliers que de guetter les gens dans la rue Toledo » (*Op. cit.,* T. II, p. 175). Les premiers, Pilati di Tassulo et Roland de la Platière (ce dernier toutefois n'éprouve aucune sympathie pour le petit peuple napolitain) observent l'activité incessante des *Lazzaroni*. Cette remarque se retrouve dans un certain nombre d'ouvrages. L'attitude de John Moore, caractérisée par son humanité, se situe aux antipodes de celle que nous avons notée chez De Brosses: « Si ces malheureux sont sans rien faire, ce n'est pas toujours leur faute; ils sont continuellement dans les rues, ainsi que les artisans chinois, offrant leurs services et priant qu'on les emploie » (*Op. cit.,* T. II, p. 105). « Quelques-uns gagnent leur vie à la pêche, d'autres à porter des fardeaux au bord de la mer, et à rapporter les marchandises qu'on décharge, ou à faire tout autre ouvrage dont ils sont capables pour une rétribution modique (...). Leur oisiveté est évidemment le fruit de la nécessité, et non de leur choix, car ils sont toujours prêts à faire tout ce qu'on leur commande, ils ne sont arrêtés ni par la fatigue, ni par les difficultés, ils n'exigent pour leur peine que très peu de chose. Il faut nécessairement qu'il y ait de la faute du gouvernement pour qu'un nombre aussi considérable d'individus robustes et actifs restent sans occupation » (*Ibid.,* p. 132).

Quelques années plus tard, en novembre 1788, apparaît dans le *Teutscher Merkur* un article anonyme: il s'agit de quelques pages empruntées à un journal inédit, dont l'auteur n'est autre que Goethe et qui seront reprises dans le *Voyage d'Italie.* Un développement assez long est consacré aux *Lazzaroni,* pour rectifier une erreur commise par Volkmann (celui-ci, ainsi qu'à l'ordinaire, avait d'ailleurs repris les remarques de Lalande): ils ne sauraient être accusés de paresse, car Goethe, s'il a vu à Naples beaucoup de gens mal habillés, n'y a observé aucun oisif. Cela nous vaut un tableau des petits métiers, dont les voyageurs apprécieront plus tard le pittoresque, mais qui est surtout présenté ici à titre de démonstration. Les enfants eux-mêmes, note l'écrivain, travaillent sans cesse et se livrent à toutes sortes de petits commerces.

L'oisiveté des *Lazzaroni* serait-elle un mythe? Meyer ne remet pas en question l'opinion traditionnelle, souvent contestée à son époque; mais, à d'autres égards, il se rattache au courant de sympathie qui se manifeste envers ces hommes longtemps méprisés. Ils forment, disait-on naguère, un peuple séditieux, toujours prêt à se soulever. « Il faut avoir vu de ces hommes pour les connoître, écrivait l'abbé Richard, de cette vile espèce sur laquelle la raison ne peut rien, et qu'il faut absolument mener par la force et la crainte du châtiment » (*Op. cit.*, T. IV, p. 227). On invoquait à titre d'argument la révolte dite de Masaniello, du nom de ce pêcheur qui, en 1647, avait pris la tête d'une émeute populaire suscitée par un nouvel impôt mis sur les fruits et les légumes. Désormais, les voyageurs favorables aux *Lazzaroni* contestent la valeur de cet argument et notent que les soulèvements restent exceptionnels, malgré la misérable situation de cette classe. « Rien ne saurait les engager à se révolter, écrit John Moore, il faut pour cela des motifs pressans et extraordinaires, tels que la cherté ou la disette du pain » (*Op. cit.*, T. II, p. 134). Lalande se contente de remarquer: « La populace de Naples est aisée à contenir malgré le nombre; il y faut cependant trois choses, *Farina, Furca, Festini,* des provisions, des exemples de sévérité et des fêtes ou spectacles » (*Op. cit.*, T. VII, p. 178), tandis que Moore s'abandonne à la pitié et se trouve entraîné à justifier la révolte: « Quand on vient à se représenter 30.000 créatures humaines presque nues, destituées de lits ou d'habitations, qu'on réfléchit aux occasions qu'elles ont de se rassembler, de comparer leur triste situation avec l'affluence dont jouissent leurs compatriotes, on ne sauroit qu'être étonné de leur patience (...). Toutes les loix de l'équité et du sens commun concourent à les excuser dans le cas où ils se révolteroient contre les chefs qui ne font rien pour eux » (*Ibid.*, pp. 134-5). Chez les voyageurs qui soulignent la douceur et la patience des *Lazzaroni*, exception faite de quelques brèves flambées de violence, les critiques ne s'adressent donc plus qu'au gouvernement.

Paresse, penchant à la sédition, malhonnêteté . . .: à la fin du siècle, peu d'étrangers attribuent encore ces défauts au petit peuple napolitain; beaucoup d'entre eux sont même persuadés de voir en lui les qualités opposées. *Est-il bon, est-il méchant?* D'une façon générale, les contemporains attribuent une grande importance à cette question, elle devient primordiale quand on croit observer un être humain qui se trouve dans l'état de nature; or n'est-il pas possible de considérer comme des primitifs ces *Lazzaroni* dépourvus de toute éducation et vivant de la façon la plus rudimentaire? A cette époque qui s'interroge sur les rapports unissant nature et vertu et sur l'existence du « bon sauvage », ils constituent donc, en Europe même, un exemple privilégié. La première moitié du siècle ne s'intéressait guère à ces problèmes et d'ailleurs, De Brosses et les voyageurs de son temps considéraient le petit peuple napolitain comme foncièrement corrompu, mais vers 1780 l'opinion contraire tend à prévaloir, influencée par l'intérêt pour les humbles et le mouvement humanitaire qui se développent alors, et aussi par les idées de Rousseau. Un certain nombre de relations vantent désormais la bonté naturelle des *Lazzaroni*, dont les défauts seraient dus aux vices du gouvernement napolitain. La même évolution se manifeste à cette époque chez les étrangers qui visitent les provinces méridionales, en faveur des Calabrais, longtemps considérés comme de redoutables sauvages.

Ainsi, au moment où Meyer séjourne à Naples, apparaît un courant d'opinion qui aboutira, quelques années plus tard, à la formation d'un nouveau poncif selon lequel les *Lazzaroni*, véritables primitifs vivant au sein d'une cité populeuse, seraient naturellement bons. Objets de mépris et d'horreur quelques dizaines d'années auparavant, ils suscitent de plus en plus l'intérêt et la sympathie, et parfois même une réelle admiration. On croit en effet déceler en eux une forme de sagesse analogue à celle des Cyniques ou des Stoïciens — une certaine confusion règne entre ces deux notions. C'est vers 1788 que naît ce nouveau lieu commun. On ne considère plus leur oisiveté comme un défaut incurable ou la conséquence d'un mauvais gouvernement, on voit en elle un art de vivre.

Cette idée apparaît pour la première fois dans l'article anonyme publié par Goethe dans le *Teutscher Merkur*. Le terme de *stoïciens* avait bien été employé auparavant par certains voyageurs, comme Lalande et Volkmann, pour qualifier les *Lazzaroni,* mais il avait une portée toute différente. Cf. Lalande: « La paresse les rend pour ainsi dire aussi stoïciens que les grands y sont voluptueux et recherchés » (*Op. cit.,* T. VII, p. 178). Pour l'astronome, ce pseudo-stoïcisme n'est donc qu'une conséquence de leur paresse; chez Goethe, au contraire, il s'agit d'une forme de sagesse permettant d'expliquer leur oisiveté. L'article du *Teutscher Merkur* est inspiré par un désir de compréhension dont les étrangers avaient bien rarement fait preuve jusque-là. Considérant qu'il existe chez les *Lazzaroni* une mentalité étrangère à celle de l'homme du Nord, Goethe ne se dissimule d'ailleurs pas que ses remarques pourront apparaître à certains lecteurs comme des paradoxes, il prend donc soin de se référer à un ouvrage jouissant d'une certaine notoriété: « Ce que M. de Pauw dans ses *Recherches sur les Grecs* ose dire lorsqu'il parle des philosophes cyniques, convient tout à fait ici (...). Un homme pauvre, nous semblant misérable, peut dans ces régions, non seulement satisfaire ses besoins les plus urgents et les plus immédiats, mais aussi jouir du monde de la manière la plus belle (...).

Certainement, dans nos régions, un philosophe cynique aurait du mal à persévérer jusqu'au bout, alors qu'au contraire dans les pays méridionaux la nature, semble-t-il, y invite » (*Voyage d'Italie* — reprenant l'article du *Teutscher Merkur* — T. II, pp. 633-5).

Cette conviction apparaît également chez K. Ph. Moritz, qui visite Naples à la même époque et dont le *Voyage* est publié quelques années après l'article du *Teutscher Merkur*. Observant ces vieillards, ces hommes, ces enfants qui se chauffent au soleil pendant des heures, Moritz constate que ces « philosophes » n'éprouvent pas le besoin d'un passe-temps, ne se livrent à aucun jeu. La pauvreté, le dénuement même ne semblent pas les inquiéter, ils ne se plaignent pas, ils rient, plaisantent ... Sans doute existe-t-il parmi eux plus d'un Diogène, qui ne trouverait rien à demander au grand Alexandre, sinon de ne pas lui faire d'ombre. Et le voyageur conclut ainsi: les *Lazzaroni,* plutôt qu'une nation, forment une sorte de secte philosophique; ils vont même plus loin que les anciens Cyniques, puisqu'ils évitent non seulement la peine d'agir, mais aussi celle de penser (*Op. cit.*, T. II, p. 20).

Des gens heureux, des sages qui refusent de travailler quand ils ont de quoi satisfaire les besoins de l'heure présente et qui se désintéressent de l'avenir, tel est le nouveau poncif qui tend à se constituer aux alentours de 1790. A l'exception de quelques irréductibles, les voyageurs n'éprouvent plus pour les *Lazzaroni* de défiance ou de mépris. La relation de Meyer représente un jalon intéressant dans le courant d'opinion qui apparaît à la fin du siècle; sans aller aussi loin que certains *Voyages*, elle participe à la réhabilitation d'une classe longtemps décriée.

Ce mouvement sera de courte durée. Les faits sembleront démentir les jugements favorables aux *Lazzaroni*, quand se produiront les sanglants événements de la révolution napolitaine. Au siècle suivant reparaîtront la plupart des accusations traditionnelles: paresse, malpropreté, malhonnêteté, et même cruauté. D'ailleurs, on recherchera surtout en Italie des exemples d'énergie et le mythe du brigand, cher aux Romantiques, fera passer au second plan l'intérêt suscité par les *Lazzaroni*, de nouveau considérés comme d'irréductibles oisifs.

[7] De Brosses avait vu avec étonnement le moindre « polisson » savourer de délicieux sorbets. La remarque est reprise par Lalande. Certains voyageurs prétendent que si la neige utilisée pour préparer cette friandise venait à faire défaut, il pourrait en résulter une émeute à Naples.

[8] De plus en plus, et surtout au XIXe siècle, on sera sensible au pittoresque de ces modestes boutiques installées dans la rue. Kotzebue présente celles des marchands d'eau au détail: « Les boutiques de ces derniers étonnent d'abord les étrangers (...). Sur la table ou échoppe derrière laquelle se tient le marchand, s'élèvent aux quatre coins quatre poteaux peints et dorés réunis par une espèce de baldaquin ». Le dessus de ce baldaquin est orné d'images de saints, « le reste est décoré de bouquets de citrons et de fleurs ». Près du marchand, des vases contiennent l'eau limpide et la glace (*Op. cit.*, T. I, pp. 297-98). Un peu plus tard, les petits métiers connaîtront un vif succès dans l'imagerie, tel l'*acquaiolo* et sa boutique.

[9] Le terme *glacière* a été emprunté à la traduction de Vanderbourg. Il est peu usité par les voyageurs, mais il permet ici d'éviter la répétition du mot *boutique*.

[10] La satire intervient brusquement, le moraliste apparaît là où le lecteur pensait avoir affaire à l'observateur d'une scène pittoresque. Meyer a déjà employé ce procédé à propos de Pie VI.

[11] Beaucoup de voyageurs signalent cette malpropreté, surpassant tout ce qu'ils ont pu voir jusque-là. Selon Kotzebue, la ville de Naples est un immense cloaque, insupportable à la vue et à l'odorat de l'étranger (*Ibid.*, p. 318).

[12] A la différence de Meyer, toujours discret sur cette question, d'autres voyageurs insistent sur l'immoralité des dames napolitaines.

[13] Meyer souligne les progrès accomplis depuis la fin de la domination

espagnole, mais ne néglige pas pour autant la satire de l'actuel gouvernement. Presque inévitable à l'époque chez les étrangers, cette satire prend une forme originale, puisqu'elle est formulée par un Napolitain éclairé; sa portée en est d'autant plus grande. L'auteur a déjà employé le même procédé dans le cas des Marais Pontins. Les critiques sont remarquables par leur modération — Meyer se montre beaucoup plus indulgent ici qu'à l'égard de Pie VI — Il suffit pour en juger de se reporter aux sévères réquisitoires dressés par Ange Goudar ou Gorani, deux aventuriers qui font sans doute preuve de partialité, mais représentent une attitude très répandue à cette époque où les attaques contre l'obscurantisme napolitain constituent une sorte de leit-motiv dans les relations de voyage.

Cela nous vaut un portrait de Ferdinand IV, d'où il ressort cependant que celui-ci n'est pas capable d'assumer les responsabilités d'un roi. L'ironie n'en est pas absente, malgré le ton en apparence laudatif, mais elle se manifeste surtout dans la note de la page 197: une des qualités traditionnelles d'un souverain est la maîtrise dans l'art de la guerre — cet idéal n'a évidemment rien à voir avec celui du despotisme éclairé — or Ferdinand, loin de se distinguer par ses victoires militaires, apparaît comme un chasseur particulièrement sanguinaire!

Un autre talent du roi, tout aussi inutile à son peuple, est noté avec une ironie plus accentuée par John Moore; il s'agit du jeu de billard: « J'ai eu le plaisir de lui voir faire le coup le plus brillant qui ait peut-être jamais été fait par aucun souverain ... » (*Op. cit.,* T. II, p. 115). Vient ensuite un tableau nettement caricatural. (Noter que Meyer commet toujours l'erreur de désigner le roi sous le nom de Ferdinand VI — *der sechste*).

[14] Le goût de Ferdinand IV pour la chasse et la pêche a été signalé par beaucoup de voyageurs et nous vaut quelques tableaux satiriques. N. Brooke prétend que, pendant son séjour à Naples en 1794, il avisa un jour un rassemblement sur le port: le roi, entouré de badauds, était occupé à vendre le poisson qu'il venait de prendre. « Je m'empressai d'aller le considérer; il était en veste, avec les manches de sa chemise retroussée, et vendait du poisson aussi cher qu'il le pouvait. Il aida à tirer les filets sur le rivage; j'attendis que cela fût fini, et je fis l'emplette d'un poisson » (*Voyage à Naples et en Toscane,* p. 167). Selon une relation anonyme, Ferdinand a grand soin de ne pas accepter de fausse monnaie (*Bemerkungen über den Charakter und Sitten der Italiener,* p. 59). Rien de tel chez Meyer; le roi de Naples est présenté comme un homme médiocre, non comme un bouffon.

[15] Beaucoup de voyageurs signalent la popularité dont le souverain jouit parmi le peuple. « Ferdinand est d'un caractère ingénu, il a les moeurs d'un particulier et rarement la dignité de son rang. En un mot, par ses manières, par le jargon napolitain dont il fait toujours usage, il ressemble parfaitement à ces lazzaroni qui forment la dernière classe du peuple napolitain (...). C'est ce qui lui a concilié l'amour du bas peuple, charmé de voir son roi se rapprocher ainsi du dernier de ses sujets » (Gorani, *Op. cit.,* T. I, p. 24). Il a même le surnom de roi-lazzarone.

[16] Quelques voyageurs s'évertuent à prouver que Ferdinand IV est naturellement bon — comme ses lazzaroni! — mais d'autres, plus sévères, refusent de s'attendrir sur cette bonté qui s'accompagne d'une grande incurie et demeure inefficace. Ils rappellent le grief formulé par certains de ses sujets: le roi de Naples n'a jamais pris la peine de visiter son royaume! Diverses raisons sont invoquées pour expliquer cette incurie, et parmi elles la mauvaise éducation qu'il a reçue, l'influence néfaste de la reine Marie-Caroline. Les pages que « l'Autrichienne » inspire à Gorani prennent l'accent du pamphlet, elle y apparaît comme une « Messaline », une « Catherine de Médicis », menant à son gré un Ferdinand débonnaire.

[17] Le faste dont s'entoure la noblesse frappe beaucoup les étrangers, en particulier le luxe des équipages. Les chevaux napolitains sont alors les plus beaux d'Europe, l'exportation en est sévèrement interdite. Beaucoup de voyageurs observent cependant que cette brillante apparence a pour contre-partie une parcimonie extrême dans la vie domestique: on se nourrit mal, on paie à peine les nombreux serviteurs et, sauf quelques rares exceptions, on n'offre aux visiteurs, les jours de réception, que des sorbets et des verres d'eau. Meyer ne montre pas l'envers du décor: peut-être ne le peut-il pas, puisqu'il s'efforce le plus souvent de parler en qualité de témoin.

[18] Les *Conversazioni* étaient restées pour les cavaliers le seul moyen d'avoir quelques contacts avec les Italiens, la haute société exclusivement. Ils pouvaient y pénétrer grâce aux lettres de recommandation dont ils étaient pourvus. Dans la seconde moitié du siècle, les voyageurs blâment souvent l'indigence des entretiens, particulièrement à Naples. A l'époque qui a vu paraître l'*Encyclopédie* et où la conversation est considérée comme un art, les voyageurs aiment rencontrer des gens cultivés, voire des savants, et aborder les problèmes les plus divers: politiques, économiques, scientifiques... Ils apprécient les spirituelles causeries qu'offre à Meyer le salon d'un Filangieri.

[19] L'éducation des nobles, fort négligée, suscite l'étonnement des étrangers. C'est souvent le cas aussi dans les classes moyennes. Gorani ne connaît qu'une exception, celle de Filangieri: « C'est l'unique famille où j'aie vu suivre un plan d'éducation sagement ordonné » (*Op. cit.,* T. I, p. 249). A en croire Pilati di Tassulo, « l'éducation qu'on donne à Naples aux jeunes gentilshommes est sans contredit la plus mauvaise de toute l'Italie: des prêtres ignorants et vicieux, qui viennent de tous les coins du royaume, sont les instructeurs ordinaires des Nobles: les parents ne cherchent que des gens qui les servent à bon marché, et s'embarrassent très peu des qualités et de la capacité de ceux qui doivent former leurs enfants » (*Op. cit.,* T. II, p. 132). Ces derniers auront donc l'ignorance et les superstitions du peuple.

[20] La passion qu'éprouvent les Napolitains pour les jeux de hasard a été souvent notée — cf. l'abbé Richard: « Le pharaon ou la bassette est fort à la mode » (*Op. cit.,* T. IV, p. 227) — bien des voyageurs se font moralistes pour la juger. Quant à Kotzebue, il en donne une satire très violente, l'acuité du trait fait penser aux gravures de Goya accusant les vices de ses compatriotes: « Les Napolitains des hautes classes sont les sauvages de l'Europe:

343

ils mangent, boivent, dorment, et jouent; ils n'ont absolument d'autre occupation que le jeu. Les Etats de l'Europe sont ébranlés, ils jouent; Pompeia sort de ses ruines, ils jouent; la terre tremble, le Vésuve vomit des flammes, ils jouent. Chacun admire les ruines de Pestum, à quelques milles d'ici, mais c'est pour les étrangers qu'elles ont été découvertes, car les Napolitains jouent ». Le tableau qu'offrent les femmes, les plus âgées surtout, est véritablement hideux; Kotzebue nous fait voir leurs yeux étincelants, leurs mains décharnées qui s'emparent avidement de l'argent gagné... (*Op. cit.,* T. III, p. 23).

[21] Gaetano Filangieri, publiciste et jurisconsulte (1752-1788). Influencé par Rousseau et les physiocrates, il conçut très tôt le dessein de faire de la législation une science normative. Son ouvrage, la *Science de la Législation,* parut de 1780 à 1788 et fut traduit en français, allemand, espagnol... Il préconisait en particulier une réforme en matière de procédure pénale, la lutte contre la féodalité, un système d'éducation publique influencé par les théories de Platon et Rousseau, la codification des lois. Convaincu que la législation doit permettre de résoudre tous les problèmes économiques, il étudia, en particulier, les moyens de développer l'agriculture.

[22] Füger (1751-1818) obtint une bourse d'études qui lui permit de séjourner en Italie (Rome et Naples) de 1776 à 1783. Il fut nommé directeur de l'Académie en 1795, directeur de la galerie impériale de peinture en 1806.

A en juger d'après diverses remarques disséminées dans sa relation, Meyer semble avoir eu le culte de l'amitié.

Chapitre 18

NAPLES

[1] Le portrait de Filangieri, présenté comme un homme exceptionnel, occupe le chapitre 18 tout entier et en fait l'originalité. C'est le dernier et le plus soigné de ceux que Meyer donne dans sa relation, inspirés le plus souvent par des artistes rencontrés en Italie — tels Battoni, Angelica Kauff-mann — ou par des souverains; dans le dernier cas, la satire joue un rôle plus ou moins important, comme le montrent les pages concernant Pie VI ou le roi de Naples.

Elle reste fort modérée quand il s'agit de Ferdinand IV. Le fait est d'autant plus remarquable qu'en Italie le gouvernement napolitain est d'ordinaire celui qui suscite le plus de critiques chez les étrangers. Certains vont jusqu'à ébaucher un plan de réformes dans leurs relations. Un aventurier, Ange Goudar, publie même en 1769 un ouvrage intitulé *Naples, ce qu'il faut faire pour rendre ce royaume florissant*, grâce auquel il espère — bien à tort — assurer sa fortune, et où il reprend les idées répandues à cette époque en matière de législation et d'économie. Meyer ne s'engage pas dans cette voie, mais son lecteur peut-il s'empêcher de rêver aux progrès dont bénéficierait le pays si un Filangieri y avait rencontré plus de compréhension, de comparer, sans que l'auteur l'ait probablement voulu, le portrait de ce grand homme à celui de Ferdinand IV, offert par le chapitre précédent? Le roi possède des qualités estimables chez un particulier, mais très insuffisantes chez l'héritier d'un trône; jouir de l'instant est son plus grand désir, il se désintéresse de l'avenir ainsi que le moindre *lazzarone*. Filangieri, au contraire, apparaît comme une noble incarnation de l'esprit des Lumières et ses vertus représentent l'idéal de l'homme sensible.

Le ton de ce chapitre est celui de l'apologie. Ce portrait, consacré à un grand homme qui fait la gloire de sa patrie, est également un hommage inspiré par l'amitié, aussi n'a-t-il rien d'impersonnel ou de compassé; il permet de connaître le peintre en même temps que son modèle, l'émotion y est de plus en plus sensible et la phrase finale s'interrompt comme le ferait la voix brisée par la douleur.

² Meyer a soin de présenter son personnage sous des aspects divers: dans sa vie privée, à la cour, en tant que savant ou homme d'Etat. Comme toujours quand il fait un portrait élogieux, il montre que les dons exceptionnels de son modèle vont de pair avec les plus nobles qualités de coeur: cf. les portraits de Battoni et Angelica Kauffmann. Les louanges décernées ici sont confirmées par d'autres voyageurs: « On connaît les ouvrages du chevalier Filangieri, qui étoit aussi respectable par son savoir que par ses moeurs et ses vertus », écrit Gorani (*Op. cit.*, T. I, p. 75).

³ C'est en 1783 en effet que Filangieri épouse Carolina Fremdel, envoyée en 1780 à Naples par l'impératrice Marie-Thérèse pour être la gouvernante d'un enfant royal.

⁴ Filangieri incarne donc l'idéal de l'époque, un idéal qui doit beaucoup à Rousseau. Quand il se retire à la campagne, le « philosophe » ne cherche pas à se retrancher dans une tour d'ivoire, mais à goûter plus pleinement les joies de la famille et de l'amitié, comme le faisaient, par exemple, les héros de la *Nouvelle Héloïse*.

⁵ Sans nier le rôle du labourage et du pâturage, les contemporains trouveraient insuffisante la formule de Sully, car ils attachent une grande importance au développement de l'industrie et du commerce (cf. un ouvrage comme *La Noblesse commerçante,* publié par l'abbé Coyer en 1756). L'affirmation de Meyer est à cette époque un véritable lieu commun dans la littérature de voyage.

Le commerce de Naples fournit un exemple particulièrement démonstratif à ceux qui condamnent l'obscurantisme du gouvernement napolitain: « On peut dire qu'il a peu de pays où le commerce soit en général aussi gêné et par autant de prohibitions et d'entraves qu'il l'a été jusqu'ici dans ce royaume », écrit le rédacteur du *Voyage pittoresque de Naples et de Sicile* (T. I, p. 233).

⁶ Les ombres sont vraiment très atténuées, comme chaque fois que Meyer présente un portrait laudatif. Cf. le cas des deux artistes précédemment cités.

⁷ Friedrich Münter (1751-1830) passa son enfance à Copenhague. Après avoir terminé ses études (à l'Université de Copenhague et de Göttingen), il entreprit en 1784 un voyage à l'étranger. Il passa deux ans en Italie, et visita en particulier les provinces méridionales et la Sicile.

⁸ Beaucoup de voyageurs attaquent violemment les abus de la féodalité. Gorani, souvent suspect de partialité, exprime les griefs de ses contemporains en notant, à propos de prérogatives seigneuriales, que les barons « exercent leur despotisme sur leurs vassaux et les paysans de leurs domaines. Ils ont toujours eu la haute et la basse justice, le droit d'élire leurs juges et celui de les casser ». Le peuple est écrasé sous le poids des nombreux impôts et banalités (*Op. cit.*, T. I, p. 112). L'extrême confusion des lois, due à la diversité des codes anciens et modernes, fournit en outre à la chicane des armes puissantes.

⁹ Björnstaehl, grâce à ce personnage influent, a pu bénéficier de certains avantages, par exemple pour obtenir l'autorisation de visiter le musée de Portici (*Op. cit.*, T. I, p. 381).

346

[10] Ferdinand, jouet de la cabale et des mauvais conseillers, en particulier la reine Marie-Caroline: ainsi apparaît-il chez certains voyageurs qui, voulant rejeter sur d'autres la responsabilité de nombreuses erreurs, ne réussissent qu'à faire de lui un fantoche.

Dans le chapitre précédent, Meyer l'a présenté comme un homme médiocre, plus proche d'un *lazzarone* que du souverain idéal rêvé par les philosophes; il est vu ici sous un jour beaucoup plus favorable. Les larmes qu'il verse à la mort de son ami prouvent la profondeur de ses sentiments — pour l'homme sensible, elles représentent en effet un critère incontestable — et il assume sa mission de roi en se faisant le protecteur de la veuve et de l'orphelin. La reine lui est associée dans une même louange implicite. Nous sommes loin des images peu édifiantes que d'autres voyageurs donnent du couple royal.

Chapitre 19

NAPLES - PORTICI - HERCULANUM - POMPÉI

[1] Ce chapitre donne quelques impressions personnelles, relativement rares, et des informations puisées à diverses sources: conversations, relations de voyage, études de certains phénomènes naturels dues à des savants ... Il se compose de trois volets: le premier concerne les villes détruites par l'éruption de 79, ainsi que les objets découverts grâce aux fouilles et réunis au musée de Portici, les deux autres, les catacombes de Naples et le tremblement de terre survenu en Calabre en 1783.

De Naples même, Meyer ne présente aucun monument, sinon, fort rapidement, le théâtre Saint-Charles au chapitre 16 et ici les catacombes. En revanche, il ne peut se dispenser de consacrer un développement assez important à Herculanum et Pompéi, qui suscitent alors une vive curiosité parmi les voyageurs. A la différence de tant d'autres, il ne refait pas l'historique de leur ruine ou de leur récente découverte, se dispense d'énumérer les antiquités conservées à Pompéi ou de porter un jugement sur les oeuvres d'art, mais il insiste sur les impressions que produisent les deux villes; comme beaucoup de ses contemporains, il critique la méthode de fouille, suggère de laisser les objets en place au lieu de les regrouper dans un musée ... De telles remarques sont d'une grande nouveauté à cette époque où naît l'archéologie, leur intérêt demeure actuel. La part de l'expérience personnelle, plus importante dans le cas des catacombes, devient presque nulle quand il s'agit de la Calabre: Meyer n'a pu être témoin que de l'épouvante suscitée à Naples par la catastrophe, il utilise donc les observations d'autrui.

Les volets composant ce chapitre peuvent d'abord paraître indépendants, toutefois on retrouve de l'un à l'autre la présence obsédante de la mort et les ravages subis par le pays à diverses reprises. L'auteur néglige l'exploitation littéraire de certains thèmes — en particulier la triple descente dans les profondeurs de la terre — il ne recherche pas ces artifices de présentation auxquels ont recours les voyageurs désireux d'échapper coûte que coûte à la banalité. Dupaty, à Pompéi, imagine qu'il n'a jamais entendu parler de la ville, ni de la catastrophe qui en provoqua la perte: il croit ainsi mener son lecteur de surprise en surprise. Au contraire, le récit de Meyer vaut par sa sobriété et suggère d'autant mieux la faiblesse de l'homme. Il y a quelque chose d'apocalyptique dans ces éruptions qui, dès l'aube de notre ère, détruisirent des villes entières, en firent disparaître toute trace pendant des siècles et demeurent toujours redoutables, dans ces tremblements de terre qui sont sensibles jusque dans le séjour des morts, les catacombes, et rendent méconnaissables de vastes contrées, bouleversant le relief, transformant le régime des fleuves, répandant partout la désolation. Plus encore qu'en présence de ces ruines antiques si nombreuses sur tout le territoire de l'Italie apparaît ici la fragilité de l'homme confronté avec la puissance de la nature déchaînée. Il n'est plus question pour le voyageur terrifié de s'abandonner au rêve ou aux charmes de la mélancolie.

² Lalande rappelle les circonstances de la découverte, succédant à une longue période d'oubli. « Les villes d'Herculanum et de Pompei étoient tellement oubliées qu'on disputoit au commencement du siècle sur le lieu de leur ancienne situation: quoique Strabon place Herculanum immédiatement après Naples, Celano la mettoit au sommet du Vésuve, et quelques auteurs l'avoient placée à Ottaiano qui est de l'autre côté du Vésuve, Biondo et Razzano la mettoient à Torre dell'Annunziata; sur la carte de Petrini, elle est marquée à près d'une lieue au midi de Portici ... » (*Op. cit.,* T. VII, p. 412). Les incertitudes étaient les mêmes au sujet de Pompéi.

En 1713, le prince d'Elbeuf, duc de Lorraine, voulant décorer la maison de campagne qu'il faisait bâtir aux environs de Portici, entreprit des fouilles pour se procurer des fragments de marbre. « Telle fut la première occasion des découvertes d'Herculanum; on a reconnu depuis que cette première ouverture étoit justement au-dessus du théâtre de cette ancienne ville ». Après la mise au jour d'une statue d'Hercule, puis de plusieurs statues de marbre grec, le gouvernement, alerté, interdit la poursuite des fouilles. Elles ne furent reprises qu'en 1736, lorsque Charles de Bourbon, devenu roi de Naples, voulut faire bâtir à Portici un château de plaisance. Ayant acheté la maison et le terrain du prince d'Elbeuf, « le roi fit creuser à quatre-vingts pieds de profondeur perpendiculaire, et l'on ne tarda pas à reconnoître une ville entière qui avoit existé à cette profondeur ». Ce fut l'occasion de nombreuses découvertes, mais les travaux ralentirent après le départ du souverain pour l'Espagne (*Ibid.,* p. 414 sq.).

« Pompéi ou Pompeia (...) étoit une ancienne ville qui fut ensevelie comme Herculanum sous les cendres du Vésuve, l'an 79; elle a été retrouvée par hasard, comme la première, près du fleuve Sarno, par des paysans qui avoient creusé pour une plantation d'arbres (...). C'est vers 1755 que l'on a commencé ces fouilles » (*Ibid.,* p. 545 sq.).

En réalité, le hasard eut moins de part dans la découverte que le raisonnement des antiquaires (Voir P. Grimal, *A la recherche de l'Italie antique,* ch. VI: *A la recherche des cités campaniennes*). Lalande ne précise pas que dans le cas de Pompéi, on crut pendant plusieurs années fouiller Stabies, quand, en 1763, une inscription révéla qu'il s'agissait de Pompéi.

Les découvertes suscitèrent rapidement la curiosité des voyageurs: on en jugera par les remarques faites dès 1742 dans la correspondance du jeune peintre anglais James Russel (publiée sous l'anonymat — la deuxième édition paraît à Londres en 1750 sous le titre suivant: *Letters from a young painter to his friends in England,* 2 vol.) ou par la longue lettre sur Herculanum figurant dans les *Lettres familières* de Charles De Brosses. Celui-ci avait d'ailleurs présenté à l'Académie des Inscriptions et Belles-Lettres, en 1749, la *Descrizione delle prime scoperte dell'antica città d'Ercolano,* publiée par l'archéologue Marcello Venuti en 1748; la teneur de cette communication, à laquelle il ajouta des observations personnelles ou empruntées à d'autres voyageurs, se trouve dans un opuscule qu'il publia sous l'anonymat en 1750 à Dijon, les *Lettres sur l'état actuel de la ville d'Herculée et sur les causes de son ensevelissement sous les ruines du Vésuve* (cet opuscule a été réimprimé en 1950 à Dijon par les Editions du Raisin). De nombreuses monographies parurent alors, dont nous trouvons des références chez Lalande et d'autres étrangers, tels le *Mémoire sur la ville souterraine découverte au pied du Mont Vésuve* (Paris, 1748), attribué au XVIIIe siècle à d'Arthenay, mais que Barbier et Cioranescu ont restitué à Moussinot, les *Observations sur les antiquités d'Herculanum,* de Cochin et Bellicard (Paris, 1754), les *Recherches sur les ruines d'Herculanum* de Fougeroux de Bondaroy (Paris, 1770). En 1758, l'*Encyclopédie* publiait l'article consacré à Herculanum par le chevalier de Jaucourt et sa brève notice sur Pompéi. L'un des textes les plus attendus fut la *Lettre de Winckelmann au comte de Brühl* que fit traduire le comte de Caylus et qui parut à Paris en 1764, presque en même temps que le texte original publié à Dresde. Elle figure dans le Recueil des *Lettres de M. Winckelmann, sur les découvertes faites à Herculanum, à Pompeii, à Stabia, à Caserte et à Rome,* Paris, 1784.

[3] C'est à cette époque que naît véritablement l'archéologie moderne. Pendant longtemps, les fouilles ont été considérées uniquement comme le moyen de mettre au jour des oeuvres d'art, des objets de collection: tel est encore le souci du colonel Alcubierre lorsque le roi de Naples, Charles de Bourbon, lui confie la direction des travaux entrepris à Herculanum. Les savants s'indignent, ils élaborent des méthodes plus scientifiques, soulignent l'importance du moindre fragment, qui peut fournir de précieuses indications concernant la datation, l'étude des usages ou des courants commerciaux... On sait avec quelle impatience le comte de Caylus demande à son correspondant à Naples de lui envoyer tout ce qu'il pourra trouver, fût-ce la plus infime « guenille ». Les objets découverts à Herculanum et Pompéi permettent en particulier d'étudier la vie domestique des Anciens et le degré de civilisation auquel ils étaient parvenus en l'an 79. Cet état d'esprit se reflète chez les voyageurs. Beaucoup d'entre eux énumèrent les objets usuels, les instruments divers conservés à Portici — et spécialement ceux du chirurgien. De nombreux objets domestiques, note Stolberg, expliquent tel ou tel passage qui pouvait paraître obscur dans les textes (*Op. cit.,* T. III, p. 78). La richesse de la décoration, le nombre des oeuvres d'art retrouvées dans une cité aussi peu im-

portante que Pompéi révèlent à Goethe l'existence d'une mentalité dont ses contemporains ne peuvent avoir aucune idée avant la visite des ruines: « Dans sa dévastation actuelle, cette ville d'abord couverte d'une pluie de cendres, puis dépouillée par les fouilles, est un témoignage du goût d'un peuple entier pour les arts et les images, goût dont maintenant l'amateur le plus ardent ne peut se faire une idée, pas plus qu'en éprouver le sentiment ou le besoin » (*Op. cit.*, T. I, p. 395). On pense que ces découvertes, si précieuses pour la connaissance de l'Antiquité, pourront en outre exercer une influence sur les arts — ce sera le cas en effet pour la peinture et la sculpture, le mobilier, la porcelaine... Le rédacteur du *Voyage pittoresque de Naples et de Sicile* admire l'élégance de certains vases et ustensiles divers: elle suffirait, pense-t-il, « à prouver que nos artistes modernes ne sauraient mieux faire que d'imiter en ce genre, comme en beaucoup d'autres, les ouvrages des Anciens » (T. II, p. 48). Déjà, dans le *Salon* de 1763, Diderot vante un tableau de Vien inspiré par une peinture d'Herculanum, la *Marchande à la toilette*.

[4] Optimisme rétrospectif, rappelant celui que l'auteur manifestait en relatant son excursion au Vésuve.

[5] Deux siècles environ après le voyage de Meyer, les fouilles ne sont pas encore terminées à Herculanum et Pompéi. C'est à partir de 1927 seulement qu'Herculanum a été remise au jour peu à peu, après quelques tentatives de dégagement entreprises au cours du XIXe siècle, et vite abandonnées. Pour ce qui concerne la résurrection des deux villes, voir P. Grimal, *op. cit.*, et R. Etienne, *La vie quotidienne à Pompéi*, ch. II, les *Résurrections*.

[6] L'optimisme repose cette fois sur la confiance en une diffusion des Lumières.

[7] Et aussi le village de Résina: il touche Portici, dont le nom désigne chez la plupart des voyageurs l'ensemble de l'agglomération. On s'en tient à cette époque à des fouilles souterraines pour ne pas détruire l'habitat moderne. Quelques étrangers s'interrogent sur les dangers de cette méthode: ne risque-t-elle pas de provoquer des éboulements dont Portici aurait à souffrir?

[8] Traduction due à A. Ernout (Plaute, *Comédies*, Paris, Belles-Lettres, 1961-1967).

[9] Beaucoup de voyageurs s'indignent de voir si peu d'ouvriers employés aux fouilles des deux villes. Selon Mariana Starke, ils ne sont que cinquante à Herculanum en 1765, vingt-cinq en 1769, trois ou quatre en 1776! (*Letters from Italy*, T. II, p. 113). Les contemporains ne peuvent d'ailleurs avoir aucune idée de l'importance des travaux: Münter estime que quelques centaines d'hommes pourraient, en deux ans, dégager toute l'étendue de Pompéi (*Op. cit.*, p. 68).

Meyer a déjà critiqué l'incurie de la cour de Naples à propos des fouilles qui pourraient être entreprises à Rome au jardin Farnèse; cette incurie se double ici de méfiance. Ainsi se trouve retardé le moment où la connaissance de l'Antiquité pourra s'enrichir, grâce aux découvertes et aux études qu'elles auront suscitées. C'est un aspect parmi bien d'autres de l'obscurantisme napolitain.

351

Le voeu exprimé au XVIIIe siècle par de riches étrangers sera réalisé plus tard, on le sait, dans le cas d'autres sites archéologiques, avec cette différence que le fonctionnement des chantiers de fouilles sera financé par des gouvernements et non des particuliers. A cette époque la cour de Naples, si jalouse de tout ce qui concerne les deux villes, refuse d'envisager une telle participation, malgré les avantages qu'elle en obtiendrait. On l'accuse de priver ainsi le public cultivé de précieuses découvertes, et pourtant d'être incapable d'exploiter les trésors qu'elle possède déjà: le déroulement des manuscrits carbonisés trouvés à Herculanum s'effectue avec beaucoup de lenteur et de négligence, il en irait tout autrement dans le Nord, pense K. Ph. Moritz, tout y serait mis en oeuvre pour permettre d'étudier dans le plus bref délai des documents si rares (*Op. cit.,* T. II, p. 79).

La cour de Naples a-t-elle tous les torts? Les voyageurs oublient souvent les convoitises suscitées par les antiques. Winckelmann signale le cas d'un jeune Anglais venu en Italie, qui fait expédier dans sa patrie deux felouques chargées de statues et de bustes (*Recueil de lettres de M. Winckelmann,* p. 322). Dans le cas d'Herculanum et de Pompéi, certains savants et collectionneurs sont à l'affût de la moindre occasion: les deux villes détruites représentent pour le comte de Caylus des mines fabuleuses, dont il espère bien obtenir quelque vestige, grâce à son correspondant, le père Paciaudi: « Pensez à mon projet de conjuration sur les manuscrits d'Herculanum », lui écrit-il le 17 décembre 1759; et le 25: « La singularité d'Herculanum et les obstacles qu'il faut surmonter pour avoir les fruits de ce jardin des Hespérides font que tout est bon, particulièrement les choses d'usage et qui même sont indifférentes au grand nombre des curieux » (*Correspondance du comte de Caylus avec le P. Paciaudi,* T. I, p. 115).

Les objets découverts dans les deux villes sont conservés à cette époque au musée de Portici: ils ne seront transportés à Naples qu'au siècle suivant. Portici constitue alors une des principales étapes du voyage en Italie, sa réputation reste inégalée. « On a tiré de ce terrain tant d'antiquités de toute espèce, que dans l'espace de six ou sept ans, elles ont donné au roi des Deux-Siciles un musée tel qu'un prince de la terre, quel qu'il soit, ne sauroit dans le cours de plusieurs siècles, s'en procurer un pareil », peut-on lire à l'article *Herculanum* de l'*Encyclopédie* (T. VIII, éd. de Livourne, 1773). Ce musée est installé dans le château de plaisance appartenant au roi de Naples, que De Brosses appelle « son Fontainebleau ». Lorsqu'ils veulent le visiter, les voyageurs se heurtent à bien des tracasseries: ils doivent obtenir la permission du roi, par l'intermédiaire de leur ambassadeur (Mariana Starke, *op. cit.,* T. II, p. 117); il s'agit d'un formulaire imprimé, qui est signé par le ministre (Adler, *op. cit.,* p. 262). Il est rigoureusement interdit de dessiner ou même de prendre la moindre note au cours de la visite. « Dans ce sanctuaire respectable, écrit l'abbé Barthélemy le 2 février 1756, il n'est permis que de rassasier sa vue (...); on revient à Naples les tablettes vides et la mémoire pleine » (*Lettres au comte de Caylus,* p. 76). Il en est de même sur les chantiers de fouilles: à Pompéi, Lady Miller a la plus grande peine à tromper la surveillance de son guide pour ébaucher un croquis (*Op. cit.*, T. II, p. 98). Björnstaehl, ne pouvant copier une inscription à Herculanum, l'apprend par coeur et la transcrit dès qu'il est sorti, sous les yeux du même garde qui ne l'en empêche pas, car le réglement n'a pas prévu ce cas! (*Op. cit.*, T. I, p. 266). Seul Winckelmann, grâce à sa réputation, a pu obtenir un traitement de faveur: « Je me suis trouvé plus à portée que personne d'examiner ces précieux trésors de l'antiquité, lors de mon premier voyage à Portici: j'y passai alors près de deux mois. Le roi voulut bien ordonner qu'on me montrât tout ce qu'il était permis de voir et de la manière la plus commode ». Le célèbre historien est resté des journées entières dans ce cabinet (*Lettres, op. cit.*, p. 3).

[10] Herculanum suscite beaucoup de curiosité chez les voyageurs. L'un des guides les plus utilisés, celui de Lalande, estime qu'il y a là « une des choses les plus extraordinaires et les plus curieuses que l'on puisse voir, je ne dis pas aux environs de Naples, mais dans tout l'univers » (*Op. cit.*, T. VII, p. 401). Malheureusement, les conditions dans lesquelles s'effectue la visite la rendent peu exaltante. La descente n'est pas très pénible, mais les galeries souterraines sont froides et sombres: « Il faut se munir de manteaux pour le grand frais, et de nombre de flambeaux », note Bergeret de Grancourt (*Op. cit.*, p. 319). Il est impossible d'avoir une vue d'ensemble de la ville et même du théâtre. Beaucoup de voyageurs redoutent les éboulements, que ne sauraient prévenir, selon eux, les piliers de soutènement; certains ne peuvent supporter l'atmosphère humide, enfumée par les chandelles et les flambeaux, ils remontent, désappointés. C'est en effet la déception qui apparaît le plus souvent dans les pages inspirées par Herculanum; on y trouve des critiques, des projets pour améliorer la méthode de fouille. Le grand problème est celui du dégagement: faut-il ou non sacrifier Portici-Resina? L'abbé Richard serait partisan d'une solution moins radicale: « Ce que l'on regrette véritablement, c'est que le roi des Deux-Siciles, lorsqu'on commença les excavations, n'ait pas ordonné que l'on découvrît ce théâtre par le dessus, et qu'on le débarrassât de façon à le conserver en entier. Autant que j'ai pû en juger, il n'étoit chargé d'aucun édifice assez important pour que l'on en regrettât la perte ». Il ne juge cependant pas souhaitable de découvrir la totalité de la ville (*Op. cit.*, T. IV, pp. 455-6). Mais, à mesure que les années passent, les recherches cessent de progresser: il en sera de même tant que dureront Portici et Resina, estime Moratin, traduisant le pessimisme qui s'accentue à l'égard des fouilles vers la fin du siècle.

[11] Tous ces griefs sont formulés par de nombreux voyageurs qui blâment l'incompétence des responsables. Ils figurent déjà dans la correspondance de Winckelmann, où se trouve également dénoncé ce que le public cultivé considère comme un véritable sacrilège: les fragments permettant de reconstituer le quadrige de bronze doré qui était placé sur le théâtre d'Herculanum ayant été retrouvés sont entassés dans un coin, puis fondus en partie quand on fait les bustes du roi et de la reine (*Lettres, op. cit.*, p. 33). Meyer ne reprend ici qu'un petit nombre d'accusations, en particulier il ne dit mot des célèbres manuscrits carbonisés dont toute l'Europe attend avec impatience le déroule-

ment; on reproche à la cour de Naples de montrer à leur égard la plus grande indifférence. Les accusations sont particulièrement vives sous le règne de Ferdinand IV. Certains voyageurs notent que son père Charles de Bourbon a eu le mérite de prendre des initiatives heureuses: ainsi, en 1755, il a fondé l'Académie d'Herculanum, à laquelle est confiée la publication d'une série d'ouvrages consacrés aux antiquités de la ville: de 1757 à 1792 paraissent les neuf volumes in-folio des *Antichità di Ercolano*, somptueux ouvrages comportant un texte explicatif et des planches dues à divers artistes.

[12] Voir, par exemple, les gravures publiées par l'abbé de Saint-Non dans son *Voyage pittoresque de Naples et de Sicile*.

[13] Pompéi offre pour la première fois le spectacle d'une ville antique, avec ses monuments, ses boutiques, ses rues ... Ses ruines suscitent donc une curiosité plus grande encore que celles d'Herculanum. L'intérêt qu'inspirent les vestiges de l'Antiquité se mêle à l'émotion due au souvenir de la catastrophe et au spectacle du Vésuve toujours menaçant, aussi Mme Piozzi ne trouve-t-elle rien de plus émouvant à Pompéi que l'empreinte d'un pied de femme (*Op. cit.*, T. II, p. 36). Le rêve peut y prendre son essor, beaucoup mieux que dans les galeries souterraines d'Herculanum: de nombreux voyageurs évoquent la vie de la cité, la catastrophe de l'an 79. Certains éprouvent en y arrivant un sentiment de ferveur presque religieuse: « Je ne puis comparer la sensation qui vint me saisir, écrit Kotzebue, qu'à celle qu'éprouvèrent les Croisés lorsque, sous les ordres de Godefroy de Bouillon, ils virent Jérusalem pour la première fois » (*Op. cit.*, T. II, p. 91). Meyer se distingue de la plupart de ses contemporains par sa sobriété: il n'y a chez lui aucune accumulation de détails descriptifs, aucune outrance de la sensibilité.

[14] Cette suggestion peut paraître étonnamment moderne, elle est déjà exprimée dans la première édition du guide de Lalande, et on la retrouve chez la plupart des voyageurs. Le *Voyage pittoresque de Naples et de Sicile* estime par exemple que certaines inscriptions, peintures, statues et colonnes n'ont au musée de Portici qu'une valeur assez mince, mais que leur intérêt serait inestimable si elles étaient restées en place (*Op. cit.*, T. II, p. 116). Il s'agit là d'une idée chère aux antiquaires: ce fait parmi d'autres prouve avec quelle attention le public cultivé suit à cette époque les travaux des savants dans le domaine de l'archéologie.

On sait que cette suggestion devait être réalisée par la suite, dans la mesure du possible.

[15] Il y a là encore une remarque qui se retrouve fréquemment chez les voyageurs. L'abbé Richard croyait encore, comme la tradition populaire, que les catacombes de Naples avaient été creusées par les premiers chrétiens et que, longtemps connues d'eux seuls, elles leur avaient servi de retraites et de sépultures (*Op. cit.*, T. IV, p. 159). Lalande, moins crédule, donne une explication différente, que reprennent par la suite la plupart des étrangers, comme c'est ici le cas de Meyer. On ne s'approche pas de ces catacombes sans éprouver « une certaine horreur religieuse, soigneusement entretenue par les ciceroni », déclare le *Voyage pittoresque de Naples et de Sicile*, et c'est pour-

quoi, d'après Lalande, elles sont restées si longtemps mal connues: « Un lieu qui n'inspire que l'horreur et l'effroi, un labyrinthe souterrain dans lequel on craint de s'égarer, et où l'on ne peut rien découvrir qu'avec des flambeaux qui peuvent s'éteindre à chaque instant, le peu de confiance qu'on a dans les guides, les exemples que l'on raconte de plusieurs personnes qui n'en sont jamais revenues, sont des circonstances qui en dégoûtent les voyageurs, en sorte qu'on n'a vu les Catacombes que très-superficiellement » (*Op. cit.*, T. VII, p. 8).

[16] Le principal intérêt de ce passage inspiré par les catacombes est dû à la façon dont Meyer parvient à suggérer l'impression d'horreur éprouvée dans ce labyrinthe. Le lecteur oublie vite les explications rationnelles — l'air confiné, la fraîcheur, l'émotion aussi peuvent provoquer la pâleur des visages, et la métamorphose des vivants en ombres errantes correspondre à l'expérience de plus d'un voyageur impressionnable — il a l'illusion, lui aussi, qu'il s'agit bien d'une descente au Royaume de la Mort. Dans son *Journal*, Heinse croit pénétrer dans l'empire des ombres et voir errer les anciens Romains, mais l'effet est moins réussi que chez Meyer (*Tagebücher, op. cit.*, p. 61).

[17] A en croire le voyageur, ici encore, comme dans le cas de Filangieri, Ferdinand IV se montre digne de sa mission et il apparaît bien comme le père de son peuple. Si les mesures envisagées pour secourir les Calabrais restent peu efficaces, la responsabilité en incombe aux ministres, aux lenteurs de l'administration, aux fraudeurs … Le roi de Naples serait victime ici d'une sorte de fatalité pesant sur tous les souverains.

La plupart des étrangers n'adoptent pas ce jugement favorable, certains font preuve d'une grande sévérité à l'égard de Ferdinand. Gorani estime que les torts sont partagés: « Pendant mon séjour à Naples (en 1790) je me suis informé avec beaucoup de soin des désastres de cette malheureuse contrée, et du peu de secours qu'elle a reçu du gouvernement (…). Les malheurs de la Calabre ont été portés à un tel point, que le roi s'est vu obligé de créer, en 1788, une commission pour examiner l'état de cette province (…). Mais on a tâché, par toutes sortes de moyens, de rendre cette commission inutile » (*Op. cit.*, T. I, pp. 131 et 133-4). En particulier, les ordres donnés par le roi n'ont pas été exécutés, et le quart seulement de la somme prévue a été distribuée aux sinistrés! Cependant, « il est impossible de justifier le roi. Depuis le désastre de cette contrée et celui de la Sicile, le roi a fait deux voyages, l'un en Italie, l'autre en Allemagne, et il n'est point allé vérifier par le témoignage de ses propres yeux, les plaintes que les Calabrois lui faisoient parvenir chaque jour sur le malheur de leur situation » (*Ibid.*, p. 134).

[18] En 1755, l'abbé Barthélemy écrivait au comte de Caylus: « Mon voyage de la Calabre est rompu; il est impossible d'y voyager » (*Op. cit.*, p. 45). De nombreuses raisons détournent les voyageurs de visiter les provinces méridionales, en particulier la Calabre: routes inexistantes ou mal entretenues, auberges fort rares et n'offrant pas même le strict nécessaire … sans oublier la crainte des brigands. Après 1780 toutefois, certains étrangers assez hardis pour partir à l'aventure font paraître la relation de leur voyage dans le Sud:

d'après eux, le brigand calabrais ne serait guère qu'un mythe. Un mouvement de réhabilitation s'amorce en faveur d'une population longtemps méprisée et redoutée, dont on reconnaît la rudesse, mais que l'on croit naturellement bonne; il y a là un phénomène analogue au courant de sympathie qui se manifeste à la même époque à l'égard des *lazzaroni*. Voir en particulier l'abbé de Saint-Non, *Voyage pittoresque de Naples et de Sicile*, Paris, 1781-86, et J. H. Bartels, *Briefe über Kalabrien und Sizilien*, Göttingen, 1789-91. Pour les voyageurs les plus optimistes, les exemples de brigandage signalés à l'occasion de la catastrophe de 1783 prennent par là-même un caractère exceptionnel et ne peuvent prouver la méchanceté des Calabrais. Dolomieu ne souscrit pas à cette opinion: « En général tout le bas-peuple de la Calabre a montré une dépravation incroyable de moeurs, au milieu des horreurs des tremblements de terre. La plupart des agriculteurs se trouvoient en rase campagne lors de la secousse du 5 Février; ils accoururent (*sic*) aussitôt dans les villes encore fumantes de la poussiere, qu'avoit occasionné (*sic*) leur chute: ils y vinrent, non pour y porter des secours, aucun sentiment d'humanité ne se fit entendre chez eux dans ces affreuses circonstances, mais pour y piller » (*Mémoire sur les tremblemens de terre de la Calabre ultérieure pendant l'année 1783*, Rome, 1784). Au début du siècle suivant, les luttes contre les troupes françaises, avec leurs exemples de cruauté inouïe, rendront son actualité à la figure du brigand calabrais.

[19] Dolomieu, voir note précédente.

Hamilton, *Détails historiques des tremblements de terre arrivés en Sicile depuis le 5 février jusqu'en mai 1783*. Traduit de l'anglais. Paris, 1783.

Vivenzio, *Istoria e teoria de' Tremuoti in generale e in particolare di quelli della Calabria e di Messina del MDCCLXXXIII*, Napoli, 1783.

[20] Le tremblement de terre survenu en Calabre en 1783, moins de trente ans après le désastre de Lisbonne, a beaucoup frappé l'imagination des voyageurs. Nous trouvons dans plusieurs relations — que les auteurs aient visité ou non les régions dévastées — un tableau détaillé des phénomènes sismiques, des exemples, plus nombreux que chez Meyer, illustrant les bouleversements subis par le paysage, et surtout des anecdotes: le tout emprunté aux ouvrages cités par Meyer, à celui de Dolomieu surtout, et parfois aux récits faits par les rescapés (voir par exemple l'ouvrage de l'abbé de Saint-Non).

Cette abondance de détails s'explique sans doute par la curiosité que peut susciter un fait divers, en l'occurrence une catastrophe inouïe, mais il y a plus: le tremblement de terre de Calabre permet à l'humanité d'enrichir ses connaissances — c'est le but que se propose par excellence l'époque des Lumières — en fournissant aux savants l'occasion de faire des observations extrêmement rares; le public suit leurs études avec un grand intérêt, comme il suit, à la même époque, les travaux consacrés aux volcans, et de nombreuses remarques sont reprises dans les relations de voyage: direction des divers mouvements sismiques, durée de la vie chez un être humain ou un animal enseveli pendant des jours et privé de nourriture... Mais si un Dolomieu s'intéresse surtout aux « effets physiques » de la catastrophe, il est certain que la curiosité du moraliste prédomine chez plus d'un voyageur: les réactions des individus soumis à des conditions exceptionnelles fournissent des observations précieuses pour la connaissance de la psychologie humaine. D'où l'intérêt d'une réplique comme celle de la jeune femme d'Oppido, citée par Dolomieu, qui se retrouve dans plusieurs relations, et les remarques inspirées par les malheureux trouvés morts sous les ruines, les hommes dans l'attitude de la lutte, les femmes dans celle de la résignation. On signale des « traits abominables » et des « exemples réconfortants »: « On vit dans le même temps, écrit Dolomieu, des exemples de tendresse paternelle et maritale portée jusqu'au dévouement, et des traits de cruauté et d'atrocité qui font frémir » (*Op. cit.*, p. 12). Meyer se contente d'y faire allusion, il ne reprend pas l'un des plus frappants, signalé par le même auteur et bien souvent cité: « J'ai logé à Polisténa dans la baraque d'un galant homme, qui fut enterré sous les ruines de sa maison; ses jambes en l'air paroissoient au dessus. Son domestique vint lui enlever ses boucles d'argent, et se sauva ensuite, sans vouloir l'aider à se dégager » (*Ibid.*). Tous ces exemples ne jettent-ils pas un jour nouveau sur l'âme humaine? Dans certains cas, les liens de parenté ou d'affection n'existent plus, la sauvagerie des instincts prend le dessus, dans d'autres se révèlent d'admirables dévouements, des mots héroïques chez les êtres les plus simples.

[21] Meyer a le mérite de ne retenir que l'essentiel parmi toutes les remarques réunies par les observateurs, pour composer un tableau à la fois concis et frappant. Nous retrouvons en lui l'homme sensible, incapable de s'attarder aux scènes de violence: « Détournons le regard de ces scènes d'horreur », écrivait-il au chapitre 9, après avoir évoqué la barbarie du peuple romain. Il préfère terminer son chapitre par ce qui lui apparaît comme un exemple de grandeur d'âme, ainsi, ces observations, qui ont un intérêt documentaire incontestable, tout en étant de seconde main, ne sont pas dépourvues de valeur subjective. — Notons que l'interprétation de Dolomieu a une portée toute différente, puisqu'il déclare, avant de citer la réplique de la jeune femme d'Oppido: « Plusieurs personnes, enterrées vives, supportèrent leur malheur avec une fermeté, dont il n'y a pas d'exemple. Je ne crois même pas que la nature humaine en soit capable, sans un engourdissement presque total de toutes les facultés intellectuelles » (*Op. cit.*, p. 13).

Chapitre 20

PAUSILIPPE - POUZZOLES - BAIES

[1] Si les environs de Naples attirent de nombreux visiteurs dans leur partie orientale, grâce à l'activité du Vésuve, très intense à cette époque, et à la découverte des cités ensevelies, la contrée située à l'Ouest de la ville jouit depuis plus longtemps encore, parmi les étrangers, d'une notoriété exceptionnelle. Le guide de Keyssler, par exemple, leur conseillait de consacrer plusieurs jours à la région de Pouzzoles: n'offre-t-elle pas les sources d'intérêt les plus nombreuses, les plus variées? Ses curiosités naturelles suscitent chez les voyageurs une attention plus vive que jamais, les vestiges de l'Antiquité se présentent à chaque pas, nulle part, croit-on, les paysages ne sont d'une telle beauté. Naples et ses environs, qui restent le plus souvent le terme méridional du voyage, en constituent aussi le couronnement. Force est de constater cependant, quand on consulte les relations rédigées à cette époque, que cette région compte parmi celles qui inspirent les pages les moins originales. Chaque ruine évoque inévitablement les mêmes événements ou les mêmes personnages, les phénomènes étranges offerts par la nature, à propos desquels on note presque toujours les mêmes observations, ont fait naître des légendes dont le souvenir s'impose à la plupart des voyageurs, nourris de culture classique. Quand intervient une remarque en apparence plus personnelle, elle concerne généralement le contraste entre la pureté de l'air, la richesse de la végétation et l'impression d'insécurité due aux forces mystérieuses et redoutables cachées dans les profondeurs de la terre. Tout est dit, mais certains disent mieux que d'autres ... Les sentiments éprouvés par les visiteurs n'ont sans doute pas trouvé à cette époque d'expression plus heureuse que chez Goethe, écrivant dans son *Voyage d'Italie*, à propos de cette région qu'il considère comme « la plus étrange du monde »: « Sous le ciel le plus pur, le sol le moins sûr. Des ruines maudites et peu réjouissantes, d'une opulence inconcevable, des eaux bouillantes, des fosses exhalant du soufre, des montagnes de scories, rebelles à la végétation, des espaces nus et rebutants, et enfin, pourtant, une végétation toujours luxuriante, empiétant partout où elle le peut, s'élevant sur tout ce qui est mort; entourant des lacs et des rivières, et qui même

maintient debout la forêt de chênes la plus magnifique sur les parois d'un ancien cratère.

Et ainsi, on est ballotté çà et là entre les événements naturels et historiques » (*Op. cit.*, T. I, p. 373).

Au début du siècle suivant, la région sera considérée comme éminemment romantique — non au sens que prend ce terme chez les contemporains de Meyer, mais dans la mesure où il évoque pour nous la nature déchaînée et les orages des passions. Selon Mme de Staël, en effet, « la campagne de Naples est l'image des passions humaines: sulfureuse et féconde, ses dangers et ses plaisirs semblent naître de ces volcans enflammés qui donnent à l'air tant de charmes, et font gronder la foudre sous nos pas » (*Corinne*, p. 291).

Il n'en est pas encore ainsi à la fin du XVIIIᵉ siècle. Nous ne devons pas nous étonner si le dernier chapitre de Meyer est l'un des moins originaux. Les impressions personnelles, assez rares, se retrouvent également chez d'autres voyageurs. Par son intérêt documentaire, la relation paraît ici beaucoup plus proche du guide de voyage que de l'autobiographie. Les indications qui y figurent sont mentionnées presque partout, par exemple ce qui concerne le tombeau d'Agrippine ou le Monte Nuovo; elles sont cependant moins complètes, moins nombreuses que chez Lalande. Il n'est pas jusqu'à l'importance des citations empruntées aux auteurs anciens qui ne rappelle une conception quelque peu périmée, dont Addison au début du siècle était le plus illustre représentant: le voyage d'Italie considéré essentiellement comme un pélerinage aux sources de l'Antiquité. Les citations d'Horace et de Martial, presque inévitables, figurent chez Lalande et bien d'autres voyageurs, le texte de Silius Italicus est fort long, en revanche Meyer, qui a su dans d'autres chapitres exprimer avec bonheur son enthousiasme ou son indignation, se montre très réservé ici quand il s'agit de ses sentiments. Au dernier paragraphe, la résurrection de la Rome antique paraît banale, conventionnelle, on croit lire le devoir d'un élève peu inspiré recourant aux lieux communs les plus usés. Comme on est loin de ces évocations prestigieuses où triomphera Chateaubriand!

Nous avions d'abord envisagé de supprimer la longue citation de Silius Italicus — elle ne figure pas dans l'édition française de 1802, non plus que le texte d'Horace introduit dans le chapitre consacré aux Marais Pontins — et nous borner à en indiquer la référence. Son maintien s'imposait cependant, puisqu'il fallait conserver les annotations de Meyer. A la réflexion, cette solution est apparue comme la plus satisfaisante pour une autre raison: elle fait voir en effet le caractère hybride de l'ouvrage, particulièrement fréquent à une époque où la relation de voyage hésite entre deux possibilités: l'aspect documentaire, qui la rapproche des guides, et l'expression des sentiments personnels, qui lui confère une valeur autobiographique. Cette hésitation, très nette dans le dernier chapitre, donne au livre de Meyer un intérêt historique, mais, quelques années plus tard, elle a pu paraître gênante. Aussi la traduction française, non contente de supprimer la citation de Silius Italicus, remplace-t-elle le dernier paragraphe par le texte qui suit, mettant ainsi, avec plus de netteté, l'accent sur l'aspect autobiographique de l'ouvrage: « Je finis par ce coup d'oeil sur les environs de Naples, que leur beauté naturelle et les fables dont ils étaient l'objet rendent si remarquables, cette esquisse de l'antique Latium et de la Campanie. Voir cette terre classique de l'Antiquité avait été le plus ardent de mes désirs. Il est rempli: et je n'ai plus à me plaindre que d'éprouver en ce moment la faiblesse du langage qui, pour peindre l'effet qu'a produit sur moi l'ensemble de tant de beautés, ne m'offre que des expressions cent fois répétées, pour les détails, dans le courant de cet ouvrage. Les souvenirs qu'il me laisse seront pour moi la plus belle des jouissances. Toutes les heures de ma vie qui n'appartiendront pas à mon pays, seront désormais consacrées à ces souvenirs précieux ». A qui faut-il attribuer l'initiative de ce changement: à l'auteur, à son traducteur Vanderbourg? Peu importe d'ailleurs: l'essentiel est de souligner qu'une partie du public deman-de désormais à la relation de voyage de donner plus d'importance aux im-pressions personnelles.

Lu d'un peu plus près, ce chapitre révèle chez Meyer deux tentations entre lesquelles il s'efforce de garder l'équilibre: le souci d'objectivité et le recours à l'imagination. Souci d'objectivité semblable à celui de Lalande — on retrouve d'ailleurs ici certains arguments invoqués par le célèbre astronome, quand il conteste les attributions mal fondées concernant le tombeau d'Agrip-pine et la grotte de la Sibylle; mais le rêve ne perd pas ses droits: si le tombeau de Virgile ne semble pas mieux localisé, l'esprit critique se refuse dans ce cas à intervenir, le voyageur, après tant d'autres, s'abandonne à l'illu-sion. Lorsqu'il visite ces lieux si impressionnants que sont la Solfatare et les Champs Phlégréens, la terreur s'empare de lui, le souvenir des antiques lé-gendes s'impose à son imagination. On notera cependant qu'il évite alors le *je* et adopte une forme impersonnelle: « *le visiteur inexpérimenté* n'ose pas marcher tout près de ses compagnons ... *on* se hâte de fuir ... » La citation de Silius Italicus ne pourrait-elle se justifier par une même volonté de réserve? Meyer a noté comme cette contrée exalte l'imagination: mais, au lieu de présenter ses propres fantasmes, ne préfère-t-il pas rappeler, par l'intermédiaire de l'auteur ancien, les légendes suscitées par tant de phénomènes étranges?

Si l'on peut reprocher à l'évocation de la « Rome antique » son caractère banal, le dernier paragraphe n'est cependant pas dépourvu d'intérêt: on y trouve une remarque tout à fait exceptionnelle à cette époque, insistant sur l'importance des légendes et des traditions populaires, même pour les cher-cheurs que doit guider avant tout le souci d'objectivité, car elles leur fournis-sent des indices précieux dans leur quête de la vérité historique. Les criti-ques, les archéologues de notre temps sauront quelle part il convient de faire aux traditions légendaires, et les travaux de Jean Bérard fourniront un exem-ple de cette méthode.

² Le Pausilippe « est une colline située le long du bassin de Naples du côté du couchant » (Lalande, *op. cit.*, T. VII, p. 302). Meyer ne s'attarde pas à évoquer sa beauté, vantée par la plupart des étrangers, le paysage admirable que l'on y découvre, la grande variété de sa végétation, semblable,

dit Ferber, à celle d'un jardin botanique (*Lettres sur la minéralogie,* p. 148).

[3] La description du tombeau de Virgile est plus précise chez Lalande que chez Meyer: « Depuis longtemps, ce n'est plus qu'une masure en forme de petite tour quarrée de dix à douze pieds de hauteur, et ouverte sur le côté, comme une espèce de lanterne, qui paroît avoir été un *columbarium,* ou tombeau de quelque ancienne famille.

Au-dessus de cette masure, parmi beaucoup de ronces, de pariétaires, de clématites et autres herbes sauvages, est un ancien laurier dont tous les voyageurs ont parlé: les uns disent qu'il avoit crû de lui-même; d'autres qu'on l'avoit planté, et même replanté dans ce siècle-ci » (*Op. cit.,* T. VII, p. 305-6). Certains vont jusqu'à prétendre que ce laurier miraculeux repousse quand on l'arrache, comme pour glorifier la mémoire du poète! Meyer n'est pas dupe des légendes, même en ce qui concerne l'identification du monument — de nos jours encore, celle-ci n'est pas résolue de façon définitive: voir Amedeo Maiuri, *Les Champs Phlégréens*, Rome, 1938 — mais ne s'interdit pas de rêver.

Le tombeau de Virgile est un haut lieu du voyage en Italie; le souvenir d'un homme illustre, la beauté du paysage inspirent alors à de nombreux voyageurs des développements lyriques. Meyer ne cède pas à cette tentation; son enthousiasme ne l'empêche pas de décocher quelques flèches aux poètes (p. 218), aux *ciceroni* et aux journalistes parisiens (note de la p. 220). Le récit de Dupaty est tout différent: il présente cette visite comme un véritable pèlerinage, où l'homme sensible se soumet à un certain nombre de rites: « Je suis entré dans le tombeau; je m'y suis assis sur des fleurs: j'ai récité l'églogue de *Gallus*, j'ai lu le commencement du quatrième livre de l'Enéide; j'ai coupé une branche de laurier; et ensuite je suis descendu, plein des sentiments que ce lieu doit faire éclorre (*sic*) dans toutes les âmes qui sont sensibles à l'amour, à Virgile » (*Op. cit.,* p. 356).

[4] Tous les voyageurs parlent en termes admiratifs de la grotte de Pausilippe, qui leur apparaît comme un ouvrage singulièrement hardi. Lalande, à son habitude, donne quelques détails précis et un bref historique: la chose la plus singulière de la route qui mène à Pouzzoles, dit-il, « est le chemin creusé au travers de la montagne, sur une longueur de 363 toises, et qu'on appelle la *Grotta di Pozzuoli;* elle fut commencée probablement pour abréger le chemin de Pouzol à Naples, qui passoit autrefois par-dessus la montagne: le peuple dit qu'elle fut faite par les enchantemens de Virgile (...). Le Vice-Roi Pierre de Tolède fit agrandir cette grotte » (*Op. cit.,* T. VII, p. 302-3) (on sait qu'à cette époque le peuple de Naples considère Virgile comme un magicien).

[5] La lumière du soleil n'y pénètre que très rarement. Cf. Lalande: « Deux ouvertures ou soupiraux de la voûte y répandent un peu de jour (...) La direction du percé est telle, que vers la fin d'Octobre le soleil couchant y pénètre dans toute sa longueur, dont il suit qu'elle fait un angle de dix-huit degrés vers le sud avec la ligne de l'ouest » (*Ibid.,* p. 304).

[6] Le phénomène étrange que l'on observe dans la grotte, l'expérience spectaculaire pratiquée sur un chien qui, allongé sur le sol, ne tarde pas à

présenter tous les symptômes de l'agonie, puis se ranime soudain quand on le plonge dans l'eau du lac tout proche, suscitent l'étonnement des visiteurs, peu d'entre eux omettent de décrire cette expérience. Dans la seconde moitié du siècle, où le goût des sciences est si répandu, les voyageurs s'efforcent de multiplier les observations et cherchent à déterminer les causes du phénomène. Björnstaehl et plusieurs autres notent qu'une torche approchée du sol s'éteint plus vite que si on la plongeait dans l'eau, que les tirs de pistolets sont impossibles dans la grotte à une faible hauteur (cf. Björnstaehl, *op. cit.*, T. I, p. 318). Certains rappellent les diverses expériences faites sur des oiseaux, des reptiles, des crapauds, par des savants comme le Père de la Torre ou l'abbé Nollet — Lalande, Ferber mentionnent le mémoire présenté par ce dernier à l'Académie des sciences en 1750 — et soulignent que les symptômes d'étouffement apparaissent plus ou moins vite selon les cas. Les visiteurs les plus hardis, se confiant à la vigilance de leurs compagnons, se baissent pour respirer pendant quelques secondes les vapeurs stagnant au-dessus du sol: Lalande, celui qui montre le plus vif désir d'observation et d'expérimentation, prétend n'en ressentir aucune incommodité. On s'interroge sur la nature de ces vapeurs: sont-elles sulfureuses, arsenicales...? Non, répond Lalande après avoir fait certaines vérifications; il s'agit d'exhalaisons méphitiques ou Moffettes empoisonnées (*op. cit.*, T. VII, p. 318). Si ces nombreux détails se justifient chez un Lalande, dont le guide est une sorte d'encyclopédie du voyage d'Italie, où les étrangers intéressés par les questions les plus diverses doivent pouvoir trouver des renseignements complets, soigneusement mis à jour dans la seconde édition, s'ils ne surprennent pas chez ces hommes du XVIIIe siècle passionnés par les problèmes scientifiques, ils font prendre à la relation de voyage un aspect parfois très technique. Genre très souple, comme le journal intime, elle peut intégrer les développements les plus divers; cependant, certains voyageurs ont conscience qu'il est des limites à ne pas dépasser: Björnstaehl, ayant consacré un long passage aux « Moffettes », s'aperçoit soudain qu'il écrit une lettre à un ami, et non une étude scientifique (*Op. cit.*, T. I, p. 325).

Au contraire, Meyer se contente de rapporter une anecdote personnelle et s'attarde peu sur l'expérience elle-même. La sensibilité dont nous avons déjà noté divers témoignages se répand de plus en plus vers 1781, aussi voit-on désormais les voyageurs s'apitoyer sur le sort du chien, ce qui n'était presque jamais le cas dans les relations antérieures à cette date.

[7] Après le souvenir personnel concernant la Grotte du Chien vient une notice fort sèche, qui pourrait figurer dans un guide de voyage tel que nous le concevons à notre époque.

[8] La Solfatare a été décrite de façon précise par l'abbé Richard comme « un bassin de forme ovale, qui a environ 1500 pieds de longueur, sur un peu plus de 1000 de largeur, entouré de toutes parts, à peu près à égale hauteur, des restes de la montagne en forme d'amphithéâtre » (*Op. cit.*, T. IV, p. 301). Ce volcan à demi éteint suscite, comme la Grotte du Chien, des réactions diverses parmi les voyageurs, avec son aspect aride, ses jets de

vapeur, le bruit sourd qui se fait entendre sous les pas. Chez certains d'entre eux domine le souci de connaissance scientifique, ils connaissent les travaux des savants — Ferber renvoie aux différents *Mémoires de l'Académie des Sciences* présentés à ce sujet en 1750, 1757, 1765 — ont recours à l'expérimentation: ils observent, par exemple, l'altération des feuilles de cuivre apportées en ce lieu. L'abbé Richard lui-même enfonce en plusieurs endroits des bâtons pointus et constate que de la fumée sort aussitôt du trou pendant quelques instants. A la question souvent posée de savoir si la Solfatare communique avec le Vésuve, comme certains auteurs l'ont prétendu, Richard et Lalande répondent qu'il n'en est rien, en reprenant les conclusions que d'« habiles physiciens » ont tirées de leurs expériences.

Après avoir décrit rapidement la Solfatare, Meyer n'entreprend pas de rappeler les diverses observations qui peuvent y être faites, il ne mentionne pas davantage les superstitions populaires citées par l'abbé Richard, selon lesquelles ce lieu serait peuplé d'êtres infernaux, mais il évoque ses propres souvenirs, ses impressions d'insécurité et même de terreur. Ce n'est pas le désir d'objectivité qui domine ici, mais l'imagination. La comparaison avec le Vésuve ne se justifie que chez un voyageur qui n'a pu être témoin d'une éruption. Aux yeux de Keyssler, la Solfatare n'était qu'un Vésuve en miniature! Quant à l'image du matelot, banale sans doute, elle permet de faire comprendre les sentiments inspirés par les phénomènes de la Solfatare.

[9] L'usage est alors de s'embarquer à Pouzzoles pour aller voir l'Averne, l'antre de la Sibylle, l'Achéron et les Champs-Elysées; l'intérêt de cette excursion est considéré comme exceptionnel: « Joignez à cela une multitude de temples, de palais ruinés, dans lesquels la magnificence romaine se montre avec éclat, malgré l'injure des temps, et les ravages des tremblemens de terre, plusieurs édifices publics dont quelques-uns subsistent encore dans leur entier, la beauté du climat, les richesses de la nature; tout cela rassemblé forme dans cette petite contrée un spectacle aussi digne de curiosité qu'il y ait dans l'Univers » (Richard, *op. cit.,* T. IV, pp. 308-9).

Pouzzoles, Baïes... ces lieux si célèbres dans l'Antiquité n'inspirent guère aux voyageurs du XVIIIe siècle de remarques originales. Tous sont frappés par l'harmonie du golfe, la beauté de la nature et de la végétation. L'abondance des ruines, le souvenir des textes anciens suscitent une confrontation entre le passé et le présent qui aboutit à une méditation mélancolique sur la fragilité des choses humaines. Certaines citations sont presque inévitables: les vers d'Horace et de Martial qui figurent chez Meyer se trouvent déjà chez Lalande et dans bien d'autres relations. Les différences tiennent à la précision plus ou moins grande apportée à la description: celle-ci demeure assez réduite chez Meyer qui se borne à solliciter l'imagination de son lecteur grâce au prestige des noms de lieux: Ischia, Misène, ou aux allusions à la légende: Enée, Hercule... Certains voyageurs examinent les ruines sans nous faire grâce d'aucun détail, s'interrogent sur leur destination, critiquent certaines attributions traditionnelles; Meyer ne s'attarde guère, il évite tout ce qui serait pure érudition: qu'on en juge d'après la phrase très brève consacrée à la *Piscina mirabile,* qui suscite chez d'autres tant de curiosité.

[10] Les ruines l'intéressent surtout, ici, dans la mesure où elles correspondent à certaines croyances, à certains usages — tels les tombeaux édifiés sur les bords de la Mer Morte — et non par leur aspect pittoresque. Si, dans le cas du tombeau d'Agrippine, il refuse l'identification traditionnelle, sa démonstration se fonde sur l'autorité de Tacite, comme chez beaucoup de voyageurs, mais aussi sur la vraisemblance psychologique. Enfin, une fois de plus, les ruines des riches villas lui permettent d'évoquer un passé prestigieux, bien différent de l'époque présente.

[11] Traduction due à F. Villeneuve (Horace, *Odes,* Paris Belles-Lettres, 1946).

[12] Cf. Lalande: « Un peu au midi des bains de Néron, l'on trouve encore trois grands restes d'anciens temples ou de bains, en forme de rotondes, qui se voient près du rivage à 600 toises au nord de Baies; ils sont en partie enterrés et inondés par les eaux du marécage, et l'on est obligé de s'y faire porter sur les épaules des mariniers: l'un est un temple de Vénus, le second un temple de Mercure, le troisième un temple de Diane » (*Op. cit.,* T. VII, p. 363). Meyer passe sous silence cette façon de visiter les ruines, qui convient mal à la dignité du lieu.

[13] « Rien ne marque mieux la vicissitude et la fragilité des choses humaines que la vue de ces ruines et de ces rivages, actuellement déserts. L'air même est devenu empesté, soit à cause des marécages, soit à cause des lacs où l'on fait rouir le lin, et des exhalaisons ou moffettes qui sortent de toutes parts. Charles VIII et Louis XII y perdirent une grande partie de leurs troupes, dans les expéditions qu'ils firent pour la conquête de Naples » (Lalande, *ibid.,* p. 352-3).

[14] Le texte de Vanderbourg nous donne ici un exemple de l'élégance, très caractéristique de l'époque, qui est souvent celle de sa traduction: « Le lac Lucrin, si célèbre autrefois par le goût exquis de ses poissons, sur lequel à l'époque brillante de la grandeur Romaine, on donnait ces combats sur l'eau et ces fêtes pompeuses auxquelles la volupté présidait; le lac Lucrin qui voyait voguer des barques ornées de fleurs et ses eaux couvertes de roses que se jetaient les combattants; le lac Lucrin n'est plus qu'un marais couvert de roseaux, triste demeure des animaux croassants: ce n'est plus qu'un marécage infect et qui fut comblé en partie par la formation du Monte Nuovo, lorsqu'il sortit près de là du sein de la terre » (pp. 412-13). Vanderbourg, jugeant trop dépourvue de noblesse la traduction littérale, « crapauds et grenouilles », a préféré recourir à une périphrase. La grâce surannée de ce texte ne manque pas de charme.

[15] Le Monte Nuovo est un autre exemple surprenant des bouleversements survenus dans cette contrée, où les voyageurs sont partagés entre l'admiration et l'inquiétude: « Ces grandes révolutions dont les effets sont encore parlans, mêlent nécessairement quelques réflexions tristes au plaisir que cause le spec-

tacle de ce pays si charmant, et font qu'on le quitte avec moins de regret »
(Richard, *op. cit.,* T. IV, p. 316).

[16] Ces remarques se retrouvent chez de nombreux voyageurs. Cf. Lalande: « Il pouvait d'ailleurs y avoir des vapeurs sulfureuses . . . » (*Op. cit.,*
T. VII, p. 356); selon Richard, des ruisseaux de soufre et de bitume ont
pu se mêler jadis aux eaux du lac et faire mourir les poissons et les oiseaux
qui l'habitaient, des vapeurs aussi dangereuses que celles de la Grotte du
Chien ont pu s'en dégager: une telle hypothèse n'est pas inconcevable, même
si rien ne permet plus de la vérifier, dans un pays où les tremblements de
terre occasionnent de telles révolutions. « Il ne faut donc pas accuser d'im-
posture les Anciens qui ont parlé de l'Averne et de ses environs comme d'un
endroit inhabitable. Il est plus raisonnable de croire que, les choses ayant
changé, les effets ne sont plus les mêmes » (*Op. cit.,* T. IV, p. 320).

[17] A notre époque, les archéologues estiment que ces vestiges seraient,
non pas ceux d'un temple d'Apollon comme le croit la tradition, mais ceux
d'un immense édifice thermal. De même, selon certains d'entre eux, la pseudo-
Grotte de la Sibylle serait un chenal destiné à faire communiquer l'Averne
et le Lucrin, appartenant au programme des travaux exécutés par Agrippa
vers l'an 37 av. J.-C. (Voir Maiuri, *op. cit.*).

[18] Traduction due à M. Kermoysan (Silius Italicus, *Guerres puniques,*
éd. Nisard, Paris, 1862).

[19] Absorbé par les souvenirs de l'Antiquité, qui se présentent un foule
au voyageur dans cette contrée jadis si fameuse, Meyer semble voir à peine
les habitants actuels; il se contente de quelques allusions à la misérable
population de pêcheurs vivant à Pouzzoles et aux quelques activités suscitées
par la visite des étrangers: l'expérience faite par le gardien à la Grotte du
Chien, le petit commerce d'objets antiques . . . Au cours de cette rapide excursion, il n'a pas le loisir d'observer les êtres, comme c'était le cas à Naples et
surtout à Rome.

BIBLIOGRAPHIE

Le texte.

Friedrich Johann Lorenz Meyer, *Darstellungen aus Italien,* Berlin, in der Vossischen Buchhandlung, 1792.

La traduction parue en 1802.

F. J. L. Meyer, *Voyage en Italie,* traduit de l'allemand par Charles Vanderbourg, Paris, Heinrichs, an X.

Etude consacrée au traducteur.

Roland Mortier, *Un précurseur de Mme de Staël: Charles Vanderbourg, 1765-1827. Sa contribution aux échanges intellectuels à l'aube du XIX*e *siècle,* Paris, Didier, 1955.

Guides et relations de voyage, journaux intimes, correspondances, mémoires, fictions.

Addison (Joseph), *Remarques sur divers endroits de l'Italie. Pour servir de supplément au voyage de M. Misson.* Traduit de l'anglais, Paris, 1722.

Adler (Jakob Georg Christian), *Reisebemerkungen auf einer Reise nach Rom,* Altona, 1784.

Archenholz (Johann W. von), *Tableau de l'Italie, contenant des anecdotes curieuses et intéressantes.* Traduit de l'allemand, Bruxelles, 1788, 2 vol.

Baretti (Giuseppe), *Les Italiens, ou moeurs et coutumes de l'Italie.* Traduit de l'anglais, Genève et Paris, 1773.

Bartels (Johann Heinrich), *Briefe über Kalabrien und Sizilien,* Göttingen, 1789-91, 3 vol.

Barthélemy (Jean-Jacques), *Voyage en Italie de M. l'abbé Barthélemy, imprimé sur ses lettres originales écrites au comte de Caylus,* Paris, an X (1801).

Benkowitz (Carl Friedrich), *Reise von Glogau nach Sorrent,* Berlin, 1803, 3 vol.

Bergeret de Grancourt (Pierre), *Journal inédit d'un voyage en Italie (1773-1774),* Paris, 1895.

Bernoulli (Johann), *Zusätze zu den neuesten Reisebeschreibungen von Italien,* Leipzig, 1777-1781, 3 vol.

Björnstaehl (Jacob Jonas), *Briefe aus seinen ausländischen Reisen* (traduit du suédois), Stralsund, 1777-1783, 3 vol.

Bouchard (Jean-Jacques), *Les confessions de J.-J. Bouchard, parisien, suivies de son voyage de Paris à Rome en 1630*, Paris, 1881.

Brooke (N.), *Voyage à Naples et en Toscane*. Traduit de l'anglais, Paris an VII.

Brosses (Charles De), *Lettres familières*, Paris, Club des Libraires de France, 1957 (1ère édition 1799).

Brydone (Patrick), *Voyage en Sicile et à Malte*. Traduit de l'anglais par Demeunier, Amsterdam, 1775, 2 vol.

(Cassini J. D.), *Manuel de l'étranger qui voyage en Italie*, Paris, 1778.

Caylus (Anne Claude Philippe de), *Correspondance inédite du comte de Caylus avec le Père Paciaudi*, publiée par Charles Nisard, Paris, 1877, 2 vol.

Chateaubriand (François René), *Lettre à M. de Fontanes sur la campagne romaine*, Droz, Genève et Lille, 1951 (écrite en janvier 1804).

Cochin (Charles Nicolas), *Voyage pittoresque d'Italie ou recueil de notes sur les ouvrages de peinture et de sculpture qu'on voit dans les principales villes d'Italie*, Paris, 1758, 3 vol. (1ère éd. 1756).

Courier (Paul Louis), *Oeuvres complètes*, Paris, éd. de la Pléiade, 1940.

Coyer (Gabriel-François), *Voyage d'Italie et de Hollande*, Paris, 1775, 2 vol.

(Dies P. C.), *Bemerkungen über den Charakter und Sitten der Italiener nebst einer kurzen Beschreibung meiner Reise von Mahon bis Neapel*, herausgegeben von P. C. D., Göttingen, 1790.

Dupaty (C. M. J. B.), *Lettres sur l'Italie en 1785*, Paris, Deseine, 1792 (1ère éd., 1785).

Ferber (Johann Jacob), *Lettres sur la minéralogie et sur divers autres objets de l'histoire naturelle de l'Italie*. Traduit de l'allemand, Strasbourg, 1776.

Genlis (S. F. de), *Mémoires*, Paris, Ladvocat, 1825, 10 vol.

Giono (Jean), *Voyage en Italie*, Paris, Gallimard, 1953.

Goethe (Johann Caspar), *Viaggio per l'Italia fatto nel anno MDCCXL*, Roma, 1932-33.

Goethe (Johann Wolfgang), *Italienische Reise*, in *Goethes Werke*, Hamburger Ausgabe, Band 11, Christian Werner Verlag, Hamburg, 1954 (2ème éd.).

ID., *Voyage d'Italie*, éd. bilingue, Paris, Aubier, 1961, 2 vol.

ID., *Auszüge aus einem Reise-journal*, article anonyme, *Der Teutsche Merkur*, nov. 1788, pp. 103-114.

Gorani (Joseph), *Mémoires secrets et critiques des cours, des gouvernements et des moeurs des principaux états de l'Italie*, Paris, 1793, 3 vol.

Goudar (Ange), *Naples, ce qu'il faut faire pour rendre ce royaume florissant*, Amsterdam (Venise), 1771, 2ème éd.

ID., *L'Espion chinois, ou l'envoyé secret de la cour de Pékin, pour examiner l'état présent de l'Europe*. Traduit du chinois, Cologne, 1765, 6 vol.

Grosley (Pierre), *Nouveaux mémoires ou observations sur l'Italie et sur les Italiens, par deux gentilshommes suédois*, Londres, 1764, 3 vol.

Guyot de Merville (Michel), *Voyage historique d'Italie*, La Haye, 1729, 2 vol.

367

Heine (Heinrich), *Reisebilder, Tableaux et voyages,* Paris, 1853 (écrit avant la révolution de juillet).

Heinse (Wilhelm), *Sämtliche Werke,* Leipzig, 1909-1910. Siebenter Band: *Tagebücher von 1780 bis 1800.* Zehnter Band: *Briefe.*

ID., *Ardinghello et les îles bienheureuses,* traduit par M. Jolivet, Paris, Aubier, 1944 (édition originale 1787).

Hervey, *Letters from Portugal, Spain, Italy and Germany in the years 1759, 1760 and 1761,* London, 1785, 3 vol.

Jagemann (Christian Josef), *Briefe über Italien,* Weimar, 1778, 3 vol.

(Kalichoff), *Manuel du voyageur en Italie,* Paris, 1785, 2 vol.

Keyssler (Johann J.), *Keysslers ueueste Reisen durch Teutschland, Böhmen, Ungarn, die Schweiz, Italien und Lothringen...,* Hannover, 1751, 2 vol.

Kotzebue (August F. von), *Souvenirs d'un voyage en Livonie, à Rome et à Naples.* Traduit de l'allemand, Paris, 1806, 4 vol.

Lalande (Jérôme), *Voyage en Italie,* Paris, 1786, 9 vol. (1ère éd. en 1769).

(Maihows), *Voyage en France, en Italie et aux îles de l'archipel.* Traduit de l'anglais, Paris, 1763, 4 vol.

Miller (Anne Lady), *Letters from Italy, describing the Manners, Customs, Antiquities, Paintings... of that Country in the years 1770-1771,* London, 1777, 2 vol. (2ème éd.).

Misson (Maximilien), *Nouveau voyage d'Italie, fait en 1688,* La Haye, 1711, 3 vol. (4ème éd. - 1ère éd. en 1691).

Montaigne (Michel de), *Journal de voyage en Italie,* Paris, Le livre Club du Libraire, 1957 (1ère éd. 1774).

Montesquieu (C. L. de), *Voyages de Montesquieu,* publiés par le baron Albert de Montesquieu, Bordeaux, 1894, 2 vol.

Moore (John), *Essai sur la société et les moeurs des Italiens, ou Lettres d'un voyageur anglais sur l'Italie.* Traduit de l'anglais, Lausanne, 1752, 2 vol.

Moratin (Leandro Fernandez), *Viaje de Italia,* in *Obras postumas* T. I et II, Madrid, 1867.

Moritz (Karl Philipp), *Reisen eines Deutschen in Italien in den Jahren 1786 bis 1788,* Berlin, 1792, 3 vol.

Münter (Frederik), *Nachrichten von Neapel und Sicilien* (Traduit du danois), Kopenhagen, 1790.

Pilati di Tassulo (Carlo Antonio), *Voyages en différents pays de l'Europe en 1774, 1775 et 1776,* La Haye, 1777, 2 vol.

Piozzi (Hester Lynch), *Observations and reflections made in the course of a journey through France, Italy and Germany,* London, 1789, 2 vol.

Pöllnitz (Charles-Louis de), *Mémoires,* Amsterdam, Londres, 1735, 2 vol. (2ème éd.).

Ramdohr (Friedrich von), *Ueber Mahlerei und Bildhauerarbeit in Rom für Liebhaber des Schönen in der Kunst,* Leipzig, 1787, 3 vol.

Richard (abbé Jérôme), *Description historique et critique de l'Italie,* Dijon, Paris, 1766, 6 vol.

Riedesel (Johann H. von), *Voyage en Sicile et dans la Grande Grèce.* Traduit de l'allemand, Lausanne, 1773.

(Roland de la Platière, Jean-Marie), *Lettres écrites de Suisse, d'Italie, de Sicile et de Malte, par M.* * *, Avocat en parlement, de plusieurs académies de France, et des Arcades de Rome. A Melle * * à Paris, en 1776, 1777 et 1778*, Amsterdam, 1780, 6 vol.

Rousseau (Jean-Jacques), *Confessions,* Paris, éd. de la Pléiade, 1959.

[Russel (James)], *Letters from a young painter to his friends in England,* London, 1750, 2 vol.

Saint-Non (Richard de), *Voyage pittoresque ou description des royaumes de Naples et de Sicile,* Paris, 1781-1786, 5 vol.

Schilderungen der so seltsamen als entsetzlichen Ränke der Banditen in Italien, Frankfurt u. Leipzig, 1777.

Sharp (Samuel), *Letters from Italy, describing the customs and manners of that country. In the years 1765 and 1766,* London, s. d. (3ème éd.).

Sherlock (Martin), *Lettres d'un voyageur anglais.* Traduit de l'anglais, Londres, 1779.

ID., *Nouvelles lettres d'un voyageurs anglais,* Londres et Paris, 1780.

Silhouette (Etienne de), *Voyage de France, d'Espagne, de Portugal et d'Italie,* Paris, 1770, 4 vol.

Smollett (Tobias), *Travels through France and Italy,* London, 1766, 2 vol.

Staël (Mme de), *Corinne,* Paris, Garnier, s. d. (1ère éd. 1807).

Starke (Mariana), *Letters from Italy, between the years 1792 and 1798,* London, 1800, 2 vol.

Stendhal, *Promenades dans Rome,* Florence, 1958, 3 vol. (1ère éd. 1829).

ID., *Henri Brulard,* in *Oeuvres intimes,* Paris, Gallimard, 1955.

Sterne (Lawrence), *Voyage sentimental,* Paris, Aubier, 1934.

Stolberg (Friedrich Leopold), *Reise in Deutschland, der Schweiz, Italien und Sicilien,* Königsberg u. Leipzig, 1794, 4 vol.

Swinburne (Henri), *Voyage de M. Swinburne dans les Deux Siciles.* Traduit de l'anglais, Paris, 1787, 5 vol.

Taine (Hippolyte), *Voyage en Italie,* Paris, Julliard, 1965, 2 vol. (1ère éd. 1866).

Torcia (Michele), *Appendice contenente una breve difesa della nostra nazione contro le incolpe attribuitele da alcuni scrittori esteri,* Neustadt d'Italia, 1783.

Valéry (Antoine - Claude Pasquin, dit), *Voyages historiques et littéraires en Italie, pendant les années 1826, 1827 et 1828,* Paris, 1831-1833, 5 vol.

Vigée-Lebrun (Elisabeth), *Souvenirs,* Paris, Charpentier, s. d., 2 vol.

Winckelmann (Johann Joachim), *Briefe* in Verbindung mit Hans Diepolder herausgegeben von Walter Rehm, Berlin, 1952-1957, 4 vol.

TEXTES TRAITANT DIVERS SUJETS AUXQUELS S'INTÉRESSENT LES VOYAGEURS QUI VISITENT L'ITALIE.

(Brosses, Charles De), *Lettre sur l'état actuel de la ville souterraine d'Herculée et sur les causes de son ensevelissement sous les ruines du Vésuve,* Dijon, 1750.

Cochin et Bellicard, *Observations sur les antiquités d'Herculanum*, Paris, 1754.

(Cochin, Charles Nicolas), *Lettre sur les peintures d'Herculanum, aujourd'hui Portici*, s.l., 1751.

Diderot (Denis), *Salons*, texte établi par J. Seznec et J. Adhémar, Oxford, Clarendon Press, 1957, 3 vol.

Dolomieu (Déodat de), *Mémoire sur les tremblements de terre de la Calabre ultérieure pendant l'année 1783*, Rome, 1784.

Dubos (Jean-Baptiste), *Réflexions critiques sur la poésie et sur la peinture*, 7ème éd., 1770, 3 vol. (1ère éd. 1719).

Encyclopédie, articles *Architecture, Amateur, Connaisseur, Commerce, Dessein* (et planches correspondantes), *Gothique, Herculanum, Pompéi, Italie, Nature (belle): beaux-arts, Tremblements de terre, Vésuve, Lave, Voyage, Voyageur.*

Falconet (Etienne), *Observations sur la statue de Marc Aurèle et sur d'autres objets relatifs aux Beaux-Arts*, Amsterdam, 1771.

Fougeroux de Bondaroy (Auguste Denis), *Recherches sur les ruines d'Herculanum*, Paris, 1770.

Hamilton (sir William), *Campi Phlegraei. Observations sur les volcans des Deux Siciles telles qu'elles ont été communiquées à la société royale de Londres par M. le Chevalier Hamilton,* Naples, 1776, 2 vol. in folio (éd. bilingue, anglais et français).

Id., *Détails historiques des tremblements de terre arrivés en Sicile depuis le 5 février jusqu'en mai 1783.* Traduit de l'anglais, Paris, 1783.

(Moussinot). *Mémoire historique et critique sur la ville souterraine découverte au pied du Mont Vésuve*, Paris, 1748.

Staël (Mme de), *De l'Allemagne*, Hachette, 1958, 2 vol. (1ère éd. 1813).

Winckelmann (Johann Joachim), *Histoire de l'art dans l'antiquité.* Traduit de l'allemand par Huber, Leipzig, 1781, 3 vol. (éd. originale parue en 1764).

Id., *Lettres de Winckelmann sur les découvertes faites à Herculanum, à Pompéi, à Stabia, à Caserte, et à Rome.* Traduit de l'allemand, Paris, 1784 (y figurent les lettres au comte de Brühl et à Heinrich Fuessli, sur les découvertes d'Herculanum et de Pompéi, parues respectivement en 1762 et 1764).

BIBLIOGRAPHIE DES VOYAGEURS EN ITALIE.

Ancona (Alessandro d'), *Bibliographie* faisant suite à son étude intitulée *L'Italia alla fine del secolo XVI. Giornale del viaggio di Michele de Montaigne in Italia nel 1580 e 1581,* Città di Castello, 1889.

Boucher de la Richarderie (Gilles), *Bibliothèque universelle des voyages*, Paris, 1808, 6 vol.

Cox (E. G.), *A reference guide to the literature of Travel,* University of Washington Publications, 1935.

Pescarzoli (Antonio), *I libri di viaggio e le guide della raccolta Luigi Vittorio Fossati Bellani,* Roma, 1957, 3 vol. (la collection Fossati Bellani a été léguée à la Biblioteca Ambrosiana de Milan).

Pine - Coffin (R. S.), *Bibliography of British and American Travel in Italy to 1860 (Biblioteca di Bibliografia italiana, LXXVI)*, Firenze, Olschki, 1974.

Samek Ludovici (S.), *Bibliografia di viaggiatori stranieri in Italia nel secolo XIX. Viaggiatori francesi o di lingua francese,* in *Annales Institutorum* VII, 1934-1935 [1936], p. 241-260.

ID., *Bibliografia di viaggiatori stranieri in Italia. Viaggiatori tedeschi o di lingua tedesca,* in *Annales Institutorum* VIII, 1935-1936 [1937], p. 217-235.

ID., *Bibliografia di viaggiatori stranieri in Italia nel secolo XIX. Viaggiatori inglesi, americani o di lingua inglese,* in *Annales Institutorum* IX-X, 1936-1937 [1939], p. 245-265.

Tresoldi (Lucia), *Viaggiatori tedeschi in Italia,* Roma, Bulzoni, 1975-1977, 2 vol. (y figurent les livres de voyage réunis à la Biblioteca Hertziana et à la Biblioteca dell'Istituto di Archeologia e Storia dell'Arte. Pour les voyageurs autres que les Allemands, voir les fichiers matières de ces deux bibliothèques).

Pour la collection Angiolo Tursi, léguée à la Biblioteca Marciana de Venise, on consultera les articles suivants: Nereo Vianello, *La raccolta di Angiolo Tursi nella Biblioteca Marciana,* Venezia, 1968, et A. Tursi, *Di una bibliografia dei viaggiatori stranieri in Italia,* in *Nuova Rivista Storica,* fasc. I, 1956. La publication du monumental fichier laissé par A. Tursi sera assurée par les soins du *Centre universitaire de recherche sur le voyage en Italie,* fondé à Turin en mars 1978. Voir Emanuele Kanceff, *Le strutture e la storia. Un centro interdisciplinare per lo studio della letteratura di viaggio,* in *Bulletin du Centre d'études franco-italien,* N° 2, juin 1978, Faculté des Lettres, Sciences humaines et Sciences sociales, Chambéry.

ARTICLES ET ÉTUDES D'ENSEMBLE.

Chastel (André), *L'art italien,* Paris, Larousse, 1956, 2 vol.

Clark (Kenneth), *L'art du paysage,* Paris, Julliard, 1962.

Croce (Benedetto), *Aneddoti e profili settecenteschi,* Napoli, 1942, 3 vol.

Dédéyan (Charles), *Essai sur le « Journal de voyage » de Montaigne,* Paris, 1946.

Etienne (Robert), *La vie quotidienne à Pompéi,* Paris, Hachette, 1952.

François (Alexis), *Où en est romantique?* in *Mélanges Baldensperger,* Nogent, 1930.

Grimal (Pierre), *A la recherche de l'Italie antique,* Paris, Hachette, 1961.

Justi (Carl), *Winckelmann und seine Zeitgenossen,* Leipzig, 1898, 3 vol. (2ème éd.).

Keller (Lucius), *Piranèse et les romantiques français,* Paris, 1966.

Klenze (Camillo von), *The interpretation of Italy during the last two centuries,* Chicago, the University of Chicago Press, 1907.

Laubriet (Pierre), *Les guides de voyage au début du XVIIIe siècle et la pro-*

371

pagande philosophique, in *Studies on Voltaire and the Eighteenth century,* vol. XXXII, Genève, 1965.

Maiuri (Amedeo), *Les Champs Phlégréens,* Rome, 1959.

Michéa (René), *Le « Voyage en Italie » de Goethe,* Paris, Aubier, 1945.

ID., *Les ruines, l'Italie et le préromantisme,* in *Etudes italiennes,* 1935.

Mozzillo (Atanasio), *Viaggiatori stranieri nel Sud,* Milano, 1964.

Noack (Friedrich), *Deutsches Leben in Rom, 1700 bis 1900,* Stuttgart und Berlin, 1907.

Pomeau (René), *L'Europe des Lumières,* Paris, Stock, 1966.

Schudt (Ludwig), *Italienreisen im XVII. und XVIII. Jahrhundert,* Wien, 1959.

Tuzet (Hélène), *La Sicile au XVIIIe siècle, vue par les voyageurs étrangers,* Strasbourg, Heitz, 1955.

Waetzoldt (Wilhelm), *Das klassische Land,* Leipzig, 1927.

ID., *Die Italienreise als Kulturerlebnis,* in *Forschungen und Fortschritte,* Berlin, 20 Februar 1941.

CATALOGUES D'EXPOSITIONS.

Mostra di Pompeo Batoni, Lucca, 1967.

Angelika Kauffmann und ihre Zeitgenossen, Bregenz u. Wien, 1968-69.

Hubert Robert. Les sanguines du Musée de Valence, Musée Jacquemart-André, Paris, 1969.

I paesaggisti « naïfs » e demoniaci del XIX secolo a Napoli, Galerie Le Cadran Solaire, Paris, 1965.

Les Français à Rome de la Renaissance au début du Romantisme, Hôtel de Rohan, Paris, 1961.

L'Italia vista dai pittori francesi del XVIII e XIX secolo, Torino, 1961.

Auch ich in Arcadien. Kunstreisen nach Italien, 1600-1900. Eine Ausstellung im Schiller-Nationalmuseum, 1966.

Eighteenth-Century Italy and the Grand Tour. May-Juli 1958, Norwich castle Museum.

TABLE DES ILLUSTRATIONS

TABLE DES MATIÈRES

* Les chiffres entre parenthèses se réfèrent aux pages des notes relatives à chaque chapitre.

FINITO DI STAMPARE NELL'APRILE DEL MCMLXXX
NELLO STABILIMENTO « ARTE TIPOGRAFICA DI A. R. »
SAN BIAGIO DEI LIBRAI - NAPOLI